Narrative der Gastfeindschaft in westafrikanisch-frankophoner und deutscher Gegenwartsliteratur

BEITRÄGE ZUR LITERATUR
UND LITERATURWISSENSCHAFT
DES 20. UND 21. JAHRHUNDERTS

Herausgegeben von Hans-Edwin Friedrich
Begründet von Eberhard Mannack

BAND 41

Zu Qualitätssicherung und Peer Review der vorliegenden Publikation

Die Qualität der in dieser Reihe erscheinenden Arbeiten wird vor der Publikation durch den Herausgeber der Reihe geprüft.

Notes on the quality assurance and peer review of this publication

Prior to publication, the quality of the work published in this series is reviewed by the editor of the series.

Amêvi Akpaglo

Narrative der Gastfeindschaft in westafrikanisch-frankophoner und deutscher Gegenwartsliteratur

PETER LANG
Berlin · Bruxelles · Chennai · Lausanne · New York · Oxford

Bibliografische Information der Deutschen Nationalbibliothek
Die Deutsche Nationalbibliothek verzeichnet diese Publikation in der Deutschen Nationalbibliografie; detaillierte bibliografische Daten sind im Internet über http://dnb.d-nb.de abrufbar.

Zugl.: Berlin, Freie Univ., Diss., 2024

Gedruckt bzw. veröffentlicht mit Unterstützung des Deutschen Akademischen Austauschdienstes.

DE-188
ISSN 0721-2968
ISBN 978-3-631-93235-3 (Print)
E-ISBN 978-3-631-93236-0 (E-PDF)
E-ISBN 978-3-631-93237-7 (E-PUB)
DOI 10.3726/b22672

Verlegt durch: Peter Lang GmbH, Berlin (Deutschland)

info@peterlang.com – www.peterlang.com

Rejeter un autre homme est la chose la plus simple qui soit pour un esprit humain. Il ne suffit que d'éteindre ce dernier, de le disposer tout entier au relâchement intellectuel. L'inverse, qui consiste à tenter de comprendre, coûte toujours trop d'efforts. C'est en ce sens que la paresse, la paresse au sens fort, la paresse intellectuelle donc, est la mère de tous les péchés capitaux. La source de la haine se trouve moins dans le cœur que dans l'esprit qui abandonne sa première prérogative, penser ; ce qui n'empêche nullement, bien entendu, qu'il y ait de pures haines fondées sur de grandes machines d'intelligence[1].

1 Mohamed Mbougar Sarr: *Silence du chœur*, Présence Africaine, Paris 2017, S. 276.

Dank

Allen Personen, die mich im Verlauf der Jahre in diversen Formen bei der Erstellung meiner Doktorarbeit unterstützt haben, sei an dieser Stelle herzlich gedankt.

Ohne die finanzielle Förderung durch das Stipendium der Friedrich Schlegel Graduiertenschule für literaturwissenschaftliche Studien (FSGS), welches durch den Deutschen Akademischen Austausch Dienst (DAAD) ermöglicht wurde, wäre die Realisierung dieser Promotionsschrift nicht möglich gewesen. Beiden Förderinstitutionen gebührt mein besonderer Dank.

Prof. Dr. Cornelia Ortlieb und Prof. Dr. Susanne Gehrmanne, meinen Doktormüttern, spreche ich ebenfalls meinen herzlichen Dank für die fachliche Begleitung dieser Arbeit aus. Die anregenden und konstruktiven Diskussionen mit Ihnen haben einen maßgeblichen Einfluss auf die Qualität meiner Forschung.

Prof. Dr. Jutta Müller-Tamm, Prof. Dr. Anita Traninger und Dr. Bernadette Grubner sei herzlich gedankt für ihre Mitwirkung in der Promotionskommission.

Andreas Schmid und Berit Schulz danke ich für ihre gewissenhafte Korrekturarbeit, die einen bedeutenden Beitrag zur sprachlichen Qualität meiner Arbeit leistete. Ich danke auch meinen Kommilitoninnen und Kommilitonen der FSGS für die konstruktiven Diskussionen zu Teilen dieser Arbeit bei den jeweiligen Colloquien. Ihre Rückmeldungen haben zur Verbesserung und Weiterentwicklung meiner Forschung beigetragen.

Ein spezielles Dankeschön gilt meinem Freund Kofi K. Mawusé N'sougan für unsere gemeinsamen „Kämpfe" und die gegenseitige Unterstützung.

Christian und Denise Harbig verdienen meine aufrichtige Dankbarkeit für die Bereitstellung einer äußerst günstigen und angenehmen Wohnmöglichkeit, die mir Ruhe und Geborgenheit während des Schreibprozesses gewährte.

Rainer Schulz, Wolfgang und Heike Kain, Philipp-Richard und Catharina Schulz, Joachim und Christine Volkmann, Oma Rita Harbig und Susanne Adams – eure vielfältige Unterstützung war mir in diesen anspruchsvollen Jahren von unschätzbarem Wert. All meinen christlichen Geschwistern der Christlichen Versammlung Oranienburg danke ich herzlich. Ohne die geistliche Gemeinschaft mit euch wären diese Jahre für mich deutlich herausfordernder gewesen.

Inhaltsverzeichnis

I. Theoretische Überlegungen

1. Einleitung und Ziel der Arbeit

Der Traum eines Geflüchteten ist es, in einem Land anzukommen, in dem er gastfreundlich aufgenommen wird und sicher und unter besseren Bedingungen leben kann. In dieser Hinsicht verkörpert Europa seit Jahrzehnten vermehrt das Traumziel vieler Schutzsuchender. Allerdings stellt die Aufnahme von Asylsuchenden eine der derzeit größten Herausforderungen für europäische Grenzregime dar. Die Gastfreundschaft, wie sie traditionell in der homerischen *Odyssee* dokumentiert wurde, befindet sich offensichtlich in einer tiefgreifenden Krise, wobei sogar ihr Ende befürchtet wird.[2] Es scheint, dass Europa nicht mehr nur ein Traumland darstellt, sondern vielmehr ein Traumaland für Geflüchtete geworden ist. Seit einigen Jahren verfolgen europäische Festungsnationen das Ziel, ihre Länder für fremde Asylsuchende unattraktiv zu gestalten. Sie entwickeln gegenüber den Letzteren eine „Politik des Misstrauens und der Verdächtigung",[3] die zu einer restriktiven Gesetzgebung und Ablehnungspraxis führt und ihre effektive Integration in den einheimischen Gesellschaften erheblich behindert. Geflüchtete Menschen werden als Figuren des Abnormalen, des Illegalen und der sozialen Unordnung (*figures du désordre social*)[4] dargestellt. Der fremde Geflüchtete wird dementsprechend als öffentlicher Feind, *„ennemi public numéro un"*,[5] als Parasit konstruiert, „welche[r] in das Innerste [der Gesellschaft] eindringt und das Eigene entfremdet, transformiert und korrumpiert".[6] Er sollte dafür „abgewiesen oder im Aufnahmeritual kontrolliert (…) werden, damit er nicht auch

2 Guillaume Le Blanc & Fabienne Brugère : *La fin de l'hospitalité : Lampedusa, Lesbos, Calais… jusqu'où irons-nous ?*, Flammarion, Paris 2017. (Die Autoren sprechen hierbei von der politischen Gastfreundschaft. Donatella Di Cesare spricht auch vom Ende der Gastfreundschaft in ihrem Buch *Resident Foreigners: A Philosophy of Migration*, Polity Press, Newark 2020, vgl. S. 78 ff.).

3 Karl-Wilhelm Merks: „Zwischen Gastfreundschaft und gleichem Recht: Ethische Überlegungen zur Migrationspolitik", in: *Bijdragen tijdschrift voor filosofie en theologie*, 2003-01-01, Vol. 64 (2), Taylor & Francis Group, S. 144–164, hier S. 148.

4 Guillaume Le Blanc & Fabienne Brugère : *La Fin de l'hospitalité. L'Europe, terre d'asile ?*, Flammarion, Paris 2018, S. 170.

5 Ebd., S. 177, kursiv im Original.

6 Vgl. Mirjam Schaub & Nicola Suthor: „Einleitung", in: Dies. und Erika Fischer-Lichte (hrsg.): *Ansteckung: Zur Körperlichkeit eines ästhetischen Prinzips*, Fink Verlag, Paderborn/München 2005, S. 9–22, hier S. 12.

im ‚Inneren' des Staatswesens weiterwirkt und das Gemeinwesen angreift, den Volkskörper kontaminiert."[7] Aus diesem Blickwinkel macht „die problematische, in unseren Tagen *politisch* hochbrisante Nähe von *Fremdheit und Feindschaft*"[8] Sorgen. In diesem Sinne verwendete Jacques Derrida den Terminus „Gastfeindschaft" (*hostipitalité*)[9] und schlug vor, Gastfreundschaft und Feindschaft zusammenzudenken. Die Feindschaft gegenüber *schutzflehenden*[10] Fremden ist eine der Tragödien der postkolonialen Gesellschaften der Feindschaft – „*sociétés d'inimitiés*"[11] – geworden. Die gegenwärtig scharfen Rhetoriken in den Debatten über Migration und Asyl, verbunden mit einer Fülle neuer einwanderungsfeindlicher und rechtsorientierter Gesetze sowie verschärfter Maßnahmen in Ländern wie Deutschland, Frankreich und Italien, lassen die Befürchtung aufkommen, dass Gastfeindschaft – auch in der Form einer selektiven Gastfreundschaft – in den kommenden Jahren eine dominierende soziokulturelle und politische Ausrichtung sein könnte. Angesichts dieser Realität bemühen sich vermehrt Akteure im soziopolitischen, medialen und wissenschaftlichen Bereich um die Förderung und Kultivierung der Gastfreundschaft.

---

7 Heidrun Friese: *Grenzen der Gastfreundschaft: Die Bootsflüchtlinge von Lampedusa und die europäische Frage*, transkript Verlag, Bielefeld 2014, S. 195 f.

8 Christian Geulen; Anne von der Heiden; Burkhard Liebsch: „Einleitung: Vom Sinn der Feindschaft", in: Dies. (hrsg.): *Vom Sinn der Feindschaft*, Akademie Verlag GmbH, Berlin 2002, S. 7–15, hier S. 11.

9 Jacques Derrida: *Von der Gastfreundschaft*, aus dem Französischen von Markus Sedlaczek, PassagenVerlag, Wien 2001, S. 38.

10 Aischylos: „Die Schutzflehenden", in: *Tragödien*, De Gruyter, Berlin/Boston 2011, S. 147–214.

11 Achille Mbembe: *Politiques de l'inimitié*, La Découverte, Paris 2018 [2016], S. 69. In seinem Buch *Politiques de l'inimitié* untersucht Achille Mbembe die Rolle von Gewalt und Feindschaft in modernen Demokratien. Er argumentiert, dass Gewalt und die Konstruktion von „Feinden" wesentliche Bestandteile der Entstehung und Aufrechterhaltung moderner Demokratien sind. Mbembe diagnostiziert eine von einem „besoin d'ennemi" (S. 68) geprägte „Politik der Feindschaft", bei der Demokratien gezwungen sind, Feinde bzw. „Fremde" zu produzieren und auszugrenzen, um ihre eigene Identität zu bewahren. Diese Feindschaft ist nicht nur durch Sklaverei und Kolonialismus geprägt, sondern auch durch Rassismus und den Ausschluss unerwünschter Minderheiten (wie Juden, Muslime und Schwarze) charakterisiert. Die Gesellschaften der Feindschaft zeichnen sich durch eine ständige Suche nach und Konstruktion von Feindbildern aus. Als Reaktion auf globale Migrationsströme und zunehmende Vernetzung entwickeln diese Gesellschaften oft einen verstärkten Nationalismus, der darauf abzielt, eine „Gemeinschaft ohne Fremde" (S. 18) zu gestalten.

Die vorliegende Arbeit verfolgt dasselbe Ziel und versteht sich als literaturwissenschaftliche Reflexion zum Thema der Gastfeindschaft und deren Implikationen für die Akteure und die Gesellschaft. Denn auch in der Literatur, einem „der zentralen Orte der Reflexion über Gäste, Gastgeber, glückende und eskalierende Situationen der Gastlichkeit",[12] ist seit Jahrzehnten die Thematik des Umgangs mit fremden Gastmigranten[13] *en vogue*. Im Allgemeinen werden öfter xenophobe Fremderfahrungen von Gastmigranten im europäischen Raum inszeniert. Das Ziel solcher Inszenierungen besteht darin, im Sinne einer kritischen *littérature réparatrice* oder *littérature remédiatrice*[14] die Welt zu reparieren, um mit Alexandre Gefen zu sprechen.[15] Gefen zufolge versteht diese Literatur das Schreiben als „manière de renouer, ressouder, combler les failles des communautés contemporaines, de retisser l'histoire collective et personnelle, de suppléer les médiations disparues des institutions sociales et religieuses."[16] Dies impliziert, dass durch Schreiben Risse und Spaltungen in zeitgenössischen Gemeinschaften repariert werden können. Anhand von den ausgewählten Erzähltexten der deutschsprachigen und französischsprachigen Literatur aus Togo und Senegal möchte diese Arbeit Narrative der Gastfeindschaft untersuchen. Dies setzt voraus, den Fokus sowohl auf der narrativen oder fiktionalisierten Darstellung und Thematisierung der Gastfeindschaft als auch auf werkimmanente Einstellungen, Diskurse, Handlungen, Maßnahmen und Praktiken der handelnden Figuren und Institutionen zu legen. Die Forschungsfrage befasst sich damit, welche Manifestationen der Gastfeindschaft in den ausgewählten Romanen erkennbar sind, wie die handelnden Akteure charakterisiert werden, und wie sich die Praxis und die Erfahrung der Gastfeindschaft auf die einzelnen Protagonisten sowie auf die soziale Kohäsion in den fiktiven Gemeinschaften auswirken. Postkoloniale Literaturen, so Bill Ashcroft, „negotiate a gap between 'worlds'."[17] In diesem Zusammenhang

12 Peter Friedrich/Rolf Parr: „Von Gästen, Gastgebern und Parasiten", in: Dies.: (Hrsg.), *Gastlichkeit. Erkundungen einer Schwellensituation*, Synchron, Heidelberg 2009, S. 7–14, hier S. 9.

13 Zur Definition von „Gastmigrant", siehe Teil I, Punkt 4.2.

14 Alexandre Gefen: „Le Projet thérapeutique de la littérature contemporaine française" in: *Contemporary French and Francophone Studies*, vol. 20, no. 3, 2016, S. 420–427, hier S. 421. DOI: 10.1080/17409292.2016.1173842.

15 Vgl. Alexandre Gefen: *Réparer le monde : la littérature française face au XXIe siècle*, Éditions Corti, Paris 2017.

16 Alexandre Gefen, a.a.O., S. 422.

17 Bill Ashcroft, Gareth Griffiths & Helen Tiffin: *The Empire Writes Back: Theory and practice in post-colonial literatures*, 2. Auflage, Routledge, London/New York 2002, S. 38.

wird recherchiert, welche ästhetischen Strategien die jeweiligen Autoren verwenden, um Praktiken der Gastfeindschaft zu hinterfragen und Gastfreundschaft zu fördern.

Die Hypothese dieser Dissertation ist darauf ausgerichtet, dass die ausgewählten Erzählungen individuelle, soziale, politisch-strukturelle Dispositionen und Dispositive[18] der Gastfeindschaft herausstellen, die sowohl den Gastmigranten als auch der Harmonie in den fiktiven Gesellschaften schaden. Die Gastfeindschaft verwandelt das Land, in dem die Schutzsuchenden ihre Träume von einem besseren und sicheren Leben zu verwirklichen hoffen, in ein Traumaland. Durch unterschiedliche ästhetische Strategien verurteilen die Autoren die Gastfeindschaft und plädieren für eine Kultur der Gastfreundschaft gegenüber Gastmigranten.

Die in den zu untersuchenden Romanen dargestellten Narrative legen nahe, dass bestimmte Dispositive, die von Einheimischen bewusst oder unbewusst vor, während und nach der Begegnung mit Geflüchteten angewandt werden, die Integration Letzterer in das gesellschaftliche Gefüge erheblich behindern oder

18 Das Dispositivkonzept entnehme ich dem französischen Philosophen und Historiker Michel Foucault. Er versteht darunter eine heterogene Gesamtheit von Diskursen, Institutionen, architekturalen Einrichtungen, reglementierenden Entscheidungen, Gesetzen, administrativen Maßnahmen, wissenschaftlichen Aussagen, philosophischen, moralischen oder philanthropischen Lehrsätzen, die Gesagtes ebenso wohl wie Ungesagtes umfasst. (Foucault 1978a: 119 f.). Dispositiv konkretisiert die Macht in einer gegebenen Gesellschaft und dient beispielsweise zur Elemination einer unsteten Bevölkerungsmasse durch Aufnahme bzw. Absorption sowie zur Kontrolle und Unterwerfung der „Kranken“ und „Wahnsinnigen.“ Heute gehen Dispositive der Gastfeindschaft demselben Ziel nach, aber eher mit einem gegensätzlichen Vorgehen: Elimination durch Kontrolle, Unterwerfung und Ausgrenzung. In diesem Zusammenhang erweitert Giorgio Agamben Foucaults Definition und nennt „dispositif tout ce qui a, d'une manière ou d'une autre, la capacité de capturer, d'orienter, de déterminer, d'intercepter, de modeler, de contrôler et d'assurer les gestes, les conduites, les opinions et les discours des êtres vivants.“ (Giorgio Agamben, „Théorie des dispositifs“, in: *Poesie*, vol. 115, no. 1, 2006, S. 25–33, hier S. 29). Unter vielen anderen Dispositiven, die Agamben listet, zahlen auch die Asylen als Dispositiv (vgl. ebd., S. 30). Insofern ist das Dispositiv in unserem Fall die kulturelle, soziale und politische Disposition der Gastgebergesellschaft zum Ausschluss der fremden Gastmigranten. Es involviert Personen, Institutionen, Behörden und deren Verhaltensweise, Diskurse, Praktiken, Vorkehrungen und Gesetze, die beim Umgang mit Fremden eingesetzt werden. Diese Disposition wird in den sozialen, juristischen, gesetzlichen, politischen, administrativen Entscheidungen und in den soziokulturellen Diskursformationen und Vorschriften über den Gastmigranten sichtbar. Die Dispositive der Gastfeindschaft werden in der Zeit vor, während und nach dem Ankommen des Gastmigranten eingerichtet.

gar vereiteln. Diese Mechanismen schaffen Bedingungen, die Gastfeindschaft begünstigen, einen Generalverdacht nähren und die Schutzsuchenden als potenziell feindliche Subjekte konstruieren. Dies führt wiederum zu vielfältigen Wahrnehmungskonflikten, Abschiebeskandalen sowie aggressiven und gewalttätigen Szenarien in den Interaktionen zwischen den einheimischen und geflüchteten Protagonisten. In einem derartigen Umfeld erscheint ein harmonisches Zusammenleben oder ein interkultureller Austausch nahezu undenkbar. In dieser Hinsicht kann die Literatur Szenen der Gastlichkeit fördern, bei denen

> einzelne oder Gruppen auf Fremde treffen, diese aber nicht mehr automatisch als Feinde ansehen und sie unmittelbar angreifen, sondern ihnen einen temporären Schwebestatus zwischen Fremdsein und Selbstsein einräumen, in dem der dazu nötige Austausch Gäste und Gastgeber geradezu zwingt, von sich, dem eigenen Herkommen, von Erfahrungen und Absichten zu erzählen.[19]

Das erklärte Ziel dieser literaturwissenschaftlichen Forschungsarbeit besteht darin, einen Beitrag zur Förderung der Bildung kohäsiver Gemeinschaften zu leisten, in denen auch Gastmigranten einen integrativen Platz finden können.

2. Korpus und Forschungsstand

Der Korpus meiner Forschungsarbeit setzt sich aus vier Romanen zusammen. Zwei dieser Romane stammen aus der westafrikanisch-frankophonen Literatur, jeweils einer aus dem senegalesischen und dem togoischen Kontext, während die anderen beiden Werke der deutschen Literatur entstammen. Konkret handelt es sich um *Silence du chœur* von Mohamed Mbougar Sarr (2017), *Le Médicament* von Sénouvo Agbota Zinsou (2003), *Guldenberg* von Christoph Hein (2021) und *Die Verabschiebung* von Joachim Zelter (2021). Die Auswahl dieser vier Erzähltexte basiert einerseits auf ihren Handlungssträngen, die auf vielfältige Weise das Thema der Gastfeindschaft beleuchten, und andererseits auf ihren Erscheinungsjahren, die alle im 21. Jahrhundert liegen. Besonders relevant ist dabei, dass die Romane von Sarr, Hein und Zelter einen sehr aktuellen Bezug zur Problematik herstellen. Zinsous Roman ermöglicht es dagegen, einen historischen Einblick in das Thema aus der jüngsten Vergangenheit zu gewinnen, nämlich aus der Übergangszeit vom 20. zum 21. Jahrhundert. Die Romane von Sarr und Zinsou erweisen sich als besonders relevant, indem sie nicht nur das vorherrschende

19 Peter Friedrich/Rolf Parr (hrsg.): „Von Gästen, Gastgebern und Parasiten", in: Dies. (hrsg.), *Gastlichkeit. Erkundungen einer Schwellensituation*, Synchron, Heidelberg 2009, S. 7–14, hier S. 8.

gastfeindliche Klima thematisieren, sondern darüber hinaus ein alternativ positives und kämpferisches Bild der Asylsuchenden zeichnen. Die Romane von Sarr und Zinsou stellen die Gastmigranten in einem positiven Licht dar, indem sie diese Charaktere als resiliente und handlungsfähige Individuen porträtieren. Diese Darstellung betont die Fähigkeit der Protagonisten, aktiv auf ihre Lebensumstände im Gastland einzuwirken und Herausforderungen zu bewältigen. Diese literarischen Werke widersetzen sich somit der gängigen Vorstellung des passiven und hilflosen Gastmigranten und präsentieren eine aktive und selbstbestimmte Perspektive auf die Erfahrungen des Letzteren.

Des Weiteren bringen *Silence du chœur* und *Le Médicament* eine differenzierte Perspektive hinsichtlich des herkömmlichen Zusammenhangs zwischen der Romansprache und der geografischen Verortung der Handlung ein. Dies steht im Gegensatz zur etablierten Tradition der frankophonen Migrationsliteratur aus (West-)Afrika. Sarr und Zinsou zeichnen sich durch ihre innovative Herangehensweise aus und brechen mit dem gängigen Trend, dass französischsprachige Autoren aus Afrika, die über die Fremderfahrungen von Afrikanern in Europa schreiben, sich vorwiegend inhaltlich und sprachlich auf die ehemalige Metropole bzw. auf den französischen Raum fokussieren. Beide Autoren führen stattdessen ein ambivalentes und subversives Spiel. Sie verorten ihre Handlungen in Räumen, in denen die Romansprache nicht zwangsläufig der nationalen Sprache entspricht. Während Sarr inhaltlich den italienischen Raum wählt und sprachlich den französischen Raum adressiert, bezieht Zinsou die Handlung auf den deutschen Raum und richtet die Romansprache auf den französischen Raum aus. Ziel dieser subversiven Vorgehensweise besteht offensichtlich darin, die Aufmerksamkeit auf nicht-französische Räume im frankophonen Afrika zu lenken. Denn in Bezug auf Migration fungiert Italien als eines der ersten Ankunftsorte für Gastmigranten aus Afrika und als eines der Eingangstore nach Europa. Viele verweilen zunächst in einem Transitraum in Italien, bevor sie ihre Migration in andere europäische Länder fortsetzen. Zudem ist der französische Raum zweifellos nicht das primäre Ziel aller Gastmigranten aus dem frankophonen Afrika, sondern auch Deutschland unter anderem.

Letztlich entfalten sich die Handlungen der vier ausgewählten Romane in Räumen bzw. in Regionen (Sizilien, Sachsen, Bayern) und Staaten (Italien, Deutschland und – in Bezug auf die Sprache – Frankreich), die im Kontext der Migration und der Haltung gegenüber Gastmigranten eine besondere Bedeutung haben. Diese drei Länder gelten nicht nur als einige der Hauptzielländer für Gastmigranten, sondern sind auch in der Debatte über Migrations- und Asylpolitik in der Europäischen Union besonders präsent. Überdies werfen die Romane nicht nur ein Licht auf die Gastfeindschaft europäischer Gesellschaften, sondern auf die

Verantwortung der Gastmigranten selbst im Sinne einer Gastgeberfeindschaft. Dieser Aspekt wird oft wenig beachtet. In diesem Sinne erweisen sich die Romane als geeignet, um den Umgang mit fremden Gastmigranten in diesen Regionen und Ländern zu hinterfragen.

Über *Silence du chœur* sind einige wissenschaftlichen Artikel veröffentlicht worden. Allerdings haben sich die meisten auf die Funktionalität seiner polyphonischen Ästhetik konzentriert. Im Jahr 2023 erschien Virginie Brinkers Artikel „Faire advenir la complexité pour refaire corps : Silence du chœur de Mohamed Mbougar Sarr, une poétique du franchissement des frontières symboliques."[20] Darin zeigt sie, dass die Ästhetik der Nuance (*l'art de la nuance*) und die poetischen Modalitäten des symbolischen Grenzübertritts im Roman, sowohl auf der Ebene der Wortwahl als auch auf der Ebene der polyphonischen Struktur oder auch in Bezug auf das Verhältnis des Romans zum Mythos und zur theatralischen Gattung dazu einladen, die Frage der Migration in erster Linie in ihrer existenziellen Dimension zu stellen. Die geografischen Grenzen sowie die symbolischen Grenzen von Rassismus und Exklusion werden analysiert, wobei auch die poetischen Strategien zur Dekonstruktion und zum Überschreiten dieser Grenzen beleuchtet werden. Analog zu diesem Artikel geht die vorliegende Arbeit auch auf Aspekte der existenziellen Dimension der Migration sowie des Rassismus' und der Exklusion ein. In Sarrs Roman kommen unterschiedliche Stimmen zu Wort, denen eine politische Bedeutung für die demokratischen Gesellschaften beigemessen werden können, wie Mahaut Rabaté es in dem Artikel „Enjeux politiques des voix chez Assia Djebar et Mohamed Mbougar Sarr"[21] (2022) darstellt. Für Rabaté stellt Sarrs Roman im Vergleich mit einigen Erzählungen von Assia Djebar[22] politische Fragen, die durch die Wahl der polyphonischen narrativen Struktur beantwortet werden. Die Polyphonie regt daher dazu an, über Grundlagen der Demokratie und die Gestaltung einer vielschichtigen Gesellschaft, in der die Anderen anerkannt werden, nachzudenken. Auf das epische und polyphonische

---

20 Virginie Brinker: „Faire advenir la complexité pour refaire corps : Silence du chœur de Mohamed Mbougar Sarr, une poétique du franchissement des frontières symboliques", in: *HYBRIDA. Revue scientifique sur les hybridations culturelles et les identités migrantes*, n. 6, 2023, S. 119–140. https://doi.org/10.7203/HYBRIDA.6.2633.

21 Mahaut Rabaté: „Enjeux politiques des voix chez Assia Djebar et Mohamed Mbougar Sarr", in: *Fabula/Les Livres de voix. Narrations pluralistes et démocratie*, veröffentlicht am 25. März 2022, URL: https://www.fabula.org/colloques/document8069.php, Zugriff am 16.10.2023.

22 Assia Djebar ist eine algerische Schriftstellerin, eine der renommiertesten Autorinnen aus dem Maghreb.

narrative Dispositiv legen Luisa Fernanda Acosta Cordoba, Maud Lecacheur und Basil Martin-Marge den Fokus in ihrem Artikel „*Silence du chœur* de Mohamed Mbougar Sarr : une épopée polyphonique“[23] (2019). Indem sie unterschiedliche Aspekte der Polyphonie in der Erzählung studieren, zeigen sie insbesondere, wie Sarr durch die Wahl dieser Ästhetik dazu beiträgt, die Aspekte des epischen Romans zu verlagern bzw. zu erweitern. Bernard Faye interessierte sich auch für Sarrs Roman und untersucht aus einer soziolinguistischen Perspektive das Fremdartige („l'étrange“) in seiner kulturellen Bedeutung in seinem Artikel „Écriture de l'étrange dans le roman africain postmoderne : Silence du chœur de Mohamed Mbougar Sarr“[24] (2020). Dabei wird betont, dass das Fremdartige im Roman besonders durch die Anhänger der afrikanischen Oralität entschlüsselt wird. Denn, schreibt Faye, das Fremdartige in *Silence du chœur*, „est essentiellement l'apanage des tenants de la tradition orale. C'est au travers de leurs discours ou récits imprégnés des valeurs de l'oralité africaine que se déchiffre le fait étrange.“[25]

In den besagten Artikeln steht das Thema der Gastfeindschaft grundsätzlich nicht im Fokus. Dennoch dienen sie dieser Arbeit als Inspiration, um die Bedeutung der polyphonischen Ästhetik für das Thema der Gastfeindschaft herauszuarbeiten.

Gleichwie für Sarrs Roman ist über *Le Médicament* von Sénouvo Agbota Zinsou wenige Forschungsarbeiten vorhanden. János Riesz, einer der Akademiker, der sich vorwiegend mit Zinsous Werk beschäftigt hat, analysiert in dem Artikel „L'écrivain africain exilé en Allemagne. Stratégies d'adaptation linguistique et d'auto-affirmation : l'exemple du roman de Sénouvo A. Zinsou“[26] (2002) die sprachlichen Beziehungen, die der französischsprachige Autor zu der deutschen Umgebung, seinem Herkunftsland und Frankreich unterhält. Riesz erforscht

---

23 Luisa Fernanda Acosta Cordoba, Maud Lecacheur, Basil Martin-Marge: „Silence du chœur de Mohamed Mbougar Sarr : une épopée polyphonique“, in: *Présence Africaine*, vol. 199–200, no. 1–2, 2019, S. 217–241. DOI: https://doi.org/10.3917/presa.199.0217.

24 Bernard Faye: „Écriture de l'étrange dans le roman africain postmoderne : Silence du chœur de Mohamed Mbougar Sarr“, in: *Les Cahiers du GRELCEF*, No. 12. L'étrange dans la littérature francophone, mai 2020, S. 27–42.

25 Ebd., S. 27.

26 János Riesz: „L'écrivain africain exilé en Allemagne. Stratégies d'adaptation linguistique et d'auto-affirmation : l'exemple du roman de Sénouvo A. Zinsou“, in: Lieven d'Hulst/ Jean-Marc Moura (hrsg.): *Les études littéraires francophones : état des lieux. Actes du colloque organisé par les Université de Leuven, Kortrijk et de Lille*, 2–4 mai 2002, Villeneuve d'Ascq: Univ. Charles de Gaulle – Lille 3, 2003, S. 153–164.

> tant le travail linguistique d'une nouvelle réalité (d'une langue différente) par un auteur que la représentation romanesque de la situation de communication entre des hommes d'origines diverses confrontés à l'›épreuve‹ d'un foyer d'accueil pour les exilés. La composition en trois parties, fondée sur une exigence méthodique – maintien du lien à la culture africaine d'origine, écriture de soi au sein du monde allemand et ›traduction‹ des deux en français – est elle-même constamment ›reproduite‹ dans le roman, interrogée d'une manière ludique et, dans l'ordre tant linguistique qu'extra-linguistique, mise en scène aussi bien que mise à distance.[27]

Diese sprachlichen Aspekte, die Riesz untersucht, verweisen auf das Zusammenspiel unterschiedlicher Kulturen und Identitäten. In dieser Perspektive erforscht Yaovi Antoine Hounhouenou in seiner veröffentlichten Dissertation „L'image de l' Allemagne et des allemands dans la littérature ouest-africaine du 20ème siècle" (2007) die Repräsentation bzw. das Bild Deutschlands im fiktiven Land Dugan (Togo) sowie bei den Asylsuchenden unterschiedlicher Nationalitäten in dem Kapitel, das er Zinsous Roman widmet. Hounhouenou untersucht auch die Beziehungen oder Auseinandersetzungen der Asylsuchenden mit der Verwaltung der Transitlager und der Polizei sowie die Beziehungen der Geflüchteten untereinander und mit den Einwohnern. Außerdem hebt er die Verbundenheit der afrikanischen Figuren mit ihren Wurzeln, die Sehnsucht nach der Heimat hervor. Bei seiner Untersuchung wird teilweise auf gastfeindliche Erfahrungen der fremden Asylsuchenden eingegangen, ohne dass dies im Mittelpunkt seiner Arbeit steht. Im Rahmen der erlebten Gastfeindschaft versucht Susmitha Udayan in dem Artikel „Beyond 'Bare Life': Pushing Back on Refugee Stereotypes in Sénouvo Agbota Zinsou's *Le Médicament*" (2018), durch die Darlegung des biopolitischen Aspekts des „nackten Leben" (Giorgio Agamben) der afrikanischen Asylsuchenden eine kritische Perspektive in der stereotypen Repräsentation von Geflüchteten in europäischen Medien zu etablieren:

> I trace the refugee protagonists' acts of resistance, reinterpretation, and negotiation to argue that *Le Médicament* defies reductionist media tropes of refugees as passive, helpless, victims and recuperates a space for refugees' agency that is hewed by their experiences of displacement and disaffiliation.[28]

Durch die Darstellung der resilienten Fähigkeit der Asylsuchenden unter spannungsvollen Umständen betont die Autorin, dass Zinsous Roman herrschende Vorstellungen vom Flüchtlingsleben als „nacktem Leben" hinterfragt und befreit

27 Ebd., S. 155.

28 Susmitha Udayan: „Beyond 'Bare Life': Pushing Back on Refugee Stereotypes in Sénouvo Agbota Zinsou's *Le Médicament*", in: Lit: *Literature Interpretation Theory*, 29:3, 2018, S. 197–209, hier S. 199, DOI: 10.1080/10436928.2018.1490601.

zwangsvertriebene Gastmigranten aus dem stereotypen Eindimensionalität-Paradigma. Insofern bietet Udayans Artikel dieser Arbeit Impulse zur Untersuchung von Zinsous Roman, insbesondere hinsichtlich der Darstellung der Resilienzfähigkeit der Asylfiguren. Sophie Nicole Isabelle Tanniou schreibt auch in ihrer Dissertation „Decoding identities in 'Francophone' African postcolonial spaces: local novels, global narratives"[29] über Zinsous Roman. Vor dem Hintergrund der zwiespältigen prä- und postkolonialen historischen und politischen Konstruktion des Bildes des Illegalen in Frankreich und Deutschland untersucht die Autorin in ihrem Dissertationskapitel „Tormented souls and ghost life in the European Eldorado, or the desperate quest for *atiké*, the antidote, in Sénouvo Agbota Zinsou's *Le Médicament*" nicht nur die Migrationsgründe der Asylsuchenden, sondern auch ihre Identitätsbildung und die Art und Weise, wie sie ihr „Médicament" oder Gegenmittel gegen ein Leben voller Angst und Verzweiflung finden und die Wege, die sie finden, um mit ihrer neuen Identität zu (über-)leben. Das Motiv des Medikaments wird auch von Gbandé Daré in seiner unveröffentlichten Dissertation mit dem Titel „Intermedialer Mehrwert in S. A. Zinsous und El Lokos Werken"[30] aus dem Jahr 2017 kurz aufgegriffen. In dem Kapitel über *Le Médicament* recherchiert er vor allem, wie die Intermedialität durch Theatralität, Mündlichkeit, Telefon, Radio und Fernsehen Zinsous Roman prägt.

Die zuvor skizzierten Forschungsarbeiten zu den beiden frankophonen Romanen weisen in einigen Aspekten Parallelen zu meiner eigenen Forschung auf und bieten somit eine wesentliche Grundlage zur Vertiefung des Themas der Gastfeindschaft. Die vorliegende Arbeit legt besonderen Fokus auf die ästhetische Verarbeitung des Themas durch die jeweiligen Autoren, die gravierenden Folgen der Gastfeindschaft auf das Schicksal der eigenen Protagonisten sowie die kollektiven Konsequenzen der Gastfeindschaft in den fiktiven Gastgebergesellschaften. Diese Aspekte kommen in den bisherigen Arbeiten nur wenig zur Geltung. Es ist wichtig anzumerken, dass die beiden deutschen Romane, abgesehen von den Rezensionen, in der aktuellen Forschungsliteratur weitgehend unerforscht sind. Meine Arbeit markiert somit einen der ersten Schritte in der Erforschung dieser Werke.

Das Konzept der Gastfeindschaft ist seit seiner Einführung durch Derrida in der wissenschaftlichen Forschung nur marginal vertreten. Nichtsdestotrotz lässt es sich in Beziehung zum Konzept der Fremdenfeindlichkeit setzen, wobei

29 Sophie Nicole Isabelle Tanniou: *Decoding Identities in "Francophone" African Postcolonial Spaces: Local Novels, Global Narratives*, Dissertation an University of Birmingham, März 2015, unveröffentlicht. http://etheses.bham.ac.uk/id/eprint/6360.

30 Gbandé Daré: *Intermedialer Mehrwert in S. A. Zinsous und El Lokos Werken*, Dissertation an der Universität Lomé (Togo), 2017, unveröffentlicht.

der wesentliche Unterschied darin besteht, dass die Gastfeindschaft auf den ersten Blick nicht primär das Fremdsein des kommenden Anderen in den Vordergrund stellt, sondern vielmehr seinen Gastcharakter betont, ohne dabei die Fremdheit des Letzteren zu verkennen. Das Thema der Fremdenfeindlichkeit hat in jüngster Zeit vermehrt Aufmerksamkeit in der Forschung erhalten und stellt ein komplexes interdisziplinäres Feld dar, das unter anderen in anthropologischen, sozialwissenschaftlichen, politikwissenschaftlichen, medienwissenschaftlichen, philosophischen, sicherheitspolitischen, rechtwissenschaftlichen, religiösen und auch literaturwissenschaftlichen Bereichen behandelt wird. Es wäre äußerst aufwändig und unrealistisch, die unzähligen empirischen Studien und Forschungsarbeiten, die in diesen verschiedensten Fachrichtungen über das Thema durchgeführt wurden, zu präsentieren. Im Sinne einer wissenschaftlichen Solidarität betrachtet sich diese Arbeit als Fortsetzung und Weiterentwicklung des Forschungsfeldes. Mein Ansatz besteht darin, vor dem Hintergrund der existierenden Forschungsliteratur die Thematik durch literaturwissenschaftliche Analysen zu bereichern und in den aktuellen postkolonialen Forschungsdiskurs über Migration und Gastfeindschaft einzubinden, um neue Erkenntnisse zu gewinnen.

Die Arbeit gliedert sich in sechs Großkapitel. Der erste Teil widmet sich den theoretischen Grundlagen und konzeptuellen Überlegungen zu den Phänomenen der Gastfeindschaft und Gastfreundschaft. In den darauffolgenden vier Kapiteln erfolgt eine detaillierte Analyse der ausgewählten literarischen Werke. Das abschließende Kapitel bietet eine Synthese der Erkenntnisse der Analyse. Bei der Anordnung der Analyse habe ich bewusst auf eine herkunfts- und chronologisch orientierte Betrachtung verzichtet. Trotz der Anerkennung der ästhetischen und inhaltlichen Besonderheiten und Unterschiede zwischen den deutschen und den westafrikanisch-französischsprachigen Romanen verzichte ich darauf, die Analyse nach nationalsprachlichem und literarischem Raum zu kategorisieren. Jeder Autor schreibt aus individuellen Motiven, Erfahrungen, Zielsetzungen und nach persönlichem Verständnis der Literatur, was zu einzigartigen ästhetischen Spezifika führt, die sich nicht zwangsläufig nationalen Etiketten zuordnen lassen. Dazu betrachte ich die Praxis und Erfahrung der Gastfeindschaft als a-temporal, unabhängig von der zeitlichen Abfolge der Ereignisse. Obwohl sich aktuelle Migrationspolitiken aus denen vergangener Jahrzehnte entwickelt haben, können die Dynamiken der Gastfeindschaft unabhängig von der Chronologie der Ereignisse betrachtet werden. Ein Beispiel für diese Zeitlosigkeit ist die Gastfeindschaft aus enttäuschter Liebe, ein Thema, das sowohl von Sarr als auch von Zinsou aufgegriffen wird, obwohl ihre Romane etwa 16 Jahre auseinanderliegen. Diese a-temporale Betrachtungsweise zeigt, dass grundlegende Mechanismen der Gastfeindschaft über spezifische historische Kontexte hinausgehen. Auch mein Ziel besteht nicht darin, einen systematischen Vergleich der vier Romane durchzuführen, sondern nach der Untersuchung allgemeine Schlussfolgerungen zu ziehen. Aufgrund der Erscheinungsjahre der Romane würde eine chronologische Untersuchung zur Kategorisierung nach Autorenherkunft führen. Dies wird wiederum die traditionelle Debatte in der Komparatistik aufgreifen, die sich mit der Frage beschäftigt, ob Romane primär aus der eigenen Kultur des Verfassers oder der Zielkultur analysiert werden sollten. Stattdessen habe ich mich für eine thematische Analyse entschieden. Diese Methode ermöglicht es, zentrale Themen und Motive unabhängig von ihrer zeitlichen Abfolge zu untersuchen. Darüber hinaus ist die Analyse von Sarrs Roman breit gefächert und steht daher am Anfang der Untersuchung, was angemessener ist als mit einer spezifischen Analyse wie bei Zinsou und den deutschen Romanen anzufangen.

Insgesamt ist der Verzicht auf eine chronologische und nach Herkunft orientierte Analyse eine bewusste methodische Entscheidung, um die A-Temporalität der Gastfeindschaft zu betonen und die traditionelle Debatte über die angemessene Anordnung einer komparatistischen Analyse zu vermeiden. Durch die thematische Analyse können zentrale Themen und Motive unabhängig von ihrer zeitlichen Abfolge untersucht werden und so eine tiefere und umfassendere Analyse der Romane ermöglichen.

Vor diesem Hintergrund werden die ausgewählten Romane in der folgenden Reihenfolge analysiert: *Silence du chœur*, *Guldenberg*, *Le Médicament* und *Die Verabschiebung*.

3. Theorien der Untersuchung

Als theoretische Grundlagen der vorliegenden Arbeit werden der Postkolonialismus[31] und die Erzähltheorie herangezogen. Aus der Verbindung narratologischer Aspekte mit postkolonialen Analysekategorien entstand die postkoloniale

---

31 Der Postkolonialismus findet seine Ursprünge in den früheren französischen Kolonien, in der *Négritude*-Bewegung bzw. in den „*Négrituden*" der 1930er Jahre (Rabaka, 2015). Ziel der Négritude war es, „›schwarze‹ Kulturen aufzuwerten, sich von einer europäischen Kulturhegemonie zu emanzipieren und strategisch ein Inventar von Merkmalen ›schwarzer‹ Kulturen aufzustellen." (Dürbeck, 2017) Aimé Césaire, Léon Gontran Damas, Léopold S. Senghor, Frantz Fanon u. a. haben damals diesen ästhetischen, philosophischen und politischen Emanzipationskampf gegen die mit Imperialismus und Kolonialismus verbundene eurozentrische und diskriminierende Wahrnehmung der „schwarzen" Menschen und Kulturen geprägt. Der Postkolonialismus lässt sich als Fortsetzung „auf modifizierte Weise" des antikolonialen Diskurses dieser Bewegung erfassen, angesichts der anhaltenden Wirkungen des Kolonialismus in den mittlerweile unabhängig gewordenen Kolonien. (Lützeler, 2005).

Erzähltheorie, die es ermöglicht, das Thema der Gastfeindschaft sowohl in den formalen als auch in den inhaltlichen Aspekten umfassend zu analysieren.

3.1. Postkoloniale Theorie

Die postkoloniale Kritik ist ein diskursiver Ausdruck eines globalen Widerspruchs gegen alle Formen der modernen Unterdrückung und Abwertung des „Subalternen". Homi Bhabha, einer der Referenzautoren, welcher zusammen mit Edward Said und Gayatri C. Spivak[32] die „Holy Trinity"[33] des Postkolonialismus bildet, versteht die postkoloniale Literaturkritik als Widerstand gegen ideologische und imperialistische Diskurse der Moderne, welche der benachteiligten Konstruktion von differierenden „Minoritäten" eine hegemoniale „Normalität" verleihen. Sie formuliert kritische „Revisionen im Umkreis von Fragen der kulturellen Differenz, der sozialen Autorität und der politischen Diskriminierung."[34] Sie befasst sich also mit der Dekonstruktion, Revision und Transformation der kolonialistisch-abwertenden Konstruktion des außereuropäischen „Anderen", um die Beziehungen und Interaktionen neu zu definieren.

In den letzten Jahrzehnten hat sich die postkoloniale Literaturkritik zunehmend der Wahrnehmung und Behandlung von postkolonialen Migranten in westlich-europäischen Staaten und Gesellschaften zugewandt.[35] Dabei ist ihr Vorgehen die

> kritische Herausarbeitung von Konstruktionen des rassifizierten hegemonialen Eigenen (Whiteness) und abgewerteten Anderen (Blackness, People of Color, Jüdinnen und Juden, Muslim/-innen, postkoloniale Migrant/-innen etc.) als binäre Oppositionen in einem historischen Prozess, der durch wechselseitige Konstitution und strukturelle Ungleichheit geprägt ist, [und der] Fokus auf Machtrelationen, Ausbeutung, Hierarchien, In- und Exklusionen, die mittels kultureller Repräsentation und politischer Kontrolle stabilisiert werden.[36]

---

32 Edward Said: *Orientalismus. Kultur und Imperialismus* (1981 [1978]); G. C. Spivak: *Can the subaltern speak? Postkolonialität und subalterne Artikulation* (2008); Homi Bhabha: *Die Verortung der Kultur* (2011 [1994]).

33 Vgl. Robert Young: *Colonial desire. Hybridity in theory, culture and race*, Routledge, New York 1995, S. 163.

34 Homi Bhabha: *Die Verortung der Kultur*, Schauffenburg, Tübingen 2011, S. 255.

35 Die Figur des afrikanischen Gastmigranten in europäischen Gesellschaften wird besonders ein literarisches Motiv der Autoren der sogenannten „Migritude." (vgl. Chevrier 2004).

36 Kien Nghi Ha: „Postkoloniale Kritik und Hybridität", in: Ders. (hrsg.): *Unrein und vermischt: Postkoloniale Grenzgänge durch die Kulturgeschichte der Hybridität und der kolonialen »Rassenbastarde«*, transcript Verlag, Bielefeld 2010, S. 45. https://doi.org/10.1515/9783839413319-001.

Man kann mit Recht behaupten, dass der postkoloniale Gastmigrant vorwiegend in den Mittelpunkt der aktuellen postkolonialen Analysen gestellt wird. In diesem Rahmen erzielen postkoloniale Analysen eine emanzipierte und gleichgewichtige Repositionierung der Gastmigranten in ausgrenzenden westlichen Staaten, um vermutlich eine Antwort auf die Frage *Can the subaltern come and stay?* – eine Parodie von Spivak – zu finden. Sie entwickeln kritische Analysekategorien, mit denen Abwehrpraktiken gegenüber Fremden hinterfragt werden. Des Weiteren versuchen sie, dem unerwünschten Gastmigranten einen Platz, ein Wort, eine Sprache, eine Stimme und Anerkennung in existierenden hegemonialen Sozialordnungen zu verleihen. Um es mit Paul Michael Lützeler kurz zu formulieren, versuchen postkoloniale Analysen, in inszenierten postkolonialen Begegnungen[37] „faktische, koloniale Verhältnisse [zu] erkennen, um sie im Sinne der Dekolonialisierung zu verändern."[38] Postkoloniale Theorien betonen die Bedeutung und Auswirkung von Machtstrukturen und soziokulturellen Hierarchien in der postkolonialen Interaktion zwischen den Gastakteuren und streben danach, die Ungleichgewichte auszugleichen.

Trotz allem ist es wichtig zu erkennen, dass der Postkolonialismus sich sehr von der Kritik des westlichen Subjekts hat gefangen nehmen lassen, sodass er sich selbst schadet. Er hat es versäumt, sich eingehend mit dem „subalternen" Subjekt selbst auseinanderzusetzen. Es ist zwar ein nobles Unterfangen, sich um die Korrektur der eurozentrischen Darstellung der Dritte-Welt-Figur zu bemühen, jedoch wäre

37 „Postkoloniale Begegnung" soll hier in einem weiten Sinne verstanden werden. Der Postkolonialismus als ein „Darüber Hinaus" (Bhabha 2011: 1) bezieht sich nicht mehr ausschließlich auf ehemalige kolonisierte Länder, denn „[w]ir leben alle in einer postkolonialen Welt, nicht nur jene Menschen in und aus ehemals kolonisierten Gebieten." (Eckert, Andreas/Randeria, Shalini, „Geteilte Globalisierung", in: Shalini Randeria/Andreas Eckert (hg.): *Vom Imperialismus zum Empire*, Suhrkamp, Frankfurt am Main 2009, S. 9–33, hier S. 11). In derselben Perspektive schreibt Homi Bhabha: „Überdies weist die postkoloniale Theorie jedoch auf diejenigen Länder und Gemeinschaften hin – im Norden wie im Süden, in der Stadt wie auf dem Land –, die, wenn ich einen Ausdruck prägen darf, ‚anders als die Moderne' aufgebaut sind. Solche Kulturen einer postkolonialen *Gegen-Moderne* können in einem angrenzenden, diskontinuierlichen oder oppositionellen Verhältnis zur Moderne stehen" (Bhabha 2011: 9). Auch im Zusammenhang mit der Globalisierung entsteht „eine neue Bedeutungsdimension, in der der Begriff ‚postkolonial' eine Form der kulturellen Glokalisierung ausdrückt." (Kien Nghi Ha: „Postkoloniale Kritik und Migration – eine Annäherung", 2007, S. 44). Hier haben wir es also mit einem erweiterten Postkolonialismus zu tun.

38 Paul Michael Lützeler: *Postmoderne und postkoloniale deutschsprachige Literatur. Diskurs – Analyse – Kritik*. Aisthesis Verlag, Bielefeld 2005, S. 24.

meines Erachtens eine Auseinandersetzung mit dem eigenen Subjekt, einschließlich seiner Eigenrepräsentationen, Denkweisen, Wahrnehmungsmuster, Verhalten, Gefühle und Reaktionen im postkolonialen Diskurs noch von größerer Bedeutung für die Verwirklichung eines tatsächlichen postkolonialen Zustands.[39] Der

---

39 Hier kommt Wole Soyinkas Kritik zurecht, die er während der „African writers Conference of English Expression" im Jahre 1962 geäußert hat: „Ein Tiger verkündet nicht seine Tigritude, ein Tiger springt." (Janheinz Jahn: *Geschichte der neoafrikanischen Literatur*, Düsseldorf, Köln 1966, S. 242) Will man Edward Saids Zitat parodierend verändern, dann wäre es für den Postkolonialismus produktiv, den Versuch aufzugeben, anderen kolonialistisches Denken diskursiv und theoretisch vorzuwerfen und sich eher mit sich selbst zu beschäftigen. Den Versuch aufzugeben, unbedingt existierende Machtverhältnisse diskursiv abschaffen zu wollen, vielmehr den Versuch wagen, eigene pragmatische Machtstrukturen und Herrschaftsmittel bzw. -Bedingungen zu schaffen, um die existierenden zu konterkarieren. Der Versuch der Schwarzen, „den Weißen um jeden Preis den Reichtum ihrer Gedanken, die Ebenbürtigkeit ihrer Geisteskraft beweisen" (Fanon 1980, S. 9.) zu wollen, soll aufgegeben werden. Es wäre lohnender aufzuhören, ständig zu wiederholen, dass die Kultur der Anderen oder ihr Land nicht die Nummer eins ist" (Edward W. Said 1994, S. 442), wenn gleichzeitig die eigene Kultur von selbst gewissermaßen entwertet oder freiwillig vernachlässigt wird. Den Anderen zu zeigen, dass auch wir über eine wertvolle Kultur verfügen, bringt nichts, wenn dies auf das theoretische Zeigen beschränkt ist und nicht parallel mit einem pragmatischen Einsatz geht, und insbesondere, wenn wir selbst unseren Wert im Denken und Tun nicht widerspiegeln. Heute leidet der Postkolonialismus an einem kulturellen sowie politischen „Abhängigkeitskomplex" (Frantz Fanon: *Schwarze Haut, weiße Masken*. Aus dem Französischen von Eva Moldenhauer, Suhrkamp, Frankfurt am Main 1980, S. 62). Nicht zu bestreiten ist die Tatsache, dass die postkoloniale Theorie sich der Mittel des bekämpften „Gegners" bedient. Fast alle Bücher der postkolonialen Theoretiker sind bzw. werden nicht nur in der Sprache des Kolonisators, sondern auch in westlichen Metropolen veröffentlicht, wo diese auch leben und studiert haben. Diese Bemerkung unterstreicht auch Wolfgang Reinhard: „Eines der unausweichlichen Paradoxa des postkolonialistischen Denkens besteht nämlich darin, dass seine Vertreter den angesprochenen Sachverhalt nur identifizieren und Anläufe zu seiner Überwindung nur unternehmen können, indem sie sich der englischen Sprache und vor allem intellektueller Instrumente bedienen, die westliches Denken entwickelt hat." (Wolfgang Reinhard: *Die Unterwerfung der Welt: Globalgeschichte der europäischen Expansion 1415–2015*, C.H. Beck, München 2016, S. 1318). Hier kann man auch wohl an die sogenannte Bewegung der „Migritude" (Jacques Chevrier, « Afrique(s)-sur-Seine : autour de la notion de ‹ migritude › », *Notre Librairie*, n° 155–156, Juillet–Décembre 2004.) denken, deren Autoren in westlichen Metropolen leben und veröffentlichen, und deren Werke „souvent peu préoccupées par l'Afrique elle-même" sind (Odile Cazenave: *Afrique sur seine : une nouvelle génération de romanciers africains à Paris*, L'Harmattan, Paris 2004, S. 8). Diese Tatsachen schwächen einigermaßen den postkolonialen Kampf, der noch abhängig ist.

Postkolonialismus sollte sich verstärkt damit beschäftigen, das fortdauernde Minderwertigkeitsgefühl („germe d'infériorité"[40]) der ehemals kolonisierten Subjekte, die psychologische Internalisierung kolonialistischer Komplexe und abwertender Repräsentation der eigenen Identität, die sich im Denken, Sein, Tun und Schein niederschlagen, abzuschaffen.

Indem die postkoloniale Kritik sich mit Machtverhältnissen beschäftigt, knüpft sie an erzähltheoretische Analyseverfahren an, welche die Organisation des erzählerischen Machtapparats in fiktionalen Texten studieren.

3.2. Erzähltheorie

Die Erzähltheorie, im Allgemeinen Narratologie genannt, ist „die Wissenschaft vom Erzählen";[41] sie untersucht und systematisiert „das Was und Wie des Erzählens"[42] und beschreibt Formen, Strukturen und Funktionsweisen narrativer Phänomene.[43] Franz Stanzels „Theorie des Erzählens" baut sein erzähltheoretisches Modell hauptsächlich auf den typischen Erzählsituationen auf, die durch Modus, Person und Perspektive konstituiert[44] werden. Diese Triade beschreibt die vielfältigen Relationen und Wechselwirkungen zwischen dem Erzähler,[45] der Narration, dem Leser und den Romanfiguren (Modus und Person) und die

40 Franz Fanon: *Peau Noire, Masque blanches*, Éditions du Seuil, Paris 1952, S. 68.

41 Monika Fludernik: *Einführung in die Erzähltheorie*, WBG, Darmstadt 2006, S. 17.

42 Ebd., S. 19.

43 Ansgar Nünning & Vera Nünning: „Von der strukturalistischen Narratologie zur ‚postklassischen' Erzähltheorie: Ein Überblick über neue Ansätze und Entwicklungstendenzen", in: Dies. (Hrsg.): *Neue Ansätze in der Erzähltheorie*, Wissenschaftlicher Verlag, Trier 2002, S. 3–33, hier S. 4.

44 Franz K. Stanzel: *Theorie des Erzählens*, 7. Auflage, Vandenhoeck und Ruprecht Verlag, Göttingen 2001, S. 75.

45 „Erzähler" verweist nicht unbedingt auf den Autor eines Textes, sondern auf eine erzählende Instanz innerhalb des Textes. In diesem Sinne proklamierte Roland Barthes den »Tod des Autors«, während Michel Foucault die Instanz des „eigentlichen" Autors in der Epoche der Moderne auf eine gesellschaftliche und diskursive Funktion reduziert. Vgl. hier Roland Barthes: « La mort de l'auteur » in Roland Barthes: *Œuvres complètes. Tome II: 1966–1973, Éditions* du Seuil, Paris 1994 [1968], S. 491–495 und Michel Foucault, „Was ist ein Autor?", in: *Schriften zur Literatur*, München 1974, S. 7–31 und Vgl. Roland Barthes, *Am Nullpunkt der Literatur*, Frankfurt am Main 1982.

mit dem Standpunkt des Erzählers verbundene Wahrnehmung der dargestellten Geschichte durch den Leser.[46]

Gérard Genette fokussiert seine Erzähltheorie auf unterschiedliche komplexere Aspekte. Er spricht von „*histoire*“ als Signifikat oder narrativem Inhalt („le signifié ou contenu narratif“), von „*récit*“ als Signifikanten, Aussage [énoncé] und narrativem Text oder Diskurs („le signifiant, énoncé, discours ou texte narratif lui-même“), und von „*narration*“ als produzierendem narrativen Akt und realer oder fiktiver Situation, in der dieser erfolgt („l'acte narratif producteur et, par extension, l'ensemble de la situation réelle ou fictive dans laquelle il prend place“).[47] Diese drei Aspekte *histoire*, *récit* und *narration* stehen in komplexen Relationen mit anderen Kategorien: Die *Zeit*, das Verhältnis zwischen der Zeit der Erzählung und der Zeit des Geschehens, steht in Zusammenhang mit *ordre* (*Ordnung* des Geschehens), *durée* (*Dauer* des Erzählens sowie Textlänge) und *fréquence* (Erzählfrequenz bzw. Geschwindigkeit des Erzählten).[48] Der *Modus* und die *Fokalisierung* bestimmen Formen und Grade der narrativen Repräsentation bzw. die Instanzen, „aus deren subjektiver Perspektive die fiktive Welt wahrgenommen wird.“[49] Die *Stimme* weist auf die zeitliche und räumliche Position des fiktiven Erzählers gegenüber seiner Geschichte und seines fiktiven Adressaten hin.[50] Eine spezifischere Erläuterung von Genettes Erzähltheorie liefern Matías Martínez/Michael Scheffel in ihrem Buch *Einführung in die Erzähltheorie*.[51]

Der deutsche Theoretiker Jürgen Petersen bereichert die Narratologie mit weiteren Terminologien. In seiner „Deskriptionspoetik narrativer Texte fiktionaler

46 Franz K. Stanzel: *Theorie des Erzählens*, 7. Auflage, Vandenhoeck und Ruprecht Verlag, Göttingen 2001, S. 71 f. Stanzel beschreibt auch andere Relationen, die relevant bei der Untersuchung des narrativen Komplexes sind. Er spricht zum Beispiel von „Erzählprofil eines Romans“, also „vom Verhältnis der narrativen Teile des Romans zu den nicht-narrativen Teilen, Dialog und dramatisierter Szene […], und zwar von den rein quantitativen Relationen der beiden zueinander und von ihrer Distribution“ (ebd., S. 95) sowie von „Erzählrhythmus“, welcher die Art und Weise, wie die verschiedenen Grundformen des Erzählens aufeinanderfolgen, darstellt. (ebd., S. 98).

47 Gérard Genette: *Discours du récit : Essai de méthode, Éditions* du Seuil, Paris 2007 [1972], S. 15.

48 Ebd., S. 23.

49 Ansgar & Vera Nünning, 2002, op. cit., S. 7.

50 Gérard Genette, 2007, op. cit., S. 19 ff.

51 Matías Martínez/Michael Scheffel: *Einführung in die Erzähltheorie*, 10., überarbeitete Auflage, Verlag C.H. Beck, München 2016 [1999].

Art"[52] erläutert er die „Kategorien des ›point of view‹, der Erzählperspektive, des Erzählverhaltens und der Erzählhaltung."[53]

Kurz gesagt befassen sich narratologische Analysen systematisch mit inhaltlichen, formalen und strukturellen Grundelementen eines narrativen Textes.[54] Die Erzählforschung ist letztendlich eine Anatomie von Erzähltexten. Die moderne Narratologie hat sich über unterschiedliche Forschungsbereiche erweitert, sodass heute von unterschiedlichen „neuen" oder „postklassischen Narratologien" gesprochen wird, die Kategorien von Gender,[55] „Race", Identität, Alterität und Geschichte berücksichtigen.[56] Damit haben narratologische Ansätze sich von textzentrierten Analysekategorien zu kontextorientierten Untersuchungen des narrativen Textes entwickelt, so wie in unserem Fall das Beispiel der „postkolonialen Erzähltheorie" zeigt.

3.3. Anwendung der postkolonialen Erzähltheorie

Während die postkoloniale Theorie trotz ihrer literaturwissenschaftlichen Ausprägung „ein dezidiert politisches Forschungsfeld [ist], das in erster Linie nach dem ideologischen Gehalt von Texten fragt",[57] rückt die Erzähltheorie formale Aspekte von Texten ins Zentrum ihrer Überlegungen. Da das Ästhetische oft als Gegenpol zum Politischen betrachtet wurde,[58] spielten „postcolonial aesthetics"

---

52 H. Jürgen Petersen: *Erzählsysteme: eine Poetik epischer Texte*, Metzler Studienausgabe Stuttgart; Weimar 1993, S. 3.

53 Ebd., S. 2.

54 Eine ausführliche Erläuterung der Funktionen dieser metatextuellen Elemente der narrativen Vermittlung bietet auch Ansgar Nünnings Buch *Grundzüge eines kommunikationstheoretischen Modells der erzählerischen Vermittlung: Die Funktionen der Erzählinstanz in den Romanen George Eliots*, WVT, Trier 1989. (Nünning A., 1989).

55 Vgl. hierzu Gaby Allrath & Marion Gymnich: „Die Feministische Narratologie", in: Ansgar & Vera Nünning 2002, S. 35–72.

56 Vgl. hierbei Beiträge in Ansgar & Vera Nünning 2002.

57 Sandra Heinen: „Die erzählerische Form des Ideologischen. Facetten postkolonialer Narratologie. [Rezension zu: Divya Dwivedi/Henrik Skov Nielsen/Richard Walsh (Hrsg.): *Narratology and Ideology. Negotiating Context, Form, and Theory in Postcolonial Narratives*. Columbus, OH 2018 (= Theory and Interpretation of Narrative)]", in: *DIEGESIS. Interdisziplinäres E-Journal für Erzählforschung/Interdisciplinary E-Journal for Narrative Research 9.2* (2020). S. 132–138, hier S. 132.

58 Susanne Reichl: „Reading Aesthetics as Politics in Postcolonial Literatures", in: Sabine Volk-Birke/Julia Lippert (Hrsg.): *Anglistentag 2006 Halle. Proceedings*. Trier 2007, S. 267–275: „Aesthetics is a term often associated with a traditional approach to literature, with a neglect of any ideological position in the appreciation of a text, with the political right rather than left, with disinterestedness and the appreciation of 'Great Literature'. All these are antithetical presumptions for the work of postcolonial theoreticians." (S. 268).

bzw. formale Aspekte literarischer Texte in der postkolonialen Literaturwissenschaft lange Zeit eine kleinere Rolle, „perhaps for fear that it might contaminate [its] political integrity."[59] Sie fokussiert anscheinend vor allem ein kontextuelles Verständnis kolonialer und postkolonialer Ungleichheiten, Machtherrschaftsverhältnisse und Dominanz. Diskussionen sowohl in der postkolonialen Theorie als auch in der Narratologie haben demzufolge zur Konsolidierung und Erweiterung beider Theoriekomplexe geführt.[60] Aus der Absicht heraus, narratologische Analysekategorien für die Analyse postkolonialer Texte nutzbar zu machen, ist die „postkoloniale Narratologie" entstanden. Die postkoloniale Erzähltheorie gehört also zu diesen neuen Ansätzen, die sich im Zuge der „renaissance in narrative theory and analysis"[61] in den 1990er-Jahren herausgebildet haben.[62] Die kritischen Auseinandersetzungen mit der klassischen Narratologie haben „die Möglichkeiten einer produktiven Weiterentwicklung narratologischer Theorien, Modelle und Methoden aufgezeigt und zudem neue Herangehensweisen und Konzepte für die Theorie, Analyse und Interpretation von Erzähltexten hervorgebracht."[63] Diese Renaissance der Narratologie hat dazu geführt, dass „die Erzähltheorie eine Reihe von sehr produktiven Allianzen mit anderen einflussreichen Ansätzen der zeitgenössischen Literatur- und Kulturtheorie eingegangen ist."[64]

---

59 Vgl. Bill Ashcroft: „Towards a postcolonial aesthetics", in: *Journal of Postcolonial Writing*, 51:4, 410–421, (2015), DOI: 10.1080/17449855.2015.1023590, hier S. 410.

60 Sandra Heinen, 2020, op. cit., S. 132: „Nach der Konsolidierung der Postcolonial Studies, bei der die Abkehr vom Ästhetischen und die Hinwendung zum Politischen ein zentrales Mittel der Profilbildung war, wurde zunehmend kritisch angemerkt, dass der Zugriff auf literarische Texte in den Postcolonial Studies zu einseitig sei und ihrer literarischen Qualität nicht gerecht werde. Die parallel dazu in der narratologischen Forschung geführte Debatte über die Zukunft der Erzähltheorie brachte eine ganze Reihe von ‚postklassischen Narratologien' als Alternativen zum strukturalistischen Paradigma hervor, von denen viele für die Einbeziehung kontextueller Faktoren in die Textinterpretation plädierten."

61 Brian Richardson: „Recent Concepts of Narrative and the Narrative of Narrative Theory.", in: *Style* 34, 2000, S. 168–175.

62 James Phelan and Peter J. Rabinowitz: „Introduction: Tradition and Innovation in Contemporary Narrative Theory", in: Dies. (hrsg.): *A Companion to Narrative Theory*, Blackwell Publishing, Malden 2005, S. 1–16, hier S. 2.

63 Ansgar Nünning & Vera Nünning: „Vorwort", in: Dies. (Hrsg.), 2002: op. cit., S. iiv.

64 Ansgar Nünning & Vera Nünning, 2002, op. cit., S. 2.

Im Sinne dieser hybriden Allianzen haben Hanne Birk und Birgit Neumann die postkoloniale Erzähltheorie entwickelt. Die Spezifik dieser Theorie haben die Autorinnen in ihrem 2002 veröffentlichten Artikel „Go-Between. Postkoloniale Erzähltheorie“ dargestellt. Die postkoloniale Erzähltheorie versteht sich als Verschmelzung der postkolonialen Literaturkritik und der Erzähltheorie, „als ein *Go-between*, als ein relationierender Ansatz bzw. als ein hybrider Entwurf, der durch die Präsenz und Vermittlung zweier Theoriekomplexe gekennzeichnet ist.“[65] Beide Autorinnen sind von der Feststellung ausgegangen, dass die postkoloniale Literaturkritik trotz ihrer vorwiegend inhaltlich-kontextuellen Ausrichtung „von einer Verbindung mit narratologischen Analysekategorien, die eine Berücksichtigung *formaler* Aspekte literarischer Texte ermöglicht, profitieren [kann].“[66] Sie versuchen tatsächlich,

> einige zentrale Schnittstellen zwischen ausgewählten Konzepten des postkolonialen Theoriekomplexes und für diesen Kontext besonders relevanten Kategorien der Erzähltheorie vorzustellen. Auf diese Weise sollen Möglichkeiten aufgezeigt werden, wie der primär textimmanent und formal orientierte Ansatz einer Erzähltheorie strukturalistischen Ursprungs für den dominant thematisch, kontextuell und ideologiekritisch ausgerichteten postkolonialen Ansatz fruchtbar gemacht werden kann.[67]

Die Korrelierung soziokultureller Kategorien mit inhaltlich-formalen bzw. narratologischen Analysekategorien ermöglicht es – so die Autorinnen –, „die vielfältigen Funktionen der Repräsentation des Fremden und des Eigenen [in literarischen Texten] aufzuzeigen und sie schließlich kulturhistorisch zu kontextualisieren.“[68] In diesem Fall sensibilisiert die postkoloniale Narratologie für Themenkomplexe, zum Beispiel Migration, Andersartigkeit, Diversität und Machtverhältnisse, die mit dem Postkolonialen assoziiert werden, und versucht, ihre möglichen narratologischen Korrespondenten zu untersuchen und sie zu integrieren.[69] Die postkoloniale Erzähltheorie interessiert sich auch für Kategorien wie Ethnizität, Rasse, Klasse und Gender. Sie zeigt, „how concepts of identity and alterity or categories

---

65 Hanne Birk & Birgit Neumann: „Go.Between: Postkoloniale Erzähltheorie“, in: Ansgar Nünning & Vera Nünning (Hrsg.): *Neue Ansätze in der Erzähltheorie*, Wissenschaftlicher Verlag, Trier 2002, S. 115–152, hier 116.

66 Ebd., S. 145.

67 Ebd., S. 115.

68 Ebd., S. 119.

69 Gerald Prince: „On a Postcolonial Narratology“, in: James Phelan and Peter J. Rabinowitz (hrsg.): *A Companion to Narrative Theory*, Blackwell Publishing, Malden 2005, S. 372–380, hier S. 373.

such as ethnicity, race, class and gender are constructed, perpetuated or subverted in narrative texts."[70]

Birk und Neumann zeigen, wie erzähltheoretische Analysekategorien praktisch für die literarische Interpretation postkolonialer Problematiken wie Identitäts- und Alteritätskonstruktionen angewendet werden können. Ihnen zufolge sind vor allem Identitätskonstruktionen für die postkoloniale Erzähltheorie grundlegend, da „Identität wesentlich über diskursive Formationen – in ihrer stärksten Form über Erzählungen – gebildet und gefestigt wird"[71] und somit eng mit Narration bzw. Artikulation, Stimme und Handlungsermächtigung verbunden ist. Auf welche Art Identitäts- und Alteritätskonstruktionen narrativ produziert werden können, zeigt Monika Fludernik:

> Durch imagologische Topoi (die auf der Textebene in Beschreibungen sowie in wertenden Aussagen des Erzählers aufscheinen); durch die gezielte Auswahl und Anordnung des Schauplatz-, Handlungs- und Figurenkomplexes; [...] durch die Modi der Fokalisierung sowie die systematische Regulierung des Zugriffs auf die Innenwelt strategisch ausgewählter Romanfiguren; durch die Wahl des Erzählerstandpunktes (Klassen-, Geschlechts- etc. Zugehörigkeit, zeitliche und lokale Situierung der Erzählerfigur/en); und durch die Einbindung in, bzw. Abgrenzung von, anderen Identitäts- und Alteritätsdiskursen.[72]

Fludernik zufolge tragen die narratologischen Aspekte der Beschreibung, der Geschichte, des Erzähler-Diskurses, der Fokalisierung, der Mittelbarkeit und der Intertextualität zur Identitäts- und Fremdkonstruktionen bei. Sie plädiert für die Erweiterung des narratologischen Terrains auf postkoloniale Analysekategorien, denn sie bekämen durch die Erzähltheorie „Präzision."[73] Sie hat somit wegweisende Gedanken zur Entwicklung der postkolonialen Erzähltheorie vorgelegt.

In dieser Perspektive kann zum Beispiel die Untersuchung einer auktorialen Erzählsituation, in der der Erzähler über Allgegenwart und Allwissenheit verfügt und sich als „übergeordnetes Orientierungszentrum" positioniert, ideologisch bedingte Dependenz- oder Hierarchiebeziehungen und so (post-)koloniale

---

70 Marion Gymnich: „Linguistics and Narratology: The Relevance of Linguistic Criteria to Postcolonial Narratology", in: Marion Gymnich, Ansgar Nunning & Vera Nunning (hrsg.): *Literature and Linguistics: Approaches, Models, and Applications. Studies in Honour of Jon Erickson*, WVT, Trier 2002, S. 61–76, hier S. 62.

71 Birk und Neumann, 2002, op. cit., S. 119 f.

72 Monika Fludernik: „When the Self is an Other: Vergleichende Erzähltheoretische und Postkoloniale Überlegungen zur Identitäts-(De)Konstruktion in der (Exil)Indischen Gegenwartsliteratur", in: *Anglia* 117 (1999), S. 71–96, hier 71 f.

73 Ebd., S. 96.

Machverhältnisse aufzeigen. Eine auktoriale Erzählerstimme kann mit imperialistischer Dominanz konnotiert werden. In Anlehnung an Susan Lansers Typologie der Erzählerstimmen[74] zeigen Birk und Neumann, dass eine *authorial voice* Aufschluss über die Redefreiheit oder „Sprachlosigkeit" des subalternen Subjekts geben kann.[75] Die Darlegung der Dominanztendenzen und Machtverhältnisse sowie der Sprachlosigkeit des subalternen Subjekts – des Gastmigranten – ist relevant für die vorliegende Arbeit, sofern diese Elemente bei dem Aufeinandertreffen der postkolonialen Gastakteure eine Rolle spielen. Einerseits wird in den ausgewählten Texten aufgezeigt, wie die Autoren mit diesen Machtverhältnissen umgehen bzw. ob sie sie infrage stellen oder sie zuspitzen. Andererseits soll die Redefreiheit des schutzsuchenden Gastmigranten im Text untersucht werden. Es wird der Frage nachgegangen, ob „der Andere zum sprachlosen, sogar wahrnehmungsberaubten Objekt degradiert bzw. typifiziert"[76] wird.

Überdies stellt sich eine andere Frage, und zwar inwieweit und in welchem Umfang die Sichtweisen des Anderen im Text aufgenommen werden und wie die Sichtweisen des Eigenen ideologisch bedingt sind. Birk und Neumann zufolge lässt sich durch die Analyse der Figurendarstellung und der „Kontrast- und Korrespondenzrelationen" erschließen, ob „Identitäts- und Alteritätszuschreibungen als abgeschlossene stabile Entitäten konzipiert werden und somit im Sinne einer kolonialen ‚dominanten Weltauslegung' fiktionalisiert werden."[77] Figuren können zum Beispiel dynamisch/statisch oder mehrdimensional/typisiert konzipiert werden. Darüber hinaus können aus der Figurenkonstellation und der Figurencharakterisierung Interpretationshinweise jeweils für Konfliktpotenziale

---

74 In: *Fictions of Authority: Women Writers and Narrative Voice* hat Susan Sniader Lanser (1992) ErzählerInnenstimmen hervorgehoben, die „a particular nexus of powers, dangers, prohibitions, and possibilities"(S. 15) haben. Sie zeigt das Verhältnis zwischen sozialer Identität und textueller Gestaltung. Sie unterscheidet zwischen *public* und *private narration*, bzw. *public* und *private voice. Authorial voice* steht demnach für einen heterodiegetischen, öffentlichen und potenziell selbstreferentiellen Erzähler. Diese Erzählsituation stellt auch den Nexus von Männlichkeit und Autorität dar. Lanser bezeichnet als personal voice „narrators who are self-consciously telling their own histories" (S. 18), „in which the 'I' who tells the story is also the story's protagonist (or an older version of the protagonist)" (S. 19). Es geht um Genettes autodiegetischen Erzähler, der auch Hauptfigur der von ihnen erzählten Geschichte ist. Die dritte Stimme, die Lanser hervorhebt ist the communal voice, „a spectrum of practices that articulate either a collective voice or a collective of voices that share narrative authority." (S. 21).

75 Hanne Birk und Birgit Neumann 2002, S. 131.

76 Ebd., S. 131 f.

77 Ebd., S. 133.

zwischen (ehemaligen) Kolonisierenden und Kolonisierten – in unserem Fall Gastgeber und Gastmigranten – gewonnen werden.

Diese Analysekategorien werden helfen, die Interaktionen, gegenseitige Wahrnehmungen, Selbst- und Fremdcharakterisierungen und Zuschreibungen der Gastprotagonisten auszuwerten und zu ermitteln, inwiefern sie Bedingungen zu feindlichen Umständen schaffen.

Aus den bisherigen Erläuterungen ergibt sich, dass es bei der postkolonialen Erzähltheorie um Positionierungen, Relationen, Bewegungen zwischen Erzähler, Erzählung, Handlung, Figuren und Leser geht, und besonders darum, wie diese für den Kontext postkolonialer Begegnungen funktional interpretiert werden. Die unterschiedlichen Analysenaspekte der postkolonialen Erzähltheorie bieten genügend Möglichkeiten, das Thema der Gastfeindschaft im postkolonialen Kontext umfassend sowohl in seiner narrativen als auch inhaltlich-kontextuellen Gestaltung zu untersuchen. Sie ermöglichen, die Beziehungen der Gastprotagonisten gründlich qualitativ auszuwerten. Dabei werde ich Beschreibungen, Aussagen, Wortwahl sowie Positionierungen der jeweiligen Erzähler und der Figuren postkolonialkritisch darlegen. Anhand des narrativen Dispositivs werde ich versuchen, die Begegnungs-, Aufnahme- bzw. Abwehrdispositive, die von den Gastgebern eingesetzt werden, in ihren unterschiedlichen Grundlagen darzulegen und den Prozess der Verfeindung zu bewerten. Die Probleme, die bei den gastlichen Interaktionen in der fiktionalen Erzählwelt entstehen, sollen auch hervorgehoben werden.

In Ergänzung zu den erzähltheoretischen Aspekten und der Analyse im Hinblick auf postkoloniale Zielsetzungen, sollen die ausgewählten Romane auch unter Berücksichtigung der Theorien der Gastfeindschaft, Gastfreundschaft, des Zusammenlebens sowie der aktuellen Diskurse zur Migration und zum Asyl untersucht werden. Dabei werde ich, falls erforderlich, auf sprachkritische und diskurs- sowie ideologiekritische Analysen zurückgreifen, um den Diskurs sowohl der Autoren als auch der agierenden Figuren über Fremdrepräsentation und Asyl kritisch zu beleuchten. Sofern die Erzählung als eine Subkategorie des Diskurses betrachtet wird,[78] erweist sich in der narratologischen Analyse die Beachtung von phonologischen, syntaktischen, semantischen, pragmatischen, logischen, kognitiven und ästhetischen Aspekten von Worten, Wortbestandteilen, Ausdrücken und Sätzen als unverzichtbar.

78 Jens Brockmeier, Rom Harré: „Die narrative Wende: Reichweite und Grenzen eines alternativen Paradigmas“, in: *Psychologie und Gesellschaftskritik*, 29(3/4), 2005, S. 31–57, hier S. 34. https://nbn-resolving.org/urn:nbn:de:0168-ssoar-288058S.

Zusammenfassend ist die Analyse nicht nur auf textimmanente und formale Aspekte der Darstellung von Gastfeindschaft beschränkt, sondern bezieht auch thematische, kontextuelle und ideologiekritische postkoloniale Elemente mit ein.

4. Begriffserklärungen

4.1. Gastfeindschaft, Gastfreundschaft

Der Begriff der *Gastfeindschaft* ist die deutsche Übersetzung von Jacques Derridas Konzept der *hostipitalité*.[79] Der Terminus schlägt vor, Gastfreundschaft (*hospitalité*) und Feindschaft (*hostilité*) zusammenzudenken. Derridas Meditationen zeichnen sich trotz ihrer sporadischen Andeutungen zur aktuellen Asyl- und Flüchtlingspolitik durch ihre Eignung aus, Reflexionen über die Identität des fremden Gastmigranten sowie über den zeitgenössischen Umgang mit ihm anzustoßen. Der Begriff der Gastfeindschaft hat sich durch die Entwicklung, insbesondere durch die Zweideutigkeit von *hostis* bzw. *Gast*[80] etabliert. Emile Benveniste hat gezeigt, dass der Begriff *hostis* ursprünglich „Gleichheit durch Ausgleich" bedeutet, was auch die Grundlage der Institution der Gastfreundschaft bildet.[81] Ein *hostis* war „der Fremde, dem als solchem die gleichen Rechte zuerkannt werden wie den römischen Bürgern."[82] In diesem Rahmen beruht die Gastfreundschaft auf der Vorstellung, dass Gast und Gastgeber durch eine Art konventionelle Freundschaftsbeziehung verbunden sind. Dieses Verständnis des *hostis* hat sich später geändert:

> Die klassische Bedeutung »Feind« ist wohl aufgetaucht, als die Tauschbeziehungen von Sippe zu Sippe durch Ausgrenzungsbeziehungen von *civitas* zu *civitas* abgelöst wurden (vgl. gr. Xénos »Gast« > »Fremder«) [...]. Als die frühere Gesellschaft zur Nation wird, verfallen die Beziehungen von Mensch zu Mensch, von Sippe zu Sippe. Unterschieden wird nur mehr zwischen dem, was außerhalb oder innerhalb der *civitas* liegt. Durch [diesen] Wandel [...] hat das Wort *hostis* eine »feindliche« Bedeutung angenommen und wird nur mehr für den »Feind« eingesetzt.[83]

---

79 Jacques Derrida: *Von der Gastfreundschaft*, aus dem Französischen von Markus Sedlaczek, Passagen-Verlag, Wien 2001, S. 38.

80 Mit den verschiedenen Erscheinungsformen, Identitäten oder Funktionen des Gastes hat sich Hans-Dieter Bahr in seinem Buch *Die Sprache des Gastes* (1994) ausführlich beschäftigt.

81 Emile Benveniste: *Indoeuropäische Institutionen: Wortschatz, Geschichte, Funktionen. Aus dem Französischen von Wolfram Bayer*, Éditions de la Maison des Sciences de l'Homme, Frankfurt am Main und New York:, S. 71.

82 Ebd., S. 77.

83 Ebd., S. 71 ff.

Benveniste macht deutlich, dass die Konstruktion des fremden Gastes als „Feind" und dessen Ausgrenzung mit der Politisierung und der Nation-Werdung der Gesellschaften entstanden ist.[84] Sicherlich hat es sich damit als notwendig erwiesen, die Mobilität in den damaligen politischen Räumen und die Beziehung zwischen der Nation und den Bürgern anderer Nationen zu regulieren, sodass dem Fremden ein anderer Status zugeschrieben wurde. Anscheinend hat sich diese problematische Verbindung von Fremdheit und Feindschaft in dem Umgang mit dem fremden Gast bis in die modernen Gesellschaften weiterentwickelt und durchgesetzt,[85] denn er ist seitdem ein abzulehnender und abzuwehrender Fremder geworden. Der Gast erscheint

> als das, was nicht dazugehört, als Störendes, Ungereimtes und Unverträgliches, als Schädliches, Unheilvolles, als teuflisch Zersetzendes, das uns ständig zu enteignen und zu überfremden droht. Man sucht daher das andere als das Fremde nicht nur auszuschließen und abzuwehren, sondern zu vertreiben und zu vernichten.[86]

Unter dieser Vorstellung wird der Gastmigrant schlechthin mit dem „Feind" der Gastgebergesellschaft gleichgesetzt. Das stellen Le Blanc und Brugère fest:

> L'ennemi public numéro un est un criminel qui doit être puni en raison de ses actes. Cependant, par un élargissement proprement insensé, l'étranger, le non-citoyen, en tant que terroriste implicite, est regardé comme un criminel potentiel et est traité le plus souvent comme cet ennemi. Il est l'hôte dont personne ne veut, le membre fantôme qu'aucune hospitalité ne peut faire exister pleinement.[87]

Die Gastfeindschaft umfasst alle Dispositive, welche auf einer Feindbildkonstruktion des postkolonialen Gastmigranten beruhen und seinen systematischen Ausschluss erzielen, wie Guillaume Le Blanc und Fabienne Brugère es treffend formulieren: „Faire qu'il n'y ait plus personne là où il y a quelqu'un, c'est le contraire de l'hospitalité, c'est l'inhospitalité. Or l'inhospitalité devient hostilité ou haine."[88] Gastfeindschaft bedeutet also eine soziokulturell und politisch geprägte

---

84 Einen Überblick über die Wahrnehmung von Fremden als Feinden in den antiken Gesellschaften stellt Erhard Oeser in seinem Buch *Die Angst vor dem Fremden. Die Wurzeln der Xenophobie* (2015) dar.

85 Im europäischen Raum wurde diese Assoziation besonders von Carl Schmitt, dem prominentesten Theoretiker der Feindschaft, geprägt. Vgl. Carl Schmitt: *Der Begriff des Politischen. Text von 1932 mit einem Vorwort und drei Corollarien*, Duncker & Humblot, Berlin 1963. / *Die Theorie des Partisanen: Zwischenbemerkung zum Begriff des Politischen*, Duncker & Humblot, Berlin 1963.

86 Hans-Dieter Bahr: *Die Befremdlichkeit des Gastes*, Passagen Verlag, Wien 2005, S. 17.

87 Guillaume Le Blanc/Fabienne Brugère, 2018, op. cit., S. 178.

88 Ebd., S. 13.

systematische Feindschaft gegenüber dem fremden Gast. Sie umfasst innere kognitive und affektive Prädispositionen wie Wahrnehmungen, Überzeugungen und Erwartungen über Eigenschaften und Verhaltensweisen fremder Migranten sowie deren negative Bewertung[89] und die damit verbundenen externen Dispositive wie Handlungen, Diskurse, Praktiken, Vorkehrungen, Entscheidungen, Gesetze, Orte oder Räume, die von Individuen, Gemeinschaften, Institutionen, Behörden und Staaten genutzt werden, um eine feindliche Aufnahme (*Ungastlichkeit*[90]), eine Abwehr, Ausgrenzung und einen Ausschluss des fremden Gastes herbeizuführen. Die Praxis der Gastfeindschaft rechtfertigt kulturell Unterschiede in Bezug auf die Hautfarbe und das äußere Erscheinungsbild, die Herkunft, die Sprache und andere soziale Verhaltensweisen der Angekommenen.[91] Sie funktioniert mit Stereotypen und bezieht sich nicht nur auf die „latent ablehnende, aber auch auf die öffentlich demonstrierte aggressive Abwehr des Fremden und eine Politik der Abschottung von Lebensräumen."[92] Sie manifestiert sich besonders durch Fremdenhass, wie Guillaume Le Blanc und Fabienne Brugère betonen:

> L'hospitalité est le contraire de la haine […]. C'est seulement si l'on vainc la haine qu'on peut se mettre en état d'hospitalité. La haine isole, l'hospitalité rassemble. La haine isole doublement. Elle ne tolère que la seule résidence des sujets nationaux qu'elle circonscrit dans une identité communautaire essentialisée. Elle désintègre le cosmopolitisme existentiel de chaque individu et entend neutraliser tous les mélanges pour laisser triompher une souveraineté individuelle homogène. L'hospitalité […] accompagne la conviction que le mélange est une bonne chose, que le voisinage des vies proches et des vies éloignées est désirable.[93]

Der Hass gegen die Gastmigranten äußert sich in ihrer Unerwünschtheit, Verachtung, Diskriminierung und Abwertung, sowie in Formen wie Rassismus, Ethnozentrismus, Rechtsextremismus, Fremdenangst, Intoleranz, Ressentiment und Gewalt. Dies alles führt zur Abwehr gegen die Bildung einer inklusiven und pluralistischen Gemeinschaft mit den entfremdenden Gastmigranten.

---

89 Corinna Kleinert: *Fremden Feindlichkeit Einstellungen junger Deutscher zu Migranten*, Verlag für Sozialwissenschaften, Wiesbaden 2004, S. 84 ff.

90 Hans-Dieter Bahr zufolge spricht man bereits von ›Ungastlichkeit‹, wenn bei der Aufnahme eines Gastes eine Freundlichkeit fehlt, nicht nur, wenn die Aufnahme überhaupt verweigert wird (Bahr 1994, S. 206).

91 Ulrike Heß: *Fremdenfeindliche Gewalt in Deutschland. Eine soziologische Analyse*, Profil Verlag, München und Wien 1996, S. 21 f.

92 Hans-Gerd Jaschke: *Rechtsextremismus und Fremdenfeindlichkeit. Begriffe, Positionen, Praxisfelder*, 2. Auflage, Westdeutscher Verlag, Wiesbaden 2001, S. 62.

93 Guillaume Le Blanc/Fabienne Brugère, 2018, op. cit., S. 29 f.

Obwohl die Feindschaft schon in der Wurzel des Begriffs „Gast“ sichtbar ist und sich in den modernen Gesellschaften fortsetzt, besteht eben die Aufgabe bzw. der Anspruch der Gastfreundschaft darin, dem Gastmigranten zu zeigen, dass er kein Feind ist. Michel Agier versteht so die Gastfreundschaft als „ce geste qui dit à l'autre : tu n'es pas mon ennemi, qui fait de l'étranger un hôte dans une relation d'accueil et non un ennemi dans une relation guerrière.“[94] Die Gastfreundschaft verarbeitet das Feindliche, um eine Integration des Gastmigranten zu ermöglichen. In diesem Sinne erfasst Anne Gotman die Gastfreundschaft als

> [u]ne épreuve, au sens où elle engage un renversement de situation qui est ni plus ni moins la transformation de l'ennemi en hôte, ou plus pacifiquement, du non-membre en membre (temporaire) ; transformation qui peut aller jusqu'à l'adoption (ou la naturalisation, fin de l'hospitalité) et s'opère grâce à une série d'ajustements, de stratégies et de compromis qui visent à intégrer sans mélanger, garantir le séjour d'autrui et protéger son territoire, donner, se sacrifier, de telle sorte à pouvoir recevoir…[95]

Eine gelungene Gastfreundschaft führt zum physischen, psychischen, politischen und soziokulturellen Wohlwollen der beiden Gastakteure. Der Gastfreundliche, der Xenophile oder Fremdenfreund sieht die „Befremdlichkeit“[96] des Gastmigranten nicht als Drohung für die eigene Identität, sondern ihn als etwas, das „Abwechslung bringt, Fehlendes ergänzt, Vorhandenes bereichert, Abgelebtes auffrischt, Erstarrtes zum Leben erweckt und befruchtet und überhaupt Segen und Heil bringt“.[97]

In der derridaschen Bedeutung der *Gast*feindschaft richtet sich die Feindschaft vor allem auf den Gast. Eine *Gastgeber*feindschaft schließt Derrida jedoch nicht aus. Ihm zufolge wird der Gastgeber in bestimmen Verhältnissen „zur Geisel – er wird in Wahrheit schon immer eine Geisel gewesen sein. Und der Gast, die […] Geisel, wird […] zum Herrn des Gastgebers. Der Gast wird zum Gastgeber des

---

94 Juliette Bénabent: „Michel Agier, L'hospitalité est ce geste qui dit à l'autre : 'Tu n'es pas mon ennemi'“, veröffentlicht auf https://www.telerama.fr/idees/michel-agier-lhospitalite-est-ce-geste-qui-dit-a-lautre-tu-nes-pas-mon-ennemi,n5839563.php, Zugriff am 01.12.2022.

95 Anne Gotman, 2001, op. cit., S. 3 f.

96 Hans-Dieter Bahr, 2005, op. cit. Nach ihm provoziert das Befremdliche des Fremden zwei Reaktionen, eine feindliche oder freundliche: entweder eine Ablehnung oder Abwehr, wenn der Fremde „als das, was nicht dazugehört, als Störendes, Ungereimtes und Unverträgliches, als Schädliches, Unheilvolles, als teuflisch Zersetzendes“ erscheint (S. 17) oder eine Zustimmung, indem dem Fremden positiven Eigenschaften zugeschrieben werden (ebd.).

97 Ebd., S. 17.

Gastgebers.“[98] Solange es vorkommen kann, dass auch der Gast Feindseligkeit gegenüber dem Gastgeber hegt oder dass der Gastgeber Opfer seiner eigenen Gastfreundschaft wird, sollte auch von *Gastgeber*feindschaft gesprochen werden. Der Gastgeber geht dabei selbstverständlich das Risiko ein, vom Gast absorbiert zu werden. Die Angst vor dieser Absorption oder vor der Fragmentierung der eigenen Identität ist für ihn eine Art Vergewaltigung. Darüber hinaus kann die Weigerung des Gastes, Kompromisse mit dem Gastgeber zu finden, als ein Akt der Feindschaft betrachtet werden. Angesichts dessen ist es relevant, auch die *Gastgeber*feindschaft zu berücksichtigen, wenn der Gast sich feindselig verhält. Schon der gastfreundliche Akt impliziert für den Gastgeber das Erleben eines gewaltigen Prozesses.

Was das Kommen des Gastes für den Gastgeber kostet, wird in der Diskussion um die Gastfreundschaft verharmlost. Doch bereits durch ein irgendwie brutales Eindringen in den Haushalt des Gastgebers übt der Gast eine gewisse Gewalt auf den Letzteren aus. Der Gastgeber steht mit der Anwesenheit des fremden Gastes vor radikalen Veränderungen. Seine Hegemonie, Souveränität und Machtherrschaft werden fragil, *des-absolutiert* und *demokratisierbar*. Es entstehen Wahrnehmungskonflikte, die bewältigt werden müssen. Lebensstandards des Gastgebers stehen vor einer notwendigen Revision. Der Lebensraum muss mit dem Gast geteilt werden. Das eigene Leben wird im sozialen, ökonomischen und kulturellen Bereich auf die Probe gestellt. All diese Vorgänge lassen sich als eine Art *Defloration des Eigenen* verstehen. Der Gastgeber ist gefordert, seine Intimität mit dem Gast zu teilen. Dabei kann der Gast mehr oder weniger schlechte Gewohnheiten oder das Benehmen des Ersteren entlarven und ihn verunsichern. Außerdem ist die Entscheidung zur Aufnahme des unerwartet anklopfenden Gastes ein herausfordernder, gewaltiger innerer Prozess. Wenn der Gastgeber sich nicht vorab auf den *fremden* Gastmigranten eingestellt hat, wenn seine Aufnahme nicht vorher geplant oder vorbereitet wird, besteht schon eine Disposition zu dessen Abwehr. Ich betone hier *fremd*, weil es zum Beispiel nicht um Gästezimmer geht, die jeder in seinem Haus eigentlich für Gäste aus dem Freundeskreis vorsieht. Unter diesen Umständen provoziert der Gast bei dem Gastgeber einen inneren unfreiwilligen Kampf zur Bewältigung der Abwehrintention hin zur Aufnahme. Das beschreibt Anne Gotman mit folgenden Worten:

> En fait, lorsque l’arrivant est attendu et invité, la conversion [des signes de méfiance et d’agression envers l’étranger en leurs contraires : bienveillance, amitié] s’est opérée avant, et l’hésitation sera imperceptible ; lorsqu’en revanche il n’est pas attendu, ce travail est à faire, et l’hésitation sera plus marquée, voire ostensible.[99]

98 Jacques Derrida, 2001, op. cit., S. 90.
99 Anne Gotman, 2001, op. cit., S. 63.

Im Fall eines unerwarteten Erscheinens ist der Gastgeber von der vulnerablen Situation des fremden Gastmigranten an der Kehle gepackt, „saisis à la gorge par une situation inhumaine qu'[il] dev[ient] hospitalier [...] malgré [lui]."[100] Von diesem Blickpunkt aus ist die Gastfreundschaft „un pari, une impulsion à ne pas céder à la pulsion de l'expulsion",[101] „une réponse involontaire [...] à la vulnérabilité des vies invivables."[102]

4.2. „Gastmigrant"

Der Begriff „*Gastmigrant*" taucht in keinem der ausgewählten Werke auf. Dennoch habe ich mich aus bestimmten Gründen dafür entschieden, die ich in den folgen Zeilen erläutern werde. Gastmigrant umschließt in dieser Arbeit vor allem alle Geflüchteten, welche infolge der durch „koloniale Expansionen, historische Ungleichheitsstrukturen der kapitalistischen Weltökonomie, geopolitische Dominanzen und soziale Konflikte forciert[en] ungleichgewichtigen Globalisierung [...] aus der südlichen Peripherie in die westlichen Metropolengesellschaften"[103] kommen und einen besonderen Asylprozess durchlaufen müssen. Sie gelangen in den europäischen Raum durch die erzwungene und sogenannte „irreguläre Migration",[104] die eigentlich von Krisensituationen wie Krieg, Verfolgung, Armut, Katastrophen und anderen bedingt ist. Man nennt sie *Migranten, Flüchtlinge, Geflüchtete, Asylanten, Exilanten*, die wegen des Mangels an Papieren als *Illegale* – „*Sans-papiers*" (im französischen Raum) – etikettiert werden. Sie heißen *Zuwanderer bzw. Zugewanderte, Einwanderer bzw. Eingewanderte, Ankömmlinge, Eindringlinge*, und ihre Identität wird so von problematischen abfälligen Präfixen und Suffixen bestimmt. Sie erscheinen schlechthin als „Parasiten" bzw. „Schmarotzer", wenn bzw. weil sie einen Aufwand nicht erwidern können oder wenn/weil sie nicht vorübergehende, sondern „Dauergäste"[105] werden wollen. Manche nehmen sie als „Terroristen" wahr, wenn sie Muslime sind oder aus arabisch-muslimischen

100 Guillaume Le Blanc/Fabienne Brugère, 2018, op. cit., S. 85.

101 Ebd., S. 79.

102 Ebd., S. 89.

103 Kien Nghi Ha: „Postkoloniale Kritik und Migration – eine Annäherung", in: Kien Nghi Ha, Nicola Lauré al-Samarai, Sheila Myseorekar (Hrsg.): *re/visionen: postkoloniale Perspektiven von People of Color auf Rassismus, Kulturpolitik und Widerstand in Deutschland*/1. Auflage. UNRAST-Verlag, Münster 2007, S. 41–54, hier S. 41.

104 Zum Begriff der „irregulären Migration" siehe Christina Saulich, „Irreguläre Migration", in: Thomas Jäger (hrsg.): *Handbuch Sicherheitsgefahren. Globale Gesellschaft und internationale Beziehungen*. Springer VS, Wiesbaden 2015, S. 483–492.

105 Bahr 1994, S. 14 f.

Ländern stammen. Ihre Fremdheit wird aus Gründen religiöser und kultureller Differenz als Feindschaft angesehen.

Das, was die Zu-Gast-Sein-Situation dieser Menschen charakterisiert, ist die Tatsache, dass sie unerwartet, unerwünscht und nicht eingeladen sind. Dadurch wirken sie fremd, entfremdend, verfremdend und befremdend. Ihre Fremdheit ist keine einfache, sondern eine besonders komplexe Fremdheit: Eine *zu-ferne* Fremdheit. Ihr „verschlossenes Zufern“[106] hängt mit ihrer kulturellen und räumlichen Ferne zu ihren Gastgebern zusammen. Sie kommen aus dem Nirgendwo, aus der Wüste, über das (Mittel-)Meer, über die Balkanroute. Um es mit den Worten von Alexis Nouss zu sagen:

> Les migrants qui arrivent aujourd'hui sur les terres européennes, venant de la mer, amènent le nulle part dans notre ici et c'est ce qui les rend indésirables. Non pas le là-bas dans l'ici, polarité soutenant le thème de l'étranger et les migrations antérieures mais l'ici et le nulle part. […] Ceux qui nous arrivent ne viennent pas d'un pays ou d'une ville, comme les ***migrants-d'avant*** – les Polonais, les Algériens, les Italiens, etc. –, ils surgissent du désert et de la mer, lieux du sans-limite et du sans-repère, qui, en tant que tels, ne livrent aucun code, aucun savoir, aucune inscription.[107]

In früheren Migrationswellen wurden die Ankömmlinge nach ihrer nationalen Identität bezeichnet: Polen, Italiener, Algerier, Portugiesen usw. Im Gegensatz dazu werden die schutzsuchenden Menschen, die heute durch die Wüste und über das Meer kommen, unter dem anonymen Begriff „Migranten“ gefasst. Sie kommen aus unterschiedlichen Ländern und sind, bevor sie irgendwo in Europa ankommen, monate- oder jahrelang unterwegs gewesen, haben unterschiedliche Länder durchquert (zum Beispiel für das Mittelmeer: Eritrea, Sudan, Libyen, Italien; für die sogenannte Balkanroute: Türkei, Griechenland, Mazedonien, Serbien, Ungarn, Österreich). Die Plötzlichkeit ihres Erscheinens überrascht. Sie sind keine Nachbarn ihrer europäischen Gastgeber. Sie kommen aus politisch, religiös, sozial und sprachlich fremden Milieus, die durch das Spektrum kolonialistisch und eurozentrisch konstruierter Zuschreibungen und Feindbilder wahrgenommen werden. Die Fremdheit, die ihrer Begegnung innewohnt,

> ist nicht allein durch eine Unkenntnis oder ein Außenstehen […] zu erklären. [Ihre] Befremdlichkeit besteht vielmehr darin, dass [sie] jede Berechnung, mithin jeden

---

106 Bahr 1994, S. 80.

107 Alexis Nouss: „Le mensonge du migrant : un défi éthique“, in: *Traduction et migration : Enjeux éthiques et techniques* [Online], Presses de l'Inalco, Paris 2020, Zugriff am 12.12.2022, DOI: https://doi.org/10.4000/books.pressesinalco.36204. Hervorhebung im Original.

> Erwartungshorizont spreng[en]; es lässt sich schwerlich – bestenfalls hypothetisch – abschätzen, was [sie] mit sich bring[en] und was [sie] als ein Vermächtnis hinterlassen [werden]. Obschon man vielleicht schon [ihre] Namen und [ihre] Herkunft kennt, sind zumindest [ihre] Absicht, die Dauer sowie die Wirkung [ihres] Aufenthalts nicht mit Sicherheit zu deuten.[108]

Im Hinblick darauf stellt ihre Aufnahme die Gastgeber auf den Prüfstand.

Wenn von Gastfeindschaft die Rede ist, dann ist die Frage, ob der Migrant ein Gast ist oder ob er so von den aufnehmenden Gesellschaften angesehen wird, wichtig.[109] In diesem Sinne drückt die Terminologie *Gastmigrant* die Kontroverse um seine Person aus: Einige erkennen ihn als „Gast", der, wie alle andere, einer Aufnahme würdig ist. Für andere dagegen ist er schlechthin nichts anderes als „Migrant", eine abstoßende *persona non grata*. Oder er kann gerettet (*secouru*), aber nicht aufgenommen (*accueilli*)[110] werden. Um politisch aufgenommen

108 Evi Fountoulakis & Boris Previšić: „Gesetz, Politik und Erzählung der Gastlichkeit", in: Dies. (hrsg.): *Der Gast als Fremder: narrative Alterität in der Literatur*, transcript, Bielefeld 2011, S. 7–27, hier S. 10.

109 Vgl. Donatella Di Cesare: *Philosophie der Migration*, aus dem Italienischen von Daniel Creutz, Mathes & Seitz, Berlin 2021, S. 21.

110 Guillaume Le Blanc/Fabienne Brugère, 2018, op. cit., S. 99 ff. „Secourir" versteht sich nach beiden Autoren als die ersten durchzuführenden Handlungen, um das Leben der Migranten zu retten, die sich nach der Überquerung des Meeres oder nach einem langen Fluchtweg teilweise in lebensbedrohlichem Zustand befinden. „Secourir", präzisieren sie, „n'est pas accueillir. Le secours est un fait ponctuel dicté par l'urgence et le risque de la mort" (S. 117). Sie schließt bedingungslose erste Gastfreundschaftsmaßnahmen gegenüber Migranten in Not, wie etwa ihre Rettung auf dem See, ihre Verpflegung und Unterbringung in Heimen sowie ihre Begleitung zur Asylbewerbung ein. Diese Handlungen sind vorübergehend und unterscheiden sich insofern von „accueillir" bzw. „aufnehmen", welches eher eine nachhaltige Beziehung und ein höheres Niveau der Gastfreundschaft darstellt. Sie schreiben, „toute vie a droit à être secourue mais certaines seulement peuvent être accueillies. Des lors, la question des critères par lesquels la vie secourue peut être également une vie accueillie demeure centrale […] Car la question de l'hospitalité se pose toujours à deux niveaux : au niveau individuel du droit à être secouru, qui pose un devoir national de secours ; au niveau collectif de l'accueil, qui suppose de mettre en place un séjour durable." (S. 115) „Secourir" soll schließlich ein Weg zur nachhaltigen Aufnahme des Geretteten sein. Das symbolisiert den Weg vom Migranten zum Flüchtling. „Accueillir" deutet insofern auf die juristische Gastfreundschaft hin. Die beiden Autoren kommen zur Feststellung, dass die Migranten zwar gerettet, aber nicht aufgenommen werden: „Nous les secourons, nous ne les accueillons pas" (ebd., S. 128).

werden zu dürfen, muss er erst einmal „Flüchtling“[111] sein. Er bleibt Migrant, solange er abgelehnt ist und muss seine Anerkennung als Flüchtling woanders und auf anderen Stationen beantragen, um sein *gehacktes Leben* zwischen einem hostilen Hier und unbekannten Dort weiterführen zu können. Die Realität des Migrantseins, also unterwegs zu sein, und des Gastwerdens, also an einem Ort auf Aufnahme angewiesen zu sein, prägen sein Leben und seine Identität. Oft liegt der Fokus nur auf der ersten Realität, was bei gastfeindlichen Menschen negative Assoziationen hervorruft. Die Terminologie *Gastmigrant* passt zu den Zielsetzungen der vorliegenden Arbeit, wobei es betont werden soll, dass auch er ein Gast sein darf.

4.3. Gastfreundschaft in afrikanischen Kulturen

Wenn afrikanische Autoren über die gastfeindlichen Fremderfahrungen der Gastmigranten in Europa schreiben, dann ist es wichtig, Konzepte der Gastfreundschaft aus dem afrikanischen Kontext zu berücksichtigen. Afrika[112] hat im allgemeinen Diskurs den Ruf, ein Ort der Gastfreundschaft zu sein. *Teranga* und *Ubuntu* sind zwei bekannte Konzepte, mit denen die afrikanische Gastfreundschaft

111 Der *Migrant* wird vom *Flüchtling* unterschieden: der Erstere ist scheinbar nicht schutzbedürftig, solange er kein richtiger Flüchtling wird. Um ein Flüchtling zu werden, der Asyl und Schutz bedarf, muss er auf Antrag das Labyrinth eines Asylverfahrens durchgehen. Besteht er dieses Verfahren erfolgreich, dann erhält er seine nächste Identität, „Flüchtling“. Er kann es auch nie werden, wenn er die Auswahlkriterien nicht erfüllt und abgeschoben werden muss. Die Unterscheidung zwischen beiden Terminologien ist wesentlich in dem Umgang mit ihm. Guillaume Le Blanc und Fabienne Brugère bringen es auf den Punkt: „La division migrant/réfugié est une construction politique destinée à établir un tri dans la biopolitique des vies à secourir […] Le migrant est assigné à une fin de non-recevoir au nom du chômage des pays européens. Le réfugié, par contraste, entre dans une forme minimale de labélisation juridique. Nos pays ont produit cette division et la valident comme seule réponse : le réfugié est sujet de droit tandis que le migrant économique est *persona non grata* […] Le réfugié est, parmi les migrants, celui qui est sélectionné pour être éventuellement sujet d'un traitement hospitalier.“ (Guillaume Le Blanc/Fabienne Brugère 2018, S. 65).

112 Wenn hier von Afrika die Rede ist, dann ist es auch im Bewusstsein seiner Vielfalt. Wie Souleyemane Bachir Diagne es klar zum Ausdruck brachte, „S'il faut dire l'Afrique au singulier, ce n'est pas par ignorance de la pluralité constitutive du continent.“ (Souleymane Bachir Diagne, « Penser/faire l'Afrique », in: Ders. & Jean-Loup Amselle. *En quête d'Afrique(s) : universalisme et pensée décoloniale*, Albin Michel, Paris 2018, S. 205–215, hier S. 208).

oft repräsentativ beschrieben wird.[113] Teranga ist ein Wort der Wolof-Sprache im Senegal. Es steht für Gastfreundschaft und Solidarität:

> The Senegalese concept of *teranga* is perhaps the idea of reciprocity taken to its extreme. *Teranga* is often translated as hospitality, but its implications stretch beyond the European notion of that word. The principle of *teranga* is to open your doors to any guest who may enter, to feed them, house them, and treat them as family for as long as they choose to stay. The host expects no gift from his guests, no direct contribution to the household expenses or workload. The belief is that a mother who opens her home to the children of others ensures that her children will be welcome wherever they go. A Wolof proverb says that a guest is a king, and the Senegalese believe that the guest honours the host with his, or her, visit. Treating a guest well is a great source of pride for Senegalese women and men alike.[114]

Die Teranga-Kultur ist eine geistige Disposition zur Aufnahme des Fremden ungeachtet seiner Herkunft, Ethnie oder Religion. Mactar Faye schreibt: „La "Téranga", plus qu'une valeur, reste un état d'esprit car malgré la diversité des ethnies (Wolofs, Sérères, Toucouleurs, Diolas) et celle des religions (Islam, christianisme, animisme), l'étranger d'où qu'il vienne se sent chez lui."[115] Der fremde Gast hat im Haushalt seines Gastgebers eine Präexistenz, dementsprechend werden Vorkehrungen für sein Wohlwollen bei seiner ersten tatsächlichen Erscheinung getroffen. Zum Beispiel sollte beim Zubereiten des Essens immer ein Teil für den eventuellen Gast reserviert werden. Dies dient nicht nur dazu, den Gast zufriedenzustellen, sondern auch dem Schutz des eigenen Images des Gastgebers, mit der Intention, dass „le véritable griot est l'étranger qui, en racontant plus tard l'accueil qu'il a reçu, porte au loin l'éloge de la famille de ses hôtes."[116] Darüber hinaus zielt der gastfreundliche Akt darauf ab, eventuelle Konflikte zu vermeiden, die aus einer ungastlichen Behandlung entstehen und die Kohäsion in der Gemeinschaft nachhaltig gefährden könnten. In dieser Hinsicht beschränkt sich

113 Es gibt aber auch zum Beispiel „Akwaaba" bei westafrikanischen Akan-Völkern, „Jatigiya" in Mali, „Saando" in Burkina Faso oder „Kwabo" in Elfenbeinküste. Aspekte der Gastfreundschaft im Kongo beschreibt auch Alain Mabanckou in seinem Roman Alain Mabanckou: *Bleu-Blanc-Rouge*, 2ème édition, Présence Africaine, Paris 1998, vgl. zum Beispiel S. 57 f. et 113.

114 Fedora Gasparetti: „Relying on Teranga: Senegalese Migrants to Italy and Their Children Left Behind", in: *Autrepart*, vol. 57–58, no. 1–2, 2011, S. 215–232, hier S. 221.

115 Mactar Faye: „La "teranga" sénégalaise facteur de développement du tourisme urbain", in: *Norois*, n° 178, Avril–Juin 1998, Villes et tourisme, S. 337–341, hier S. 339.

116 Babacar Fall: „À l'ombre d'une tradition en péril", in: *Le Courier de l'UNESCO*, Février 1990, S. 19–23, hier S. 21, abrufbar auf https://unesdoc.unesco.org/ark:/48223/pf0000085205_fre.

die Gastfreundschaft in Afrika nicht ausschließlich auf die Versorgung mit Wasser und Essen und Unterkunft, besonders wenn man einen nachhaltigen Lebensraum für den fremden Gast schaffen möchte. Es geht also mehr um den Aufbau einer nachhaltigen Gemeinschaft und ein gesellschaftliches Band mit dem fremden Gast als nur um Essen und Unterkunft.

Tatsächlich wird der afrikanische Mensch („l'être africain") – oft als ein „Wesen mit" („un être avec"[117]) betrachtet. In dieser Hinsicht spielt die Philosophie der *Ubuntu* eine besonders wichtige Rolle. *Ubuntu* stammt aus der Sprache der Nguni und Bantu (Zentral-, Ost- und Südafrika). Dieses kosmopolitische afrikanische Konzept, welches sich in den letzten Jahrzehnten immer mehr popularisiert, bedeutet „being human through other people". Der Grundgedanke ist das „*cognatus ergo sum*", „I am because we are", oder „I am related, therefore, I am", „ich bin (bluts-)verbunden, deshalb lebe ich". Das ist auch die philosophische Grundlage der afrikanischen Gastfreundschaft:

> African hospitality is grounded on the fact that no one is an island on himself or herself; rather, each and every one is part of the whole community. […] African hospitality expresses the African sense of communality. That is, instead of, 'I think, therefore, I exist' (*cogito ergo sum*) […], the African asserts 'I am because we are', or 'I am related, therefore, I am' (*cognatus ergo sum*).[118]

Das Schlüsselwort hier ist „Gemeinschaft". Eine funktionierende Gemeinschaft erfordert Gastfreundschaft. Sie weist auf die Existenz einer gemeinsamen Bindung und Interdependenz zwischen Menschen hin. Dies führt zu einem Gefühl der kollektiven Verantwortung für das Wohl oder das Leid des Anderen/Fremden. „When one person's circumstances improve, everyone gains and if one person is tortured or oppressed, everyone is diminished. […] If someone is hungry, the ubuntu response is that we're all collectively responsible."[119] Ausgehend von diesem Gedanken fühlt man sich verpflichtet, an der Situation eines fremden Gastes teilzuhaben. Das Prinzip „ich bin, weil wir sind" macht den eigenen Raum inklusiv. Das bedeutet, dass ich von hier bin, weil der andere auch von hier sein darf. Oder anders ausgedrückt: *ich bin von hier, weil der andere von irgendwo anders hierherkommen kann, und der andere kommt zu mir, weil ich auch irgendwann zu*

---

117 Matungulu Otene: *Être avec pour vivre vrai. Essai d'une spiritualité bantu, Lubumbashi*, Éditions Saint-Paul Afrique, 1982.

118 Julius Mutugi Gathogo: „Some expressions of African hospitality today", in: *Scriptura* 99, S. 275–287, hier S. 276.

119 Sean Coughlan: „All you need is Ubuntu", in: *BBC News Magazine*, 28. September 2006, aufrufbar auf http://news.bbc.co.uk/2/hi/uk_news/magazine/5388182.stm, Zugriff am 25.12.2022.

ihm werde gehen können. Dies entspricht Immanuel Kants Idee der Allgemeinen Hospitalität, bei der Gastfreundschaft und Offenheit gegenüber Fremden als ein universales Prinzip betrachtet werden.[120]

Das Konzept der Zusammengehörigkeit hat ferner eine spirituelle Dimension, welche die Idee einer Verbindung mit früheren und zukünftigen Generationen herstellt. Diese Dimension prägt die Praxis der Gastfreundschaft bei vielen afrikanischen Völkern, in denen die Aufnahme eines fremden Gastes als eine moralisch-religiöse Pflicht und ein bedeutendes gesellschaftliches Grundprinzip gilt. Gastfreundschaft wird in Verbindung mit einer Beziehung zwischen Lebenden und Verstorbenen und Göttern gebracht. Es wird geglaubt, dass Götter oder Ahnen in der Figur eines fremden Besuchers erscheinen können.[121] Aufgrund dieser Vorstellung soll der fremde Gast wie ein Gott behandelt werden: „The Ubuntu [hospitality] teaches us that we should treat a stranger like a god because we will never know when we may find ourselves in their territory. It is hoped that by treating a stranger like a god, one will receive the same treatment when away from home."[122] Die Pflicht zur Aufnahme erhält somit den Charakter des Heiligen. Auf diesem Glauben beruht das Ritual der Gastfreundschaft auch bei den Ewe-Völkern in Togo und Ghana:

> C'est cette communion de pensée et d'action entre les vivants et les morts qui renforcent chez les Ewé […] les sentiments d'hospitalité. En effet, tout visiteur, quel qu'il soit, ne doit pas être inquiété en entrant dans une maison. L'étranger qui se présente à la porte de la maison doit d'abord bénéficier du meilleur accueil spontané et cordial. Car, cet étranger peut être un ancêtre métamorphosé que l'au-delà envoie pour une mission bien précise ou pour mener une enquête discrète relative à une situation qui les préoccupe depuis leur lointaine demeure. C'est pourquoi, avant les salutations d'usage et l'entretien, l'étranger doit être invité à prendre place sur le siège qui lui est offert dès son arrivée. On lui tend ensuite la calebasse d'eau fraîche, après qu'on en eut bu une gorgée, pour lui permettre de se désaltérer et pour lui signifier qu'il est en paix parmi ceux qui l'accueillent. L'étranger boit de cette eau, en verse quelques gouttes par terre à l'intention des Tɔgbuiwo (les ancêtres) et pour montrer que lui non plus n'est animé d'aucune mauvaise intention.[123]

---

120 Immanuel Kant: „Zum ewigen Frieden. Ein philosophischer Entwurf", in: Otto Heinrich von der Gablentz, (hrsg.): *Immanuel Kant. Klassiker der Politik*, Springer Fachmedien, Wiesbaden 1965, S. 104–150. https://doi.org/10.1007/978-3-663-19739-3_6.

121 Julius Mutugi Gathogo, a.a.O., S. 279.

122 Devi Dee Mucina: *Ubuntu Relational Love: Decolonizing Black Masculinities*, University of Manitoba Press, Winnipeg, Manitoba, Canada 2019, S. 34. https://web.s.ebscohost.com/ehost/ebookviewer/ebook/ZTAwMHh3d19fMjI3NTk0MV9fQU41?sid=f98a3b95-480f-463d-a4f6-d3ba8aeb446d@redis&vid=0&format=EB&rid=1.

123 Vgl. „Eschatologie : de la culture éwé à la foi chrétienne !", auf https://talitakum.blog4ever.com/eschatologie-de-la-culture-ewe-a-la-foi-xne, Zugriff am 10.11.2022.

Die Vorstellung, dass der fremde Gast einen Ahnen verkörpern kann, führt dazu, dass die Ewe-Völker ihm eine besondere Herzlichkeit und Achtung entgegenbringen. Dem fremden Gast werden grundsätzlich die beste Unterkunft und das beste Essen angeboten. Er wird als ein Freund betrachtet, der länger bleiben darf und die Gemeinschaft bereichern kann. Die ganze Gemeinschaft beteiligt sich an seinem Empfang, seinem Wohlwollen und seiner Integration. Denn der fremde Besucher kann auch eine Funktion der Veränderung, Heilung und Restaurierung in der Gemeinschaft des Gastgebers erfüllen, wie es John Samuel Mbiti, der als Vater der modernen afrikanischen Theologie bekannt ist, ausdrückt: „To visitors, strangers and guests (…) [hospitality] means that when a visitor comes to someone's home, family quarrels stop, the sick cheer-up, peace is restored and the home is restored to new strength. Visitors are, therefore, social healers – they are family doctors in a sense."[124] Man muss aber betonen, dass die Praxis der Gastfreundschaft in Westafrika im Allgemeinen nicht auf einer symmetrischen Beziehung zwischen Gastgeber und Gast beruht. Vielmehr handelt es sich um eine asymmetrische Beziehung, bei der jeder Akteur verantwortlich und würdig die Rolle und Position des anderen anerkennt und beachtet, ohne dass der Gast unterdrückt wird. Es handelt sich um eine reziproke, jedoch hierarchische und asymmetrische Beziehung. Es stellt sich besonders bei Hausa-Migranten,[125] die als Händler durch westafrikanische Länder reisen, dar, wie Michel Agier es beschreibt.[126] Die Haoussa-Händler richten als fremde Migranten in jeder Stadt, in die sie kommen, ein Aufnahmeviertel für Fremde ein. Dieses Viertel wird zum Beispiel in Lomé (Togo) – und im allgemeinen – als „*Quartier Zongo*" bezeichnet. Die Händler-Migranten werden von den „*Mai Gida*", den Gastgebern oder den „*Mai Karban Baki*", „Aufnehmer von Fremden", empfangen. Die Gastgeber bezeichnen ihre Gäste oder aufgenommenen Personen, unabhängig von deren Alter, als „*Yaro*" oder „Kind". Auf diese Weise treten die Gastakteure in eine Art parentale Beziehung ein, in der der Gastgeber Schutz gewährt und der Gast seinerseits seinem Gastgeber Dankbarkeit schuldet:

---

124 John S. Mbiti: *The Forest has Ears, Peace, Happiness and Prosperity 7*, 1976, S. 17–26, hier S. 23, zitiert nach Elia Shabani Mligo: „African Ubuntu, the See-Reflect-Act Model, and Christian Social Practice: Reading Luke 10:38–42 in Light of African Hospitality", in: *Diaconia, vol. 12*, S. 5–19, hier S. 7.

125 Die Hausa (oder auch Haussa, Haoussa) sind eine Volksgruppe, die in Nord, West und Zentralafrika leben, aber ihre fundamentale Besiedlung befindet sich im Norden von Nigeria und Südosten Nigers. Sie sind aber auch im ganzen Westafrika (Südnigeria, Benin, Togo, Ghana) zu finden.

126 Michel Agier: *L'étranger qui vient. Repenser l'hospitalité*, op. cit., S. 35 ff.

> La relation qui s'établit à ce moment-là est hiérarchique. C'est une relation réciproque et asymétrique. Même s'il s'agit d'un adulte, la personne accueillie sera appelée *yaro*, ›enfant‹ ; elle en prendra le statut. Le *yaro* est disponible, il travaille à la demande pour son mai gida. Et celui-ci doit protection à ›son étranger‹.[127]

Die Beziehung beruht so auf klaren, von beiden Seiten akzeptierten Grenzen, die von Respekt und Reziprozität geprägt sind.

Die Unbuntu-Kultur strebt des Weiteren danach, eine dem Frieden und sozialen Zusammenhalt störende Hostilität mit dem Feind zu vermeiden, denn „Ubuntu is opposite to vengeance, opposite to confrontation, opposite to retribution and that ubuntu values life, dignity, compassion, humaneness harmony and reconciliation."[128] Durch das Konzept der Ubuntu konnte Nelson Mandela die Versöhnung in der südafrikanischen Apartheid-Gesellschaft verwirklichen, „[c]e qui le conduisit, après sa libération, à refuser la vengeance de la communauté noire discriminée durant l'apartheid, allant même jusqu'à remettre en cause l'imprescriptibilité des crimes contre l'humanité commis durant l'apartheid."[129]

Das In-Relation-Stehen mit den anderen spiegelt sich auch in Achille Mbembes Konzept des *Im-Gemeinsamen (l'en-commun)* wider: „L'en-commun a pour trait essentiel la communicabilité et la partageabilité. Il présuppose un rapport de co-appartenance entre les multiples singularités. C'est à la faveur de ce partage et de cette communicabilité que nous produisons l'humanité."[130] Es fördert einen Raum von Beziehungen, welche die Menschen in ihren eigenen Singularitäten miteinander unterhalten. Diese Philosophie der Relation ist auch im postkolonialen Denken von Edouard Glissants *Poétique de la relation* präsent.[131]

Auf politischer Ebene war die Tradition der Gastfreundschaft eines der Gründungsideale der afrikanischen Einheit nach dem Erlangen der Unabhängigkeit. Sie war auch eine Grundlage in den rechtlichen Bestimmungen zum Schutz von Ausländern in der „Charte africaine des droits de l'homme et des peuples" (Afrikanische Charta der Menschen- und Völkerrechte). So heißt es in Artikel 12:

---

127 Michel Agier: ebd., S. 37.

128 Jacob Mugumbate/Andrew Nyanguru: „Exploring African philosophy: The value of ubuntu in social work", in: *African Journal of Social Work*, 3 (1), 2013, S. 82–100, hier S. 85. Siehe dazu auch Elia Shabani Mligo, „African Ubuntu, the See-Reflect-Act Model, and Christian Social Practice: Reading Luke 10:38–42 in: Light of African Hospitality", in: *Diaconia, vol. 12*, S. 5–19, hier S. 6. https://www.vr-elibrary.de/doi/10.13109/diac.2021.12.1.5.

129 Felwine Sarr: *Afrotopia*, Philippe Rey, Paris 2016, S. 96.

130 Achille Mbembe: *Sortir de la grande nuit : Essai sur l´Afrique décolonisée*, Éditions La découverte, Paris 2013 [2010], S. 113 f.

131 Édouard Glissant: *Poétique de la relation*, Gallimard, Paris 1990.

„L'étranger légalement admis sur le territoire d'un État partie à la présente Charte ne pourra être expulsé qu'en vertu d'une décision conforme à la loi". Der Absatz 5 desselben Artikels betont „l'interdiction de toute expulsion collective d'étrangers".

Selbst wenn das Ubuntu-Konzept begrifflich und sprachlich aus dem afrikanischen Raum stammt, sich in den letzten Jahrzehnten popularisiert und den kulturellen Raum überschritten hat, bleibt umstritten, ob es in seiner Bedeutung als kulturphilosophisches Verständnis der Gemeinschaft als afrikanische Exklusivität erklärt werden kann. Es ist durchaus möglich, dass ähnliche Vorstellungen von kollektiver Zugehörigkeit sich auch in anderen Kulturen manifestieren. Zudem wirft der Begriff auch eine Frage auf: So wertvoll das Ubuntu-Konzept auch sein mag, bleibt noch klarzustellen, wie offen und global es ist, abgesehen von seinem Anwendungsbereich in der Informatik. Es ist auch unklar, welche Kategorien des Fremden in das „Wir" des Ubuntu-Konzepts einbezogen werden. Ob der absolut außerafrikanische Fremde dazugehört, ist nicht genau erfassbar. Meines Erachtens aber ist der allgemeine freundliche Umgang mit *weißen* Gastfremden in Afrika nicht ausschließlich als pure Gastfreundschaft zu verstehen. Dabei ist auch eine den weißen Fremden zelebrierende Gastfreundschaft zu verzeichnen, die eine Manifestation des phantasmatischen Bildes Europas und des Westens und die stereotypische Faszination des weißen Subjekts sowie die damit verbundenen Assoziationen darstellt. Das Extrem dieser verehrenden Gastfreundschaft ist die Tatsache, dass manche weiße Gastfiguren, Besucher und Fremde fast als „Könige" und „Königinnen" behandelt werden.[132] Es ist wichtig zu beachten, dass die afrikanische Gastfreundschaft im Zuge sozioökonomischer Entwicklungen und des gesellschaftlichen Wandels immer mehr nachlässt. Das Gefühl der Zusammengehörigkeit verschwindet allmählich. Durch Einflüsse der westlichen und kapitalistischen Zivilisation werden die Menschen individualistischer und kompetitiver. Der fremde Gast wird immer mehr durch Feindbilder wahrgenommen. Wie Babacar Fall schrieb,

> [l]es relations de civilité se restreignent, l'étranger rencontre de plus en plus de difficultés en dehors de sa société d'origine […] L'individualisme prend le pas sur le sentiment collectif. […] En effet, l'étranger est de plus en plus souvent accusé de tous les maux qui affligent certains pays en proie à des difficultés économiques. C'est ainsi que l'on assiste parfois à des expulsions collectives de ressortissants de pays voisins […]. Le nationalisme étroit porte atteinte aux valeurs de tolérance, d'ouverture, de respect que l'on

132 Diese Dimension wird besonders durch deutschsprachige autobiographische Romane und Frauenreiseberichte der letzten Jahrzehnte dokumentiert. Es geht nämlich um *Mein Leben als Königin in Ghana*, (Wülfing, 2003) *Schwarzer Prinz, weiße Königin* (Katharina Paholo, 2008) und *Mein Leben als Königin in Kamerun*, (Katharina Paholo, 2010), *Der Kuss des Voodoo. Mein Leben als afrikanische Prinzessin*, (Bokpê, 2004) *Akwaaba. Wie ich als Ärztin nach Ghana ging und Entwicklungshilfe bekam*. (Waibel, 2009).

> manifestait, depuis des temps immémoriaux, à l'endroit de celui qui venait de loin dans l'espoir d'être accueilli comme chez lui.[133]

Allmählich wird eine *Politique de l'inimitié*[134] gegenüber dem Fremden betrieben. Vermutlich sind zum Beispiel die unterschiedlichen ethnischen Konflikte im heutigen Afrika – besonders zwischen Bauern und Viehhirten[135] – oder die politischen Abschiebungen ausländischer Migranten[136] eine der Folgen des zunehmenden Feindbildes des Fremden und somit des Versagens der afrikanischen Gastfreundschaft, sowohl vonseiten des ankommenden Gastes als auch vom potenziellen Gastgeber. Außerdem verdeutlichen sie, dass die traditionelle kosmopolitische Solidarität in Afrika nicht ausreichte, um die sozialpolitische Ausgrenzung von Fremden aufgrund von Religion, Geschlecht oder Abstammung zu verhindern. In vielen afrikanischen Ländern kommt es vermehrt zu Ausgrenzungen von Teilen der Bevölkerung und gewalttätigen Ausschreitungen gegenüber Gruppen, die als „fremd" betrachteten werden. Dies zeigt sich beispielsweise in den wiederholten blutigen Konflikten zwischen „Notherners" und „Southerners" in Nigeria sowie in gewalttätigen Auseinandersetzungen gegenüber „fremden" Bevölkerungsgruppen

---

133 Babacar Fall, 1990, op. cit., S. 23.

134 Achille Mbembe : *Politiques de l'inimitié*, La Découverte, Paris 2018 [2016].

135 Vgl. Zum Beispiel Friederike Müller-Jung: „Mehr als nur ein Streit um Weide- und Ackerland", in: *dw.com* vom 30.03.2018, Zugriff auf https://www.dw.com/de/mehr-als-nur-ein-streit-um-weide-und-ackerland/a-43189671, Zugriff am 12.03.2023.

136 Zum Beispiel Abschiebungen von Nicht-Bürgern aus Nachbarländern hat es schon mehrmals gegeben. Eine Studie über Massenabschiebungen präsentiert Claire L. Adida in dem Buch *Immigrant Exclusion and Insecurity in Africa: Coethnic Strangers* (2014). Ein Überblick von Abschiebung von Ausländern (aus Nachbarländern) in Afrika zwischen 1954–1995 findet man zum Beispiel bei Sylvie Bredeloup „Tableau synoptique Expulsions des ressortissants ouest-africains au sein du continent africain (1954–1995)", in: Sylvie Bredeloup (hrsg.): *Dynamiques migratoires et recompositions sociales en Afrique de l'Ouest, Mondes en Développement, 23 (91)*, S. 117–121. Verfügbar auf https://horizon.documentation.ird.fr/exl-doc/pleins_textes/divers17-08/010009204.pdf. Trotz der Migrationsbestimmungen im ECOWAS (Economic Community of West African States) vertrieb der nigerianische Staat im Jahre 2013 über 22 Tausende von Immigranten aus den Nachbarländern wie Niger, Tschad und Kamerun (https://www.rfi.fr/fr/afrique/20130827-nigeria-boko-haram-expulsion-immigres-clandestins-abba-moro, Zugriff am 11.11.2022). 2019 drohte die Regierung wieder, irreguläre Ausländer aus dem Land zu vertreiben (vgl. https://lanouvelletribune.info/2019/11/le-nigeria-pourrait-proceder-a-lexpulsion-systematique-des-etrangers-sans-papiers-des-le-31-janvier-2020/). Auch in Äquatorialguinea werden regelmäßig Ausländer vertrieben (https://www.wakatsera.com/guinee-equatoriale-des-etrangers-en-situation-irreguliere-expulses/, Zugriff am 17.11.2022).

aus anderen Nationen, wie beispielsweise in Côte d'Ivoire (gegen Burkinabés, Malier und sogar Ivorer aus dem Nordteil des Landes), in Nigeria (gegen ghanaische Migranten) und in Kenia (gegen somalische Migranten).[137]

Des Weiteren zeigen diese Konflikte, dass der fremde Gast die Gastfreundschaft des Gastgebers missbrauchen oder sich in einen Feind verwandeln kann. In diesem Sinne stellt sich die Frage, ob der heute verbreitete Vergleich zwischen einem gastfreundlichen Afrika oder Orient – gegenüber (europäischen) Fremden – und einem Europa der Gastfeindschaft – gegenüber Gastmigranten – nicht bloß ein subjektiver und fantasierter Mythos ist. Denn die Diskurse um die Situation der Gastmigranten in Europa geben den Eindruck, als ob Gastfeindschaft schließlich ein typisch *europäisches Phänomen* wäre bzw. geworden wäre und Afrika kategorisch ein Paradies der Gastfreundschaft wäre bzw. bleiben würde. Man müsste aber die Kontexte solcher schwarz-weißen Diskurse voneinander unterscheiden: Es geht um eine afrikanische Gastfreundschaft im traditionellen Sinne gegen eine fehlende europäische Gastfreundschaft gegenüber Gastmigranten. Die Umstände, Gründe, Motive und Ziele der ausländischen Gastmigranten in Europa unterscheiden sich deutlich von denen europäischer Einwanderer oder Besucher in afrikanischen Staaten. Die Grundlage eines solchen Vergleichs erweist sich als problematisch. Um diesen Vergleich objektiver zu gestalten, müssten afrikanische – und orientalische – Staaten und Gemeinschaften in eine ähnliche Situation wie Europa versetzt werden.[138] Erst wenn die

---

137 Vgl. dazu die Beiträge in Sara Dorman, Daniel Hammett und Paul Nugent (hrsg.): *Making Nations, Creating Strangers: states and citizenship in Africa*, Brill, Leiden 2007.

138 Damit wird hier nicht gemeint, dass Europa mehr Flüchtlinge aufnimmt als Afrika. Migrations- und Fluchtbewegungen innerhalb des afrikanischen Kontinents sind weitaus stärker ausgeprägt als die in Richtung Europa oder anderer Erdteile. Im Gegensatz zu dem, was man in den Nachrichten und politischen Diskursen zu glauben angibt, gibt es mehr Flüchtlinge in Afrika. 2017 und 2018 standen drei afrikanische Länder auf der Liste der zehn Länder, die weltweit am meisten Flüchtlinge aufnehmen: Uganda (Platz 3), Sudan (Platz 4) und Äthiopien (Platz 9). Ende 2018 waren es in ganz Afrika insgesamt knapp 6,8 Millionen Flüchtlinge und 17,8 Millionen Binnenvertriebene, die innerhalb ihres eigenen Landes in einen anderen Landesteil geflüchtet sind, während in ganz Europa zum gleichen Zeitpunkt rund 2,8 Millionen Flüchtlinge registriert waren, davon 2,5 Millionen in den Staaten der EU. Es ist daher deutlich, dass Afrika insgesamt mehr als doppelt so viele Flüchtlinge wie Europa aufgenommen hatte (https://www.welthungerhilfe.de/welternaehrung/rubriken/klima-ressourcen/migration-aus-afrika-bleibt-meist-in-afrika). Schon die Tatsache, dass die Flüchtlinge in der Regel aus den Nachbarländern stammen oder Binnenvertriebene sind, macht einen Unterschied zu der Migrationssituation in Europa. Insofern sind die Herausforderungen sehr unterschiedlich.

Rahmenbedingungen einander angepasst und ausgewogen werden, könnte man davon absehen, den Glauben zu nähren, dass die afrikanischen Kulturen und Gesellschaften ideale Vorbilder der Gastfreundschaft sind. Übrigens zeigt sich in den zu untersuchenden Texten, dass Menschen aus Afrika oder dem Orient sowohl untereinander als auch gegenüber anderen gastfeindlich sein können, wie wir noch sehen werden.

II. Gastfeindschaft in *Silence du chœur* (2017) von Mohamed Mbougar Sarr

1. Mohamed Mbougar Sarr: Autor und Werk

Mohamed Mbougar Sarr, geboren 1990 in Dakar, wuchs im Senegal auf und studierte in Frankreich Literatur und Philosophie. Er ist ein sehr bekannter Vertreter der gegenwärtigen postkolonialen Literatur aus dem französischsprachigen Afrika. Sarr ist ein mehrfach ausgezeichneter Schriftsteller, der bereits mit seiner Debütnovelle *La cale*[139] den „Prix Stéphane-Hessel" erhielt. Seine folgenden Veröffentlichungen stoßen bei den Kritikern auf positive Resonanz und erhielten diverse Auszeichnungen. Für seinen ersten Roman *Terre ceinte*[140] wurde er mit dem renommierten „Prix Ahmadou Kourouma" und dem „Grand Prix du roman métis", ausgezeichnet. Er wurde auch vom Präsidenten der Republik Senegal in den Rang eines „Chevaliers de l'Ordre national du Mérite" erhoben. *Terre ceinte* handelt vom Dschihadismus in einem fiktiven Dorf im Sahel. Eine der Folgen der vom Terrorismus verursachten soziopolitischen Unsicherheit, wie sich in den letzten Jahrzehnten gezeigt hat, ist die Migration junger Afrikaner nach Europa. Sarrs zweiter Roman *Silence du chœur*,[141] der mit dem „Prix Littéraire de la Porte Dorée" 2018 ausgezeichnet wurde, widmet sich daher der Frage der sogenannten illegalen Einwanderung junger Afrikaner nach Europa. Dabei stellt der Autor Abwehrreaktionen von Bewohnern einer fiktiven italienischen Kleinstadt gegenüber subsaharischen Gastmigranten dar. In diesem fesselnd erzählten Roman widmet er sich dem traditionellen Thema der afrikanischen Migrationsliteratur der Diaspora, den postkolonialen Fremdheitserfahrungen afrikanischer Gastmigranten in Europa. Er ist selbstverständlich eines der neuen „Kinder der Postkolonie",[142] die sich spezifisch mit dem Bild des postkolonialen Gastmigranten in westlichen Metropolen auseinandersetzen und zeigen, wie dieser immer wieder den andauernden Dominierungs- und Unterdrückungstendenzen ausgesetzt ist. Jedoch hat Sarr auch Ausgrenzungspraktiken in afrikanischen Gesellschaften im

139 Mohamed Mbougar Sarr: *La cale*, CADRANS 2014.

140 Mohamed Mbougar Sarr: *Terre ceinte : roman*, Présence africaine, Paris 2014.

141 Mohamed Mbougar Sarr: *Silence du chœur : roman*, Présence africaine, Paris 2017.

142 Abdourahman A. Waberi: „Les enfants de la postcolonie : esquisse d'une nouvelle génération d'écrivains francophones d'Afrique noire", in: *Notre librairie*, N° 135 (1998), S. 8–15.

Blick. In seinem 2018 veröffentlichten dritten Roman *De purs hommes*[143] analysiert er die Feindseligkeit gegenüber Homosexuellen in der gegenwärtigen senegalesischen Gesellschaft. Seine Belletristik versucht jedes Mal, Literatur mit der soziopolitischen und -kulturellen Aktualität zu verbinden.

Besonders die voreingenommene, feindselige und unterdrückende Wahrnehmung von Menschen anderer Geisteshaltung, der Hass auf Fremde, die Frage nach der Legitimation des Anderen, sei es im politischen, religiösen, soziokulturellen oder literarischen Sinne, scheint eine ständige grundsätzliche Thematik seiner Romane zu sein. In dieser Hinsicht prangert er 2021 die kolonialistisch geprägte Diskriminierung schwarzer Schriftsteller im Literaturbetrieb Frankreichs in seinem vielfach gelobten Roman *La plus secrète mémoire des hommes*[144] an und warnt afrikanische Intellektuelle und Schriftsteller vor Auszeichnungen, die eine literarische Xenophobie verborgen enthalten können:

> [M]éfiez-vous, vous écrivains et intellectuels africains, de certaines reconnaissances. Il arrivera bien sûr que la France bourgeoise, pour avoir bonne conscience, consacre l'un de vous, et l'on voit parfois un Africain qui réussit ou qui est érigé en modèle. Mais au fond, crois-moi, vous êtes et resterez des étrangers, quelle que soit la valeur de vos œuvres. Vous n'êtes pas d'ici.[145]

Für diesen labyrinthischen Roman gewann er den prestigeträchtigen Prix Goncourt und gilt als einer der jüngsten Gewinner und auch als erster Autor aus Subsahara-Afrika in der Geschichte des wichtigsten französischen Literaturpreises.

Ohne Zweifel ist die soziale Kohäsion durch die Integration des Nächsten und des Fremden eines der literarischen Hauptziele des jungen Autors. Vor den fatalen Auswirkungen einer Verachtung und Elimination des Anderen sowie der gesellschaftlichen Disharmonie warnt er öfter, wenn er Gewalt und Tragik in die Handlungen seiner Erzählungen einbettet. Dazu erklärt er, dass er dies tue

> dans un sens très précis : est tragique la situation où deux vraies légitimités s'affrontent avec autant de puissance, de force et d'exigence l'une que l'autre. Dans mon travail, plusieurs points de vue s'expriment, chacun avec leur vérité et leurs valeurs. L'idée est de montrer au lecteur tous les choix possibles qui s'offrent à notre humanité. Car le tragique, c'est aussi reconnaître l'autre comme un semblable, même dans ses dimensions les plus abjectes. Lorsqu'on est en face d'un djihadiste, notre premier réflexe est de penser qu'on vaut mieux que lui. Or, nous ne sommes que des miroirs les uns des autres, pour le pire comme pour le meilleur. Dans *De purs hommes*, la difficulté pour le personnage

143 Mohamed Mbougar Sarr: *De purs hommes : roman*, Philippe Rey, Paris 2018.

144 Mohamed Mbougar Sarr: *La plus secrète mémoire des hommes : roman*, Philippe Rey, Paris 2021.

145 Ebd., S. 72.

est d'accepter de voir que l'homosexuel est un homme comme lui, et qu'il porte en lui quelque chose qu'il peut lui-même porter.[146]

Sarrs literarische Kreation ist geprägt von einer wirkungsvollen Kombination von Gegensätzen: Fiktion und Realität, Geschichte und Aktualität, Singularität und Universalität, Lokalität und Globalität, Temporalität und Zeitlosigkeit, Gut und Böse, Schönes und Hässliches. Die thematische Fortsetzbarkeit und Verbindung seiner in einem modernen und virtuosen Französisch verfassten Romane bestätigt, was in *Silence du chœur* (demnach SDC) erwähnt wird: „Le récit [...] relate et relie."[147] Doch hierin sind die Verbindung und das Zusammenleben von Einheimischen und Fremden gescheitert. Er bringt die disharmonische Stimme der beiden Menschengruppen zum Schweigen und lässt nur die nach Strafe süchtige Natur sprechen.

2. *Silence du chœur*: Inhalt

Mbougar Sarrs Roman kritisiert das von Fremdenangst, Misstrauen und Xenophobie geprägte Klima der Immigration in Europa. Er schreibt: „[C]e climat est mauvais. C'est un climat de peur, de méfiance, de xénophobie..." (SDC, S. 268). Er fragt nach der Möglichkeit, unter diesen Umständen eine Gemeinschaft mit fremden Gastmigranten zu bilden. Die Handlung ist in der fiktiven italienischen Kleinstadt Altino angesiedelt. Im Mittelpunkt steht das tragische Schicksal einer Gruppe afrikanischer Gastmigranten, die nach einer atemlosen und mörderischen Durchquerung der Sahara und der Fahrt über das Mittelmeer mit einer feindseligen Bevölkerung in der Stadt konfrontiert ist. Während eine sizilianische humanitäre Hilfsorganisation sich um ihre Aufnahme und den Erfolg ihres Asylverfahrens bemüht, begegnet ihnen eine Gruppe von einheimischen Faschisten mit Hass und Ablehnung. Die Stimmung in der Stadt ist zunehmend durch Misstrauen gekennzeichnet und führt zur tragischen Ermordung einiger Gastmigranten. Durch den unerwarteten Ausbruch des Vulkans Ätna kommt es zum apokalyptischen Showdown, der alle zu einer gemeinsamen Flucht zwingt.

146 Anthony Audureau; Mohamed Mbougar Sarr: „La littérature doit réfléchir aux tabous, à défaut de les briser", in: *Demain Dakar*, du 26 juin 2018, abrufbar auf https://www.ipj.news/demain-dakar/2018/06/26/mohamed-mbougar-sarr-la-litterature-doit-avoir-lambition-de-reflechir-aux-tabous-a-defaut-de-les-briser/.

147 Mohamed Mbougar Sarr: *Silence du chœur : roman*, Présence africaine, Paris 2017, S. 409.

Der Roman ist eine „Recréation“,[148] ein fiktionalisiertes Wiedererschaffen von realen Beobachtungen des Autors. Denn bevor er *Silence du chœur* verfasste, erklärt Mbougar Sarr, sei er selbst auf einer Reise nach Sizilien gewesen. Dort konnte er mit Gastmigranten leben und an ihrer Situation teilhaben. Bemerkenswert ist das Werk besonders durch seine kaleidoskopartige Ästhetik. Unterschiedliche Dimensionen der Migration, des Fremdseins, der Fremderfahrung, der Gastfeindschaft (Xenophobie und Faschismus), der Gastfreundschaft (Humanismus, Empathie), der Integration und des Zusammenlebens (interkultureller bzw. interreligiöser Austausch und das Gemeinschaftsleben im Senegal) werden akribisch beschrieben. Andere Themen, wie der Stellenwert der Literatur[149] und die Rolle des Künstlers und Schriftstellers in der Gesellschaft, die Gewalt in extremer Erscheinung, das Wesen der Übersetzung, der Fußball im Migrationskontext, die Liebe und der Heldenmut, werden in der Erzählung angesprochen.

Der Autor schafft einen Erzählraum, in dem mehrere literarische Formen, Erzählstimmen und -perspektiven, verschiedene Arten von Schriften, Prozesse und Register interferieren. Diese Vielfalt wird schon im Titelwort „chœur“ ausgedruckt. In einer narrativen Spannung, die durch die Polyphonie der Erzählung verstärkt wird, erfordert die Lektüre ein ständiges Hin und Her zwischen dem laufenden Ereignis und dem, was kommen wird oder vorhergesagt werden soll. Die aufeinanderfolgenden Artikulationen der Stimmen laden den Leser ein, seine Lektüre ständig zu überdenken und fordern ihn zu einer *narrativinternen Hin-und-Her-Migration* im Text auf. Jogoys Geschichte führt zu abrupten Wechseln und Unterbrechungen der Erzählstränge, und verleiht dem Roman eine teilweise fragmentarische und „dissoziierte Struktur.“[150] Denn durch den Anfang der tagebuchartigen filigranen Geschichte von Jogoy, die ihren eigenen Titel („ALLER SIMPLE. RÉCIT DE VOYAGE, PAR JOGOY SÈN“), ihre eigene Struktur (Kapitel), Schriftart und Typografie (graue Seiten) hat, bekommt der Leser bereits ab Seite 42 den Eindruck, als ob er mit einem *Miniroman im*

148 Elara Bertho: „Les migrations méditerranéennes. Entre enquête et polar. Entretien avec Mohamed Mbougar Sarr, Propos recueillis par Elara Bertho“, in: *Multitudes*, vol. 76, no. 3, 2019, S. 202–206, hier S. 203.

149 Dieses Thema wird ausführlicher in seinem Roman *La plus secrète mémoire des hommes* (op. cit.) diskutiert.

150 Christina Grieb-Viglialoro: *Literatur zwischen Biopolitik und Migration: Dispositive in der frankophonen Gegenwartsliteratur*, transcript Verlag, Bielefeld 2022, S. 189.

Roman[151] bzw. mit einer sich von dem Plot abweichenden Nebenerzählung zu tun hat. Der Leser scheint in ein simultanes Doppellesen eingeführt zu werden. Die jeweiligen Kapitel von Jogoys Geschichte unterbrechen ab und zu die Lektüre der Hauptdiegese. Erst später in den folgenden Kapiteln wird dem Leser klar, dass Jogoys hypodiegetische Erzählung sich mit der Hauptdiegese überschneidet.

In der farbigen, zugkräftigen Erzählung beeindruckt die Vielfalt der Charaktere, das breite Spektrum ihrer sozialen Hintergründe, Einstellungen und Veränderungen. Es gibt 72 Gastmigranten, die aus unterschiedlichen sozialen und kulturellen subsaharischen Milieus stammen und als „Ragazzi“[152] bezeichnet werden. Diejenigen unter ihnen, die häufiger im fiktiven Geschehen vorkommen, sind Fousseyni Traoré, Bemba, Salomon und Appiah Mohamad. Es handeln aber auch Mamady Kanté, Ismaïla Camara und Adama Kouyaté. Dazu gibt es einen ehemaligen überlebenden Gastmigranten, der zum kulturellen Vermittler wurde (Jogoy Sèn) und eine wichtige Rolle in der Narration spielt. Weitere wichtige Akteure sind ein katholischer Priester namens Padre Bonianno, ein zynischer und ambivalenter Bürgermeister namens Francesco Montero, ein Dichter, der Giuseppe Fantini heißt, verzweifelte Aktivisten einer humanistischen Hilfsorganisation namens Santa Marta (Sabrina, Carla, Maria, Veronica, Rosa, der nihilistische Arzt Pessoto und seine Helfer Lucia und Gianni, Pietro der Psychologe, die Italienischlehrerin Rosa) und ein Künstlerpaar (Vera und Vincenzo Rivera). Des Weiteren treten Anhänger einer faschistischen Gruppe auf, darunter Maurizio Mangialepre, die gewaltbereiten Fußball-Ultras Fabio und Sergio Calcagno, der Metzger Gennaro Orso und der rechte Politiker Sandro Calcagno. Ein überforderter Gendarm namens Matteo Falconi, Mitarbeiter einer Kneipe wie Concetta, Signora Filippa, Serena und Francesca sind ebenfalls Teil der Geschichte.

Viele dieser Figuren zeichnen sich durch Antagonismen und Ambivalenzen aus. Carla wird vom fiktiven katholischen Priester als „une fille intelligente et sensible. Mais elle est encore un peu tendre…“ (SDC, S. 206) charakterisiert. Sabrina

---

151 Eine Behauptung des Erzählers selbst – hier Jogoy – lässt seine Geschichte nicht nur als Tagebuch bzw. „Journal“, sondern auch als Erzählung im literarischen Sinne betrachten. Der erste Satz des VI. Kapitels lautet: „Après presque une année d’impuissance littéraire, voici un nouveau chapitre de ce journal.“ (S. 380). Die Aussage erlaubt es, seine Geschichte als literarischen Text einzustufen und macht die Theorie eines Miniromans im Roman plausibel.

152 Im gesamten Roman bezeichnet dieser italienische Begriff, der an Pasolinis Roman *Ragazzi di vita* erinnert und im Deutschen mit „die Jungs“ übersetzbar ist, die Gruppe der afrikanischen Gastmigranten.

ist „un bulldozer de charité. Combative et impitoyable dans ses admirables engagements. Mais je ne pense pas qu'elle comprenne toujours tout…" (SDC, S. 207). Jogoy Sèn wird als „courageux et un peu perdu. Entre deux eaux…" (SDC, ebd.) beschrieben; er verkörpert selbst die Ambivalenz der Ragazzi, wie der Erzähler es beschreibt:

> Il incarnait ce qu'ils désiraient devenir mais détestaient puisqu'ils ne l'étaient pas encore et n'étaient pas certains de pouvoir jamais l'être : un homme qui avait ses papiers. Il était la personnification de leur paradoxe : à la fois objet de leur désir et objet [de sic !] leur jalousie – voir de leur haine. (SDC, S. 175)

Andere Figuren wie der Bürgermeister kennzeichnen sich durch einen chamäleonartigen Charakter, oder Pessoto, dessen Einsatz für die Gastmigranten eine Mischung von Mitleid und Hass „une pitié mêlée de haine" (SDC, S. 24) darstellt. Maurizio verändert sich von einem gastfreundlichen Anwalt, der sich auf Asylfragen spezialisiert hat, zu einem radikalen Populisten. Der komplexe und ambivalente Charakter dieser Figuren ist die Manifestation einer vielsichtigen und monströsen Humanität, die der Autor im Roman verteidigt: „Complexe, mêlée, belle et laide à la fois, tantôt baignée par la lumière des cieux, tantôt plongée dans l'abjecte fosse au cœur de toute âme. Voici ce qu'était l'humanité. Rien d'autre" (S. 155 f.). Auf diesem Verständnis der Humanität baut der Autor seinen Migrationsdiskurs auf. In dieser Perspektive schreibt Virginie Brinker folgendes: „En misant sur la diversité, l'ambivalence et la complexité des situations et des personnages, le roman élargit le propos sur la migration à celui sur l'humanité dans son ensemble."[153]

In dieser vielfältigen Figurenkonstellation liefert der Erzähler ein Fundus an sehr präzis formulierten Weltbildern, Einsichten und Reflexionen, welche die Substanz des Romans ausmachen und ihm einen philosophischen Wert verleihen. Der Erzähler zeigt die Erwartungen, Hoffnungen und Frustrationen der Asylsuchenden, befragt das Engagement und die Fragestellungen der guten Seelen – „belles âmes" (SDC 19) –, die aktiv die Gastmigranten unterstützen, sowie die Ängste und Überzeugungen derer, die sie ausgrenzen. Die tragische Pointe der Erzählung ist das Scheitern der Hoffnungen und Erwartungen der Gastmigranten.

Der Roman nutzt verschiedene Verweise auf aktuelle Ereignisse, um seine Relevanz in der heutigen Zeit zu verdeutlichen. Ein prominentes Beispiel ist die

---

153 Virginie Brinker: „Faire advenir la complexité pour refaire corps : Silence du chœur de Mohamed Mbougar Sarr, une poétique du franchissement des frontières symboliques", in: *HYBRIDA*, (6), 2023, S. 119–140, hier S. 127. https://doi.org/10.7203/HYBRIDA.6.2633.

berühmte, oft verkürzte und missbrauchte Aussage von Michel Rocard: „l'Europe ne peut pas accueillir toute la misère du monde“ (SDC, S. 205). Diese Aussage wird im Text kritisch hinterfragt, ebenso wie die Ideologie eines „irréprochable-monde-moral“ (SDC, S. 315), die an den rechtsextremen Begriff „bien-pensance“[154] erinnert. Der Roman untersucht auch gängige Stereotypen, wie den sogenannten *Großen Austausch*[155] durch Gastmigranten und die damit verbundenen Ängste vor Überfremdung und Verdrängung („Ils nous envahissent ! Nous chassent ! Nous remplacent !“ – S. 63 – „des migrants qui envahissent l'Italie“ – S. 361), die angebliche Verarmung der Gesellschaft („les migrants vous appauvrissent !“, S. 128), die Entziehung von Arbeitsplätzen und Wohlstand („volaient le travail et l'argent des Italiens“, S. 361) sowie Kriminalität durch Gastmigranten („ils tuent et violent nos femmes !“ – S. 333). Im Gegensatz zu diesen Darstellungen gelingt es dem Autor jedoch, die Migration junger Afrikaner als ein performatives Streben nach Selbsterhaltung zu beschreiben. Dies bietet eine differenzierte Sichtweise, die über die verbreiteten Stereotype hinausgeht und die menschlichen Beweggründe und Herausforderungen der Migration beleuchtet.

3. Migrationen und der „grand Rêve“ als Ausdruck des *Conatus*

Um die Tragödie, die die Erfahrung der Gastfeindschaft für die Gastmigranten bedeutet, zu begreifen, ist es relevant, vor allem die Quintessenz ihrer Migration nach Europa zu verstehen. Mbougar Sarr vermittelt starke Bilder, welche dies veranschaulichen. Der Entschluss der jungen afrikanischen Figuren zur Einwanderung nach Europa ist mit starken Hoffnungen und Erwartungen verbunden, die sich meines Erachtens als Manifestation des *Conatus* darstellen. Baruch de Spinozas *Conatusprinzip*, das er im 6. Lehrsatz des 3. Teils seiner *Ethik* einführt, drückt das Streben eines Individuums zur Selbsterhaltung aus: „Jedes Ding strebt gemäß der ihm eigenen Natur, in seinem Sein zu verharren.“[156] Der *Conatus* gibt dem menschlichen Geist die Kraft, schwierige Umstände zu bewältigen und für seine Existenz zu kämpfen, wie es den Gastmigranten im Roman erkennbar wird.

154 Zum Begriff vgl. Laurent Joffrin: „VIVE LA « BIEN-PENSANCE » !“, in: *Revue Des Deux Mondes*, 2016, S. 48–53. *JSTOR*. http://www.jstor.org/stable/44435991 abgerufen, 4. März 2023.

155 Vgl. Renaud Camus: „Der Große Austausch oder: Die Auflösung der Völker“, in: Renaud Camus und Martin Lichtmesz (Hrsg.): *Revolte gegen den großen Austausch*, Antaios, Schnellroda 2017, S. 44–138.

156 Baruch de Spinoza: *Ethik* III, Meiner Verlag, Leipzig 1922.

Oft wird der beständige Migrationsdrang nach Europa sehr negativ dargestellt.[157] Im Gegensatz zur allgemeinen Bewertung fügt Sarr dem paradiesischen Europabild junger Einwanderer aus Afrika einen Mehrwert hinzu. Die Darstellung ihrer „grand Rêve" (SDC, S. 234), ihres großen Traums von Europa und ihres Migrationsziels kann vielmehr als Ausdruck des *Conatus*, des Überlebenskampfs, interpretiert werden. Die fiktiven afrikanischen Charaktere begreifen ihren Traum als existenzielles Streben, das allen Menschen zu eigen ist:

> Oui, on a parlé du Rêve. Partir, fuir la honte, réaliser notre Rêve. [...] Nous étions des ordures et nous rêvions au milieu des ordures, au milieu de la grande ordure où patauge le monde. Mais en faisons cela, on était des hommes comme les autres, parce que tous les hommes de la terre font ça : rêver alors qu'autour d'eux il y a des ordures, des mouches, de la saleté et des morts. Tous les autres font ça. On avait aussi le droit, nous. Il faut rêver pour avancer, sinon on pourrit. (SDC, S. 231)

Hier wird der Fokus nicht auf den Ort, sondern auf das Ziel des Traumes gelegt, da der Traum eines glücklichen Lebens alle Menschen verbindet. Doch die Besonderheit des großen Traums zeigt sich vor allem in seiner Personifikation. Der Autor schreibt hierbei und an anderen Stellen in der Erzählung „Rêve" mit großem „R". Es geht hier um eine distinktive Großschreibung („majuscule distinctive"[158]), die einen besonderen semantischen Effekt („effet de sens particulier"[159]) provoziert. Der Majuskelgebrauch gilt hier als Stilmittel zur Verstärkung der Bedeutung des Traumes. Der „Rêve" ist in diesem Zusammenhang ein Symbol Europas als „paradis" (SDC, S. 34).

Der große Traum provoziert bei den jungen Gastmigranten einen beeindruckend extremen Mut und Heroismus, welcher in dem Roman deutlich zum Vorschein kommt, wie Sarr in einem Interview bestätigt: „Il y a quelque chose d'héroïque dans ces odyssées, un héroïsme fou, tragique et presque unique dans le monde d'aujourd'hui. Un héroïsme que je n'idéalise pas, que je ne fantasme pas, mais un courage absolu. Des âmes."[160] Fousseyni, einer der intradiegetischen Erzähler, beschreibt, wie dieser Traum entscheidend für seine

157 Vgl. Alain Mabanckou, 2012.

158 Anna Mutore: „La majuscule distinctive au vingtième siècle : Un corpus français, letton et russe. L'analyse contrastive de l'emploi de la majuscule distinctive, ses facteurs linguistiques, extralinguistiques et pragmatiques", in: *L'Information Grammaticale*, N. 112, 2007, S. 37–39.

159 Anna Mutore, ebd., hier S. 37.

160 Elara Bertho, 2019, op. cit., S. 205.

Migrationsentscheidung war.[161] Der Traum war so stark, dass seine Kollegen und er keine Angst mehr vor dem Tod hatten:

> Certains racontaient des histoires : un frère mort en mer, un père perdu dans le désert, un cousin devenu fou après la traversée [...]. Notre Rêve était trop fort. Notre désir de partir était tellement fort qu'on n'avait pas peur. On ne pouvait pas se permettre d'avoir peur. On devait penser à l'Europe et pas à la mort, même si le chemin vers l'une passait par l'autre, même si le chemin de l'une était l'autre. (SDC, S. 231 f.)

Die Stärke des Traumes und des „désir de partir“ wird durch die adverbial-hyperbolischen Ausdrücke „trop fort“ und „tellement“ verdeutlicht. „Partir“ in diesem Kontext bedeutet nicht nur die Heimat verlassen und emigrieren, sondern vielmehr „sortir de l'impasse, de l'ornière, se libérer.“[162] Weggehen wird de facto ein existenzielles Bedürfnis und das Streben nach einem besseren Leben und Sein in einem Anderswo. „Le désir de partir [...] est la conscience d'une vie malmenée dans son appétit de vivre, et qui veut renouer avec sa puissance d'être et d'agir. Exister, en quelque sorte“,[163] schreiben Guillaume Le Blanc und Fabienne Brugère. „Partir“ wird zu einer existenziellen Dringlichkeit, um dem symbolischen und sozialen Tod in der Heimat zu entgehen. Das Erreichen des geträumten Lebens setzt aber die Überquerung von Wüste und Meer voraus, so berichtet Fousseyni, „quelqu'un rappelait qu'on devait d'abord traverser le désert et la mer pour arriver au Rêve“ (SDC, S. 231). Die Wüste und der Ozean verbildlichen also die Passage vom Elend zum „grand Rêve“, um mit dem Überqueren des Roten Meeres durch die Israeliten in der Bibel zu argumentieren, den Weg zur „terre promise.“[164] Wie für die Kinder Israel in der Bibel[165] ermöglicht die Überquerung des Meeres den Gastmigranten, ein neues Land zu erreichen, welches all ihren Wünschen, Träumen und Projekten Substanz verleihen kann. Besonders die Überfahrt des

161 Der Traum von Europa und seine Bedeutung für die Migrationsentscheidung junger Afrikaner wird bei vielen afrikanischen Autoren thematisiert, beispielweise Fatou Diomes *Le ventre de l'atlantique* (2003) oder Alain Mabanckous *Bleu blanc rouge* (1998).

162 Dotsé Yigbe: „Nous avons entendu parler de l'Europe, mais nous ne connaissons que les Blancs“ : Une image populaire de l'Europe et du Blanc au Togo“, in: Susanne Gehrmann/János Riesz (hrsg.) : *Le blanc du noir : représentations de l'Europe et des Européens dans les littératures africaines*, LIT Verlag, Münster 2004, S. 79–91, hier S. 83.

163 Guillaume Le Blanc und Fabienne Brugère, 2018, op. cit., S. 39.

164 Fatou Diome 2003, Abdeckungsseite.

165 Die Bibel: 2. Mose 14, 15–31.

Meeres ist ein bewusster Entschluss, der den Conatus sehr deutlich ausdrückt, wenn man Le Blanc und Brugère folgt:

> Le passage de la mer est intentionnel. Il ne renvoie ni à un désir d'évasion ni à un désir d'invasion. Il repose sur un calcul fondé sur un désir de persévérer dans son être ; l'être humain aspire à déployer sa puissance de vie. Le passage de la mer est l'expression rationnelle d'un *conatus*, d'une puissance qui espère refaire surface dans l'exil […]. Une vie peut être détruite parce qu'elle est empêchée, mais elle s'efforce dans le même temps de lutter contre les forces qui la détruisent. La migration est un élément de persévérance majeur du *conatus*.[166]

Die Route durch die Sahara und über das Meer ist selbstverständlich ein Pfad des Elends, der Gefahr und des Todes. Die Kandidaten sind sich dessen bewusst, denn sie behaupten, „on devait penser à l'Europe et pas à la mort, même si le chemin vers l'une passait par l'autre, même si le chemin de l'une était l'autre" (SDC, S. 232). Aber der Entschluss, die infernalische Überquerung des Saharas und des Mittelmeers (SDC, S. 142) zu überwinden, drückt die Stärke des Existenz-Begehrens der Gastmigranten aus. Wie lebensbedrohlich die Wegstrecke in der Sahara ist, wird durch den Tod von Adama Kouyaté gezeigt (vgl. SDC, S. 234 f.). Die grausamen Erlebnisse auf dem Meer stellt auch Jogoy in seinem Tagebuch dar. Dazu beschreibt der Autor die unterschiedlichen Erfahrungen und den außerordentlichen Überlebenskampf der anderen Gastmigranten auf der Fluchtroute – „la manière dont ils avaient lutté pour survivre" (SDC, S. 192) – ausführlich auf vier Seiten (vgl. SDC, S. 189–192):

> [L]e récit du voyage, le récit de la peur, le récit des violences subies, le récit des violences infligées, le récit des violences vues, des hontes bues, des humiliations tues, des privations, de l'incertitude, du désespoir, du doute, de la faim, de la soif, de l'hallucination, du soleil, de l'étourdissement, des évanouissements, des vomissements, de la fièvre, de la maladie, des insolations, des désolations, des diarrhées, de la vénalité des passeurs triplant les prix, de la corruption de policiers fermant les yeux, de l'inhumanité des gardiens fouettant leurs chairs, des dizaines de corps harassés, recroquevillés, serrés, assis les uns contre les autres, couchés les uns contre les autres, dans la poussière, la pisse, la merde, le sang ; […] le récit des sueurs mêlées, le récit des salives sèches, le récit des bidons d'eau presque vides, le récit des infinies heures dans l'interminable désert, le récit du tournoiement des charognards dans le ciel du désert, de la chaleur mortelle du désert, du froid mordant du désert […], des crânes d'hommes semés sur leur route comme des balises pour l'outre-monde, des compagnons tombant de soif et abandonnés, des odeurs de charognes humaines en décomposition […] le récit de l'impossibilité du sommeil, récit du désir de sommeil, récit de la peur de l'assoupissement […] de l'irrémissible solitude, du silence profond qui roulait dans leur cœur, de l'arrivée en Libye, du cercle

166 Guillaume Le Blanc und Fabienne Brugère, 2018, op. cit., S. 38 f.

> infernal de la Libye, du gouffre sans fond de la Libye, des bombardements aveugles et meurtriers des croisés démocratiques, de l'insécurité totale, du racisme quotidien, de l'esclavage admis, des geôles dont on ne sort pas, de la grande géhenne humaine, du rabaissement, des négations, des tentatives de traversée de la mer, de l'océan hostile, de l'océan féroce, de l'océan denté, de l'océan hanté, de l'océan de fer ganté, de l'immense bouche d'eau, des vagues blanches comme des crocs, des bateaux surchargés, des canots en panne, des flots infinis, du fracas des vagues aussi dures que des murailles d'airain, du grondement assourdissant des tempêtes, des errances dans l'espace sans géographie de la mer, de l'anxiété, des cieux vides, de la mer vide, des cœurs presque vides, des dieux absents, des sauvetages au seuil de la mort, des cris désespérés, des yeux révulsés de ceux qui s'enfonçaient dans les profondeurs… (SDC, S. 190 f.)

Die Bewältigung all dieser extremen Leiden sind starke Bilder für das Heldentum der jungen Afrikaner. Man kann sehr gut nachvollziehen, wie es für die Migranten äußert traumatisch sein kann, nach diesen schwierigen Erfahrungen noch einer Feindschaft im Gastland ausgesetzt zu sein. Die Tatsache, dass der Weg durch die Wüste und über das Meer trotz der vielen Gefahren den einzigen Ausweg darstellt, eine Chance auf einem menschenwürdigen Leben zu haben, liegt vermutlich an ihrer Hoffnungslosigkeit in der Heimat. Das Leben und Bleiben in der Heimat werden als Tod empfunden. Jogoy behauptet, „pour moi, rester c'était mourir. Symboliquement. Socialement. De honte. D'amertume. Mourir tout à fait. C'est pour éviter ça qu'un beau jour, sans rien dire à personne, je suis parti“ (SDC, S. 257). Die anderen Migranten berichten auch, wie sie sich in ihrem Heimatland wertlos fühlen: „Nous étions des ordures“ (SDC, S. 231) „on ne valait plus rien chez soi. […] on ne valait plus rien tout court“ (SDC, S. 232). Sowohl das Leben in der Heimat als auch der Weg zum Traum symbolisieren für sie eine Art Tod. Es scheint, als wären die Kandidaten darauf eingestellt, dass der symbolische Tod in der Heimat gefährlicher ist als der reale Tod, dem sie in der Wüste und auf dem Meer trotzen, um ihren Traum zu erreichen. Diese Einsicht scheint sie psychologisch gegen den zweiten Tod immunisiert zu haben. Sie dient als Antrieb für ihren Mut. Das Verharren, die Energie und die Tapferkeit der Migranten können als ein bedeutendes Zeichen der Weigerung zu sterben und für den Kampf um einen „Platz an der Sonne“[167] in einem anderen Land verstanden werden. Das Selbsterhaltungsstreben kommt in Sarrs „épopée migratoire des africains“[168] als „l'éternelle lutte à mener pour mériter d'être un homme“ (SDC, S. 412) zum Ausdruck.

167 Christian Torkler: *Der Platz an der Sonne*, Klett-Cotta, Stuttgart 2018.

168 Bernard Faye: „Écriture de l'étrange dans le roman africain postmoderne : Silence du chœur de Mohamed Mbougar Sarr“, in: *Les Cahiers du GRELCEF, No 12. L'étrange dans la littérature francophone*, mai 2020, S. 27–42, hier S. 28.

Nach dem Durchgang durch die „Hölle" und dem Entgehen des Todes in der Wüste und auf dem Meer sind die fiktiven Gastmigranten unglücklicherweise einem anderen Tod in Altino ausgesetzt, da sie dort auf Unbeweglichkeit und Ablehnung stoßen. Ihr Kampf für ein glückliches Leben führt dort zur Desillusionierung. Der Traum wird zum Alptraum: Er wird dort zerstört, wo sie seine Erfüllung erwartet haben, und das Traumland wird zum Traumaland. Es ist selbstverständlich in der folgenden Reaktion von Salomon angelegt: „Préférerais mille morts à la vie que vous me donnez ici. La vraie mort, c'est Altino. […] Vous nous tuez." (SDC, S. 179) Dies verdeutlicht, dass das Streben nach Selbsterhaltung in einem anderen Land ohne Gastfreundschaft kaum möglich ist. Der „grand Rêve" wird durch Gastfeindschaft verhindert. In diesem Sinne ist die Resilienz der Gastmigranten bei der dramatischen Erfahrung der Gastfeindschaft und der Gewalt in der fiktiven Stadt nur eine weitere Manifestation ihres Conatus, ihrer „survie à tout prix" (SDC, S. 278). Ob die Ablehnung, die Abwehrdispositive und das Zufügen eines dritten symbolischen Todes im europäischen Gastgeberland den Traum der in der Heimat gebliebenen jungen Afrikaner zerstören können, ist nahezu unmöglich zu sagen. Das betont der Priester Amedeo Bonianno:

> Aucune mer n'est assez large et assez profonde pour recueillir la détermination et la pulsion de survie de ces hommes. Quoi que nous fassions, ils continueront de venir. Qu'on bâtisse des murs, ils les escaladeront ou les abattront. Qu'on érige des barbelés électrifiés et ils creuseront des tunnels par-dessous ou viendront s'y écraser et griller comme des mouches sur une ampoule, jusqu'à ce que l'ampoule elle-même grille, et qu'ils passent. Qu'on les expulse et ils reviendront. Qu'on les tue et ils ressusciteront ou leurs enfants viendront. (SDC, S. 237)

Die gastfeindlichen Abschottungsdispositive – Grenzzäune und –mauern – und die Abschiebungspraktiken europäischer Staaten können die jungen Einwanderer nicht von der existenziellen Migration abschrecken, weil ihre Widerständigkeit sehr stark ist. Die Aussage des Priesters lässt an Kafkas kurzen Text *Die Gemeinschaft* denken, in dem fünf Freunde, nach dem erfolglosen Verdrängen eines fremden Sechsten zum Schluss kommen: „Mag er noch so sehr die Lippen aufwerfen, wir stoßen ihn mit dem Ellbogen weg, aber mögen wir ihn noch so sehr wegstoßen, er kommt wieder."[169] Die Migrationskandidaten besitzen einen großen Mut und eine unbezähmbare Energie, die ihren Willen zum Leben kräftigen

---

169 Franz Kafka: *Gesammelte Werke, Bd. 5. Beschreibung eines Kampfes: Novellen, Skizzen, Aphorismen aus dem Nachlaß*, hrsg. von Max Brod, 2. Ausg., Schocken Books, New York 1946, S. 141.

und mit denen sie sich allen Risiken und gewalttätigen Ausweisungsmaßnahmen widersetzen werden.

Zwar ist das Begehren eines besseren Lebens allen Menschen vorbehalten, aber der „grand Rêve“ junger afrikanischer Menschen erweist sich als problematisch. In der Tat geht es um ein deplatziertes Begehren, bei dem das bessere Leben auf eine phantasmatische Weise ausschließlich in Europa verortet wird. Der Autor verrät nicht, woher dieser Traum stammt und wie er sich im Denken der jungen Migrationskandidaten etabliert hat. Jedoch wird in einer Argumentation von Dotsé Yigbe betont, dass die Konstruktion von Europa als „paradis terrestre“[170] sich durch ein „montage mental“[171] der präkolonialen Katechisation gebildet hat:

> [l]'image fantasmatique de l'Europe [...] s'est renforcée avec l'arrivée des missionnaires et la propagation de la bonne nouvelle. En effet, le catéchisme a amené les [Africains] à faire le rapprochement entre le Ciel, le paradis [et l'Europe] avec sa connotation de bonheur, de richesse, de fraîcheur et de quiétude.[172]

Viele Missionare waren Bahnbrecher und Komplizen des Kolonialismus, „des complices du colonialisme, ceux qui préparaient le chemin à la domination européenne.“[173] Daher ist es selbstverständlich, dass das Bild des paradiesischen Europas in der Kolonialzeit nur weitervermittelt werden konnte. Die Wirkung des Kolonialismus auf die Fortsetzung dieses Europatraums in der Imagination junger Afrikaner wurde in den ersten Romanen der afrikanisch-frankophonen Literatur thematisiert.[174] Insofern kann vermutet werden, dass der „grand Rêve“ der jungen Migrantenfiguren in Sarrs Erzählung derselben Logik folgt und ihre

---

170 Dotsé Yigbe, 2004, op. cit., S. 80.

171 Achille Mbembe: „Qu'est-ce que la pensée postcoloniale ?“, entretien du 9 janvier 2008, in: *Eurozine*, online unter: https://www.eurozine.com/quest-ce-que-la-pensee-postcoloniale/, Zugriff am 09.04.2022.

172 Dotsé Yigbe 2004, S. 81. Yigbe spricht hier spezifisch von den Ewe-Völkern in Togo und weist zudem darauf hin, dass dieses Bild sich durch die Verschlechterung der soziopolitischen Lage im Land verstärkt hat (ebd.).

173 János Riesz: „*« Blans et Noirs » – Quelques réflexions préliminaires*“, in: Susanne Gehrmann/János Riesz (hrsg.): *Le blanc du noir : représentations de l'Europe et des Européens dans les littératures africaines*, LIT Verlag, Münster 2004, S. 17–40, hier S. 34.

174 In der afrikanisch-frankophonen Literatur der 50er Jahren kam schon die Vorstellung dieses Eldorado von jungen Afrikanern hervor, unter anderen in Büchern von Sembene Ousmane (*Le Docker noir*, 1956), Bernard Dadie (*Un nègre à Paris*, 1959), Cheikh Hamidou Kane (*L'Aventure ambiguë*, 1961), Ousmane Socé (*Les mirages de Paris*, 1937), oder Aké Loba (*Kocumbo. L'étudiant noir*, 1983). Dieses Bild wird auch in Fatou Diomes *Le ventre de l'Atlantique* und Alain Mabanckous *Bleu blanc rouge* dargestellt.

Migration als Symptom der „colonisation mentale“[175] bzw. als Reaktion auf die kolonial bedingte psychologische Veranlagung gegenüber Europa verstanden werden kann. Da der „grand Rêve“ eng mit Europa, dem ehemaligen Unterdrücker, verbunden ist, kann auch eine Disposition zum Ressentiment auftreten, solange der Träumer mit Gastfeindschaft im Gastgeberland konfrontiert ist.

4. Gastfeindschaft und die (neo-)koloniale Frage

Einleitendes

Die Geschichte des Kolonialismus und Imperialismus wirkt sich in hohem Maße auf die postkoloniale Begegnung von afrikanischen Gastmigranten und europäischen Gesellschaften aus. Beide Menschengruppen stehen sich in einer gegensätzlichen Konstellation und in angespannten Macht- und Herrschaftsverhältnissen gegenüber, insbesondere angesichts ihrer gemeinsamen Vergangenheit. Während westliche Länder und ehemalige Kolonialmächte als „pays de la peur“[176] bezeichnet werden, werden die ehemals kolonisierten, insbesondere arabisch-muslimischen Länder als „pays du ressentiment“[177] beschrieben. Diese Charakterisierungen beeinflussen auch die Verhandlung des postkolonialen Miteinanders von Nachfahren beider Bevölkerungsgruppen. Sie provozieren eine „kriegerische Kultur“ bzw. „warring culture“,[178] wie sie in Sarrs Roman narrativ verfolgt werden kann. In der fiktiven italienischen Region, in der „im Gegensatz zum ‚*kalten Norden*‘ […] ‚*warme*‘ Gastfreundschaft das sizilianische Selbstbild aus[macht]“,[179] erleben die Afrikaner unterschiedliche Abwehrreaktionen. Wenn Gastmigranten in der Gesellschaft, in der sie ein Ankommen suchen, Feindseligkeit erleben, „reagieren sie folglich mit Formen des Ressentiments, […] aus dem jene destruktive Spirale an Spannungen, Konflikten und wechselseitiger Gewalt entsteht.“[180] Die Erfahrung der Gastfeindschaft provoziert dementsprechend bei

175 Fatou Diome: *Le ventre de l'Atlantique*, Éditions Anne Carrière, Paris 2003, S. 60.

176 Tzvetan Todorov: *La Peur des barbares. Au-delà du choc des civilisations*, Robert Laffont, Paris 2008, S. 17.

177 Ebd.

178 Ghassan Hage: „*État de siège* : A dying domesticating colonialism?“, in: *American ethnologist*, vol. 43, n° 1, 2016, S. 38–49, hier S. 39.

179 Heidrun Friese, 2014, op. cit., S. 21 f., Hervorhebung im Original.

180 Elena Pulcini: „Jenseits von Furcht und Ressentiment: Gastlichkeit im globalen Zeitalter“, in: Burkhard Liebsch, Michael Staudigl & Philipp Stoellger (hrsg.): *Perspektiven europäischer Gastlichkeit: Geschichte – kulturelle Praktiken – Kritik*, Velbrück Wissenschaft, Weilerswist 2016, S. 199–215, hier S. 199.

den Gastmigranten eine bestimmte Form von Ressentiment, das die Frage des (neo-)kolonialen Verbrechens und die „Pflicht Europas, gastfreundlich zu sein",[181] aufwirft. Inwiefern die historischen Vorläufer (Sklavenhandel, Kolonialismus und Neoimperialismus) Implikationen für das Bestehen bzw. Nichtbestehen der europäischen Gastfreundschaft haben können, lässt sich in der Erzählung verfolgen.

4.1. Gastgeberfeindschaft: Erinnerungsdiskurs und Ressentiment von Gastmigranten

Die Erinnerung an die Gräuel und das Unrecht der Kolonialzeit hat sich tief ins Gedächtnis der Menschen in Afrikaner eingegraben, sodass sie manchmal Gefühle des Ressentiments hervorruft. Die Erfahrung der Feindlichkeit in der italienischen Gesellschaft, das unerträglich gewordene lange Warten auf die Auswahlkommissionen für die Papiere und die angespannten Umstände haben den Charakter der Gastmigranten verändert und provozieren bei ihnen ein Ressentiment: „Toute l'amertume qu'ils avaient accumulée, tous leurs espoirs déçus, toute l'anxiété de leur interminable attente, toute leur peur, s'agrégeaient en une boule de rancœur. […] Elle éclatait, grenade de haine, grenade de ressentiment, ulcère crevé." (SDC, S. 278) Das Ressentiment wird nicht nur gegen die xenophoben Einheimischen, sondern allgemein gegen viele Staaten in Europa als frühere Kolonialmacht geschürt. Dies führt zu einem schmerzhaften postkolonialen Erinnerungsdiskurs über historische Verbrechen des imperialistischen Kontinents in afrikanischen Völkern. Die gewalttätige koloniale Besatzung wird besonders von radikalen Figuren wie Salomon so dargestellt, als ob sie die postkoloniale Anwesenheit der Gastmigranten in Europa legitimieren würden, oder als ob Europa deshalb verpflichtet sei, sie aufzunehmen. „Ils nous traitent de singes, de sous-hommes. Comme au temps de l'esclavage. Ils disent ne pas vouloir de nous chez eux. *Nous-ont-ils demandé la permission lorsqu'ils s'installèrent chez nous ?*" (SDC, S. 268, Hervorhebung A. A.), fragt Salomon. Seine Aussage ist hier gegen die Mitglieder der fiktiven xenophoben Partei „la Ligue du Nord" (SDC, S. 193) gerichtet, aber mit seiner Frage weist er explizit auf die gewalttätige, unberechtigte Besetzung Afrikas während des Sklavenhandels und des Kolonialismus hin. Die Frage impliziert tatsächlich, dass die Afrikaner einst die unerwünschten europäischen Sklavenhändler und Kolonialherren aufnehmen mussten. Man soll hier

181 Tschasslaw D. Kopriwitza: „Zur Phänomenologie der Gastlichkeit oder über die Pflicht Europas, gastfreundlich zu sein.", in: Michael Staudigl und Philipp Stoellger Burkhard Liebsch (hrsg.): *Perspektiven europäischer Gastlichkeit: Geschichte – kulturelle Praktiken – Kritik*, Velbrück Wissenschaft Verlag, Weilerswist 2016, S. 561–578.

bemerken, dass die Gastgeber-Gast-Beziehung selbst in einer kolonialen Dialektik stand. Während der Kolonialzeit waren die europäischen Kolonialherren fremde, imperialistische Besucher in afrikanischen Gesellschaften. Obwohl ihnen der Status von Gästen zuerkannt werden sollte, hatten sie durch die gewalttätige Unterdrückung der Einheimischen auch die Rolle der Gastgeber usurpiert, sodass sie am Ende die Doppelrolle des Gastgebenden und Gastnehmenden gleichzeitig einnahmen. Salomon stellt sich nun in einer ähnlichen Situation wie die damalige vor,[182] in der die Gastmigranten von den italienischen, also europäischen, Gastgebern unerwünscht sind. Hinter dieser Argumentation steht nicht nur die Absicht, ein gewisses (Vor-)Recht für afrikanische Gastmigranten geltend zu machen, unbedingt nach Europa zu migrieren, nach dem Motto „We are here because you were there",[183] sondern auch die Forderung einer bedingungslosen Aufnahme. Salomon übt somit Kritik an den europäischen Migrationsbewegungen, die konstitutiv für die Unterwerfung und wirtschaftliche Ausbeutung der afrikanischen Völker waren. Er benennt ausführlich die historischen und auch weiterhin bestehenden Phänomene, die die Grundlage dieser systematischen Ausbeutung bilden oder bildeten:

> Tout ce qu'ils ont fait, tout ce qu'ils font, et la Traite Négrière, et la colonisation, et le néo-impérialisme, et le pillage impuni de nos richesses, et les conflits qu'ils créent avant de s'en laver les mains et revenir pour prétendre nous sauver, et nos économies qu'ils fragilisent, et l'esclavage monétaire dans lequel ils nous tiennent, et les termes de l'échange qu'ils dévoient lorsqu'ils traitent avec nous […]. Ils ont tué, vendu, volé, pillé […]. (SDC, S. 267 f.)

Salomon führt dabei den europäischen Sklavenhandel, den Kolonialismus und den Neoimperialismus, die Plünderung der Bodenschätze, die monetäre Abhängigkeit und die instrumentalisierten Konflikte als logische Ursachen für die gegenwärtige miserable Situation Afrikas an, welche die Menschen zur Migration nach Europa zwingt. In diesem Sinne betrachtet er die Weigerung Europas, die Gastmigranten aufzunehmen, als illegitim:

> Et ce qui se passe, c'est qu'une grande partie de l'Europe ne veut pas de nous ici, et ils le disent clairement, de la façon la plus violente qui soit. Ils disent que l'Europe ne peut pas accueillir toute la misère du monde, alors qu'elle a contribué à créer cette misère. (SDC, S. 267)

---

182 Kien Nghi Ha präsentiert in diesem Sinne die postkolonialen Migrationen, als „kulturelles Rewriting auf die [europäische] Zivilgesellschaft ein. Sie kehren die koloniale Einbahnstraße um […]." (Ha 2007: 51).

183 Kobena Mercer: *Welcome to the Jungle: New Positions in Black Cultural Studies*, Routledge, New York [u.a:]1994, S. 7.

Durch die Kombination der Negation und der Konjunktion „alors qu'elle" in dem letzten Satz bekräftigt Salomon die Illegitimität der Ablehnung der Gastmigranten, denn „ne peut pas… alors que" drückt einen unlogischen oder widersprüchlichen Zusammenhang aus.[184] Er macht sehr deutlich Europa für die Armut in Afrika verantwortlich. Tatsächlich hat der Imperialismus in der Gegenwart Auswirkungen auf das Leben in Afrika. Europa für die gesamte Misere des afrikanischen Kontinents verantwortlich zu machen und dadurch die riskante Migration zu rechtfertigen, erweist sich jedoch als problematisch. Salomon scheint jedoch davon so stark überzeugt zu sein – „Ce continent est responsable de tout. C'est l'Europe… […] elle est mêlée jusqu'au cou à tout ça, jusqu'aux os…" (SDC, S. 193) –, dass er einen Diskurs des Ressentiments und des Hasses gegenüber den Italienern entwickelt. Er vermittelt zudem den Eindruck, als ob er nach Europa migriert ist, um sich zu rächen: „Elle ne doit pas rester impunie Je suis là pour le rappeler… Je n'ai plus rien à perdre. […] Ils paieront alors." , warnt er (SDC, S. 193 f.). Sein Radikalismus und der Zorn, mit dem er diese Drohung ausspricht, sind an den unvollständigen Sätzen mit Auslassungspunkten identifizierbar. Besonders der Hinweis „je suis là pour le rappeler" betont seine Intention, die Schuld Europas zu demonstrieren.

Das Ressentiment manifestiert sich bei Salomon in zunehmender Aggressivität und Gewaltbereitschaft. Seine Empörung schürt er während der Übung für die Asylkommissionen. Bei der Befragung des Priesters über seine „Geschichte" schiebt er Europa die Schuld an der Ermordung seiner Familie durch Boko Haram zu. Sein Rachegefühl bricht aus. Bis zum Zeitpunkt dieser Reaktion war er in der Regel ruhig und beschäftigte sich eher mit dem Lesen der Bibel (vgl. SDC, S. 174). Seine intensive Beschäftigung mit der Bibel zeigt sich dadurch, dass er sein Rachegefühl mit Bibelversen rechtfertigt (vgl. SDC, S. 194). Aus seiner Argumentation lässt sich schließen, dass er die Umsetzung seiner Rache als heilige Aufgabe wahrnimmt, und er betont, dass Gott selbst ihn dabei unterstützen würde: „C'est Lui [Dieu] qui me guidera" (SDC, S. 194 f.). Sein Ressentiment bekommt in diesem Fall einen heiligen Charakter, der ihn dazu verleitet, in eine gewalttätige Konfrontation mit den Einheimischen zu treten. Salomon versucht darüber hinaus, bei einem von ihm organisierten Treffen seine Kollegen von der Schuldigkeit Europas zu überzeugen: „Cette Europe arrogante […] sera détruite. Elle sera détruite par sa propre prétention. Tout ce qu'ils ont fait, tout ce qu'ils font […] tout cela se retrouvera contre eux. Ils ont tué, vendu, volé, pillé : ils

184 Vgl. Larousse. https://www.larousse.fr/dictionnaires/francais/alors_que/2491, Zugriff am 26.05.2022.

recevront leur châtiment." (SDC, S. 267 f.), propagiert er. Aus seiner Rede geht eine schmerzhafte Erinnerung an die Ungerechtigkeitserfahrung hervor, die afrikanische Völker durch die Gewaltverbrechen Europas erfahren haben. Salomons Reaktionen lassen eine Attitüde erkennen, die Alain Mabanckou als „sanglot de l'homme noir" bezeichnet hat:

> La tendance qui pousse certains africains à expliquer les malheurs du continent noir – tous ses malheurs – à travers le prisme de la rencontre avec l'Europe. Ces Africains alimentent sans relâche la haine envers le Blanc, comme si la vengeance pouvait résorber les ignominies de l'histoire et nous rendre la prétendue fierté que l'Europe aurait violée.[185]

Die Tendenz, die negativen Entwicklungen auf dem afrikanischen Kontinent auf die koloniale Begegnung zurückzuführen, fördert die Einstellung, dass „l'Europe devrait se plier, payer le mal qu'elle nous a fait subir pendant les siècles d'esclavage, les décennies de colonisation."[186] Dieses postkoloniale Ressentiment ist, um Nathalie Etoke zu folgen, mit einer *melancholia africana*,[187] einer Selbst-Viktimisierung verbunden, die Salomon auch bei einer Diskussion mit dem Dichter Giuseppe Fantini zum Ausdruck bringt: „Vous les Européens, vous croyez que la tragédie n'est pas encore arrivée. Nous, nous vivons déjà la tragédie. C'est vous qui l'avez créée, et c'est nous qui la subissons" (SDC, S. 299 f.). Er befindet sich hier in einer Täter-Opfer-Dialektik, wobei er sich als Opfer darstellt und sagt, „c'est nous qui la subissons."

Man könnte Salomons Reaktionen als defensive und zugleich offensive Positionierung charakterisieren, da sein „*ressentiment*-laden image of the 'evil other'"

---

185 Alain Mabanckou: *Le Sanglot de l'homme noir*, Fayard, Paris 2012, S. 11.

186 Ebd., S. 10.

187 *Melancholia africana* ist ein von Leonora Miano inspiriertes Konzept bei Nathalie Etoke. Das Konzept beschreibt auch die Viktimisierung der subsaharischen Afrikaner und *Afrodescant(e)s*. *Melancholia africana* ist ein „concept extensible qui examine comment les Subsahariens et les Afrodescendants gèrent la perte, le deuil et la survie dans une pratique du quotidien contaminé par le passé. C'est aussi une expression d'un être dans son monde et dans le monde de l'Autre. […] Bien qu'elle se décline différemment en fonction du contexte historique et du lieu, la *melancholia africana* renvoie toujours aux tribulations propres à des populations dont la promesse existentielle a été marquée et plastifiée par la rencontre avec l'Autre. Ici, la traite négrière, l'esclavage, la colonisation et la postcolonisation sont des points de repère objectifs, tangibles et implacables. Au lieu de paralyser les Subsahariens et les Afrodescendants dans une victimisation permanente, ils les obligent à agir, à se réinventer, à renaître de leurs cendres." (Nathalie Etoke, *Melancholia Africana. L'indispensable dépassement de la condition noire*, Editions du Cygne, Paris 2010, S. 27 f).

erst bei der Konfrontation mit der „postcolonial xenophobia“[188] der Bewohner Altinos auftritt. Defensiv als Widerstand gegen die Feindlichkeit, offensiv als Selbstbehauptung für die Aufnahme in Italien. Sein Ressentiment ist in dieser Hinsicht als ambivalente Waffe für die Verwirklichung des geträumten Daseins. Von (neo-)kolonialen Verbrechen Europas ist von der Ankunft der Gastmigranten bis zu dem Zeitpunkt der heftigen Auseinandersetzung mit dem Padre Bonianno (vgl. SDC, S. 193 ff.) und besonders mit dem xenophoben Kollektiv von Maurizio nicht die Rede gewesen. Unter diesen Umständen, in denen er seine Existenz und diejenige der anderen Gastmigranten als bedroht ansieht, verspürt Salomon die Legitimität, sich mit Hass zu verteidigen: „La haine est saine pour nous. [...] La haine permet de ne pas devenir fou. Tout est violent autour de nous, alors ne nous demandez pas d'être sans violence“ (SDC, S. 299). Das Ressentiment lässt sich hier erneut als Ausdruck des Selbsterhaltungsstrebens charakterisieren, weil es ihm zur Überwältigung der Gastfeindschaft dient. Wenn Salomon zum Beispiel „je suis là pour le rappeler“ betont oder rachevoll ein Verdikt über Europa ausspricht, ist es jedoch in der Erzählung klar, dass dies nicht der grundsätzliche Zweck der Migration der Gastmigranten war. Der „grand Rêve“ (SDC, S. 234) und die Suche nach einem besseren Leben sind das Motiv. Salomon würdigt weiterhin ihr Ressentiment bei Carla und erklärt, dass die Situation sie dazu zwingt. Er behauptet, „nous ressassons parce que le ressassement est la seule chose que vous nous offrez“ (SDC, S. 178). Sein Verhalten ist insofern eine Positionierung zu seiner *condition noire*[189] im feindlichen Gastgeberland. Doch die Tatsache, dass solche Reaktionen auftreten, legt nahe, dass die bewusste oder unbewusste Disposition zur Beschuldigung Europas schon vor der Migration vorhanden ist. Die Disposition zum Ressentiment bildet zusammen mit dem „grand Rêve“ ein

188 Veeran Naicker: „Ressentiment in the postcolony“, in: *Angelaki, Journal of the Theoretical Humanities 24:2*, 2019, S. 61–77, hier S. 75. https://www.tandfonline.com/doi/abs/10.1080/0969725X.2019.1574079.

189 Die *condition noire* ist eine soziale Erfahrung der Minderheitssituation, vor allem das Leid, das durch Rassismus und Diskriminierung an den Schwarzen Menschen verursacht wird. Pap Ndiaye, der den Begriff erfunden hat, schreibt: „S'il n'existe pas de 'nature noire', il est possible d'observer une 'condition noire', par laquelle on signale que des hommes et des femmes ont, *nolen volens*, en partage d'être considérés comme noirs à un moment donné et dans une société donnée. C'est faire référence à des personnes qui ont été historiquement construites comme noires, par un lent processus de validation religieuse, scientifique, intellectuelle de la 'race' noire, processus si enchâssé dans les sociétés modernes qu'il est resté à peu près en place, lors même que la racialisation a été délégitimée.“ (Pap Ndiaye: *La condition noire. Essai sur une minorité française*, Gallimard, Paris 2009 [2008], S. 45).

widersprüchliches Verhalten, ein postkoloniales Paradox, das Salomons Verhalten charakterisiert. Pietro, der fiktive Psychologe, hebt dieses Paradox kritisch hervor:

> [C]'est quand même curieux : [...] en même temps qu'il hait profondément l'Europe, il nourrit à son égard une espèce de fantasme, de désir profond. Je ne comprends pas qu'on puisse haïr un continent, le critiquer sans cesse, en faire le signe absolu de la décadence du monde, et s'y précipiter à la première occasion. (SDC, S. 196)

Das postkoloniale Paradox stellt ein *prä*-migrantisches Fantasieren und einen *post*-migrantischen[190] Hass auf Europa dar. Während das erste Merkmal ein Verlangen nach einem besseren Leben symbolisiert, repräsentiert das zweite Merkmal eine Reaktion auf die Gastfeindschaft und dient somit der Verteidigung des Lebens im Gastgeberland. Bei Fousseyni hat es sich deutlich ergeben, dass die jungen Afrikaner sehr gut über die Risiken der Einwanderung durch die Wüste und über das Meer und über die schlechten Bedingungen der fremden Einwanderer in Europa informiert waren, bevor sie sich aber aufgrund der Stärke ihres Traumes entschieden haben (vgl. SDC, S. 231 f.). Salomon, der sicherlich auch von diesem „fantasme" und „désir profond" von Europa bewegt war, erhebt sich nun als ein hasserfüllter systematischer Kritiker des erträumten Europas. So zeigt sich das Paradox, „car d'un côté on dénonce les conditions de vie des immigrés africains [...] quand d'un autre côté des centaines de milliers d'Africains ne pensent qu'à rejoindre ceux qui les ont précédés, au risque de leur propre vie. Désirerait-on rejoindre l'enfer ?"[191] Das Syndrom dieses ambivalenten Verhaltens von simultanem Hass und Verlangen ist besonders bei der jungen Generation Afrikas bemerkenswert.

Trotz allem kann man annehmen, dass das postkoloniale Ressentiment der fiktiven afrikanischen Asylbewerber sich ohne Erfahrung der Gastfeindschaft nicht manifestieren würde. Ferner ist sein Ausbruch Teil eines Desillusionierungsprozesses des „grand Rêve". Diese Begebenheiten können in einen typischen Verhaltenszyklus gefasst werden, der charakteristisch für Migrantenfiguren in vielen Romanen der postkolonialen afrikanischen Migrationsliteratur[192] ist: Die Hoffnungslosigkeit in der Heimat lässt den „grand Rêve" entstehen (a), der „grand Rêve" nährt den Trieb zur Migration nach Europa um jeden Preis (b), die Auseinandersetzung mit der Gastfeindschaft in Europa führt zur Desillusionierung,

190 Mit den Präffixen „prä" und „post" wird jeweils die Zeit vor und nach der Ankunft im fremden Land gemeint.

191 Roland Pourtier: „L'Afrique noire au crible de la mémoire coloniale : La question postcoloniale", in: *Hérodote* 120 (2006), S. 215–230, hier S. 229.

192 Beispielsweise bei Autoren wie Fatou Dioume, Daniel Biyaoula, Sami Tchak, Calixthe Beyala und Kossi Efoui gemeint.

zur Enttäuschung des idealisierten Europabildes (c). Das Bewusstwerden, dass die eigene Existenz auch in der fremden Gastgebergesellschaft nicht verwirklicht werden kann, löst traumatisierende Identitätskrisen und folgerichtige Reaktionen aus, die je nach Kontext unterschiedlich sein können (d).

Sarr legt hierbei den Akzent auf das geprägte Ressentiment der Gastmigranten, das sich in traumatisierender[193] Erinnerung der Vergangenheit manifestiert. Der Versuch, die gegenwärtige Situation durch vergangene Ereignisse zu rechtfertigen und eine europäische Generation zur Rechenschaft zu ziehen, die mit den imperialen Tatsachen nicht eng verwickelt ist, ergibt sich als nicht gewinnbringend für die Fremdsituation der Gastmigranten und die Verhandlung eines Zusammenseins mit dem europäischen Gastgeber. Dies stellt sich in der Erzählung durch die Stimmen des Dichters und des Priesters heraus. Zwar steht die Unterwerfung der Welt durch europäische Mächte in enger Verbindung mit den Migrationsbewegungen unserer Zeit, aber eine Widergutmachung „für umfangreiche, hochkomplexe Vorgänge von langer Dauer mit unzähligen Betroffen und Beteiligten wie […] der europäische Kolonialismus“[194] scheint unmöglich zu sein.[195] Sarrs Text, über den Hinweis auf die Rolle (neo-)kolonialer Begebenheiten in dem Migrationsdrang hinaus, lässt diesen Versuch, *einen* Schuldigen zu finden, oder den Standpunkt, dass „certains plus que d'autres“ (SDC, S. 300) verantwortlich wären, als problematisch erscheinen. Padre Bonianno, der im Roman die religiöse Institution repräsentiert, verurteilt dieses Denken:

> Mon erreur était que je cherchais un coupable. Ne vous demandez pas qui est coupable. Tout le monde l'est dans cette affaire. D'abord, leurs pays d'origine. Ensuite, nos pays.

---

193 Gottfried Fischer und Peter Riedesser definieren den Begriff „Trauma“ im psychologischen Sinne als „ein vitales Diskrepanzerlebnis zwischen bedrohlichen Situationsfaktoren und den individuellen Bewältigungsmöglichkeiten, das mit Gefühlen von Hilflosigkeit und schutzloser Preisgabe einhergeht und so eine dauerhafte Erschütterung von Selbst- und Weltverständnis bewirkt“ (Gottfried Fischer und Peter Riedesser: *Lehrbuch der Psychotraumatologie*, Reinhardt, München/Basel 2009, S. 84). In Bezug auf eine „Vergangenheit, die nicht vergeht“ definiert Aleida Assmann „Trauma“ als „psychische Wunde, die nicht vernarbt. Deshalb kann es nicht vergessen werden; der Schrecken kann jederzeit in unkontrollierbaren Bildern wieder präsent werden und überschwemmt dabei die Gegenwart mit Vergangenheit.“ (Aleida Assmann: *Formen des Vergessens*, Wallstein, Göttingen 2016, S. 211).

194 Wolfgang Reinhard: *Die Unterwerfung der Welt: Globalgeschichte der europäischen Expansion 1415–2015*, C.H. Beck, München 2016, S. 1315. In dem Buch zeigt Reinhard den Zusammenhang zwischen der europäischen Expansion und die heutigen Migrationsbewegungen.

195 Hier ausgenommen die Rückgabe von Raubkunst.

> Eux. Nous. L'histoire. Le système. Les passeurs. La géopolitique. Le capitalisme mondial. La colonisation. Tout cela a sa part de vérité et sa part de culpabilité. (SDC, S. 237)

Bonianno nennt hier eine Reihe von Akteuren, die gemeinsam in die Migrantendramen involviert sind. Er zeigt somit eine geteilte Schuld Europas und Afrikas auf.[196] Die Argumentation von Padre Bonianno bezüglich einer kollektiven Mitschuld steht im Gegensatz zu Salomons eindimensionalem Ansatz der Schuldzuweisung, die „nur die kolonialen Opfer und Täterprojektionen aktualisiert, ohne zu einer Kritik innerhalb der Gesellschaften der früheren Kolonien […] beizutragen."[197] Einerseits richtet sich Salomons Schuldzuweisung an europäische Zeitgenossen, auf deren Gastfreundschaft er angewiesen ist und die nicht persönlich in den vermeintlichen Verbrechen involviert waren. Andererseits wird in seinen Äußerungen die Mitschuld Afrikas völlig ausgeblendet. Doch, schreibt Mabanckou, „au-delà de la responsabilité qu'on peut imputer à l'Occident, les

---

196 Zur Frage der eigenen Schuld des afrikanischen Kontinents am Kolonialismus hat Yambo Ouologuem im Vorwort seines Romans *Le Devoir de violence* (1968) gezeigt, dass eine lokale afrikanische Kolonisierung vor der Ankunft der Europäer existierte. Die Verstrickung lokaler Akteure Afrikas in der Sklaverei und im Imperialismus wird neulich in Saidiya Hartmans *Lose Your Mother: a Journey Along the Atlantic Slave Route* (2007) und Alain Mabanckous Essay *Le sanglot de l'homme noir* (2012) thematisiert. Im Hinblick darauf soll man erkennen, dass „jede Kolonialherrschaft auf der *Kollaboration* von Kolonisierten beruht und anders überhaupt nicht möglich ist. Mit guten Gründen lässt sich sogar behaupten, dass westliche Kolonialherrschaft in der Regel auf ein Bündnis der Kolonialherren mit indigenen Eliten zur Kontrolle und Ausbeutung der Unterschichten in den Kolonien hinausläuft. Derartige einheimische Eliten konnten entweder traditionelle sein oder solche, die sich Kolonialmächte nach Bedarf neu geschaffen hatten." (Wolfgang Reinhard 2016, S. 1319). Diese Kollaboration der afrikanischen Elite belege, so Ouologuem, dass „les Blancs ont joué le jeu des notables africains" (Zitiert nach Mabanckou 2012, S. 127). Diese Beihilfe einheimischer Akteure hat zur Universalisierung des Imperialismus beigetragen, um mit Achille Mbembe zu sprechen: „Au demeurant […] l'universalisation de l'impérialisme ne s'explique pas seulement par la violence de la coercition. Elle est aussi la conséquence du fait que beaucoup de colonisés acceptèrent, pour des raisons plus ou moins valables, de devenir les complices conscients d'une fable qui les séduisit à plusieurs égards." (Achille Mbembe, in: „Qu'est-ce que la pensée postcoloniale ? Entretien avec Achille Mbembe", Propos recueillis pas Olivier Mongin, Nathalie Lempereur et Jean-Louis Schlegel, 8. Januar 2008, abrufbar auf https://www.eurozine.com/quest-ce-que-la-pensee-postcoloniale/, Zugriff am 09.05.2022).

197 Astrid Messerschmidt: *Weltbilder und Selbstbilder. Bildungsprozesse im Umgang mit Globalisierung, Migration und Zeitgeschichte*, Brandes & Apsel, Frankfurt am Main 2009, S. 47.

Africains sont également présents au banc des accusés…"[198] In einer solchen Perzeption schließt Padre Bonianno in seiner Schlussfolgerung alle Beteiligten in die Verantwortung ein und seine Ansicht stimmt mit dem kosmopolitischem Verantwortungsmodell der globalen Ungerechtigkeit von Iris Marion Young überein. Dieses aus sozialer Verbundenheit basierende Verantwortungsmodell „isoliert keine Täter",[199] es besagt, dass

> Individuen Verantwortung für strukturelle Ungerechtigkeit tragen, weil sie durch ihr Handeln zu den Prozessen und ihren ungerechten Resultaten beitragen. Unsere Verantwortung rührt daher, dass wir mit anderen an einem System voneinander abhängiger Kooperations- und Wettbewerbsprozesse teilnehmen, in denen wir unseren Vorteil suchen und unsere Absichten verwirklichen wollen. Auch wenn wir das Ergebnis möglicherweise nicht in einer direkten Kausalkette auf unsere eigenen Handlungen zurückführen können, tragen wir eine Verantwortung, weil wir Teil des Prozesses sind.[200]

Im Zusammenhang mit Youngs globaler Gerechtigkeit lässt sich weiterhin vermuten, dass einige Figuren, wie die Lehrerin Rosa, gemäß einem von Pascal Bruckner so bezeichneten „Schluchzen des weißen Mannes"[201] agieren. Dieser Begriff verweist auf die Idee, dass bestimmte Akteure aus westlichen Gesellschaf-

---

198 Mabanckou 2012, S. 174 f. Mabanckou hat schon in seinem Roman *Black Bazar* auf diese kollektive Schuld von Europa und Afrika durch eine Behauptung der Figur Hippocrate angespielt: „Laissez l'Occident tranquille ! Qu'on arrête de nous blâmer, nous les Européens, y en a marre du sanglot de l'homme blanc, de l'Europe éternellement inculpée et de l'innocence des peuples du tiers-monde !" (*Black Bazar* 2009 : S. 225).

199 Iris Marion Young: „Verantwortung und globale Gerechtigkeit. Ein Modell sozialer Verbundenheit", in: Christoph Broszies & Henning Hahn (hrsg.). *Globale Gerechtigkeit: Schlüsseltexte zur Debatte zwischen Partikularismus und Kosmopolitismus*, 2. Auflage, Suhrkamp, Berlin 2013, S. 329–369, hier S. 330.

200 Ebd., S. 353 f.

201 Pascal Bruckner: *Das Schluchzen des weißen Mannes: Europa und die dritte Welt; eine Polemik*, Rotbuch-Verlag, Berlin 1984 „Auf dem gesamten Abendland lastet in der Tat von vorherein der Verdacht eines Verbrechens. Wir anderen, wir Europäer, sind im Hass gegen uns selbst erzogen worden, in der Gewissheit, dass es im Innern unserer Welt eine wesentliche Untat gab, die nach Rache schrie. Ohne Hoffnung auf Vergebung. Das Übel lässt sich in zwei Worten zusammenfassen: Kolonialismus und Imperialismus […]. Erdrückt unter der Last jener entehrenden Erinnerungen, sehen wir unsere Zivilisation als die schlechteste an […]. Die ganze Welt klagt das Abendland an, und viele, die dazugehören, nehmen an diesem Kreuzzug teil: mit Empörung und Verachtung bestätigt man unsere Verantwortlichkeit […] Das vergossene Blut stürzt über uns herein… Die Unabhängigkeit der ehemaligen Kolonien gibt uns aber eine Chance zur Wiedergutmachung: wir müssen uns nur auf seiten der kämpfenden Völker engagieren, dem Süden stets und überall dabei helfen…" (Bruckner 1984: 7 ff.).

ten sich in einer Art Selbstmitleid oder Opferrolle sehen, wenn es um globale Ungerechtigkeiten und Probleme geht. Im Kontext der Migration fühlen sie sich für die Situation der Gastmigranten mitverantwortlich und befinden sich in einer Situation, die Sarr als „honte perpétuelle" (SDC, S. 152) und „auto-flagellation morale" (SDC, ebd.) bezeichnet. Dabei betrachten sie aber den Aufenthalt der Gastmigranten „als Chance zur Wiedergutmachung."[202] Sie werden auch nicht von dem „im Westen seit 1945 weit verbreitete[n] Gefühl, zu postkolonialer Zerknirschung verpflichtet zu sein",[203] ergriffen.[204] Der fiktive Dichter Fantini Giuseppe scheint auch in diesen Erkenntnisprozess zu treten, nachdem er das *giro case* miterlebt (vgl. SDC, S. 173 ff.). Das *giro case* ist ein Besuch der Vermittler der Santa Marta-Einrichtung in den Wohnungen der Ragazzi, bei dem sie sich nach ihren Problemen erkundigen, ihre Lebensbedingungen bewerten, mit ihnen diskutieren, ihre Beschwerden, Fragen, Wünsche und Bedürfnisse zur Kenntnis nehmen (vgl. SDC, S. 156). Während dieses Besuchs verspricht der Dichter die Teilhabe an der Hölle der Ragazzi: „Nous partagerons l'enfer en autant de parts que d'hommes. Nous l'émietterons. Nous le déchirerons puis nous soufflerons ensemble ses morceaux au vent. Et notre grand souffle éteindra son grand feu comme la flamme d'une bougie." (SDC, S. 179) In seiner Aussage inkludiert das „Wir" zweifellos die Europäer, die sich für die Gastfreundschaft und den Aufbau einer Gemeinschaft mit den Gastmigranten engagieren. Es soll hier unterstrichen werden, dass der Dichter seit fünfzehn Jahren sozial zurückgezogen mit seinem Hund lebt. Während dieser Zeit zeigte er keine besondere Aufmerksamkeit für die Gastmigranten und blieb gleichgültig gegenüber ihrer Situation. Nachdem er sich nun über sie informiert und am *giro case* teilgenommen hat, beginnt er

202 Ebd., S. 9.

203 Wolfgang Reinhard, 2016, op. cit., S. 1316.

204 Die rechenschaftspflichtige Rekonstruktion der kolonialen Vergangenheit wird seit einigen Jahrzehnten in der (deutschen) Literatur thematisiert. Besonders die „neuen historischen Afrika-Romanen" (Dirk Göttsche) beschäftigen sich mit der deutschen Anteilnahme an der afrikanischen Zeitgeschichte, indem sie die Kolonisation unter einem kritischen Blickwinkel neu fiktionalisieren und die Beziehungen zwischen Kolonisierten und Kolonisierenden neugestalten. Dabei reflektieren sie kritisch den Afrikadiskurs und erinnern „an die verdrängte deutsche Verstrickung in das System des europäischen Kolonialismus". Diese historischen Afrika-Romane leisten tatsächlich „einen wichtigen Beitrag zur kritischen Erinnerung an die vergessene deutsche Mitverantwortung am europäischen Kolonialismus und zur Durchsetzung eines neuen, postkolonialen Bildes von Afrika als eines gleichwertigen und differenzierten Kulturraums mit einer eigenen Geschichte, die auch jenseits des Kolonialismus keineswegs konfliktfrei ist." (Göttsche 2003, S. 279).

plötzlich, ein philanthropisches Interesse zu entwickeln. Er engagiert sich dann für die Afrikaner. Diese abrupte Veränderung zeigt, wie die Situation der Gastmigranten auf sein Gewissen gewirkt hat. In dieser neuen Haltung stellt er sich gegen Salomons Position, die besagt, dass die Europäer mehr Verantwortung tragen als die Afrikaner (vgl. SDC, S. 300). Der Dichter kritisiert Salomons Hass gegenüber den vermeintlichen Schuldigen:

> Tu as raison sur un point, Salomon. La tragédie est déjà là. Mais la grande différence entre toi et moi, c'est que je refuse de la nourrir de haine. J'essaie d'en sortir, je ne suis pas fasciné par elle. Je ne consacre pas mes forces à trouver des coupables. Contrairement à toi. Tu appelles la mort. (SDC, S. 300)

Fantini stellt hier dem Hass die Suche nach einem Ausweg aus der geteilten „Tragödie“ gegenüber, um ein solidarisches Zusammenleben erreichen zu können. Dafür ist es nach Elena Pulcini notwendig, dass der Gastmigrant

> die feindlichen Projektionen auf denjenigen zurücknimmt, der ihn aufnimmt, und das Ressentiment und die negativen Leidenschaften aussetzt. Im besten Fall kann er so die konstruktive Energie des gerechten Zorns entdecken und sich über den Kampf und die Forderung nach der eigenen Würde dem Dialog und der Verhandlungen öffnen.[205]

Die oben beschriebenen Reaktionen von Salomon folgen aber einer Logik der „*démonstration*“[206] der Schuld der Europäer, die er mit unterschiedlichen Schimpfwörtern bezeichnet: „Tout est votre faute : vous, Européens, arrogants, violents, incapables d'ouverture, incapables d'accueil… Tout est votre faute…“ (SDC, S. 377) Im Gegensatz zu ihm bemüht sich der Dichter für eine dialogische „*construction*“[207] der Zukunft. Vor allem nach der Predigt von Padre Bonianno in der Weihnachtsmesse, in der er die Mitverantwortung unterschiedlicher Akteure betont, hat sich Fantini aktiv für die Gastmigranten engagiert. Er ist sogar Führer einer Sympathisantengruppe geworden, deren Solidarität er den Ragazzi gegenüber deutlich ausgesprochen hat: „Je veux simplement vous dire que vous n'êtes pas seuls, et que si vous croyez que tout le monde veut votre mort, ou votre départ, ce n'est pas vrai.“ (SDC, ebd.) Ohne Zweifel hat die Ansprache des Priesters sein Verantwortungsgefühl beeinflusst.

Im Text kommt eine andere Kategorie von gastfeindlichen Figuren vor, für die die Gastmigranten, so meint Salomon, eine Erinnerung an ihr Verbrechen und ihre Schuld darstellen: „Ce qui les dérange en nous, ce qui leur fait peur chez nous, […] ce qui les effraie chez nous, c'est que nous soyons le souvenir du mal qu'ils

205 Elena Pulcini, 2016, op. cit., S. 215.
206 Mabanckou 2012, op. cit., S. 13, Hervorhebungen im Original.
207 Ebd.

ont fait. Leur mauvaise conscience“ (SDC, S. 268). Offenbar wird diese fremdenfeindliche Kategorie von einem schlechten Gewissen gegenüber den vergangenen Untaten des europäischen Imperialismus bestimmt, vor dessen Hintergrund sie jede Schuldzuweisung ablehnen:

> Ils doivent partir pour que nous vivions. Qu'on les renvoie chez eux ! [...] Qu'ils partent mes amis ! Pourquoi sont-ils venus ? Que font leurs pays ? Pourquoi laissent-ils partir leurs fils ? Quelle est cette irresponsabilité politique dont nous devons payer le prix ? Les premiers fautifs, ce sont les Africains eux-mêmes. C'est la vérité, il suffit d'un peu de lucidité pour le voir. Il est trop facile d'accuser l'Europe sans prendre ses responsabilités. (SDC, S. 67)

Die Verwendung einer Mischung von Imperativen, Fragen und Behauptungen verdeutlicht die Verwirrung, in der sich die sprechende faschistische Figur befindet. Diese Figur fordert die Abschiebung der Gastmigranten, weist die Mitschuld Europas zurück und schiebt die Verantwortung auf die Schultern der Gastmigranten selbst und ihrer Herkunftsländer. Die Einstellung dieser Figur erinnert an die These von Stephen Smith in seinem kontrovers diskutierten Buch *Négrologie* (2003),[208] in dem er alle Schuld Europas negiert und Afrika als Akteur seiner eigenen Geschichte des Elends beschreibt. In den Augen eines solchen *negrophoben*[209] Bewohners erscheint die Migration als „einzudämmende Abnormität, als zu beseitigende Anomalie“,[210] an der ausschließlich die Herkunftsländer schuldig wären.

In diesen fiktiven Opfer-Täter-Spannungen wird die Bildung einer Gemeinschaft mit dem Gastmigranten kaum vorstellbar.

4.2. Historische Antezedenzien und ihre Auswirkungen auf die Gastfreundschaft

Die Handlung in *Silence du chœur* stellt den Lesern Akteure vor, die sich in einem Kontext befinden, in dem die Praxis der Gastfreundschaft für ihre Existenz

208 Stephen Smiths Buch *Negrologie, pourquoi l'Afrique meurt* (2003) stellt explizit die Sicht, die Afrika in einseitiger Weise zum »Opfer« und Europa zu »Tätern« der Geschichte macht, in Frage. Sein Buch wird in der afrikanischen Kritik sehr negativ rezipiert.

209 Boubacar Boris Diop, Odile Tobner und François-Xavier Verschave: *Négrophobie*, Les Arènes, Paris 2005. Ihr Buch ist eine systematische Kritik an Stephen Smiths *Négrologie, pourquoi l'Afrique meurt*. Sie bemängeln besonders den Rassismus Stephen Smiths und verurteilen die positive Rolle der Kolonisation, die sein Buch zu propagieren scheint.

210 Donatella Di Cesare, 2021, op. cit., S. 7.

unerlässlich ist. Dieser Rahmen ist aber gleichzeitig von historischen Vorgängen beeinflusst, zumal beide Akteure sich als Angehörige und Nachfahren ehemals kolonisierter Völker und ehemaliger Kolonialmächte wahrnehmen. Die Positionierung der Gastprotagonisten, entweder zu einer einseitigen oder kollektiven Verantwortlichkeit gegenüber der Vergangenheit, erweist sich als bedeutsam für die Praxis der Gastfreundschaft auf der einen Seite und für die Bereitschaft, ein postkoloniales Miteinander auf der anderen Seite zu verhandeln.

Die Abwehrhaltung gegenüber den fremden Gastmigranten durch gastfeindliche Mechanismen und das daraus resultierende Ressentiment, der Erinnerungsdiskurs über imperialistische europäische Verbrechen und die Konstruktion von Täter-Opfer-Gefühlen sind Relikte des geschichtlichen Hintergrunds, welche die Aushandlung des Zusammenseins belasten. Die Berücksichtigung dieses historischen Rahmens sollte jedoch zu dem Ziel führen, Lehren aus vergangenen Verfehlungen zu ziehen, um eine neue Gegenwart zu gestalten, ohne vergangene Verbrechen emotional zu fokussieren. Denn

> on ne peut réinventer que si l'on sait regarder à la fois en arrière et en avant de nous. [...] En d'autres termes, il est difficile de réinventer quoi que ce soit en reconduisant tout simplement, contre autrui, la violence qui fut autrefois déployée contre soi. [...] Réinventer [...] dans les conditions postcoloniales oblige d'abord à sortir de la logique de la vengeance.[211]

In diesem Zusammenhang fordert Nathalie Etoke in der Beschreibung des Konzeptes der *melancholia africana* sowohl die Schwarzen als auch das in der Schwarz-Weiß-Dialektik gefangene weiße Subjekt dazu auf, eine Heldenattitüde – „attitude héroïque"[212] – anzunehmen, um die Perpetuierung des Vergangenheitstraumas zu vermeiden:

> Il s'agit d'un acte gratuit où chacun se débarrasse du fardeau intérieur que des siècles de relations dysfonctionnelles ont créé. La haine, le ressentiment, la culpabilité, l'indifférence, le complexe d'infériorité ou de supériorité, le désir de vengeance, la bonne conscience aliénante, le syndrome du sauveur ou du persécuté sont des états d'âme à neutraliser. Le par/don comme le souligne Martin Luther King 'n'est pas un acte occasionnel, c'est une attitude permanente'. C'est aussi une démarche singulière possible dès que le sujet se fait violence en se mettant à la place de l'Autre. Grâce à ce geste ô combien

211 Achille Mbembe, in: „Qu'est-ce que la pensée postcoloniale ? Entretien avec Achille Mbembe", Propos recueillis par Olivier Mongin, Nathalie Lempereur et Jean-Louis Schlegel, 8. Januar 2008, abrufbar auf https://www.eurozine.com/quest-ce-que-la-pensee-postcoloniale/, Zugriff am 09.05.2022.

212 Etoke 2010, S. 24.

> difficile, il tire les conséquences morales qui s'imposent. […] Qu'on le veuille ou non, venger le crime originel ou refuser de le confesser, c'est le perpétuer.[213]

Die Schwierigkeit, sich vom Vergangenheitstrauma zu lösen, stellt eine große Herausforderung für die Gastfreundschaftsproblematik dar. Denn wenn die Begegnung zwischen afrikanischen Gastmigranten und europäischen Gastgebergesellschaften von diesem Prisma befreit werden könnte, würden die Diskurse und Reaktionen ganz anders aussehen. Dabei geht es weder um ein „defensive[s] Schweigen"[214] noch darum, die koloniale Vergangenheit völlig auszublenden, was ohnehin unmöglich ist. Übrigens sind „für die Nachfahren der Kolonisierten die Auswirkungen des Kolonialismus so prägend, dass es die Möglichkeit des Vergessens nicht gibt."[215] Dies wird auch durch die Debatten um die Restitution kolonialer Raubkunst in den letzten Jahren belegt.[216] Im Kontext der Gestaltung eines gastfreundlichen Zusammenseins geht es für die afrikanischen Gastmigranten eher darum, das Verdrängen vergangener Schuld des Gastgebers zu vermeiden, wie es der Priester und der Dichter in Sarrs Roman fordern. Dies impliziert, dass der Anspruch auf Gastfreundschaft nicht als Entschädigung oder „devoir d'assistance"[217] verstanden werden sollte, und die Gastfeindschaft nicht zwangsläufig mit der kolonialen Vergangenheit verknüpft werden muss. Für die europäischen Gastgeber ist es sinnvoll, Verständnis für die Reaktionen der Gastmigranten zu haben und sie ungeachtet ihrer afrikanischen Herkunft – und damit verbundenen Assoziationen – wahrzunehmen. In diesem Sinne schlägt der Roman vor, den

---

213 Etoke 2010, S. 15.

214 Zum Begriff des Schweigens, vgl. Aleida Assmann: „Formen des Schweigens", in: Aleida und Jan Assmann (hrsg.): *Schweigen*, Wilhelm Fink Verlag, München 2013, S. 51–68, hier S. 57.

215 Edith Wittenbrink: „Zwischen Solidarität und Paternalismus: Ein postkolonialer Blick auf kirchliches Sprechen in der deutschen Migrationsgesellschaft", in: *Jahrbuch für christliche Sozialwissenschaften* 61 (2020), S. 235–256, hier S. 239.

216 Das Thema wird auch in der Literatur behandelt. Zum Beispiel greift Sharon Dodua Otoo das Thema in ihrem Roman *Adas Raum* (2021), in dem es um die Herkunft und Handlungsmacht eines Fruchtbarkeitsarmbands geht. Auch der mit dem Prix Goncourt ausgezeichnete Roman *La plus secrète mémoire des hommes* (2021) des senegalesischen Autors Mohamed Mbougar Sarr thematisiert die Transmission von immateriellem Kulturgut und spiegelt die Frage nach der kolonialen Plünderung von Oraturen. Mehr zum Thema, vgl. Irene Albers, Andreas Schmid: „Literatur als koloniale Beute? Für eine philologische Provenienzforschung", in: *Deutsche Vierteljahrsschrift für Literaturwissenschaft und Geistesgeschichte* (2023), S. 1003–1018. https://doi.org/10.1007/s41245-023-00222-9.

217 Mabanckou 2012, op. cit., S. 18.

Gastmigranten als „l'Homme arrivé [...] à accueillir ou à chasser, mais présent" (SDC, S. 56) wahrzunehmen und zu empfangen. Der Vorschlag legt nahe, dass der Gastmigrant mit zwei möglichen Reaktionen von seinem Gastgeber rechnen soll, nämlich dem Abweisen oder dem Aufnehmen.[218]

Ohne die Gastfeindschaft fördern zu wollen, steht meines Erachtens dem gastgebenden Subjekt (Individuum, Staat oder Institution) die Freiwilligkeit, eine Anfrage auf Gastfreundschaft abzulehnen, solange er andere potenzielle Gastgeber nicht daran hindert, den anklopfenden Asylsuchenden aufzunehmen.[219] Allerdings stellt sich im Fall eines postkolonialen Ressentiments wie bei Salomon fest, dass die Gastmigranten nicht auf die Abweisung eingerichtet sind. Darüber hinaus wird mit „mais présent" der Akzent auf die Gegenwärtigkeit der Gastmigranten gelegt. Ihre unmittelbare Präsenz fordert den Gastgeber zur Handlung auf. Padre Bonianno betont ausdrücklich: „Mais il reste qu'à la fin, quel que soit le coupable, ça se termine ainsi : ils sont là, devant nous. C'est ce qu'on doit faire maintenant qui compte." (SDC, S. 237) Dies impliziert, dass die Wahrnehmung des jeweiligen Akteurs in seiner Gegenwärtigkeit und die Konstruktion eines „Mieux vivre ensemble" (SDC, S. 33) das Wichtigste für eine gelingende Gastfreundschaft ist. In dieser Richtung plädiert Fatou Diome für eine auf die Zukunft zentrierte versöhnende Perspektive in der postkolonialen Begegnung von Afrikanern und Europäern: „L'esclavage et la colonisation sont indéniablement des crimes contre l'humanité. Aujourd'hui, il faut pacifier les mémoires, faire la paix avec nous-mêmes et les autres, en finir avec la littérature de la réactivité."[220]

Die Gastmigranten als „l'Homme arrivé" wahrzunehmen bedeutet ferner, dass man sie in ihrem Menschsein aufnimmt und ihre Menschenwürde beachtet. Somit ist die Verpflichtung zur Einhaltung ihrer Menschenrechte nicht mit anderen Faktoren wie Herkunft, Rasse, Geschlecht, Religion oder historischem Hintergrund

218 Oliver Dimbath, Anja Kinzler und Katinka Meyer Dimbath: „Vergangene Vertrautheit – Einleitung und Überblick", in: Dies. (hrsg.): *Vergangene Vertrautheit: Soziale Gedächtnisse des Ankommens, Aufnehmens und Abweisens*, Springer Fachmedien Wiesbaden, Wiesbaden 2018, S. 1–15, hier S. 4.

219 Man soll hier anmerken, dass die Flüchtlingspolitik der Europäischen Union (das Dublin-System) kaum die Möglichkeit gibt, in einem anderem Land Asyl zu suchen, wenn der Flüchtling auf das Abweisen in einem ersten Land stößt.

220 Coumba Kane: „La rengaine sur la colonisation et l'esclavage est devenue un fonds de commerce. L'écrivaine franco-sénégalaise, Fatou Diome, s'exprime sans filtre sur son enfance, l'immigration, le féminisme, ou la pensée « décoloniale » qui a le don de l'irriter...", in: *seneplus* [online] du 25.08.2019, auf https://www.seneplus.com/societe/la-rengaine-sur-la-colonisation-et-lesclavage-est-devenue-un.

verbunden. Genauso sollen die Gastmigranten ihre Gastgeber wahrnehmen. Der nachtragende postkoloniale Erinnerungsdiskurs führt hingegen dazu, dass der fremde Gastmigrant mit konstruierten Erwartungen auf den fremden europäischen Gastgeber zugeht, die im Falle von Enttäuschung Frustrationen und feindliche Gefühle hervorrufen. Dabei werden banale Verhaltensweisen der Gastgeber von manchen Gastmigranten öfter im Spiegel des Kolonialismus oder des Sklavenhandels bewertet. Dieser Aspekt kommt im Roman zum Beispiel bei Bemba zum Vorschein. Carla versucht, den Gastmigranten praktische Vorschläge zur aktiven Beteiligung am Leben der Stadt zu machen. Sie ermuntert sie durch Tipps, wie sie sich mit den Bewohnern vertraut machen und sie kennenlernen können, um auf diese Weise von ihnen aufgenommen werden zu können. „Proposez votre aide aux ouvriers sans forcément attendre de l'argent !" (SDC, S. 178), formuliert sie sensibel. Dieser letzte Vorschlag, sich für eine unbezahlte Arbeit bei den Bewohnern anzubieten, wird bedauerlicherweise von Bemba als eine Form des Sich-zu-Sklaven-Machens oder eine Art „New slavery"[221] wahrgenommen. „Nous ne sommes plus au temps de l'esclavage où le nègre n'était qu'une force de travail, corvéable et battable et tuable par l'homme blanc" (SDC, ebd.), sagt er. Die widerständige Reaktion von Bemba wirkt hier erstaunlich. Denn der Vorschlag von Carla ist selbstverständlich eine pragmatische Strategie, um ihre Integration und ihr Ankommen in der Stadt zu beschleunigen. Ihre Idee verfolgt eine Logik des integrativen Agierens seitens des Gastmigranten, während Bemba sich eher in einer Logik des Reagierens verhält. Einen Weg zur eigenen Integration durch freiwillige Dienste für potenzielle Gastgeber zu ebnen, hat nichts damit zu tun, sich als Sklave anzubieten. Wenn man die Tatsache berücksichtigt, dass Carla in dem Roman zum humanistischen Vorbild erhoben wird, dann ist ihrem Vorschlag hierbei keine kolonialistische Absicht oder Dialektik einer sklavenartigen Schwarz-Weiß-Beziehung zuzuschreiben. In dieser Hinsicht kann argumentiert werden, dass bei postkolonialen Begegnungen die Versuchung besteht, in einigen Fällen von Rassismus und kolonialistischen Absichten zu sprechen, wo diese nicht vorhanden sind.

Bei näherem Hinsehen der dargestellten Begebenheiten könnte man schlussfolgern, dass das rechenschaftspflichtige Verdrängen der kolonialen Vergangenheit eine subtile, teils bewusste Verletzung, *Forcierung und Politisierung* der Gastfreundschaft offenbart, die sich paradoxerweise als eine Form der Gastfeindschaft

---

221 Dana Dülcke: „And we're being treated like slave – slave use". Wie Landarbeitsmigrierende über die Erinnerung an die Vergangenheit die Gegenwart erzählen", in: Oliver Dimbath, Anja Kinzler und Katinka Meyer (hrsg.): *Vergangene Vertrautheit: Soziale Gedächtnisse des Ankommens, Aufnehmens und Abweisens*, Springer Fachmedien Wiesbaden, Wiesbaden 2018, S. 173–193.

manifestiert. In diesem Kontext treten unweigerlich Fragen der Macht- und Herrschaftsverhältnisse in den Vordergrund. Das Recht auf Aufnahme präsentiert sich augenscheinlich als ein kontinuierliches, generationenübergreifendes Phänomen. Darüber hinaus entsteht der Eindruck, dass die Gastfreundschaft einen retrospektiven Charakter annimmt und als Akt der Buße oder Bußfertigkeit konstruiert wird, wodurch sie einen – durchaus problematischen – moralischen und ethischen Mehrwert erhält. Es erweist sich als äußerst fruchtbar, Derridas Konzept der „unbedingten Gastfreundschaft“[222] weiterzudenken und auf den Gastgeber anzuwenden. Sollte Derridas Ethik eine bedingungslose Aufnahme des Fremden postulieren, so müsste konsequenterweise die Aufnahmebereitschaft des Gastgebers ebenfalls bedingungslos sein und nicht vom Gast eingefordert werden. Die Freiwilligkeit der Aufnahme bildet das Fundament der Gastfreundschaft, wie Burkhard Liebsch treffend konstatiert:

> Nur so kennt man normalerweise die Gastlichkeit: als freiwillig, zu eigenen Bedingungen gewährten, willkommenen Aufenthalt (sei es unentgeltlich und generös, sei es zu bestimmten ökonomischen und rechtlichen Bedingungen), über den ein im eigenen Raum Souveränität genießendes Subjekt befindet, um Andere willkommen zu heißen.[223]

Die Vorstellung einer auf kolonialen Verbrechen basierenden Verpflichtung Europas zu unbedingter Gastfreundschaft birgt einerseits Gefahren für die Beziehung zwischen afrikanischen Gastmigranten und europäischen Gesellschaften. Andererseits ist es für das europäische Subjekt von eminenter Bedeutung, sich der Tatsache bewusst zu sein, dass eine Gastfeindschaft gegenüber Asylsuchenden aus ehemaligen Kolonien eine nachtragende Fokussierung auf die Vergangenheit hervorrufen kann. Das Bewusstsein für diese komplexen Zusammenhänge könnte die Akteure der Gastfreundschaft dazu animieren, ein *demokratisches* Miteinander anzustreben. Wenn die Gastfreundschaft in der Vergangenheit „zum Beweis eines friedlichen Verhältnisses zwischen ehemaligen Feinden bestens geeignet“[224] war, so besitzt sie heute das Potenzial, friedliche postkoloniale Begegnungen zwischen afrikanischen Gastmigranten und europäischen Gesellschaften zu facilitieren. Bedauerlicherweise erweist sich die historische Vorgeschichte als einer der Gründe für die gegenwärtige Ablehnung afrikanischer Gastmigranten in Europa, wie dies in Sarrs literarischem Werk eindringlich dargestellt wird.

---

222 Jacques Derrida, 2001, op. cit.

223 Burkhard Liebsch: *Europäische Ungastlichkeit und „identitäre“ Vorstellungen: Fremdheit, Flucht und Heimatlosigkeit als Herausforderungen des Politischen*, Felix Meiner, Hamburg 2019, S. 36.

224 Leopold Hellmuth: *Gastfreundschaft und Gastrecht bei den Germanen*, Verlag der Österreichischen Akademie der Wissenschaften, Wien 1984, S. 167.

5. Kultur der Unerwünschtheit

Einleitung

Die Unterscheidung zwischen erwünschten und unerwünschten Gastmigranten stellt einen problematischen Aspekt europäischer Asylpolitik dar. Diese Praxis wurde besonders im Zuge der Fluchtbewegungen aus der Ukraine deutlich, als die Europäische Union ab Februar 2022 eine außergewöhnliche Reaktion auf die ukrainischen Flüchtlinge zeigte. Der Europäische Rat aktivierte erstmals den Notfallmechanismus des sogenannten „vorübergehenden Schutzes" (*temporary protection*),[225] eine Richtlinie, die bereits 2001 geschaffen wurde, um große Flüchtlingsströme zu bewältigen. Diese Maßnahme wurde jedoch nicht während der Flüchtlingskrise im Sommer 2015 angewandt. Der vorübergehende Schutz gewährte ukrainischen Flüchtlingen Aufenthaltsrechte und Zugang zum Arbeitsmarkt, Wohnraum, medizinischer Versorgung und Bildung. Diese einheitliche und außergewöhnliche Reaktion der EU zeigte, dass die 2015 weniger oder mehr versagte Gastfreundschaft tatsächlich möglich war, wie Michel Agier es betont:

> [L'Europe] montrait par là même qu'il était *possible* de le faire [de parler d'une seule voix et de savoir accueillir plus de quatre millions de réfugiés ukrainiens sans que cela crée de chaos dans la vie des résidents]. […] Chacun a pu constater que ce qui paraissait impossible, lors de la crise de l'accueil de 2015, était parfaitement réalisable.[226]

Die großzügige Aufnahme ukrainischer Flüchtlinge, die als „weiße Europäer" wahrgenommen werden, hebt die Zurückhaltung der EU hervor, Menschen aus Afrika und dem Nahen Osten Schutz zu bieten, wie Andrew Geddes, Direktor des Migration Policy Center am Europäischen Hochschulinstitut in Florenz, kritisch anmerkt: „The EU is much more willing to internalize a refugee situation where the people who are being forced to flee are white Europeans, and has been much more reluctant to offer protection for people who are from Africa and the Middle East."[227] Während

225 Vgl. https://www.consilium.europa.eu/en/press/press-releases/2022/03/04/ukraine-council-introduces-temporary-protection-for-persons-fleeing-the-war/, Zugriff am 27.10.2023.

226 Michel Agier : *La peur des autres. Essai sur l'indésirabilité*, Payot & Rivages, Paris 2022, S. 12 f.

227 Deena Zaru: „Europe's unified welcome of Ukrainian refugees exposes 'double standard' for nonwhite asylum seekers: Experts", in: *abcNews*, 08.03.2022. https://abcnews.go.com/International/europes-unified-ukrainian-refugees-exposes-double-standard-nonwhite/story?id=83251970, Zugriff am 27.10.2023.

die „Kollegen und Nachbarn"[228] aus der Ukraine mit offenen Armen empfangen wurden, drängen Sicherheitskräfte Geflüchtete aus Afrika oder dem Nahen Osten an den EU-Außengrenzen oft mit brutaler Gewalt zurück. Ukrainer müssen kein Asylverfahren durchlaufen und können sofort unbegrenzt am sozioökonomischen Leben teilhaben. In Deutschland ergab eine repräsentative Studie, dass die Mehrheit der Deutschen eine positivere Einstellung gegenüber den ukrainischen Flüchtlingen hat als gegenüber den Flüchtlingen, die im Jahr 2015 nach Deutschland kamen.[229] Obwohl einige Forscher diese ungleiche Behandlung als legitim und etwas ganz Normales ansehen und sie als Ausdruck der sozialen und Handelsbeziehungen zwischen geografisch nahen Ländern betrachten,[230] kann sie dennoch als rassistische Bevorzugung interpretiert werden. Sie verdeutlicht, dass die Asylpolitik eine rassistische Grenzziehung auf Basis der (Un-)Erwünschtheit und Klassifikation praktiziert. Flüchtlinge aus Afrika werden so in die Kategorie der unerwünschten Fremden eingestuft:

> En soubassement de cet accueil sélectif, une infrapensée raciale a fait dire à certains que les Ukrainiens « nous ressemblent », mêlant une supposée proximité culturelle à une évidente ressemblance avec un idéal racial blanc européen. A l'inverse, les Noirs et bruns étaient, eux, spontanément associés à l'image des « étrangers indésirables ».[231]

Dies belegt, dass je nach kultureller Identität und Herkunft der Gastmigranten eine gewisse Politik oder Kultur der Unerwünschtheit praktiziert werden kann. Kultur versteht sich hier als Einstellung, Narrativ, Haltung, Verhalten oder Praxis gegenüber Fremden. Das Unerwünschte, „l'indésirable", ist nach Michel Agier eng mit der Fremdheit des anderen verbunden. Das Unerwünschte ist „tout ce qui est étranger à « mon » ou « notre » monde et que l'extériorité rend menaçant. C'est l'image produite d'un regard voilé par la peur des autres sous ses différents

---

228 Petra Bendel, ausgesagt in Jutta Sonnewald: „Hilfsbereitschaft für Ukrainer: Flüchtlinge erster und zweiter Klasse?", in: *zdfheute*, 13.04.2022. https://www.zdf.de/nachrichten/panorama/aufnahme-fluechtlinge-2015-ukraine-2022-100.html, Zugriff am 15.03.2023.

229 Ralf Schuler & Judith Basad: „Machen die Deutschen einen Unterschied zwischen Flüchtlingen?", in: Bild (online), vom 02.04.2022. https://www.bild.de/bild-plus/politik/inland/politik-inland/brisante-umfrage-machen-die-deutschen-einen-unterschied-zwischen-fluechtlingen-79632120.bild.html, Zugriff am 27.10.2023.

230 Vgl. Daniel Thym, im Interview von Dietmar Hipp, „Ukrainern bevorzugt zu helfen, ist kein Rassismus", in: *Spiegel* (online), 03.03.2022. https://www.spiegel.de/panorama/fluechtlingspolitik-ukrainern-bevorzugt-zu-helfen-ist-kein-rassismus-a-4a82277d-33ac-49f5-b549-eb68c11be9a3, Zugriff am 27.10.2023.

231 Michel Agier, 2022, a.a.O., S. 14.

aspects“[232] und ist intersektional geprägt. Das Unerwünschte ist alles, was dem eigenen „Ich“ und „Wir“ fremd ist und durch die Angst um das Eigene als Bedrohung wahrgenommen wird. Die unerwünschte Person ist jeder Mensch, dessen Fremdheit im Gegensatz zu einem hegemonial und rein konzipierten Eigenen kulturell und sozial ekelerregend, als parasitär und bedrohlich konstruiert wird. Eine unerwünschte Person wird aufgrund ihrer soziokulturellen Differenz als nicht integrierbar betrachtet.

Die „Indésirabilité“ gegenüber Menschen aus Afrika in europäischen Gesellschaften ist tief in einer postkolonialen Angst (*„peur postcoloniale“*) verwurzelt, die sich aus der Befürchtung vor einer möglichen afrikanischen Rache, „la peur du ressentiment et de la violence en retour“[233] ergibt. Diese Angst herrscht im Westen vor, der sich die Migrationen aus den ehemals von ihm unterdrückten Regionen antizipierend als eine Form von „Gegen-Kolonisation“[234] vorstellt. Sehr viele Menschen im Westen fühlen sich im Rahmen der sogenannten Migrationskrise in einem alarmierenden „Belagerungszustand.“[235] Folglich werden alle fremden Gastmigranten aus diesen Regionen aufgrund dieser Angst als „l'émissaire dangereux d'une vengeance“[236] wahrgenommen, also als gefährliche Bote einer Vergeltung. Dieser historische Hintergrund und die damit verbundene Abwertung der Menschen aus diesen ehemals kolonisierten Regionen erklärt ihre Unerwünschtheit in europäischen Gesellschaften. In diesem Kontext ist Sarrs Roman relevant, da er die Konfrontation zwischen afrikanischen Gastmigranten und den Nachfahren ehemaliger Kolonisatoren in einer fiktiven italienischen Gesellschaft[237] thematisiert. Innerhalb dieses Rahmens wird die Kultur der Unerwünschtheit als wesentliche Dimension der Gastfeindschaft dargestellt. Afrikanische Gastmigranten gelten aufgrund ihrer physischen, soziokulturellen und ökonomischen Andersartigkeit als unerwünscht.

---

232 Ebd., S. 70.

233 Ebd., S. 44 f.

234 Renaud Camus: „Der Große Austausch oder: Die Auflösung der Völker“, in: Renaud Camus und Martin Lichtmesz (Hrsg.): *Revolte gegen den großen Austausch*, Antaios, Schnellroda 2017, S. 44–138, hier S. 72.

235 Vgl. Daniel Gros: „Europa in einem Belagerungszustand“, auf https://www.capital.de/wirtschaft-politik/europa-im-belagerungszustand, Zugriff am 01.12.2022, Originalartikel im Englischen auf https://www.project-syndicate.org/commentary/european-asylum-burden-sharing-by-daniel-gros-2015-09, Zugriff am 30.11.2022.

236 Michel Agier, 2022, op. cit., S. 45.

237 Obwohl Italien nicht so viel in der kolonialen Expansion involviert war, werden die Italiener heute als Nachfahren ehemaliger Kolonialherren betrachtet, solange sie Europa zugehören.

5.1. Afrikanische Gastmigranten als eklige Andere

Der Empfang der afrikanischen Gastmigranten in der fiktiven Stadt Altino im Roman zeigt sich ambivalent. Während ihres Durchzugs durch die Stadt zu ihren Unterkünften beobachten die Bewohner die Neuankömmlinge von verschiedenen Orten aus, wie Häusern, Fenstern, Straßen und Cafés. Diese Beobachtungen enthüllen eine Bandbreite an Reaktionen: Einige Bewohner applaudieren den Migranten als Willkommensgruß, andere blicken sie mit Empathie an, während einige sie mit feindseligen und rassistischen Äußerungen bedrohen: „Détrousseurs ! On vous troussera ! Nègres ! Je vous chasserai ! On est chez nous ! Boxeurs ! On est chez nous ! Orang-Outans ! Hommes de cales ! On est chez nous ! Profiteurs ! Chez nous ! Fainéants ! Chez nous ! Voleurs ! Nous !" (SDC, S. 56). Diese dehumanisierenden Bilder werden von fremdenfeindlichen Bewohnern ausgesprochen. Sie offenbaren die Emotionen und Gedanken der sprechenden Figuren und verdeutlichen, wie die jungen Afrikaner von ihnen repräsentiert werden. Die Ausdrücke zeigen ihre Unerwünschtheit, zumal sie eine rassistisch geprägte physische und soziale Abscheu vor den afrikanischen Gastmigranten darstellen. Diese dehumanisierenden Bezeichnungen des Afrikaners spiegeln tief verwurzelte koloniale Wahrnehmungsmuster und Alteritätskonstruktionen wider, die bis heute in westlichen Gesellschaften präsent sind. Sie verdienen eine genauere Betrachtung, um ihre feindliche Botschaft besser zu verstehen. Die postkoloniale Kritik ist in diesem Kontext besonders relevant, um die ideologischen Inhalte dieser Aussagen und Rhetoriken zu analysieren. Sie hilft, die feindlichen Botschaften zu verstehen, die in der Darstellung der afrikanischen Gastmigranten als Bedrohung und Verunreinigungskörper innerhalb der fiktiven Stadt Altino zum Ausdruck kommen.

Die verwendeten Ausdrücke wie „Nègres", „Boxeurs", „Orang-Outans" und „Hommes de cales" (Neger, Boxer, Orang-Utan, Bilge-Männer) sind frappierend und drücken eine pejorative physische Beschreibung der Gastmigranten aus. „Neger" deutet auf die verhasste schwarze Hautfarbe hin, weil die Hautfarbe bei Fremdenfeindlichkeit oft ausschlaggebend ist, zumal sie deutlich sichtbar ist, während Boxer die Gewalttätigkeit der Gastmigranten impliziert. Dazu werden die Letzteren animalisch wahrgenommen, indem sie mit Tieren, Orang-Utans, verglichen werden.[238] „Hommes de cales" bezieht sich auf die sogenannten „boat

238 Vgl. zum Beispiel die ehemalige italienische Ministerin für Integration Cécile Kyenge, die wegen ihrer Hautfarbe als „orang-outang" beschimpft (https://www.rtl.be/info/monde/europe/un-senateur-compare-une-ministre-noire-a-un-orang-outang-mais-garde-son-immunite-parlementaire-en-italie-je-suis-triste-et-amere-755107.aspx).

people",[239] die auf Schiffen illegal nach Europa gelangen. Das Wort bezieht sich aber auch auf den Sklavenhandel (Sklaven, die deportiert und in Schiffe gepfercht werden). Diese abwertende Beschreibung kommt noch deutlicher zum Vorschein: „– Et leurs dents blanches ! / – Et leurs gencives rouges ! / – Et leurs grosses lèvres ! / – Noires… ! / – Sèches… ! / – Fendillées… ! / – Charnues… ! / – Lippues… ! […] / – Il faut qu'ils partent !" (SDC, S. 62). All diese Schimpfwörter, die in Form einer Enumeration und in Ausrufe und Auslassungspunkte gehüllt sind, zeigen ein Spektrum der ideologisch enthumanisierenden und animalisierenden Repräsentation der afrikanischen Gastmigranten. Sie sind Teil eines sprachlichen rassistischen Erbe der kolonialen Vergangenheit[240] und illustrieren nichts anderes als eine absolute Unerwünschtheit, Abscheu und einen systematischen Ekel vor ihnen, denn, so schreibt Philipp Hübl, vor allem „Verunglimpfungen, also abfällige Bezeichnungen für Fremde und Minderheiten, funktionieren oft über Ekel, durch den deren Aussehen […] als abstoßend erscheinen."[241] Die physische Abscheu wird allerdings von den fremdenfeindlichen Bewohnern deutlich ausgesprochen: „Ils sont sales, ils empuantissent nos…" (SDC, S. 63). Die afrikanischen Gastmigranten werden hier als schmutzige und stinkende Fremdkörper betrachtet. Obwohl der Erzähler nicht die körperlichen Gesten der sich äußernden Figuren beim Aussprechen dieser abwertenden Ausdrücke beschreibt, könnte man vermuten, dass die Auslassungspunkte eine Reaktion des Ekels, hier besonders ein Naserümpfen oder einen Würgereflex, darstellen, als ob die redenden Figuren sich erbrechen würden und deshalb nicht mehr weitersprechen können. Die bei stinkenden oder verwesenden Dingen auftretenden Ekelreaktionen des Naserümpfens und des Würgens sind ein Ausdruck der Missbilligung und Ablehnung oder Abstandshaltung.[242] Die Gastmigranten erscheinen den xenophoben

---

239 Zum Begriff des „boat people", siehe die Beiträge in Linda Briskman et al.: *Migration by Boat : Discourses of Trauma, Exclusion and Survival*, Berghahn Books, New York 2016.

240 Vgl. Susan Arndt: *Rassistisches Erbe. Wie wir mit der kolonialen Vergangenheit unserer Sprache umgehen*, Dudenverlag, Berlin 2022. Arndt zufolge sollten diese N-Wörter im heutigen Sprachgebrauch vermieden werden, da ihre Verwendung eine unkritische Positionierung gegenüber dem dahinterstehenden Rassismus implizieren würde. Für eine originalgetreue Wiedergabe von Textpassagen und unter der Voraussetzung, dass die kritische Perspektive der vorliegenden Arbeit gegenüber Rassismus deutlich erkennbar ist, erweist es sich als unnötig, diese Begriffe in Zitaten aus den Erzählungen zu zensieren.

241 Philipp Hübl: *Die aufgeregte Gesellschaft. Wie Emotionen unsere Moral prägen und die Polarisierung verstärken*, C. Bertelsmann Verlag, München 2019, S. 207.

242 Vgl. Christoph Demmerling/Hilge Landweer: *Philosophie der Gefühle: Von Achtung bis Zorn*, J.B. Metzler, Stuttgart 2007, S. 93 ff.

Einheimischen als Verunreinigungs- und Kontaminierungskörper innerhalb der fiktiven Stadt Altino.

Zwar fungiert Fremdes manchmal als Abjektes[243] und „die Einheimischen aller Zeiten und Länder in ihrem fieberhaften Bemühen, Fremde abzusondern, sie einzusperren, auszuweisen oder zu zerstören, [vergleichen] die Objekte ihrer Anstrengungen mit Ungeziefer oder Bakterien",[244] aber gewinnbringend kann es für die Einheimischen sein zu erkennen, dass eine „‚Prise Fremdes' das eigene, etwas eintönig gewordene Leben bereichern, Menschen aus eingefahrenen Gleisen befreien und sie beleben, ihren Horizont erweitern, ihre Erlebnismöglichkeiten und Handlungsfähigkeiten steigern [kann]."[245] Diese Perspektive wird jedoch von den fiktiven xenophoben Bewohnern verkannt, die Gastmigranten eher als Bedrohung wahrnehmen. Die abfällige Beschreibung junger Afrikaner als unsaubere und ekelerregende Andere geht einher mit einer moralischen Abwertung, indem ihnen negative soziale Eigenschaften zugeschrieben werden: „Détrousseurs", „Profiteurs !", „Fainéants !", „Voleurs !" (SDC, S. 56). Durch diese Bezeichnungen werden die Afrikaner als Kriminelle und Faulenzer dargestellt. Zudem stellen sie einen Zusammenhang mit den Vorfällen der Kölner Silvesternacht[246] und halten die Gastmigranten für Vergewaltiger (vgl. SDC, S. 62). Die subjektiv ekelhafte Wahrnehmung des Physischen und die Abwertung des Moralischen verursachen bei den Einheimischen feindliche Einstellungen, die zu einer „Abwehr gegen einen sozialen Kontakt mit [den] [Gast-]Migranten" führen.[247] Diese Unerwünschtheit manifestiert sich durch Verhaltensweisen wie das Wechseln der Straßenseite beim Anblick der Gastmigranten – „J'ai changé de trottoir" (SDC, S. 62) – oder durch verbale Ablehnung – „Je ne veux pas d'eux ici, je leur ai bien dit" (SDC, ebd.), „Il faut qu'ils partent !" (SDC, S. 63), „qu'ils partent ! Qu'ils partent mes amis !" (SDC, S. 67). Diese Ausrufe spiegeln vor allem Emotionen wie Wut, Angst und Ekel wider, die typischerweise mit den Verhaltensmustern „Kampf", „Schutz", und „Vermeidung" assoziiert werden.[248]

---

243 Jürgen Straub: *Die Macht negativer Affekte: Identität, kulturelle Unterschiede, interkulturelle Kompetenz*, Psychosozial-Verlag, Gießen 2019, S. 55.

244 Zygmunt Bauman: *Das Unbehagen in der Postmoderne*, Hamburger Edition, Hamburg 1999 (engl. Original 1997), S. 23.

245 Jürgen Straub, 2019, a.a.O., S. 54 f.

246 Vgl. https://www.deutschlandfunk.de/fremdenfeindlichkeit-gereizte-stimmung-100.html, Zugriff am 02.02.2023.

247 Corinna Kleinert: *FremdenFeindlichkeit : Einstellungen junger Deutscher zu Migranten*, VS Verlag für Sozialwissenschaften, Wiesbaden 2004, S. 156.

248 Philipp Hübl: *Die aufgeregte Gesellschaft. Wie Emotionen unsere Moral prägen und die Polarisierung verstärken*, C. Bertelsmann Verlag, München 2019, S. 209.

Das den Gastmigranten zugeschriebene asoziale und inkompatible Verhalten sowie die vermeintliche Gewaltbereitschaft sind bewusste Konstrukte, um sie systematisch als unerwünscht im eigenen Raum zu erklären. Sie werden als physisch und sozial fremd wahrgenommen, nicht passend in das einheimische Volk und dessen Kultur, und nur als begrenzt integrationswillig eingestuft. Diese Haltung der Einheimischen bestätigt, dass „Menschen, die […] als kulturell fremd eingeschätzt werden, weniger akzeptiert und in die eigene Gesellschaft integriert werden, als Gruppen, die der Aufnahmegesellschaft *kulturell* [kursiv im O.] nahestehen."[249]

Desgleichen lässt sich die Unerwünschtheit der Gastmigranten exemplarisch an der essenzialistischen Wahrnehmung der Heimat durch die Gastgeber aufzeigen. Bei der Ankunft der Afrikaner sprechen die Gastfeindlichen Warnungen aus. Mit den wiederholten Rufen „On est chez nous !" („Wir sind bei uns zu Hause!"), die schließlich in einem einfachen „Nous" gipfeln, sowie der Drohung des Ausweisens („Je vous chasserai", SDC, S. 56), machen sie den jungen Gastmigranten klar, dass sie in ein Land kommen, in dem sie kein Recht auf Zugehörigkeit, keine Möglichkeit zur Mitnutzung des Raumes, kein Bleiberecht haben und nicht erwünscht sind. Denn, so schreibt Jürgen Straub,

> [e]s sind die anderen oder Fremden, […] es sind ihre Körper, ihre Haare und ihre Haut, ihre Größe und Gestalt, ihre Farbe, ihr Geruch, […] ihr Verhalten, irgendeine Äußerlichkeit, irgendetwas Auffälliges an ihrer Präsenz, das als unangenehm auffällig, ungemein aufdringlich und unweigerlich abstoßend sogar, als widerlich und ekelhaft erlebt werden kann.[250]

Die Betonung und Wiederholung von „chez nous" („bei uns") vermittelt ein starkes Gefühl der räumlichen Zugehörigkeit, das auf dem Abstammungsprinzip *ius sanguinis* basiert. Für die Einheimischen, die in dieser Wahrnehmung befangen sind, erscheint die Heimat als natürliche, fast ewige Entität, die Heimat „appears as a natural, almost eternal entity; since birth, they have shared the dominant state-centric perspective, which still holds firm. Migration is, then, a deviance to be held in check, an anomaly to be got rid of."[251] Migration wird als Abweichung betrachtet, die kontrolliert und beseitigt werden muss. Der Ausdruck „chez nous"

---

249 Gert Pickel & Susanne Pickel: „Der ‚Flüchtling' als Muslim – und unerwünschter Mitbürger?", in: Oliver Hidalgo/Gert Pickel (hrsg.): *Flucht und Migration in Europa. Neue Herausforderungen für Parteien, Kirchen und Religionsgemeinschaften*, Springer Fachmedien, Wiesbaden 2018, S. 279–323, hier S. 282.

250 Jürgen Straub, 2019, op. cit., S. 45.

251 Donatella Di Cesare, 2020, op. cit., S. 1.

taucht immer wieder als Slogan von Neofaschisten in der Erzählung auf (vgl. SDC, S. 63, 67, 378). Durch dieses essenzialistische Verständnis des eigenen Raumes als unteilbares Eigentum erscheinen die fremden Gastmigranten als Fremdkörper, welche nicht nur die Reinheit der italienischen Staatsbürgerschaft stören bzw. „troublaient la pureté de son sang" (SDC, S. 361), sondern auch die einheimischen Italiener ersetzen würden: „On est chez nous ! Ils nous envahissent !" / – „Nous chassent" / – „Nous remplacent!" (SDC, S. 63), rufen einige der identitären Bewohner aus. Dies ist eine narrative Anspielung auf die Verschwörungstheorie des „Großen Austausches" bzw. des *Grand Remplacement*[252] des französischen Schriftstellers Renaud Camus. Dieser identitäre Diskurs vertritt die These, dass die europäische weiße Bevölkerung durch Migranten aus Afrika und dem arabischen Raum ersetzt werde. Auf Basis dieser Theorie werden Geflüchtete, Gastmigranten oder Ausländer als unerwünschte, rachsüchtige Invasoren dargestellt, um fremdenfeindliche Taten zu rechtfertigen und den vermeintlichen „Großen Austausch" zu verhindern.

Erzählstrategisch wird dieser Diskurs der „self-immunizing logic of exclusion"[253] durch die Ausrufe als lächerlicher Prozess dargestellt und durch einen Wortverlust bzw. durch die Reduktion von „On est chez nous" auf das einfache „Nous" verurteilt. Auch sein obsessiver Charakter tritt dadurch hervor. Die essenzialistische, ausgrenzende und aggressive Konstruktion der Heimat – und der Nation! – durch die Identitären wird schon am Anfang des Romans durch das Epigraph „Personne n'a de demeure fixe" (SDC, S. 7) und das apokalyptische Ende, bei dem alle als Exilierte in einem „convoi des exilés" (SDC, S. 412) die Stadt verlassen müssen, dekonstruiert. Die Botschaft ist klar: Unvorhersehbare Ereignisse können jeden Menschen zum Verlassen und Verlust der eigenen Heimat führen. Die Einheimischen mussten somit das erste Mal die Erfahrung der Flucht machen. Das ist der Anfang eines gebrochenen oder *gehackten* Lebens, das, wie für die ausgegrenzten Gastmigranten, zur zweiten, dritten, vierten, achtundsechzigsten, tausendelften usw. (vgl. SDC, ebd.), zu einer endlosen Reihe von Fluchten führen kann. Durch die Inszenierung dieser werkimmanenten Fluchterfahrung der Einheimischen provoziert der Autor eine doppelte korrektive narrative Empathie, denn „la littérature […] permet toujours à une personne de se retrouver à la place d'une autre",[254] behauptet Mbougar Sarr. Sowohl die Einheimischen als auch die Leser,

252 Vgl. Renaud Camus, 2017, op. cit., S. 44–138. Im deutschen Raum wird diese Verschwärungstheorie besonders vom AfD-Politiker Björn Höcke kolportiert, insbesondere in seinem 2018 erschienenen Buch *Nie zweimal in denselben Fluss.*

253 Donatella Di Cesare, 2020, op. cit., S. 1.

254 Elara Bertho, 2019, op. cit., S. 204.

die möglicherweise ein ähnlich ausgrenzendes Heimatverständnis haben, sind zu einem ethischen Sprung, „saut éthique"[255] aufgefordert.

Dass die afrikanischen Gastmigranten unerwünscht sind, liegt weiterhin an der klassifizierend-dämonisierenden Wahrnehmung. Nach eigenen Aussagen der Xenophoben war die Stadt in den früheren Jahren gastfreundlich gegenüber anderen Einwanderern, welche wirtschaftlich und sozial sehr positiv und nützlich bewertet wurden. Zu diesen ehemaligen Gästen haben sie offensichtlich sehr fruchtbare Beziehungen gepflegt, zudem fanden Wissenstransfers statt. „Avant, les peuples qui arrivaient partageaient avec nous leur génie ; nous en profitions ensemble ; nous leur offrions notre terre, ils nous donnaient leur science, leur travail. Nous nous fécondions. Mais que reste-t-il de cette entraide ?" (SDC, S. 66), bemerkt Maurizio Mangialepre, der Anführer der Fremdenfeindlichen in der Erzählung. Diese früheren Fremden waren selbstverständlich „en tant qu'Européens […] plus proches et plus secourables que les Africains."[256] Im Gegensatz zu diesen beschreiben sie die afrikanischen Gastmigranten als nutzlose und parasitäre Eindringlinge:

> Que nous apportent ces gens aujourd'hui ? Ils arrivent la main vide, la tendent, et attendent qu'on les sorte d'une misère que nous vivons nous-mêmes. Le travail qu'on leur donne, c'est le nôtre, celui de nos enfants qui désespèrent de ne pouvoir gagner décemment leur vie. Les logements qu'on leur donne, ce sont les nôtres, ceux de toutes ces familles siciliennes qui vivent entassées dans une vieille maison familiale parce qu'elles ne peuvent s'offrir autre chose […] : les migrants nous volent notre travail, notre dignité, nôtre fierté, notre vie. […] Nous ne laisserons pas la Sicile être spoliée, sucée jusqu'à la dernière goutte de son sang par ces vagues d'hommes qui n'ont aucune conscience de l'identité de cette terre. (SDC, S. 66)

Die verwendete Sprache und die zugeschriebenen Eigenschaften verdeutlichen den Unterschied zwischen den beiden Menschengruppen. Die eine Gruppe, bezeichnet als „les peuples", wird als gut ausgebildet, wissenschaftlich und nützlich beschrieben, und ist somit sehr erwünscht. Im Gegensatz dazu stehen die anderen, die als „ces gens", „ces vagues d'hommes", Bettler, Usurpatoren und Räuber bezeichnet werden, und als völlig unerwünscht gelten. Der Ausdruck „sucée jusqu'à la dernière goutte de son sang" veranschaulicht den Stereotyp des Schmarotzers oder Blutparasiten, der Afrikanern zugeschrieben wird. Die Unerwünschtheit basiert hier auf einer kalkulierten Klassifikation der Fremdheit sowie auf der Unterstellung der Nutzlosigkeit, Unproduktivität der und Belastung durch

255 Ebd.

256 Anne Gotman, 2001, op. cit., S. 316.

die afrikanischen Gastmigranten im Gegensatz zu früheren Gastarbeitern. Der afrikanische Gastmigrant, von dem angenommen wird, dass er der Gesellschaft weder wirtschaftlich, sozial noch kulturell Nutzen bringt und als Schmarotzer wahrgenommen wird, wird automatisch als unerwünscht angesehen. Die Frage, ob es tatsächlich nutzlose Menschen gibt, bleibt offen zur Diskussion. Es ist jedoch festzustellen, dass diese zugeschriebene Nutzlosigkeit eine unreflektierte Konstruktion ist, die mit der Herkunft und Hautfarbe der Gastmigranten zusammenhängt. Es gibt keinen Beweis dafür, dass afrikanische Gastmigranten keine Potenziale besitzen. Sie sind häufig noch nicht in der Gesellschaft angekommen, um ihre Potenziale tatsächlich unter Beweis stellen zu können. Dennoch werden sie pauschal in einer anonymen Gruppe unerwünschter, als nutzlos betrachteter Menschen zusammengefasst. Diese systematische Unerwünschtheit führt zu verallgemeinernden Stereotypen über die fremde Minderheit, während die einheimische Mehrheitsgesellschaft unter einer Selbstüberschätzung verkümmert. Bereits eine Straftat eines Gastmigranten reicht aus, um eine Dramatisierung auszulösen, wobei die Tat automatisch auf alle Gastmigranten derselben ethnischen Gruppe übertragen wird. Dadurch werden alle Mitglieder dieser Gruppe mit der Schuld des Einzelnen belastet und sind abwertenden Zuschreibungen ausgesetzt. Begeht hingegen ein Einheimischer dieselbe Tat, wird er als alleiniger Verantwortlicher betrachtet. Die unerwünschten Gastmigranten sind jedoch bewussten und pauschalen Dämonisierungen ausgesetzt, wobei der einzelne Gastmigrant die Schuld seiner gesamten Ethnie trägt und umgekehrt.

Das Ziel der physischen Enthumanisierung und Animalisierung, der sozialen Abwertung sowie der ökonomischen Entwertung der afrikanischen Gastmigranten besteht darin, sie aus dem gesellschaftlichen und gemeinschaftlichen Raum zu exkludieren. Die beliebig kleine oder große xenophobe Gruppe des Romans will im Grunde genommen „durch solche Abjektionen ebenfalls ›sauber und rein‹ bleiben, in Ordnung gehalten und vor Negativem, Bedrohlichem wenigstens bis auf weiteres bewahrt werden."[257] Um dies zu erreichen, werden Argumente oder Vorwände konstruiert und Taktiken in Gang gesetzt, um die als „unsauber" betrachteten Gastmigranten loszuwerden. Nachdem die afrikanischen Gastmigranten einige Monate in Altino gelebt haben und von der Santa-Marta-Hilfsorganisation betreut werden, sieht sich die organisierte rechtsextreme Gruppe veranlasst, Gewalt anzuwenden, um sie auszuschalten. Diese Dynamik wird im Folgenden näher erläutert.

---

257 Jürgen Straub, 2019, op. cit., S. 41.

5.2. Xenophobe Abschreckungsmechanismen

Im vorherigen Abschnitt habe ich dargelegt, wie die afrikanischen Gastmigranten aufgrund ihrer physischen Andersartigkeit, ihres als asozial konstruierten Verhaltens und ihrer vermeintlichen wirtschaftlichen Nutzlosigkeit und Unproduktivität als abstoßende Subjekte oder Objekte wahrgenommen werden. Diese Aversion gegenüber dem Fremden ist eng mit dem Bestreben verbunden, ihn aus dem gemeinschaftlichen Raum auszusperren. Dies ist das erklärte Ziel von Maurizio Mangialepre und seiner xenophoben Bewegung, die sich gegen die vermeintlich massenhafte Zuwanderung afrikanischer Gastmigranten richtet, „combattre la venue massive des ragazzi, majoritairement africains" (SDC, S. 127). Die Letzten werden aufgrund der unterschiedlichen negativen Zuschreibungen und Vorurteile als Feinde betrachtet (vgl. SDC, S. 130). Zum Ausschluss der „Feinde" wird ein gastfeindliches Dispositiv umgesetzt, das aus zwei Taktiken besteht: einerseits einer psychologischen Belästigung, beschrieben als „une guérilla douce, [...] une sorte de harcèlement psychologique", und andererseits einer direkten Offensive, „une offensive frontale [...] contre les ennemis" (SDC, ebd.).

Der Mechanismus der psychologischen Abschreckung beginnt bereits bei der Ankunft der Gastmigranten, indem symbolisch eine Modellfigur, die einen schwarzen Mann repräsentiert, vor ihren Augen verbrannt wird. Diese Handlung wird als Opfergabe an Sizilien, „une offrande faite à la Sicile" (SDC, S. 77), inszeniert. Die Verbrennung der schwarzen Modellfigur zielt darauf ab, die Hautfarbe und Rasse der Gastmigranten herabzuwürdigen und sie auf die Rolle von Opfertieren zu reduzieren. Gleichzeitig symbolisiert dies ihre potenzielle zukünftige gewaltsame Vernichtung, „le symbole de leur destruction future" (SDC, ebd.), was bei den Gastmigranten Angst und Unsicherheit hervorrufen soll. Fousseyni berichtet später, wie ihn diese Szene tatsächlich verängstigt hat: „J'ai eu très peur" (SDC, S. 81). Dies sendet ein klares Signal an die Neuankömmlinge, dass sie in Altino nicht willkommen sind und dort nicht hingehören.

Nach diesem abschreckenden gastfeindlichen Empfang mussten die Gastmigranten in der Stadt verschiedene Formen von verbaler und physischer Gewalt ertragen, einschließlich terrorisierender Übergriffe sprachlicher und körperlicher Art (vgl. SDC, S. 250 f.). Eine besonders provokante Maßnahme bestand darin, Schweinefleisch als Rindfleisch auszugeben, um die meist muslimischen Gastmigranten zu beleidigen, da Schweinefleisch im Islam als Unreinheit gilt[258] und verboten ist.[259] Zusätzlich planten die feindlichen Kräfte, die Heizungen in den

258 Quran 6:145.

259 Quran 2:173.

Wohnungen der Afrikaner während des Winters zu sabotieren, um sie frieren zu lassen. Abgesehen von den Gastmigranten selbst werden Aktionen gegen ihre Sympathisanten unternommen, insbesondere gegen diejenigen, die eine Rolle beim Erwerb ihrer Aufenthaltspapiere spielen sollen. Maurizio, der Führer der Faschisten, droht Sabrina, erpresst den Bürgermeister auf unerbittliche Weise, um sicherzustellen, dass dieser bei den Kommunalwahlen für den migrantenfeindlichen Politiker Sandro Calvino abstimmt. In der ganzen Stadt werden Plakate mit migrantenfeindlichen Parolen wie „*Les migrants vous appauvrissent*" (SDC, S. 128, kursiv im Original) an Wände geklebt, mit dem Ziel, durch die Verbreitung dieses rechtsextremistischen Stereotyps ein kollektives Hassgefühl gegen die fremden Afrikaner hervorzurufen. Der Tod des Priesters wird andere Bewohner zur Bewegung der neofaschistischen Ultras locken und die kollektive Feindschaft gegenüber den Fremden intensivieren. Alle beteiligen sich durch unterschiedliche Provokationen am Vorhaben, die Gastmigranten als unerwünscht darzustellen und sie aus der Stadt zu vertreiben. Kaufleute erschwerten den Gastmigranten das Leben, indem sie sich weigerten, ihnen Lebensmittel zu verkaufen, (vgl. SDC, S. 251), was zu einer Einschränkung ihrer Lebenserhaltung und zu einer sozialen Isolation der Letzteren führte. Händler, die sich weigerten, an der Isolierung teilzunehmen und die Fremden weiterhin unterstützten, wurden verachtet und ihre Geschäfte durch Vandalismus beschädigt, oder mit beleidigenden Etiketten und Drohungen bedeckt (vgl. SDC, ebd.). In diesem Kontext wird die Gastfeindschaft auf Mitbürgern übertragen. Diese Maßnahmen führten dazu, dass die Gastmigranten in ständiger Angst lebten und misstrauisch gegenüber ihrer Umgebung wurden.

Das Hervorrufen eines kollektiven Hasses gegen die Gastmigranten wird durch einen Sabotageakt beschleunigt. Der Vorfall, bei dem die Klärgrube in der Nähe der Unterkünfte der Gastmigranten heimlich geöffnet und die Rohre durchstochen wurden, führte zu erheblichen Leckagen von Hausmüll und Exkrementen (vgl. SDC, S. 274). Der daraus resultierende Gestank war so extrem, schlimmer als der Anus des Teufels („l'anus du Diable", SDC, ebd.), dass die Bewohner der Stadt gezwungen waren, am Morgen des folgenden Tages für viele Stunden in ihren Häusern zu bleiben und Türen und Fenster geschlossen zu halten. Beim Verlassen ihrer Häuser mussten sie ihre Nasen aus Entsetzen und Ekel bedecken (vgl. SDC, S. 271). Ohne jegliche Beweise wurden die afrikanischen Gastmigranten für diesen Vorfall verantwortlich gemacht, insbesondere von Gennaro Orso, einem prominenten Akteur der fremdenfeindlichen Gruppe. „[C]'est évident. Y a que les migrants qui vivent dans le sud d'Altino. […] Seuls eux ont pu faire ça tranquillement. Personne aurait pu supporter de détruire cette canalisation et de recevoir l'odeur en pleine gueule. Personne. Sauf eux." (SDC, S. 274 f.). Orso's Rhetorik („y a que les migrants", „seuls eux", „personne", „sauf eux") beweist, dass er sich hier das Motiv des Anderen als Bösen bedient, zumal er die Gastmigranten als die einzigen möglichen Täter darstellt. Er vermittelt den Eindruck, als ob nur die afrikanischen Gastmigranten die Exklusivität des Bösen besitzen. Zwar sind die Gastmigranten Menschen keine Engel. Unter ihnen können sich auch böswillige Personen befinden. Aber diese Schuldzuweisung basiert hier auf keiner objektiven Begründung, sondern auf einer reinen Dämonisierung der Anderen, denn die Brüder Calcagno und der Metzger Orso sowie das mittlerweile größer gewordene fremdenfeindliche Kollektiv wollen unbedingt die Gastmigranten aus der Stadt vertreiben bzw. „voulaient les chasser“ (SDC, S. 277). Die Überzeugung, dass nur die Gastmigranten die Täter sein können, spiegelt eine tief verwurzelte Dämonisierung wider, die auf kolonialistischen Konstruktionen des „Anderen“ basiert, welche die fremden Gastmigranten als inhärent böse darstellen. Diese unbegründete Schuldzuweisung ist ein Beispiel für die fortdauernde Wirkung kolonialer Stereotype, ein Paradigma, das postkoloniale Kritik zu überwinden versucht. Die Sabotageakte und die Verbreitung von Gerüchten in der Stadt führte zu einer Zunahme der feindlichen Haltung gegenüber den Afrikanern: „La proportion d'habitants hostiles à leur accueil s'accrut. Des sacs de poissons morts ou de viande pourrie commencèrent à être déposés devant leurs logements.“ (SDC, ebd.)

Es ist zu bemerken, dass die Abschreckungsaktionen gegen die afrikanischen Gastmigranten auf essentielle Aspekte ihres Lebens abzielten: ihre „schwarze“ Identität (Verbrennung der schwarzen Modellfigur), ihren religiösen Glauben (Schweinefleischsabotage), ihren Lebensunterhalt bzw. ihre wirtschaftliche Existenz (Weigerung vom Verkauf von Nahrungsmitteln). Diese Strategien wurden von xenophoben Gruppen verfolgt, um die Gastmigranten zu entmutigen und letztendlich ihre Abschiebung zu erreichen. Ein zentrales Element dieser Strategie war die Verhinderung der Erlangung von Aufenthaltspapieren, die für die Gastmigranten von existenzieller Bedeutung sind, da sie den rechtlichen und politischen Status im Gastland sichern. Maurizio und seine Anhänger betrachteten die Papiere als das einzige, was den Gastmigranten wichtig war und sie im Land hielt. Durch die Verweigerung dieser Dokumente wollten die Xenophoben die Migranten an ihrer Wurzel treffen und ihre Abschiebung erzwingen, so denkt Maurizio: „C'était à la source du Mal qu'il fallait s'attaquer : à l'esprit, au moral, à la volonté. Comment ? En refusant aux migrants la seule chose qui […] leur importait et les retenait ici : les papiers.“ (SDC, S. 130, 132). In Wirklichkeit hat das Papier eine existenzielle Bedeutung für die Gastmigranten. Es ist die allerwichtigste Voraussetzung für einen rechtlich und politisch anerkannten Aufenthalt im Gastland.[260]

---

260 Vgl. dazu Patrice Djoufack: „Ausweis, Exil, Flucht und Migration“, in: *Recherches germaniques*, 48, 2018, S. 45–68.

Diese feindlichen Aktionen sind Ausdruck einer tief verwurzelten Fremdenfeindlichkeit, die darauf abzielt, Gastmigranten als Bedrohung darzustellen und sie aus der Gesellschaft auszuschließen. Trotz der verschiedenen Abschreckungsaktionen wurde schließlich ein Termin für die Auswahlkommissionen der Asylbewerber festgelegt (SDC, S. 298), was den Hass der xenophoben Gruppe weiter anfachte und in Gewalt mündete.

5.3. Gastfeindliche Gewalt

Die Abwertung der Gastmigranten, die Abschreckungsaktionen verweisen schon auf die Disposition der Anhänger der faschistischen Bewegung zur Gewalt, zumal der Faschismus von Gewalt untrennbar ist.[261] Der Erzähler bezeichnet selbst die herabwürdigenden Ausdrücke, mit denen die Gastmigranten bei ihrer Ankunft begrüßt wurden, als wilde verbale Klingen, „des lames verbales ensauvagées" (SDC, S. 56). Dies weist eindeutig auf die Gewalt in diesen Worten hin. Die Xenophoben fühlen sich der bürgerlichen Aufgabe verpflichtet, die schwarzen Gastmigranten definitiv aus der Stadt zu vertreiben. Das teilt der Erzähler mit: „[C'] était leur devoir, en tant que dignes fils d'Italie […] à chasser pour de bon les Nègres" (SDC, S. 361). Der Ausdruck „chasser pour de bon" legt nahe, dass sie nach den unterschiedlichen gescheiterten Abschreckungsmaßnahmen eine letzte Strategie finden müssen, um die fremden Afrikaner loszuwerden. Der Ausdruck impliziert aber auch, dass sie den Wunsch haben, die soziale Ordnung vor der Ankunft der Letzteren wiederherzustellen. Unter diesen Umständen versteht man, warum sie Gewalt anwenden wollen, denn Gewalt gegen Flüchtlinge ist ein „aktiver und zuweilen absichtsvoller Versuch der Herstellung und Bewahrung einer sozialen Ordnung."[262] Die Ursache des Hasses und des Entschlusses zur Anwendung der Gewalt gegen die fremden Gastmigranten liegt in dem, was der Erzähler „intellektuelle Faulheit" bezeichnet: die Weigerung, sich mit dem Anderen auseinanderzusetzen, um ihn kennenzulernen und zu verstehen. Diese Attitüde kritisiert der Erzähler scharf:

> [r]ejeter un autre homme est la chose la plus simple qui soit pour un esprit humain. Il ne suffit que d'éteindre ce dernier, de le disposer tout entier au relâchement intellectuel.

261 Mathias Wörsching: „Liebe zur Gewalt. Warum Faschismus und Terror unzertrennlich sind", in: *iz3w, 379 Juli/August 2020*, S. 17–19.

262 María do Mar Castro Varela & Paul Mecheril: „Die Dämonisierung der Anderen: Einleitende Bemerkungen", in: Dies. (hrsg.): *Die Dämonisierung der Anderen: Rassismuskritik der Gegenwart*, transcript Verlag, Bielefeld 2016, S. 7–20, hier S. 7. https://doi.org/10.1515/9783839436387-001.

> L'inverse, qui consiste à tenter de comprendre, coûte toujours trop d'efforts. C'est en ce sens que la paresse, la paresse au sens fort, la paresse intellectuelle donc, est la mère de tous les péchés capitaux. La source de la haine se trouve moins dans le cœur que dans l'esprit qui abandonne sa première prérogative, penser ; ce qui n'empêche nullement, bien entendu, qu'il y ait de pures haines fondées sur de grandes machines d'intelligence. (SDC, S. 276)

Durch dieses kritische Urteil nimmt der Autor eine eindeutige postkoloniale Position ein, wenn er die Xenophobie als Feigheit charakterisiert. Für den Xenophoben scheint es einfacher zu sein, den Fremden zu hassen und abzulehnen, anstatt sich auf das Abenteuer einer qualitativen Beziehung mit ihm einzulassen. Denn der Versuch, den fremden Gastmigranten durch diese interaktive Beziehung zu verstehen und zu akzeptieren, ist für ihn herausfordernd und anstrengend, „coûte toujours trop d'efforts" (SDC, S. 276). Der Hinweis darauf macht deutlich, dass die Überwältigung dieser intellektuellen Feigheit für ein friedliches Zusammenleben mit dem fremden Gastmigranten unerlässlich ist und als postkoloniale Verantwortung betrachtet werden. Sicherlich hat diese Faulheit Maurizio und seine Leute ergriffen, sodass die fremden Afrikaner für sie die *einzigen Wesen sind, die sie töten wollen können.*[263] Die Verweigerung dieses Erkenntnisprozesses ist das, was das von Maurizio geführte Kollektiv dazu bewegt, die fremden Gastmigranten durch Gewalt unbedingt aus der Stadt vertreiben zu wollen.

Angesichts der fremdenfeindlichen Ereignisse besteht die Gewalt in einer ersten Phase in der Form des Misstrauens und der Distanzierung. Die Gewalt wird als ein Geist beschrieben, der sich verbreitet und allen Menschen innewohnt:

> [La violence], au bout d'un temps, finit par s'entretenir elle-même ; elle proliférait *sui generis* ; elle s'engendrait, comme l'odeur de la fosse avait semblé naître de l'air de la ville. L'origine de la violence était perdue et, désormais, elle s'exerçait, aveugle, brutale, puissante, sans dieu ni maître. Il ne s'agissait pas, comme on le dit souvent, d'une escalade dans la violence. Ce n'était pas une violence verticale, mais une violence horizontale, qui se propageait plus qu'elle ne montait. La violence verticale, visible, peut toujours retomber ; mais la violence horizontale, elle, ressemble à une gigantesque et invisible coulée d'huile. Elle se glisse sous les choses, nappe les êtres, les trempe jusqu'aux cellules sans qu'ils puissent rien faire. Cette violence se niche dans les regards, dans les comportements, dans les pensées intimes, dans les gestes quotidiens, dans le langage. Elle s'exprime moins dans le combat, dans la bavure, dans le corps-à-corps, que dans la méfiance, dans la distance, dans l'être-à-l'être. C'est la violence qui murmure comme un

263 Emmanuel Lévinas: *Die Spur des Anderen. Untersuchungen zur Phänomenologie und Sozialphilosophie*, übers., hg. und eingeleitet von Wolfgang Nikolaus Krewani, Alber, Freiburg/München 1983, S. 116.

> mauvais génie aux oreilles de ce qu'on porte de plus noir en soi. C'était cette violence que l'on commençait à percevoir à Altino. (SDC, S. 277)

Der Erzähler spricht hier von einer horizontalen Gewalt, die im abwehrenden Verhalten der Menschen zu spüren ist. Beim näheren Hinsehen kann man verstehen, dass die Gewalt der Alltag des Menschen geworden ist. Sie wird personifiziert und herrscht über das Leben der Bewohner. Sie ist das einzige Wesen, das noch in der Stadt lebt und so die Harmonie und den Kontakt zwischen den Menschen lähmt. Selbst die Gastmigranten sind nicht nur Opfer, sondern werden auch zu Akteuren dieser Gewalt, da die ganze Situation bei ihnen Hass und Ressentiment hervorruft:

> Les ragazzi – nombre d'entre eux – la subissaient, mais l'exerçait aussi, parfois avec une plus grande cruauté que tous les autres. Ils devenaient plus durs, plus sauvages, sur le qui-vive permanent. Leurs regards luisaient d'âpres éclats qui n'étaient plus ceux du Rêve, mais ceux de la survie à tout prix. Toute l'amertume qu'ils avaient accumulée, tous leurs espoirs déçus, toute l'anxiété de leur interminable attente, toute leur peur, s'agrégeaient en une boule de rancœur. Leur être tout entier brûlait d'une profonde et lointaine colère qu'ils ne cherchaient plus à contenir. Elle éclatait, grenade de haine, grenade de ressentiment, ulcère crevé ; mais avant tout ça, elle rongeait d'abord les mailles de leur intimité. Avant d'être un geyser de sang dans le monde, leur violence était une hémorragie interne. (…) La violence gagnait ainsi les cœurs et du terrain. Tout le monde en souffrait. (SDC, S. 277 f.)

Der Erzähler beschreibt die Gewalt der Gastmigranten als defensive Reaktion auf die Gewalt, die sie in unterschiedlichen Formen von den Gastfeindlichen erleben. Die Intensität dieser Gewaltbereitschaft wird durch unterschiedliche metaphorische Ausdrücke betont, nämlich „boule de rancœur", „grenade de haine", „grenade de ressentiment", und „un geyser de sang". Diese Ausdrücke verleihen der Gewalt eine starke und destruktive Dimension. Insgesamt manifestiert sie sich in verschiedenen Formen wie Gedanken, Blicken, Gesten, Worten, Reden und Schweigen, Misstrauen, Hass, Ressentiment und Wut. Unter diesen Umständen ist der gesellschaftliche Zusammenhalt nicht mehr vorstellbar, denn Gewalt schlägt in Gegengewalt um. Nachdem die Termine für die Asylanhörungen festgelegt wurden, eskaliert die angespannte Stimmung mit dem Einsatz physischer Gewalt in der Kneipe *Tavola di Luca*.

Der Sieg in einem Fußballspiel, bei dem die Gastmigranten für Altino gespielt haben (SDC, S. 294 ff.), wird zum Anlass einer großen Feier in der Kneipe, zu der Sabrina einlädt. Dieser Sieg wird von Sabrina als passende Antwort auf die Provokationen der Xenophoben betrachtet, ein Beweis dafür, dass Gastmigranten für Altino einen Mehrwert darstellen oder nützlich sein können. Während der Feier beabsichtigt die Leiterin der humanitären Hilfsorganisation, die bald beginnenden Asylanhörungen anzukündigen. Die Durchführung dieser Anhörungen bedeutet im Übrigen ein demütigendes Scheitern des Kampfes der Xenophoben. Die Feier, bei der Mitglieder der Santa-Marta-Hilfsorganisation gemeinsam mit Gastmigranten und anderen Bewohnern ungeachtet ihrer Hautfarbe, Herkunft oder Positionierung zur Aufnahme der Afrikaner jubeln können, endet tragisch: Faschisten dringen in die Kneipe ein und greifen alle Anwesenden mit Messern, Baseballschlägern, Fäusten und anderen Gegenständen an. Sie vergewaltigen Frauen, verletzen und ermorden Gastmigranten, Mitglieder der Santa-Marta-Hilfsorganisation und andere Anwesende. Bei der barbarischen Schlägerei werden besonders Sergio und Fabio Calcagno als Symbol der Gewalt dargestellt. Als ehemalige Ultra-Fußballspieler bekommen sie die Spitznamen „les légendaires terreurs de Catane, les jumaux de l'enfer, les deux têtes du Diable" (SDC, S. 125). Der Erzähler betont ihr gewaltbereites Aussehen:

> Toute leur légende s'était écrite sur la faculté qu'ils avaient d'incarner dans leur corps, au grand jour, à la vue de tous, l'esprit ultra et ses valeurs : force, courage, virilité, tradition, honneur, identité, respect. Les Çalcagno !… Leur seul nom suffisait à affoler les tifosis adverses. Se retrouver face à eux, c'était éprouver non seulement leur passion pour Catane, mais aussi leur violence, leur mâle désir d'écraser complètement les adversaires avec la brutalité la plus pure. (SDC, S. 125)

Die Beschreibung weist darauf hin, dass Sergio und Fabio bereit sind, ihre Brutalität und Gewalttätigkeit an den Gastmigranten auszulassen, was charakteristisch für ihre Ultra-Kultur ist. Das Blutbad, das aus dieser Gewaltszene resultiert, wird von Jogoy, der als Augenzeuge alles notiert hat, ausführlich beschrieben, wobei viele Ausdrücke des extremen Grauens (vgl. SDC, S. 380 ff.) verwendet werden. Durch diesen Vorfall erreichen die Faschisten ihr Ziel. Die Gastmigranten werden kollektiv beschuldigt und die Asylkommissionen sind abgesagt. Die Geschichte erreicht ihren Höhepunkt mit dem „Krieg" zwischen dem „Chor" der afrikanischen Gastmigranten unter der Führung von Salomon und dem der Faschisten (siehe SDC, S. 378–379, sowie Kapitel 60). Die gewaltsame Auseinandersetzung konnte von der Polizei nicht mehr verhindert werden, nur die „langue de pierre" (SDC, S. 394) des Vulkans konnte sie unterbrechen und alle zur Flucht zwingen.

Die untersuchten Aspekte der Unerwünschtheit führen zur folgenden Erkenntnis: Xenophobe Menschen, solange sie Gastmigranten als unerwünscht betrachten, sind bereit, alles in ihrer Macht Stehende zu tun, um diese aus ihrem sozialen Umfeld zu entfernen, selbst wenn das bedeutet, dass sie diese physisch beseitigen oder töten müssen. Eine der Instrumente, die zur psychosozialen Unterdrückung der Gastmigranten beiträgt, ist das destruktive Warten. Im Folgenden wird beleuchtet, inwiefern dieses Warten als Teil eines gastfeindlichen Dispositivs betrachtet werden kann.

6. Das destruktive Warten

In der irregulären Migration spielt das Warten und die Temporalität eine wichtige Rolle.[264] Das Warten gehört als Machtdispositiv zum europäischen Asylsystem. Es ist ein gastfeindliches Machtdispositiv, ein „instrument of control that contains, delays and suspends."[265] *Silence du chœur* ist ein Roman über das langweilige Warten, sagt Mbougar Sarr: „C'est effectivement un livre sur l'attente, voire sur l'ennui, avec ce que ça peut avoir de tragique."[266] Er untersucht die schwerwiegenden Auswirkungen auf den Gastmigranten.

Es ist wichtig vorab zu betonen, dass der Autor in erzähltechnischer Hinsicht vor allem darauf abzielt, dass der Leser die Qual des zermürbenden Wartens durchlebt. Wie bereits erwähnt, hindert das persönliche Tagebuch von Jogoy den Leser daran, die Handlung linear zu verfolgen. Jogoys Geschichten schaffen eine wiederkehrende Spannung (*Suspense*) während des Lesens. Die strukturelle Dissoziation durch Digressionen (wie die Ausstellung von Vera und Vincenso Riviera oder die Geschichte der Vergangenheit von Padre Bonianno im Senegal) erfordert zudem Geduld vom Leser, um im vom Erzähler vorgesehenen Zeitrahmen die Pointe der Geschichte zu erfahren. Durch diese mitunter schmerzhafte Erfahrung ist der Leser in der Lage, das belastende Warten, das von den Gastmigranten erlebt wird, besser nachzuvollziehen.

Die Struktur des Romans deutet auf das Warten hin. Der erste Teil des Romans „La longue arrivée" spielt schon auf die zeitliche Herausforderung, das lange und schwierige Ankommen der Gastmigranten in Altino an. Es weist nicht nur auf die langen Fahrten durch Wüste und Meer, sondern auch auf die Schwierigkeiten, räumlich in der kleinen Stadt anzukommen, hin. Der zweite Teil „Dans l'attente" ist mit 196 Seiten und 31 Kapiteln der umfangreichere Teil des Romans. Dieser Teil befasst sich besonders mit dem Warten. Der Ausdruck „ils attendaient" („sie warteten") ist zum Beispiel auf S. 247 f. ein Leitmotiv, mit dem der Erzähler jeden

---

264 Zum Thema „Warten und Temporalität" in der irregulären Migration, vgl. die Beiträge im Sammelband Christine M. Jacobsen, Marry-Anne Karlsen, Shahram Khosravi (hrsg.): *Waiting and the Temporalities of Irregular Migration*, Routledge, London 2020.

265 Lorenzo Vianelli, Nick Gill & Nicole Hoellerer: „Waiting as probation: selecting self-disciplining asylum seekers", in: *Journal of Ethnic and Migration Studies*, 48:5, 2022, S. 1013–1032, hier S. 1016. DOI: https://doi.org/10.1080/1369183X.2021.1926942.

266 Vgl. Romain Chabrol : „Prix littérature monde AFD: Entretien avec Mohamed Mbougar Sarr, lauréat 2018", veröffentlicht am 23. Mai 2018, auf https://www.afd.fr/fr/actualites/prix-litterature-monde-afd-entretien-avec-mohamed-mbougar-sarr-laureat-2018, Zugriff am 10.04.2022.

Absatz beendet. Die Auswirkungen des langen Wartens auf die afrikanischen Gastmigranten werden insbesondere im zweiten Teil sichtbar.

Nach den vielen schrecklichen Erlebnissen in der Wüste und am Meer hoffen alle Gastmigranten, endlich in einem Land anzukommen und ihre Papiere zu bekommen, um ihr Leben zu rekonstruieren. Damit ist aber eine zeitliche Illusion verbunden, das heißt, sie glauben, mithilfe eines schnellen und leichten Prozesses ihre Papiere zu bekommen. Diese Illusion drücken einige Gastmigranten mit voller Begeisterung aus, als sie in Altino ankommen: „Enfin ! Enfin ! On y est, on entre au paradis ! On entre au paradis ! Ivre de joie, il répétait : On entre au paradis ! On va trouver l'argent !. C'était un grand cri de libération, de violente allégresse" (SDC, S. 34) ; „Des papiers… la régularisation… On est sauvés… De vrais papiers…" (SDC, S. 46). Doch nach der Erleichterung des räumlichen Ankommens beginnt die Tragödie des Wartens, angesichts der Trägheit und der langatmigen Verwaltungsprozessen der Asylbehörden. Aufgrund des komplexen Verfahrens müssen die Asylbewerber mit einer langen, unzumutbaren Wartezeit umgehen. Was diese Tatsache für die jungen Gastmigranten bedeutet, erklärt der Autor in einem Interview:

> Ces jeunes qui arrivent là ont souvent vécu des aventures, des histoires incroyables, dangereuses, souvent terribles et folles… Une fois accueillis, ils vivent l'inverse : leur énergie s'éteint d'un coup et ils attendent. Cette attente finit par créer du ressentiment, de la colère, des incompréhensions. On se retrouve alors dans une situation paradoxale : ce qu'ils espéraient, c'est-à-dire arriver, devient finalement le début d'une autre forme de tragédie qui est celle de l'attente. Un temps où rien ne se passe, où chacun réfléchit de son côté. Le temps fonctionne dès lors au ralenti. Et c'est précisément lorsqu'on le sent passer, ce temps, qu'on est obligé de faire face à soi, à ce qu'on est. Ce n'est pas facile.[267]

Die jungen Afrikaner in Sarrs Erzählung müssen über sechs Monate lang auf die Auswahlkommissionen warten. Diese paradoxe Zeit des langen Wartens bezeichnen Guillaume Le Blanc und Fabienne Brugère als ein zeitliches und räumliches No Man's Land:

> Celle ou celui qui franchit la mer n'est jamais un « réfugié », mais bien quelqu'un en attente d'être un réfugié, d'obtenir ce statut qui est la forme minimale de reconnaissance sans laquelle rien n'est vraiment possible. Toute personne déplacée est ainsi dans un entre-deux indéfini, sorte de no man's land spatial et temporel, dans lequel la seule attitude possible est celle de l'attente. Demander un refuge, c'est vouloir ne plus être un migrant, c'est chercher à devenir un réfugié.[268]

---

267 Vgl. Romain Chabrol, ebd.

268 Guillaume Le Blanc/Fabienne Brugère, 2018, op. cit., S. 63.

Die sozialpsychologische Auswirkung dieser langweiligen Periode auf die Gastmigranten ist in dem Roman sehr deutlich erkennbar. Am Anfang war Fußballspielen die einzige Aktivität, mit der sie ihre Langweile vertreiben konnten. Als das Fußballspiel auch pausiert, hat sich das tragische Gefühl der Langweile, „tragique sentiment d'ennui" (SDC, S. 247), verstärkt. In der langweiligen Wartezeit konnten sie nichts anderes tun, als den ganzen Tag über alles und nichts zu plaudern. Die Art und Weise, wie ihre Situation erzählerisch beschrieben wird, zeigt, wie erbärmlich ihre Situation ist:

> On les voyait, en groupe, assis sur quelque banc, buvant l'air et bayant aux corneilles. Ils parlaient des mêmes choses chaque jour (…). Ainsi tout le long des jours, ils faisaient le monde, le défaisaient, le refaisaient, le décousaient, puis le retissaient encore, à l'identique, modernes et masculins Pénélope, occupés à un ouvrage-monde sans fin et plongés dans une attente dont l'horizon reculait. Tout cela entre deux tasses de thé et quelques bouffées d'un mégot collectif qui passait de main en main et d'une bouche à l'autre. Même les femmes siciliennes semblaient les avoir abandonnés : peu d'entre elles s'approchaient désormais de leurs conciles d'oisifs ; et la réaction toute mâle de faire quelque commentaire grivois au passage d'une jolie femme en riant grassement, ce plaisir-là même, leur était ôté, refusé. Ils attendaient. (SDC, S. 247)

Die Gastmigranten beschäftigen sich hauptsächlich damit, Luft zu essen, monotone Gespräche beim Teetrinken zu führen, Zigaretten zu rauchen und sich imaginäre Welten zu bilden: „Ils faisaient le monde, le défaisaient, le refaisaient, le décousaient, puis le retissaient encore". Dies zeigt deutlich die Leere und Nichtigkeit, in der sie sich befinden. Diese existenzielle Leere und Immobilität bezeichnet Ghassan Hage als „stuckedness"[269] bzw. „Festsitzen". Diese Situation raubt ihnen alle menschliche Würde. Sie fühlen sich wie hilflose Schafe, die in einem verdummenden Kreislauf gefangen sind und dem Wolf ausgeliefert sind. Dies drückt Salomon schmerzhaft aus:

> Vous ne nous offrez aucune possibilité de mouvement, aucune perspective. Ni travail… ni argent… ni papiers… On ne peut pas bouger… Des agneaux dans un enclos, un troupeau de stupides agneaux qui bêlent et tournent en rond… Et la nuit tombe et le loup s'avance et le grand serpent rampe vers nous… […] Ici, nous sommes privés de respect, de dignité… Nous sommes là, inactifs, il n'y a rien, rien ! Ça c'est dangereux pour l'esprit. (SDC, S. 176 f.)

269 Ghassan Hage: „Waiting Out the Crisis: On Stuckedness and Governmentality", in: Ders.: *Waiting*, Melbourne University Publishing, Carlton/Victoria 2009. S. 97–106.

Salomon empört sich deutlich über die paralysierende Natur[270] des Wartens. Im Mittelpunkt dieses Wartens stehen die Durchführung der Auswahlkommissionen und der Erhalt der benötigten Papiere. Doch nach einem Halbjahr sind die Termine für den Beginn des Asylverfahrens noch unbekannt. Die Situation konfrontiert die jungen Gastmigranten mit zwei gleichzeitig auftretenden Energien, nämlich die negative Energie der Untätigkeit und der Ohnmacht (man wartet, erträgt, fürchtet und kämpft, um die eigene Wut und den eigenen Wunsch zum Bewegen zu unterdrücken) sowie die strahlende Energie des Lebens und der Hoffnung trotz allem, wie der Autor es in einem Interview beschreibt: „l'énergie négative de l'immobilité et de l'impuissance (on attend, on subit, on craint, on lutte pour ne pas laisser éclater notre colère et notre désir de bouger, etc.) et, d'autre part, l'énergie lumineuse de la vie et de l'espoir malgré tout."[271] Die Termine, so führt der Erzähler aus, „semblaient n'être qu'une lointaine oasis qu'ils avaient désespéré de jamais atteindre" (SDC, S. 247). Diese traurige Hoffnungslosigkeit ruiniert auch ihren inneren Menschen:

> Leur mer intérieure était calme. Aucune vague ne l'animait et elle ne redoutait aucune tempête. Cette mer était vide et son soleil couvert par un ciel gris, si bas sur l'eau qu'il semblait en être le sinistre chapeau. Et le bateau dans lequel ils voguaient n'était plus celui qui avait mené la plupart d'entre eux sur une côte sicilienne. Non : ce bateau-ci n'essuyait pas d'orage, et il était plus affreux encore en cela même. Ils attendaient toujours. (SDC, S. 247 f.)

Die Symbolik des ruhigen Meeres zeigt, dass in ihrem inneren Wesen kein Leben mehr zu spüren ist. Das endlose Warten und die verschiedenen negativen Gefühle und Stimmungen, wie Traurigkeit, Kummer, Hoffnungslosigkeit, Erschöpfung, Langeweile und Frustration (bei Telefonanrufen von Verwandten), lassen sie wertlos, nutzlos und sozial isoliert erscheinen. Das Warten hat ihre Pläne und Hoffnungen auf die Regularisierung ihres Status und auf ein besseres Leben zunichtegemacht. Am Horizont sehen sie keine Aussicht auf Papiere, sondern den drohenden sozialen Tod:

> Leur récit s'était interrompu au milieu d'une grande phrase. Brisé net. Ils ne savaient pas quand ils pourraient le reprendre, l'achever. Mais quoi ! C'était comme ça : attendre. Il fallait attendre. Alors ils attendaient, bouche ouverte face aux vents, pareils à ces gros sauriens que l'on voit parfois sur la berge d'une rivière. Et l'air avait un goût de pourriture au fond des gorges qu'il avait raclées. Ils attendaient quelque chose, qui pouvait

270 Vgl. Vincent Crapanzano: *Waiting: The Whites of South Africa*, Paladin, London 1986, S. 43.

271 Elara Bertho, 2019, op. cit., S. 204 f.

> indifféremment être les papiers ou la mort. Parfois, ils psalmodiaient des airs tristes pendant de longues heures. (SDC, S. 248)

Die etwas sarkastische Allegorie der „gros sauriens“ (Echsen) spielt auf homonymische Weise auf „gros vauriens“, also große Taugenichtse, an. Diese pejorative Anspielung drückt die unwürdige Lage der Gastmigranten aus. Das Warten ist nicht nur sozial destruktiv, sondern auch schmerzhaft. Der Grund, warum das Datum für die Auswahlkommissionen nach einem halben Jahr nicht festgelegt wurde, ist nicht bekannt. Dies kann vermutlich auf Willkür beruhen. Das Warten erscheint als eine andere Tragödie für die Gastmigranten, die durch die fremdenfeindliche Bewegung verursacht wird, denn das Ziel der von Maurizio Mangialepre geführten faschistischen Gruppe ist es, das Asylverfahren zu verhindern, damit die Afrikaner keine Papiere bekommen (vgl. SDC, S. 132). Die innerliche Erfahrung dieses destruktiven Wartens verändert die Letzteren deutlich und macht sie wütend und aggressiv (vgl. SDC, S. 278). Das hat Salomon früher geahnt und davor gewarnt: „Plus on attendra, plus on sera malheureux. Dangereux. Pour nous-mêmes… Pour vous.“ (SDC, S. 177) Latente Wut, explosives Ressentiment, Gewaltbereitschaft, das alles hat das endlose Warten – „interminable attente“ (SDC, S. 278) – bei ihnen provoziert. Das Ziel des willkürlich verursachten Wartens scheint darin zu bestehen, derartige negative Gefühle und Reaktionen bei den Gastmigranten zu provozieren, um sie dazu zu bringen, ihre Selbstkontrolle zu verlieren und somit die Stereotypen der Gewalt gegenüber ihnen zu bestätigen. Dies kann entweder auf eine bewusste Disposition zur Gastfeindschaft oder auf reine Abwehrintention zurückzuführen sein. Deswegen betrachte ich das Warten als Dispositiv der Gastfeindschaft, das den Gastmigranten innerlich großen Schaden zufügt und sie ruiniert. Salomon hat es deutlich bemängelt: „La vraie mort, c'est Altino. La vraie mort pour nous, c'est la tranquillité […]. Vous nous tuez“ (SDC, S. 179). In dieser Wartezeit, in der die Gastmigranten nicht arbeiten dürfen und nur untätig herumlaufen können, wird ihnen oft Faulheit und Schmarotzertum vorgeworfen. Es scheint, dass man absichtlich eine Situation provoziert, um sie gegen die Gastmigranten zu instrumentalisieren und ihre Integration zu verhindern.

Indem die Asylverwaltung die Gastmigranten in einen bürokratischen zeitlichen Wartezustand gefangen hält, übt sie Gewalt und Macht über sie aus. Dieser Akt der „temporal governance“[272] wirkt nachteilig auf ihr Wohlbefinden aus und

272 Melanie Griffiths: „The changing politics of time UK's immigration system“, in: Elizabeth Mavroudi, Ben Page, Anastasia Christou (hrsg.): *Timespace and International Migration*, Edward Elgar Publishing, United Kingdom 2017, S. 48–60.

macht sie verletzlich, machtlos, wertlos, unnützlich und somit bedrohlich. Sie erleben sowohl physische als auch gesellschaftliche Isolation und haben keine Möglichkeit, existenziell voranzukommen. Das Asylsystem bringt ihr Leben zum Stillstand. Unter diesem Gesichtspunkt kann das Warten als ein destruktives politisches Machtinstrument der Gastfeindschaft gegenüber afrikanischen Gastmigranten betrachtet werden, das Hindernisse für ihre Integration schafft. In Anlehnung an Shahram Khosravi kann man behaupten, dass „waiting is racialised. Some groups are kept waiting longer than other groups because their skin is darker."[273]

Das Warten offenbart sich als strukturelles Instrument zur Ablehnung von Gastmigranten aufgrund ihrer Herkunft und kulturellen Identität.

7. Vom Gastfreundlichen zum Gastfeindlichen: Figurenregression

Einleitung

Die Haltung gegenüber Gästen ist situativ, und die Beziehung zum fremden Gastmigranten kann von den Umständen oder der jeweiligen Situation beeinflusst werden. Wer sich gastfeindlich oder gastfreundlich verhält, hat Motive oder Ziele. Die Beziehung zu Gastmigranten kann dynamisch und evolutionär sein. In ihrem Buch *Le sens de l'hospitalité* hat Anne Gotman gezeigt, wie man von Gastfreundschaft zur Gastfeindschaft und Verneinung des Anderen übergeht, bzw. „comment se construit le rapport à l'autre, quelle raison soutient l'entreprise de ceux qui s'y lancent, et comment ce même rapport se déconstruit – comment on passe de l'hospitalité à l'inhospitalité, à la reprise de soi contre l'autre et à sa négation."[274] Das Merkwürdige in Sarrs Roman ist die Tatsache, dass einige Charaktere ursprünglich keine Xenophoben waren, sondern aufgrund enttäuschender Erlebnisse zu solchen geworden sind. Im Folgenden möchte ich den Prozess ihrer Veränderung darlegen.

7.1. Gastfeindschaft und Politik: Zwischen Feigheit und Opportunismus

2015 hat der Satz „Wir schaffen das!" die spätere politische Laufbahn und die Wahrnehmung der Persönlichkeit von Angela Merkel geprägt und entscheidend

273 Shahram Khosravi: „Waiting, a state of consciousness", in: Christine M. Jacobsen, Marry-Anne Karlsen, Shahram Khosravi (hrsg.): *Waiting and the Temporalities of Irregular Migration*, Routledge, London 2020, S. 202–207, hier S. 204. https://doi.org/10.4324/9780429351730.

274 Anne Gotman, 2001, op. cit., S. 5.

beeinflusst.[275] Genauso ist die Politik seit Jahrzehnten sehr eng mit der Flüchtlingspolitik verbunden. Die Asylfrage scheint für die Wähler politisch wichtiger zu sein als beispielsweise das Problem der Arbeitslosigkeit.[276] Der Erfolg oder Misserfolg von Politikern hängt stark davon ab, wie sie sich zum Thema Gastfreundschaft positionieren. Dieser Aspekt kommt in Mbougar Sarrs Roman besonders bei dem fiktiven Bürgermeister Francesco Montero vor.

Der Bürgermeister ist ein engagierter Migrantenfreund. Dank ihm ist Altino die einzige Stadt geblieben, die in der ganzen Region Aufnahmebereitschaft gegenüber Gastmigranten gezeigt hat (SDC, S. 164). Er ist daher ein politischer Unterstützer der Santa-Marta-Hilfsorganisation bei ihren Bemühungen für die Aufnahme der Gastmigranten (vgl. SDC, S. 37). Wie im Text beschrieben, ist Francesco Montero ein Pionier der Aufnahme in der Region, „un militant de la première heure pour l'accueil des ragazzi." (SDC, S. 38). Sein Engagement stand dennoch bei Sabrina schon unter Verdacht, denn diese hat den Eindruck, dass Francesco die Situation der Gastmigranten ausnutzte, um sein politisches Bild zu beschönigen: „Au fond d'elle, Sabrina doutait de la sincérité de cet engagement : le maire d'Altino lui donnait l'impression d'utiliser cette cause pour embellir son image politique." (SDC, ebd.) Sabrinas Verdacht impliziert, dass der Bürgermeister eine opportunistische Gastfreundschaft praktiziert. Man sieht, dass er bei der Begleitung der Gastmigranten in ihren neuen Wohnungen einen guten Eindruck macht und dies für sich nutzt. Er versucht, sich als guten Bürgermeister zu präsentieren. Montero „affichait son sourire le plus officiel, son sourire-de-maire-à-l'écoute, levant quelquefois la main pour saluer, effectuant çà et là d'impersonnels signes de tête" (SDC, S. 58), heißt es im Text. Die Anwesenheit der fremden Afrikaner in seiner Kommune sieht er als eine Gelegenheit für politische Propaganda. In diesem Sinne finanziert er die Herausgabe eines Kalenders, der regelmäßig in der Weihnachtszeit veröffentlicht wird. Dieser Kalender, der schöne und fröhliche Bilder der Gastmigranten enthält, ist ein

275 Katharina Mück: „Wir schaffen das!" Hat die Persönlichkeit Angela Merkels Einfluss auf ihre Flüchtlingspolitik?, in: Xuewu Gu/Hendrik W. Ohnesorge (Hrsg.): *Politische Persönlichkeiten und ihre weltpolitische Gestaltung Analysen in Vergangenheit und Gegenwart*, Springer Fachmedien, Wiesbaden 2017, S. 245–273. Für die politische Entscheidung, die hinter dem „Wir schaffen das" stand, wurde Angela Merkel zu Beginn des Jahres 2017 mit dem Eugen-Bolz-Preis für christliche Verantwortung ausgezeichnet (vgl. Eugen-Bolzpreis 2017).

276 Phiipp Hübl: *Die aufgeregte Gesellschaft. Wie Emotionen unsere Moral prägen und die Polarisierung verstärken*, C. Bertelsmann Verlag, München 2019, S. 183.

> calendrier de propagande, qui donnait moins la date qu'il ne militait, subrepticement, en faveur de la présence des ragazzi. Ceux-ci y étaient montrés sous leur meilleur jour : souriants, peut-être heureux. [...] Francesco Montero, qui finançait l'édition de ce calendrier, y tenait beaucoup : c'était l'occasion pour lui de s'afficher auprès des ragazzi comme leur bienfaiteur. (SDC, S. 146)

Die Aufnahmebereitschaft des Bürgermeisters ist eine Schauspielpolitik. Er verfolgt zweifellos das Ziel, sich als gastfreundlich darzustellen, um angesichts des faschistischen Trends in anderen Städten mehr Wähler zu gewinnen. Über drei Jahre hinweg hat er durch seine vermeintliche Aufnahmebereitschaft in seiner Gemeinde ein positives Image von sich geschaffen. Er ist nicht nur „le champion de l'ouverture et de la magnanimité" oder „l'artisan politique de l'ouverture" (SDC, S. 164), sondern auch „petit maire débonnaire, bon chrétien, humaniste, favorable à l'accueil des ragazzi" (SDC, S. 165). Diese sehr positiven Bilder sind nur ein Schein und verbergen im Grunde genommen größere politische Ambitionen, die niemand erahnt hat (vgl. SDC, S. 164 ff.), ausgenommen Maurizio Mangialepre, sein ehemaliger politischer Rivale und Feind bei den kommunalen Wahlen. Letzterem wird es durch Erpressungen, Versprechungen und Drohungen gelingen, Monteros politische Interessen zu seinen faschistischen und xenophoben Zielen zu manipulieren. Er verheißt dem Bürgermeister einen Sitz im italienischen Senat, wenn er bei den regionalen Wahlen Siziliens für den xenophoben Kandidaten Sandro Calvino stimmt und sich so gegen die Aufnahme der Gastmigranten stellt (vgl. SDC, S. 167 ff.). Die Versprechungen und Drohungen Maurizios bringen den Bürgermeister in ein Dilemma:

> Accepter sa proposition, voter pour quelqu'un qui refuserait d'accorder les papiers à de nombreux réfugiés, renier tout ce qu'il avait fait en vingt ans pour eux, mais être sénateur ? Ou refuser, continuer à œuvrer pour l'accueil, courir le risque d'être à jamais maire de cette petite ville, et ne jamais réaliser ses ambitions ? Il avait réfléchi. La morale ou le pouvoir ? L'honneur ou la gloire ? L'idéal ou l'ambition ? (SDC, S. 241)

Montero muss entscheiden, ob er sich politisch gastfeindlich positioniert, um seine eigenen politischen Ambitionen zu verwirklichen, oder ob er weiterhin für die Aufnahme der Gastmigranten steht, und Bürgermeister bleibt. Seine Entscheidung wird deutlich den Umgang mit den fremden Ankömmlingen und ihr Schicksal maßgeblich bestimmen. Aufgrund seiner Machtgier hat er sich für den xenophoben Vorschlag entschieden. Diese Entscheidung wird seine Haltung und Einstellung gegenüber den Gastmigranten radikal, aber listig verändern. Durch die Beschreibung wird die Bewertung des Erzählers evident: Er charakterisiert die gastfreundliche Option als die moralisch einwandfreie und ideale Wahl, die Montero hätte treffen sollen, um weiterhin einen tatsächlichen Ehrenstatus zu behalten. Doch aufgrund seiner egoistischen Entscheidung verhält der Letztere sich gleichgültig vor der zunehmenden Gewalt gegenüber den fremden Afrikanern. Er hindert zum Gefallen von Maurizio die Gendarmen daran, gegen die fremdenfeindlichen Provokationen zu intervenieren. „J'ai fait en sorte que la gendarmerie n'intervienne pas alors que vos hommes n'arrêtent pas d'embêter les ragazzi depuis plusieurs semaines" (SDC, S. 327), gesteht er ein. Nach einem Gespräch mit ihm über die Lage versteht Sabrina seine Wendung. Sie hat verstanden, dass Montero von Maurizio manipuliert und sich nun gegen die Ragazzi stellen wird:

> Ainsi donc, Fransesco Montero avait fini par choisir le camp de la lâcheté ; il fermait les yeux, cédait à la peur, feignait de ne rien voir de la tension qui pesait sur la ville depuis quelques jours. A grands recours d'arguties, il niait que les ragazzi fussent menacés, et refusait par conséquent de demander à la gendarmerie d'intervenir. [...] Elle sut dès lors que, d'une façon ou d'une autre, derrière ce soudain revirement de Fransesco Montero, se trouvait Maurizio Mangialepre. Encore lui. Toujours lui. (SDC, S. 279)

Wegen seiner eigenen Interessen praktiziert er ein bewusstes Schweigen in Bezug auf alle xenophoben Taten gegenüber den fremden Afrikanern. Seit dieser Wendung ist der Diskurs des Bürgermeisters zwiespältig geworden. Zum Beispiel in seiner Rede nach der tragischen Nacht in der Kneipe inszeniert er auf Druck von Maurizio (vgl. SDC, S. 326 ff.) eine subtile Verdächtigung der Gastmigranten (vgl. SDC, S. 333 f.). Der Bürgermeister macht sich so manipulierbar wegen seiner politischen Ambitionen. Seine gastfeindliche Wendung bzw. sein „retournement de veste" (SDC, S. 335) und seine insinuierte Beschuldigung der Gastmigranten wird die Stimmung gegen sie wieder aufhetzen.

Wir sehen in der Figur des zynischen Bürgermeisters, dass er eine opportunistische Gastfreundschaft und eine Gastfeindschaft aus Feigheit praktiziert. Im Schatten seiner Scheingastfreundschaft stehen seine langfristigen politischen Ambitionen, die durch die manipulativen Mechanismen von Maurizio Mangialepre zum Vorschein kommen. Die Gastfreundschaft erfolgt dabei nicht aus moralischen oder humanistischen Gründen, sondern aus politischen Interessen und Machtgier. Durch die Figur des Bürgermeisters entlarvt der Autor eine Kategorie von Politikern, die in der postkolonialen Einwanderungspolitik zu begegnen sind. Sie praktizieren aus eigenen Interessen entweder eine Scheingastfreundschaft oder nehmen aus Feigheit eine politisch kalkulierte gastfeindliche Einstellung ein. Einige sind machtgierige Opportunisten, andere werden instrumentalisiert. Abgesehen vom Bürgermeister wird zum Beispiel auch der faschistische Sandro Calvino, Präsident der fiktiven Kommission für die Regulation der Immigration in Sizilien und Umgebung, von Maurizio manipuliert. Ob Sandro früher gastfreundlich war, ist nicht bekannt, aber seine Äußerungen über Immigration sind sehr xenophob und faschistisch (vgl. SDC, S. 288 f.). Er musste aus Freundschaft und Respekt vor einer alten Schuld gegenüber Maurizio an seinen xenophoben

Plänen teilnehmen. Maurizio hatte einige Jahre zuvor seine politische Karriere gerettet, indem er ihn aus einem schmutzigen Geschäft befreite (vgl. SDC, S. 315). Sandro hat sich also nach einem politischen Scheitern an die xenophobe Bewegung angeschlossen. Auch Sandro wurde von Maurizio manipuliert, um in seiner Rede als Präsident der Kommission die afrikanischen Gastmigranten nicht nur wegen des tragischen Vorfalls in der Kneipe zu beschuldigen, sondern auch um die Auswahlkommissionen abzusagen (vgl. SDC, S. 347). Solche Politiker passen sich an die Situation an und bewegen sich notwendigerweise von einem Standpunkt hin zum anderen, um ihre politische Karriere zu sichern.

Aus dem Verhalten des Bürgermeisters lässt sich ableiten, dass die Neigung Gastfeindschaft ein dynamischer Prozess sein kann. Gastfeindschaft ist keine angeborene Tugend, sondern ein kultureller Prozess. Verschiedene Faktoren wie politische, wirtschaftliche, gesellschaftliche, kulturelle und religiöse Umstände und persönliche Erfahrungen können eine zuvor gastfreundliche Person zu einem systematischen Gastfeindlichen lenken und umgekehrt. In diesem Kontext können Gastfreundschaft und Gastfeindschaft als Teil eines ambivalenten Prozesses erfasst werden, der in einer evolutionären Dynamik steht. Dieser dynamische Aspekt ist auch bei Maurizio selbst bemerkbar. Trotz seiner früheren Rolle als Verteidiger fremder Gastmigranten ist er mittlerweile als erklärter Faschist geworden. Den Prozess einer solchen Verwandlung möchte ich im Folgenden beschreiben.

7.2. Die Liebe der Gastfreundschaft, die Gastfeindschaft der Liebe

Die ganze Tragödie der Gastfeindschaft gegenüber den afrikanischen Gastmigranten in dem Roman dreht sich grundsächlich um eine einzige Figur: Maurizio Mangialepre. Er ist der Verfechter der faschistischen Ideologie in der Erzählung. Ein radikaler Faschist war er aber nicht am Anfang. Dass er letztendlich zum eigentlichen Drahtzieher der organisierten Gastfeindschaft wurde, ist auf eine enttäuschte Liebe zu Sabrina und den Wunsch nach Rache an Hampaté, einem afrikanischen Gastmigranten, in den sich Sabrina anstelle von ihm verliebt hatte, zurückzuführen.

Maurizio und Sabrina waren junge Jurastudierende, die sich ineinander verliebt hatten. Sie bildeten ein harmonisches und engagiertes Anwaltspaar, das von vielen bewundert wurde (vgl. SDC, S. 281). Gemeinsam gründeten sie eine Anwaltskanzlei und bildeten ein brillantes Team in der Verteidigung irregulärer Gastmigranten. Durch ihr Engagement erhielten die ersten Gastmigranten in der Region ihre Papiere. Der Erzähler würdigt die beeindruckende Effizienz ihrer Arbeit:

> Peu à peu, sa passion [Sabrina] contamina Maurizio, qui se mit aussi à défendre des immigrés. Leur talent combiné fit des étincelles : alors que les plaidoiries enflammées

> de Sabrina touchaient aux émotions les plus enfouies, les argumentations rationnelles et minutieuses de Maurizio, la solidité de ses dossiers, son souci maniaque du détail, son talent rhétorique, faisaient mouche par leur évidente clarté. A deux, ils levaient une impressionnante force de conviction. Il n'y eut jamais autant de régularisations et d'accueils de sans-papiers qu'au temps où ils officiaient ensemble. (SDC, S. 281)

Beide arbeiteten erfolgreich mit der regionalen Stelle der Santa-Marta-Hilfsorganisation in Catania zusammen, sodass ihnen die Leitung der neuen Zweitstelle in Altino zugetraut wurde. In der kleinen Stadt konnten sie die ersten Gastmigranten auf eigene Kosten betreuen: „Mais pendant près d'un an, ils ne furent que deux à s'occuper de l'arrivée et de l'accueil [d'une] dizaine de ragazzi" (SDC, S. 282), bemerkt der Erzähler. Die Arbeit mit den Gastmigranten festigte auch ihre Liebe, und sie beschlossen zu heiraten. Maurizio kaufte sogar einen Ring, um bei Gelegenheit einen Heiratsantrag stellen zu können.

Es wird sehr deutlich, dass Maurizio ein großes Herz für die Gastmigranten hatte und sich sehr für sie eingesetzte. Jedoch geht sein Engagement, seine effiziente Zusammenarbeit mit Sabrina schief, als diese sich in den schön aussehenden und verführerischen Hampâté verliebt, weil Letzterer sehr gute Charaktereigenschaften (Sanftmut, Güte, Demut) hat und in seiner Persönlichkeit alle Vorurteile über Gastmigranten widerlegt (vgl. SDC, S. 283 f.). Sabrinas Beziehung zu Hampâté fügt Maurizio einen endlosen Liebeskummer („douleur interminable", SDC, S. 286) zu, sodass sie sich endlich trennen (SDC, S. 284). Nach der Trennung verlässt Maurizio die Santa-Marta-Hilfsorganisation und zieht aus Altino weg, um sich wieder in Catania niederzulassen. Als Hampâté mithilfe von Sabrina seine Papiere in Catania abholen möchte, wird er tragischerweise von einem Auto überfahren und stirbt. Später stellt sich heraus, dass Maurizio der Mörder war (vgl. SDC, S. 348).

Um es deutlich auszudrücken: Maurizios faschistischer Hass gegenüber den afrikanischen Gastmigranten resultiert aus der Tatsache, dass Hampâté ihm Sabrina geraubt hat. Obwohl er seinen unerwünschten Rivalen ermordet hat, hat diese Liebesenttäuschung seine ursprüngliche Grundposition zur Gastfreundschaft zerstört und ins Gegenteil umgewandelt. Er entwickelte Rachsucht gegenüber Sabrina, der Santa-Marta-Organisation und den Gastmigranten:

> [S]a haine s'était accrue. Elle brûlait son cœur, l'habitait avec une jalousie qui ne pouvait souffrir qu'une autre passion y pénétrât. Il haïssait Sabrina autant qu'il l'avait aimée. Il haïssait aussi les ragazzi, qui lui rappelaient tous Hampâté. La première fois qu'il revit Sabrina à Altino, il lui dit qu'il se réjouissait de la mort d'Hampâté et qu'elle n'avait encore rien connu ou vu de la souffrance. Il lui jura qu'il ferait tout pour qu'aucun migrant ne puisse encore être accueilli par cette association qu'il avait un temps co-dirigée. Depuis ce jour, ils se menaient une lutte à mort (SDC, S. 287)

Der Hinweis darauf, dass alle Gastmigranten Maurizio an Hampâté erinnern, verdeutlicht, dass er sie alle als Sündenböcke benutzt, um sich an Sabrina und Hampâté zu rächen. Die 72 Gastmigranten tragen die Konsequenzen des Begehrens von Hampâté. Ohne Maurizios xenophobe Wendung zu rechtfertigen, kann man einerseits sagen, dass Hampâté teilweise Mitschuld an der Situation der anderen Gastmigranten trägt. Andererseits stellt sich die Frage, ob und unter welchen Umständen ein „subalterner" Gastmigrant eine weiße einheimische Frau lieben darf. Selbstverständlich darf ein Gastmigrant lieben. Man sollte aber erkennen, dass Hampâtés Verliebtsein unvernünftig und unter ungünstigen Umständen geschieht. Er hat Sabrina Maurizio entfremdet, obwohl dieser sich für die Regulierung seines Aufenthaltsstatus hingegeben hat. Hätte er Sabrina seine Liebe nicht erklärt, hätte sich die ganze Situation nicht so entwickelt. Durch sein Verhalten hat er Maurizio dazu provoziert, zu einem ausgeprägten Gastfeindlichen zu werden. In einem anderen Sinne ist es verwerflich, dass Maurizio nach dem Mord an Hampâté sein Ressentiment auf alle afrikanischen Gastmigranten übertragen hat. Nicht nur schürt er seinen persönlichen Hass gegen sie, sondern er instrumentalisiert andere dazu und bildet ein ganzes Kollektiv von Fremdenhassern. Seinen Anhängern hat er aber nie seine tiefen Beweggründe erklärt, im Gegenteil bedient er sich allgemeiner Stereotypen über Gastmigranten. Man sieht, dass das Ethnisieren persönlich-subjektiver Angelegenheiten in dem Fall großen Schaden angerichtet hat. Man stellt fest, dass Maurizios Hass, trotz all seiner Bemühungen, nicht gestillt werden konnte. Zwar sind Gastmigranten ermordet worden, aber Sabrina, deren Liebe er mit allen seinen xenophoben Plänen wiedergewinnen wollte, ist ebenfalls verstorben. Am Ende ist er erbärmlicher geworden:

> Maurizio se sentait prêt à souffrir encore, et pour le reste des siècles. Car la douleur, en effet, était interminable. Il voulait aussi mourir, rejoindre Sabrina, l'aimer, la supplier de lui pardonner de l'avoir tant fait souffrir, de l'avoir étouffée avec sa jalousie, de l'avoir poursuivie avec sa haine, d'avoir tué pour reconquérir son amour. Car oui : le chauffard qui avait renversé Hampâté à Catane avant de prendre la fuite, c'était lui, c'était Maurizio. Sabrina était morte. Il ne restait que lui, tout seul avec sa haine inutile, tout seul avec son amour vain. (SDC, S. 348)

Maurizio gerät aufgrund seiner Liebesenttäuschung, seines Hasses und seines Rachegefühls in eine psychische Instabilität, in einen emotionalen Abgrund. Er verkörpert somit eine andere Gruppe von Menschen, deren fremdenfeindliche Einstellung auf bestimmte traumatische Beweggründe zurückzuführen ist. Ähnlich wie Maurizio sind einige Menschen aus Eifersucht, Ressentiment, Rache oder aufgrund von unerfüllten oder enttäuschend verlaufenden Liebesbeziehungen mit Gastmigranten und Gastmigrantinnen fremdenfeindlich. Getrieben von subjektiv irrationalen Überlegungen und Kalkulationen glauben sie, im Fremdenhass eine

Lösung für ihre Frustration oder Enttäuschung zu finden, obwohl sie letztendlich traumatisiert werden und ihr Leiden nur noch verstärken. Diese Menschen sind bereit, ihre persönlich-subjektiven Erfahrungen als Bestätigung für weit verbreitete Stereotypen über Fremde zu verwenden, um andere zur Fremdenfeindlichkeit zu verleiten. Der Erzähler verurteilt das Verhalten solcher Personen, indem er Maurizios Äußerungen durch die wiederholten „pouf ! pouf !" (vgl. SDC, S. 65, 131, 326, 327) auf lächerliche Weise darstellt. Diese Interjektionen, die Maurizio vulgär erscheinen lassen, unterbrechen kontinuierlich seine Aussagen. Auf diese Weise kritisiert der Autor die Ideologie der Identitären.

Abgesehen von Liebesaffären sind es andere enttäuschende Situationen und Erlebnisse, die viele Menschen dazu führen, sich gegen Gastmigranten zu stellen. Aus der soziopolitischen Aktualität gibt es Beispiele dafür, wie Hass gegen Fremde nach Übergriffen (zum Beispiel die Ereignisse in der Kölner Silvesternacht 2016), die auch in Sarrs Roman erwähnt werden – „Vous avez vu ce qui s'est passé en Allemagne ? Des viols de masse ! Devinez les coupables !" (SDC, S. 62) oder Messerattacken wachsen.[277] Daraus ergibt sich, dass es einen ursächlichen Zusammenhang zwischen dem Geschehen von Gewalttaten von Gastmigranten und der Entwicklung fremdenfeindlicher Einstellungsmuster gibt. Aus den Erlebnissen des Maurizio lässt sich aber weiterhin schließen, dass eine subjektive Gastfeindschaft, welche aus individuellen Frustrationserfahrungen und Ressentiment erfolgt, einer Person nichts anderes als viel Schaden zufügt. Zudem schadet sie dem Zusammenhalt der ganzen Gesellschaft.

Die Veränderung der Positionierung des Bürgermeisters und des Maurizio Mangialepre hebt die Gefahr bei der Problematik der Gastfeindschaft hervor, dass eigene Ambitionen oder Ressentiments auf eine gesamte Menschengruppe übertragen werden. Politiker können aufgrund persönlicher Interessen dazu neigen, gegen eine ganze ethnische Gruppe zu agieren, xenophobe Rhetorik zu verwenden und fremdenfeindliche Maßnahmen zu ergreifen. Wegen eines Fehltritts eines einzigen Gastmigranten sind viele Menschen fähig, eine ganze ethnische Gruppe von Gastmigranten zu verurteilen und zu bekämpfen. Diese Verallgemeinerung birgt Gefahren für die gesellschaftliche Kohäsion. Es wäre vernünftiger, jeden Gastmigranten aufgrund seines individuellen Verhaltens zu bewerten, anstatt aus einem Einzelfall ein kollektives Problem zu konstruieren. Bei Entscheidungen über Aufnahme oder Ablehnung sollte der individuelle Gastmigrant unabhängig von seiner ethnischen Zugehörigkeit behandelt werden.

277 Michael Borgers: „Fremdenfeindlichkeit: Gereizte Stimmung", in: *Deutschlandfunk* vom 11.01.2016, auf https://www.deutschlandfunk.de/fremdenfeindlichkeit-gereizte-stimmung-100.html, Zugriff am 14.02.2023.

Im Gegensatz zum Bürgermeister und Maurizio zeigt der Dichter Fantini eine positive progressive Veränderung in seiner Einstellung gegenüber den Gastmigranten. Aus einem gleichgültigen und zurückgezogenen Dichter ist ein engagierter Unterstützer der Gastmigranten geworden, der sie sogar während ihres langwierigen Wartens auf die Auswahlkommissionen unterstützte. Der regressive Charakter des Maurizio wirft die Frage auf, inwiefern die Degradierung mancher moralischer Werte bestimmte Formen von Gastfeindschaft hervorrufen kann. Dieser Aspekt wird im Folgenden näher untersucht.

8. Schwankende Werte: eine narrative Revision

Einleitung

Im Rahmen des xenophoben Klimas der Immigration in dem Roman setzt sich Mbougar Sarr mit moralischen Werten, Idealtypen und Konzepten der Aufklärung wie Humanität, Toleranz, Solidarität, Nächstenliebe, Freiheit, Gleichheit kritisch auseinander. Auf diesen Idealen, „tous ces mots à majestueuses majuscules sur lesquels on croit bâtir… Humanité, courage, liberté, fraternité, solidarité… Si relatifs… si incertains… Des illusions" (SDC, S. 206), wird die postkoloniale Gastfreundschaft gebaut. Aufgrund ihres abstrakten und relativen Charakters bleiben diese Konstrukte „de grands mots de la morale" (SDC, ebd.), die im Alltagsleben kaum pragmatisch umsetzbar sind. Außerdem werden die meisten dieser Werte, die im politischen Diskurs zur Aufnahme von Gastmigranten dominant sind, offenbar als „Eigentum Europas deklariert."[278] In diesem Unterkapitel möchte ich zeigen, wie der Autor durch erzähldiskursive Strategien relevante Werte der Gastfreundschaftspraxis hinterfragt, deren Missverstehen und Degradierung zu einer Art Gastfeindschaft führen.

8.1. Empathie

8.1.1 Einleitende Kurzdefinition

Das Thema der Empathie ist in den vergangenen Jahren viel besprochen worden. Vor allem mit der Flüchtlingskrise in Europa „gab und gibt es wiederholt Berichte darüber, was Empathie ist, wozu sie nützlich oder in welcher Hinsicht sie schädlich ist."[279] Empathie ist eine der menschlichen Charaktereigenschaften, die uns

278 Castro Varela 2018, S. 15, op. cit.

279 Susanne Schmetkamp und Magdalena Zorn: „Zum Begriff der ‚Empathie': Philosophische, ästhetische und sprachwissenschaftliche Perspektiven", in: Dies. (hrsg.): *Variationen des Mitfühlens: Empathie in Musik, Literatur, Film und Sprache*, Franz Steiner Verlag, Stuttgart 2019, S. 5–3, hier S. 5.

„nicht nur zu sozialen Beziehungen, zur Kontaktaufnahme und zur Kommunikation [befähigt], sondern sie stellt zugleich die entscheidende Grundlage des moralischen Handelns und des Gewaltverzichtes dar.“[280] Empathie lässt sich als

> emotionales und affektives Geschehen zwischen zwei oder mehreren Menschen beschreiben. Empathie stellt imaginär eine emotionale, mentale und kognitive Brücke zu einem anderen Menschen her, mit der es gelingen kann, einen Zugang zur Welt des Gegenübers zu finden, also die Welt aus der Perspektive des Anderen zu verstehen. Von daher kann Empathie verstanden werden als Fähigkeit, die Gefühle, Ideen und Gedanken eines anderen zu teilen und zu verstehen.[281]

In dem narrativen Geschehen in *Silence du chœur* wird die (Un-)Möglichkeit der Empathie diskutiert. Einerseits zeigt der Autor, wie die Ablehnung der Empathie zu einer gastfeindlichen Einstellung führen kann, andererseits hebt er ihre Herausforderung hervor.

8.1.2 Nihilismus und Ineffizienz von Empathie

Die Fähigkeit, sich in die Situation und das Erlebte des anderen durch Prozesse des Mitfühlens, Mitwahrnehmens, Mitvorstellens und Mitdenkens[282] hineinzuversetzen, ist eine besondere Herausforderung gerade im Umgang mit den fremden Gastmigranten. Infolgedessen verneint Pessoto, der fiktive Arzt der Gastmigranten, die Realisierbarkeit der Empathie. Er empfindet die Anwesenheit der Letzteren in Altino als das schlimmste Problem, „le seul problème grave“ (SDC, S. 21). Diese Wahrnehmung folgt sicherlich dem Diskurs normativer politischer Migrationstheorien, die „Fluchtbewegungen als ein politisches oder moralisches Problem sowie als Krise“[283] begreifen. Die Aufforderung, mit den Gastmigranten empathisch zu sein, empfindet Pessoto als schreckliche moralische Falle, „piège moral terrible“ (SDC, ebd.), weil er denkt, die Empathie sei eine Utopie: „On ne peut pas se mettre à leur place. Personne ne le peut. Personne n’est capable“

280 Elisabeth Rohr: „Das Verschwinden von Empathie in Zeiten Gesellschaftlicher Radikalisierung“, in: *Gruppenpsychotherapie und Gruppendynamik 57.2*, 2021, S. 126–141, hier S. 132.

281 Ebd., S. 132.

282 Thiemo Breyer fasst ausführlich die Bedeutung von Fühlen, Wahrnehmen, Vorstellen und Denken in der Intentionalität der Empathie. Vgl. Thiemo Breyer: *Verkörperte Intersubjektivität und Empathie: philosophisch-anthropologische Untersuchungen*, Vittorio Klostermann, Frankfurt am Main 2015, S. 195 ff.

283 Jeanette Ehrmann: „Schwarzes Mittelmeer, weißes Europa Kolonialität, Rassismus und die Grenzen der Demokratie/Black Mediterranean, white Europe Coloniality, Racism, and the Limits of Democracy“, in: *Zeitschrift für Praktische Philosophie*, Band 8, Heft 1, 2021, S. 419–466, hier S. 419.

(SDC, ebd.). Er stellt damit eine Schwierigkeit des „being in others“[284] als einen unrealisierbaren Aspekt der Empathie dar.

> L’empathie… On a inventé ça pour se donner bonne conscience. Oui. Pour supporter – ou se cacher, c’est pareil – le fait qu’on ne peut jamais sortir de soi et se mettre vraiment à la place d’un autre. C’est la plus vieille illusion humaine. Comment pourrait-on, dis-moi, comment pourrait-on comprendre un autre homme, alors qu’on a bien souvent un mal de chien à élucider nos propres sentiments, même les plus simples ? Et comment, à plus forte raison, pouvoir comprendre l’une des choses les plus complexes qui soient chez un homme : la peine ? Quelle arrogance permet ça ? Ces hommes sont à leur place et on est à la nôtre. On ne peut rien savoir de leur souffrance. Encore moins la calmer. Ils ne devraient pas être là. C’est comme ça. (SDC, S. 22)

Pessoto entfaltet hier einen nihilistischen Diskurs über Empathie, indem er sie als Erfindung und Illusion darstellt. Er argumentiert, dass es nicht möglich ist, den Anderen zu verstehen, solange man die eigenen Gefühle nicht verstehen kann. Die Schwierigkeit, die Pessoto darzustellen scheint, ist die für ihn unüberbrückbare Ferne bzw. Kluft zwischen dem Eigenen und dem Fremden, „da man empathisch nie völlig an der erstpersonalen qualitativen Erlebniswelt des Anderen teilhaben kann – denn hierfür müsste man der Andere werden.“[285] Die Empathie erfolgt dann durch die emotionale Grenzüberschreitung vom Eigenen zum inneren Empfindungsraum des Anderen. Es setzt die Bereitschaft voraus, diese eigene Grenze durchlässig zu machen, die Ferne zu überwinden, was Pessoto unmöglich erscheint, wenn er sagt, „ces hommes sont à leur place et on est à la nôtre“ (SDC, ebd.). Damit wehrt er jeglichen Versuch zur Empathie gegenüber den Gastmigranten ab und nimmt ein zurückhaltendes Verhalten ihnen gegenüber an. Seine Einstellung über die Unmöglichkeit der Empathie findet sich teilweise in der phänomenologischen Auseinandersetzung mit dem Begriff bestätigt, wobei der Fokus auf die Grenzen der Empathie gelegt wird.[286] Pessotos Nihilismus und Unwilligkeit zur Empathie ist ein bewusster Umweg, um sich vom Leiden der Gastmigranten zu distanzieren, denn er fühlt sich Geisel der Situation, „il se sentait de plus en plus pris en otage par une situation dont il n’était pas individuellement responsable, mais qu’on l’obligeait tous les jours à assumer“ (SDC, S. 19). Diese Attitüde, die als „relâchement intellectuel […] la paresse au sens fort, la paresse intellectuelle“

---

284 Sarah Richmond: „Being in Others: Empathy From a Psychoanalytical Perspective.“, in: *European journal of philosophy 12.2* (2004), S. 244–264.

285 Thiemo Breyer, 2015, op. cit., S. 189.

286 Zu den Grenzen der Empathie, siehe die Beiträge in Thiemo Breyer: *Grenzen der Empathie: Philosophische, psychologische und anthropologische Perspektiven*, Wilhelm Fink Verlag, München 2013.

(SDC, S. 276) charakterisiert wird – eine höchste intellektuelle Faulheit, die sich des Wagnisses verweigert, sich in den Leidenszustand der Gastmigranten hineinzuprojizieren –, verurteilt der Erzähler satirisch:

> À bien y regarder, toutefois, ce n'était pas tant au réel qu'à son propre visage que Pessoto mettait un masque ; un étrange masque ; un masque sans trous pour les yeux, opaque, derrière lequel il importait moins de se dissimuler que de disparaître totalement en murmurant : « ce que je veux, ce n'est pas éviter d'être reconnu, mais ne rien reconnaître de ce monde, ne rien voir ». Pessoto avait volontairement voulu se crever les yeux pour échapper à ce qui s'agitait pitoyablement devant lui : un échantillon de la misère humaine. (SDC, S. 15)

Obwohl er sich als einer der „großen Humanisten mit tadelloser Ethik", „nous les grands humanistes à l'éthique impeccable" (SDC, S. 24), betrachtet und weiß, dass es beschämender, tödlicher und unerträglicher sei, die Gastmigranten ihrem eigenen Schicksal zu überlassen, hat er sich im Lauf der Zeit immer von den Gastmigranten entfernt. Er endet in einer großen Leere bzw. „grand vide" (SDC, ebd.) und hat sich immer weniger für sie engagiert.

Pessotos nihilistische Einstellung hat ihn zur Zurückhaltung geführt. Für andere Figuren, die sich bemühen, etwas von der Situation der fremden Gastmigranten mitzubekommen, steht aber auch das Risiko einer falschen, verkehrten Empathie, die Christian Kayeds „Goldene Regel" der Gastfreundschaft auf den Punkt bringt:

> Es geht nicht darum, den anderen die eigenen Wünsche, Interessen und Bedürfnisse zu unterstellen, sondern von den Wünschen, Interessen und Bedürfnisse der anderen auszugehen. Die Frage darf nicht lauten: ‚Wie würde ich, mit all meinen Eigenschaften, an der Stelle der anderen behandelt werden wollen?', sondern vielmehr ‚Wie würde ich, mit all ihren Eigenschaften, an ihrer Stelle behandelt werden wollen?'[287]

Donatella Di Cesare unterstreicht zudem, dass „die Verbindung mit den anderen […] jedoch auch nicht misszuverstehen und etwa als eine ‚erweiterte Empathie' zu interpretieren [ist], beinahe so, als wäre jeder in der Lage zu wissen, was im Kopf seines Nachbarn vorgeht", sondern vielmehr als den Versuch zu verstehen, „dank der grenzüberwindenden Einbildungskraft die Standpunkte eines anderen"[288] zu besuchen. Am Anfang hat die Santa-Marta-Hilfsorganisation unbewusst diese täuschende Empathie praktiziert, bis Lucia den Fehler vor Augen führt: *„Je pense*

287 Christian Kayed: „Gastfreundschaft und Asyl", in: Harald Pechlaner, Christian Nordhorn, Anja Marcher (Hrsg.): *Flucht Migration und Tourismus – Perspektiven einer „New Hospitality"*, LIT Verlag, Berlin 2018, S. 43–53, hier S. 48.

288 Donatella Di Cesare, 2021, op. cit., S. 38.

que les ragazzi sont des hommes forts, mais fatigués qu'on pense et parle à leur place. Et c'est ce que nous faisons. […] Ce sont des hommes. Ils sont là, ils ont d'autres problèmes. Revenons à l'essentiel." (SDC, S. 151 – kursiv im Original). Indem die Santa-Marta-Hilfsorganisation ihre eigenen Wünsche, Interessen und Bedürfnisse auf die Gastmigranten überträgt, ohne auf sie gehört zu haben, hindert sie sich daran zu begreifen, was das Wesentliche, „l'essentiel" in den Augen der Letzteren ist. Das ist der Grund, warum sie die jungen Afrikaner nicht zufriedenstellen können. Da die Bemühungen der Hilfsorganisation die wesentlichen Erwartungen der Gastmigranten nicht erfüllen, können die Letzteren die Gastfreundschaft der Einrichtung nicht richtig wertschätzen. „L'association ne fait rien" (SDC, S. 176), so urteilt Salomon. Die Empathie ist eine Art Übertragungsarbeit, die sich in die falsche Richtung entwickeln und zum Missverstehen der Bedürfnisse und Erwartungen der Anderen führen kann. Dies verursacht eine grundlegende Katastrophe, um die Metapher der sprachlichen Übersetzung heranzuziehen:

> [U]n échec, une catastrophe préalable, celle de l'incompréhension ; car si l'on a besoin de traduire, c'est que deux hommes au moins ne se comprennent pas ou ne se sont pas compris, et cette incompréhension actée, consommée, irrattrapable, est un désastre, le symbole d'une communauté irrémédiablement perdue, d'un malentendu originel. (SDC, S. 39)

Das gegenseitige Missverstehen erschwert das Zusammensein und schadet der Gemeinschaft mit den Gastmigranten: „Nous mourrons tous dans l'incompréhension de chacun pour l'autre" (SDC, S. 207). Sich dessen bewusst zu werden, ist jedoch eine gute Basis, um ein richtiges Über-Setzen in die Lage des Anderen zu vollziehen. Man sieht bei den Mitarbeitern, wie sie versuchen, den Umgang mit den Gastmigranten neu zu gestalten, sobald sie sich des Missverstehens ihrer Erwartungen bewusst geworden sind. Von daher beschäftigen sich einige intensiv damit, wie sie ihre Gäste zufriedenstellen können. Sie wenden sich von den falschen Wünschen und Erwartungen, die sie den Gastmigranten unterstellen, ab und bemühen sich, ein neues Verständnis zu gewinnen und konsequent die Gemeinschaft neu aufzubauen. Dieses Bemühen versteht Sarr im Sinne der sprachlichen Übersetzung als ethische Geste, um eine Beziehung zum anderen zu vollziehen: „[U]n geste éthique qui permet de mettre en relation les gens qui s'expriment d'une façon différente."[289] Diese Geste ist auch ein gastfreundlicher Akt, den Souleymane Bachir Diagne in der Übersetzung sieht.

289 Mohamed Mbougar Sarr: „Rencontre avec Mohamed Mbougar Sarr", in: *Littera05*. https://www.littera05.com/rencontres/mohamed_mbougar_sarr.html, Zugriff am 10.04.2022.

Für den senegalesischen Philosophen erfüllt die Übersetzung die Funktion, Gastfreundschaft, Beziehung zu schaffen, „créer de la réciprocité, de la rencontre, c'est faire humanité ensemble, c'est en quelque sorte imaginer une Babel heureuse."[290] Genau wie dieses In-Beziehung-Bringen beim Übersetzen manchmal scheitert (vgl. SDC, S. 39), so ist es auch bei der Empathie schwer zu erzielen. Denn es ist nicht einfach, das innerste Wesen der Gastmigranten, „ce qu'ils sont au fond d'eux, leur voix la plus intime" (SDC, S. 97), zu erkunden. Wie soll man für die Anderen etwas empfinden, „ohne ihre Geschichte zu kennen, ohne das Mindeste von [ihnen] zu wissen?", fragt Donatella Di Cesare.[291] Dort liegt die Schwierigkeit für eine pragmatische Empathie.

Nicht nur der Arzt Pessoto verneint die Realisierbarkeit der Empathie, sondern manche Gastmigranten zweifeln das empathische Potenzial von Jogoy an. Die Wanderung in den Raum des Anderen ist besonders schwierig, solange der einheimische Bürger selbst in seinem Leben die Situation des Anderen nie erlebt hat, oder wenn sie ihm nie interpersonal erzählt wird. Doch für jemanden, der selbst in den „profondeurs des eaux" (SDC, ebd.) war und der durch eigene Erfahrung mit der komplizierten Migrationssituation vertraut ist, lässt sich in der Tat die Schwierigkeit des empathischen *Über*setzens verringern. In dieser Perspektive tritt Jogoy als realistische Figur der Empathie in der Erzählung hervor. Er ist der Einzige, der auch dieselbe Situation der Ragazzi erlebt hatte, und besitzt die Fähigkeit, sie zu verstehen und zu ihren Gefühlen, Bedürfnissen und Erwartungen durchzudringen. Vor diesem Hintergrund passt zu ihm die Funktion des Kulturvermittlers und Übersetzers. Hier ist es wichtig anzumerken, dass es nicht nur um die sprachliche Übersetzung geht, sondern auf einem anderen Niveau auch um das Übersetzen bzw. das Vermitteln des Erlebten und der Erwartungen der Ragazzi an die Mitarbeiter der Santa-Marta-Hilfsorganisation. Dass Jogoy selbst in der Situation der Ragazzi gewesen ist, zeigt seine tagesbuchartige Geschichte, die parallel in einer differenzierten Typographie die Haupterzählung durchläuft. Trotzdem stößt er auf Kritik: einige der Ragazzi schieben Jogoy in einen Raum des Dazwischen und erkennen sein empathisches Potenzial nicht. „Tu es qui ? Tu es qui pour me dire ce que je dois faire ? Tu ne sais rien de ce qu'on vit et ressent !" (SDC, S. 175), kritisiert Appiah Mohamad. Bemba empört sich auch, „il ose nous dire qu'il faut être patient, que lui aussi a été dans cette situation, et gna gna gni gna gna gna… La paix ! Il n'est pas comme nous" (SDC, S. 144). Sie möchten

290 Souleymane Bachir Diagne: *De langue à langue. L'hospitalité de la traduction*, Albin Michel, Bibliothèque des Idées, Paris 2022.

291 Donatella Di Cesare, 2021, op. cit., S. 121.

damit sagen, dass Jogoy nicht in der Lage ist, ihr Leiden zu verstehen und mit ihnen mitfühlen zu können. Was Jogoy bei einem solchen Vorwurf empfindet, beschreibt der Erzähler:

> Il avait l'habitude, surtout dans cette maison, qu'on l'accusât de ne rien comprendre à la situation et qu'on l'y interdit de juger ceux dont les sentiments, lui disait-on, lui étaient étrangers. Il en ressentait une grande peine, mais avait appris à ne plus réagir. Qu'aurait-il pu répondre, du reste ? Que lui aussi, avait connu cette situation ? Que lui aussi, comprenait leur frustration ? Que lui aussi, avait dû attendre et patienter dans l'incertitude, l'amertume, la colère ? Sans doute. Mais Jogoy savait que dire cela n'aurait rien changé ; on lui aurait répondu que s'il avait un jour été un migrant, désormais, il ne l'était plus. Il avait obtenu ses papiers, il était passé de l'autre côté de la peur. Il n'avait plus le droit de dire qu'il les comprenait. (SDC, S. 175)

Die Vorwürfe der anderen Gastmigranten frustriert Jogoy, und einer der Gründe, warum sie sein empathische Potenzial Jogoys verneinen, ist der Neid. Sie denken, er sei nicht einer von ihnen und empören sich über seine Chancen und Privilegien (vgl. SDC, S. 144). Aber die Kritik „on lui aurait répondu que s'il avait un jour été un migrant, *désormais, il ne l'était plus*" [Hervorhebung von mir, A. A.] (SDC, S. 175) wirft die Frage der zeitlichen Messbarkeit der Empathie auf. Es entsteht der Eindruck, als ob nur Menschen, die sich in einer gerade laufenden Zeit in derselben Lage befinden, die Fähigkeit zur Empathie für eine ähnliche Situation besitzen. Die Kritik der Kollegen betont, dass Jogoy trotz seiner eigenen Erfahrung mit einer ähnlichen Situation in der jüngsten Vergangenheit nicht in der Lage ist, die aktuelle Situation der anderen Gastmigranten angemessen zu begreifen. Es scheint also, dass die Authentizität der empathischen Fähigkeit eng mit Zeit und Raum sowie der Unmittelbarkeit des Erlebten verknüpft ist. Dies bedarf aber einer näheren Betrachtung. Wenn Jogoy aufgrund des Fehlens unmittelbaren Miteinanderfühlens Schwierigkeiten mit Empathie hat, dann wäre es für jemanden, der niemals in einer ähnlichen Situation wie der andere gewesen ist, noch anspruchsvoller und herausfordernder.

Es ist zu festhalten, dass die Verneinung der Empathie zu einer gastfeindlichen Einstellung gegenüber dem Anderen führt. Eine falsche Empathie kann auch eine nicht zufriedenstellende Gastfreundschaft herbeiführen. Es ist selbstverständlich, dass die Empathie herausfordernd ist. Das veranschaulicht der Autor mit der Metapher des Flusses.

8.1.3 „Métaphore du fleuve" und die Herausforderung der Empathie

Die Metapher ist ein Stilmittel, die eine Migration, eine Verlagerung von Bedeutung, eine Verletzung von Regeln, semantische Grenzüberschreitungen und schließlich Fremdbezug impliziert.[292] In dieser Hinsicht ist die Metapher ein passendes Stilmittel, um die Herausforderung der Empathie zu veranschaulichen.

Herausforderung der Empathie stellt der Autor durch eine „métaphore du fleuve" (SDC, S. 98) dar:

> Qui sont-ils ?... Je ne sais vraiment pas, reprit enfin Bonianno. Leur traversée est une part de ce qu'ils sont. Mais ce qu'ils sont au fond d'eux, leur voix la plus intime, je ne suis pas certain de l'avoir déjà entendue. J'essaie. Je perçois des échos faibles. C'est comme si j'étais sur les bords d'un fleuve et que j'entendais un chant que des voix auraient entonné des profondeurs des eaux. Le chant me parvient, mais le bruit de l'eau m'empêche d'entendre nettement les paroles du chant. (SDC, S. 97)

Die Metapher, die der fiktive Priester präsentiert, stellt vor allem die Frage der Identität der Gastmigranten („Wer sind sie?"). Aber sie veranschaulicht auch das Motiv des ertrinkenden Migranten. Sie verdeutlicht jedoch hier insbesondere auch die Schwierigkeit, über die Migrationsgeschichten der Ragazzi hinaus, ihre inneren Stimmen zu hören, ihre inneren Bedürfnisse in dem Inneren ihres Seins zu ergründen. Sie präsentiert uns zwei Akteure, die sich in zwei verschiedenen Räumen befinden: Das Eigene ist am Ufer eines Flusses, während die Unbekannten in den Tiefen des Flusses liegen und ertrinken. Zwischen beiden steht ein kraftvolles und wütendes Flusswasser, dessen Geräusche den Ersten hindern, die Worte des Gesangs der Anderen deutlich zu hören. Um die Anderen klarer zu hören, muss der eine in diesen reißenden und mächtigen Fluss eintauchen, auf die Gefahr hin, mitgerissen zu werden: „La solution pour les entendre, c'est de plonger dans ce fleuve au flot puissant et furieux. Au risque d'être emporté." (SDC, S. 97 f.)

Das Hören der Anderen ist eine der Grundlagen der empathischen Reaktion, wie Suzanne Keen zeigt, „empathy [...] can be provoked by [...] hearing about another's condition."[293] Das Eintauchen in den wütenden Fluss setzt voraus, dass man schwimmen kann. Und die Schwierigkeit, die sich hier herausstellt, ist die Tatsache, dass Padre Bonianno, der die Gastmigranten besser „hören" möchte, nicht schwimmen kann, „non, je ne sais simplement pas nager" (SDC, S. 98), gesteht er. Hier besteht das metaphorische Problem in der Schwierigkeit einer metaphysischen Migration, einer Bewegung des Heraustretens aus dem Selbst, einer Grenzüberschreitung des Eigenen zum Unbekannten, der um Assistenz oder

292 James Orao: „Metaphern der Migration. Die Figurationen des Reisens in der zeitgenössischen deutschsprachigen Migrationsliteratur", in: Shaban Mayanja und Eva Hamann (hrsg.): *Schwerpunkte der DaF-Studiengänge und Germanistik im östlichen Afrika*, Universitätsverlag, Göttingen, 2014, S. 17–32, hier S. 17.

293 Suzanne Keen: *Empathy and the Novel*, Oxford Univ. Press, Oxford 2007, S. 4.

Rettung bittet. Der Einheimische steht in Sicherheit auf dem Festland, obwohl der Gastmigrant sich in dem gefährlichen Fluss befindet. Die Gesänge deuten darauf hin, dass der Letztere auf die Hilfe des Einheimischen am Ufer angewiesen ist, auf einen „Zuschauer, der vom Innen in das Außen überzuwechseln vermag."[294] Die „métaphore du fleuve" ist offensichtlich ein intertextueller Bezug zu Hans Blumenbergs *Schiffbruch mit Zuschauer*. Das Schwimmen bei Sarr entspricht der „Seefahrt" bei Blumenberg und deutet auf die Grenzüberschreitung zum Unbekannten hin. Das Verstehen der Lage der Hilfesuchenden impliziert eine empathische Tat. Ohne das Wagnis, zum ertrinkenden Gastmigranten hinzuschwimmen, ist ein effizientes Zusammenleben mit ihm kaum vorstellbar. Den „Migranten vom Ufer aus zu betrachten [...], läuft darauf hinaus, die Schranke zwischen ‚uns' und ‚denen', die Grenze zwischen Ansässigen und Fremden zu befestigen."[295] Diese Schranke abzubauen, bedarf einer Aktion, das „Schwimmen" zum Anderen; es benötigt eine Bewegung vom sicheren Ufer des Eigenen zum unsicheren Unterwasser des Anderen, von der Position des Zuschauenden bzw. des Zuhörenden zum Handelnden und Rettenden. Der empathische Akt kreiert in diesem Rahmen eine momentane Auflösung der Kategorien des Fremden und Eigenen. Donatella Di Cesare legt auch diese innere „Dezentrierung" von dem Ufer hin zum Unbekannten des Fremden dar:

> Der Zuschauer ist hier der Bürger, der sich zu einem Fremden zu wandeln vermag, indem er seine Starrheit aufgibt und damit jene Dezentrierung begünstigt, die es erlaubt, dort zu sein, wo man sich nicht tatsächlich befindet – in jenem Durchgang vom Innen zum Außen und umgekehrt, der bewirkt, dass man sich an jenem Ufer nicht mehr zu Hause fühlt.[296]

Diese bürgerliche, empathische, mutige Tat sei kein leichtes Unterfangen, das gelinge nie vollständig, das „Zauberwort der Empathie" sei eine Verblendung, eine Illusion,[297] erkennt Donatella Di Cesare. Nichtsdestotrotz räumt sie ein, dass „wenn es jedoch auch nicht möglich ist, sich in die Lage eines Anderen zu versetzen, so ist man indes dennoch dazu imstande, den Schmerz, das Leid, die Angst und die Pein anderer nachvollzuziehen."[298] Somit ist die Aussage des fiktiven Arztes Pessoto „on ne peut rien savoir de leur souffrance. Encore moins la calmer" (SDC, S. 22) nicht vertretbar. Die Auseinandersetzung mit dem Anderen und der Austausch

294 Donatella Di Cesare, 2021, op. cit., S. 36.
295 Ebd., S. 34.
296 Ebd., S. 39.
297 Ebd., S. 121.
298 Ebd., S. 121.

über seine Erlebnisse führen dazu, etwas von seiner Situation zu verstehen und mit ihm sympathisieren zu können. Dabei ist die Disposition des Gastmigranten zum Erzählen über die eigene Situation sehr relevant, um bei dem Gastgeber den empathischen Prozess in Gang zu setzen, denn, „wo ein [Erlebtes] keinen Ausdruck findet, kann es nicht verstanden werden [...]. Wer nicht versteht, kann nicht mitfühlen."[299] Der Empathisierte (Gastmigrant) sollte dem Empathisierenden (Gastgeber) seine eigene Lebensgeschichte erzählen, „um bei dem Empathisierenden ein passiv-rezeptives Miterleben"[300] zu erzeugen. Erzählen schließt hier nicht nur die mündliche Narration, sondern auch die damit verbundene Körpersprache sowie Gefühlsausdrücke mit ein. Das Erzählte, ob geschrieben oder gesprochen, gibt dem Gastgeber die Möglichkeit, durch Zuhören, Zusehen, Mitimaginieren und Mitfühlen eine passiv-imaginäre Empathie-Tätigkeit zu entwickeln, die sich zu aktivem Mitgefühl ausweiten kann. Die Empathie und Sympathie des Gastgebers und dessen Engagement für Gastfreundschaftshandlungen verstehen sich als Reaktionen auf den erzählten Zustand des Gastmigranten.

8.1.4 Vom Eremiten zum Sympathisanten: zur Möglichkeit der Empathie

Dem Nihilismus und dem Zweifel an Empathie, wie sie vom fiktiven Arzt Pessoto vertreten werden, stellt der Autor den Optimismus durch die Figur des Dichters entgegen. Eigentlich hat sich der Dichter jahrelang isoliert, in einer stolzen und unnachgiebigen Einsamkeit – „fière et intransigeante solitude" (SDC, S. 25) – gelebt. In dieser Zeit ist er gegenüber den Geschehnissen in der Stadt gleichgültig geblieben. Aber nachdem Fantini die Gastmigranten in der Stadt gesehen hat, hat er sich damit auseinandergesetzt, um zu wissen oder herauszufinden, wer sie sind und was sie erleben. Seitdem er am *giro case* teilgenommen hat (vgl. Kapitel 26), ist er altruistisch geworden. Dem Dichter ist es dadurch gelungen, in die inneren Empfindungen der Gastmigranten, in ihren „fleuve au flot puissant et furieux" (SDC, S. 98) einzutauchen. Er hat sich demnach entschieden, sich für die Afrikaner einzusetzen und ihre Hölle zu teilen: „Nous partagerons l'enfer en autant de parts que d'hommes. Nous l'émietterons. Nous le déchirerons puis nous soufflerons ensemble ses morceaux au vent. Et notre grand souffle éteindra son grand feu comme la flamme d'une bougie" (SDC, S. 179). Seine Aussage und

299 Matthias Schlossberger: „Den anderen verstehen und mit ihm mitfühlen", in: Thiemo Breyer (hrsg.): *Grenzen der Empathie. Philosophische, psychologische und anthropologische Perspektiven*, Wilhelm Fink Verlag, München 2013, S. 137–159, hier S. 157.

300 Thiemo Breyer, 2015, op. cit., S. 265.

insbesondere durch die Verwendung von „nous“ und „ensemble“ zeigt er deutlich, dass er sich mit dem Leid – „l’enfer“ – der Gastmigranten identifiziert und sich gemeinsam mit ihnen für eine Verbesserung ihrer Situation einsetzen möchte. Der *giro case* ist der Anlass, bei dem der Dichter die Situation der fremden Gastmigranten miterlebt und ergründet. Dies ist auch der Ursprung seiner Sympathie für sie. Er hat sich bemüht, eine Verbindung zu den Ragazzi herzustellen, bis er Trainer ihrer Fußballmannschaft wird. Zudem macht er sich mit einer Gruppe von Männern und Frauen bereit, die Gastmigranten vor der Konfrontation mit den Fremdenfeinden zu verteidigen (vgl. SDC, S. 377). Die Entwicklung von Fantinis Verhalten legt nahe, dass je mehr man sich für die Situation der Anderen interessiert, desto besser man ihr Leiden versteht und umso mehr kann man mit ihnen empathisieren. Dem nihilistischen Verhalten des Arztes steht das empathische Ideal des Dichters entgegen, denn er hat sich entschlossen, für die Gastmigranten zu *kämpfen*. Er unterstützt die Ablehnung eines totalen Scheiterns – „le refus d’une faillite totale“ – und widersteht der Versuchung des Abschottens und Abgrenzens – „tentation du repli, de l’entre-soi, de l’abandon“ (SDC, S. 207) –, die bei Pessoto vorhanden sind:

> Je parle comme un homme qui veut lutter, comme toi tu luttes. De petites actions. Mais elles sont déjà le refus d’une faillite totale. Il y a des choses ratées. Des incompréhensions. Des frustrations d’un côté comme de l’autre. Des haines, des colères, de la violence, du ressentiment, de l’ennui, de la peur, de la méfiance. Il y a la tentation du repli, de l’entre-soi, de l’abandon. Oui il y a tout ça. Mais tout ça est l’enfer de toute rencontre humaine. Il faut en passer par-là pour en sortir. (SDC, S. 207)

Der Dichter betrachtet die Abschottung, die Abgrenzung der Anderen und den Rückzug auf sich selbst als die Hölle einer Begegnung zwischen Menschen. Durch seinen Einsatz für die Aufnahme der fremden Afrikaner hat der Dichter nicht nur an Empathie gewonnen, sondern auch eine Form der Rückkehr zu einem humanistischen Denken gefunden, wofür der Priester ihn lobt: „Diable ! Je ne pensais pas que ce giro case allait te transformer à ce point. Tu te mets à causer comme un bon chrétien. Comme un homme de gauche. Comme… un humaniste.“ (SDC, ebd.) Das Miterleben der Frustrationen der Gastmigranten hat einen derart kontagiösen Effekt auf den Dichter gehabt, dass er aus seiner jahrelangen Selbstisolierung heraustritt und eine altruistische Denk- und Handlungsweise entwickelt. Durch die Entwicklung von Giuseppe Fantini vom anfänglich distanzierten Dichter hin zu einem engagierten Unterstützer der Gastmigranten bietet Sarr dem Leser ein Muster dafür, wie die gefährliche Gleichgültigkeit des Europäers in Richtung einer aktiven und mitmenschlichen Anteilnahme durchbrochen werden kann. Mittels des wachsenden Interesses am Leben der jungen

Afrikaner und des vorbehaltlosen Zugehens des Dichters auf sie, soll der Roman die Änderung der Wahrnehmung der Gastmigranten bewirken.

Der Veränderungsprozess und das Engagement des Dichters zeigen einerseits die Verflechtung zwischen Empathie und Humanität. Andererseits stellen sie die Frage einer pragmatischen Humanität, die durch kleine Aktionen versucht, die gescheiterten Begebnisse in der Begegnung mit den Gastakteure zu reparieren, die Missverständnisse, die Frustrationen, die Gewalt, das Ressentiment, die Angst, den Hass, das Misstrauen zu überwinden und ein neues Zusammenleben zu ermöglichen. Die Reaktion des Dichters „tu ne m'injurieras pas avec un tel mot, mon ami" (SDC, ebd.) auf das Lob des Priesters zeigt jedoch, dass der Begriff „Humanität" problematisch ist. In dem folgenden Abschnitt werde ich zeigen, wie der Autor zu neuen Reflexionen über diesen Begriff anregt.

8.2. Humanismus

Einleitende Überlegungen

Empathie ist eng verbunden mit Humanismus. „Empathy seems so basic a human trait that lacking it can be seen as a sign of inhumanity",[301] schreibt Suzanne Keen. Grundlagen einer *relation de soin*, einer humanistischen Beziehung der Fürsorge mit dem leidenden Anderen sind das Mitgefühl und die Anerkennung, dass man durch die Vulnerabilität des Anderen selbst vulnerabel werden kann.[302] Aimé Césaire hebt in derselben Hinsicht die Verzahnung von empathischer Bereitschaft und Humanismus hervor:

> [l]'humanisme c'est quoi, c'est passer [du] cas particulier à un cas général [...] ne pas rester insensible devant la souffrance de l'homme, où qu'il soit, qu'il soit blanc, qu'il soit jaune, de l'Inde, de Chine, oui, partout où est l'homme, partout où il souffre, partout où il est humilié, partout où il est écrasé, je pense que là est ma place, et là est notre place.[303]

Césaires Aussage zeigt, dass es bei Humanismus keine Rolle spielt, woher der Mitmensch kommt, was in Bezug auf die Gastmigranten von großer Bedeutung ist. Die Migrationsforschung sowie die postkolonialen Studien beschäftigen sich auch mit ethisch-moralischen Fragen, und Achille Mbembe behauptet, dass „la pensée postcoloniale insiste sur l'humanité-à-venir, celle qui doit naître une fois que les

301 Suzanne Keen, 2007, op. cit., S. 6.

302 Achille Mbembe: *Politiques de l'intimité*, La Découverte, Paris 2016, S. 116 f.

303 Aimé Césaire: „Entretien avec Aimé Césaire, Fort-de-France 1994. Genèse d'une pensée", in: Jacqueline Leiner (hrsg.), *Aimé Césaire. Le terreau primordial*, Bd. 2, Narr, Tübingen 2003, S. 27–40.

figures coloniales de l'inhumain et de la différence raciale auront été abolies."[304] Insofern ist das Konzept des Humanismus für die Gastfreundschaft grundlegend, gerade wenn Mbembes „l'humanité-à-venir" eine „communauté universelle et fraternelle"[305] schaffen soll.

Ein wichtiger Aspekt des postkolonialen Denkens ist nach Mbembe eine Kritik des europäischen – kolonialistisch geprägten – Humanismus mit dem Ziel, einen neuen Humanismus zu schaffen, „une nouvelle forme d'humanisme – un humanisme critique qui serait fondé avant tout sur le partage de ce qui nous différencie, en deçà des absolus."[306] In den letzten Jahren wird eben das Konzept neu diskutiert (z. B. Martin Gieselmann und Jürgen Straub 2012[307]), da die Humanität mit den Herausforderungen der fremden Gastmigranten in westlichen Gesellschaften in eine Krise gerät. In diesem Rahmen kann man behaupten, dass Mbougar Sarr zu einer postkolonialen Revision der Humanität beiträgt, indem er Reflexionen in den Figurenkonstellationen und Erzählerkommentaren dazu anstößt.

8.2.1 Dekadenz des europäischen Humanismus

In einem Interview erwähnt Mbougar Sarr das Modell der Humanität, das in der Erzählung vorgeschlagen wird: „Il y a aussi dans ce livre la question d'une humanité qui s'interroge et qui a la nécessité de dialoguer malgré la difficulté, la rancœur ou les colères."[308] Im Roman wird vor allem die Ambivalenz, Unfassbarkeit und Komplexität des Menschseins betont, insbesondere die Schwierigkeit, das Menschliche vom Unmenschlichen zu unterscheiden:

> Où commence l'humanité et où s'arrête-t-elle ? On ne l'a jamais clairement dit, mais tout le monde fait mine de le savoir implicitement. Comme par convention. C'est faux. Dans l'absolu, personne ne sait. Si on organisait une grande enquête, dans laquelle on demanderait à chacun de définir les limites de l'humanité telle qu'il la concevait, il y aurait de grandes surprises. Complexe, mêlée, belle et laide à la fois, tantôt baignée par la lumière des cieux, tantôt plongée dans l'abjecte fosse au cœur de toute âme. (SDC, S. 155)

Der Erzähler weist somit darauf hin, dass es unmöglich ist, Humanität genau zu definieren. Er wagt es aber, das europäische Verständnis der Humanität infrage zu

---

304 Achille Mbembe: „Qu'est-ce que la pensée postcoloniale ?", op. cit.

305 Ebd.

306 Ebd.

307 Martin Gieselmann & Hubert Cancik: *Humanismus in der Diskussion: Rekonstruktionen, Revisionen und Reinventionen eines Programms*, transkript Verlag, Bielefeld 2012.

308 https://www.afd.fr/fr/actualites/prix-litterature-monde-afd-entretien-avec-mohamed-mbougar-sarr-laureat-2018 10.04.2022.

stellen, sie zu diskutieren und zu erweitern. Indexiert wird vor allem die Ablehnung der Gastmigranten, eine Einstellung, welche die Krise der europäischen Humanität entlarvt:

> L'Europe ne peut pas accueillir toute la misère du monde, oui, c'est vrai [...] : parce qu'elle est elle-même misérable. La valeur de la vie humaine même lui échappe, l'effraie... Nous sommes les premiers à prêcher la morale aux autres, nous sommes les premiers à parler de Droits de l'Homme, mais regardons-nous ! Humanisme dégénéré. Phare brisé d'une civilisation en pleine tempête... (SDC, S. 205)

Die Dekadenz des humanistischen Denkens gründet in der Tatsache, dass Europa sich in einem moralischen Abgrund befindet und unfähig ist, Gastmigranten aufzunehmen. Dies impliziert, dass die Gastfeindschaft ein Zeichen des Verfalls des humanistischen Denkens ist. Derjenige, der den Gastmigranten aufnimmt, der ist auch des Werts des Menschenlebens bewusst. Eine moralische Leere hat sich so etabliert, dass das Europa der Menschenrechte und der Zivilisation an Humanität arm, „pauvre, spirituellement pauvre et vidée" (SDC, S. 205), geworden ist. Hier soll angemerkt werden, dass sich der Autor erzählstrategisch einer Kritik von innen bedient. Die Kritik wird nicht durch Migrantenfiguren geübt, sondern vor allem durch europäische Figuren, hier besonders durch den Priester, den Vertreter der christlichen Institution. Seine Kritik lässt an die berühmte Rede von Papst Franziskus am 6. Mai 2016 beim Erhalt des Karlspreises der Stadt Aachen denken. In seiner Botschaft erinnerte der Papst Europa hinsichtlich der Flüchtlingskrise an ihre humanistischen Wurzeln und forderte zu einem neuen Humanismus auf:

> Was ist mit dir los, humanistisches Europa, du Verfechterin der Menschenrechte, der Demokratie und der Freiheit? Was ist mit dir los, Europa, du Mutter von Völkern und Nationen, Mutter großer Männer und Frauen, die die Würde ihrer Brüder und Schwestern zu verteidigen und dafür ihr Leben hinzugeben wussten?[309]

Nicht nur die Degeneration des Humanismus wird beschrieben, sondern auch seine „Naivität und Scheinheiligkeit."[310] In diesem Sinne meint Padre Bonniano, „on accueille ces gens grâce à notre richesse." (SDC, ebd.) Europas Aufnahme von Gastmigranten liegt nicht der Humanismus, sondern Geld zugrunde. Die Aufnahme fremder Gastmigranten wird nicht unbedingt von humanitären oder

---

309 https://www.sueddeutsche.de/politik/karlspreis-an-papst-franziskus-franziskus-was-ist-mit-dir-los-europa-1.2982436, Zugriff am 19.04.2022.

310 Jürgen Straub & Martin Gieselmann: „Humanismus nach seiner Zeit? Aktuelle Rekonstruktionen, Revisionen, Reinventionen", in: Martin Gieselmann/Hubert Cancik (hrsg.): *Humanismus in der Diskussion: Rekonstruktionen, Revisionen und Reinventionen eines Programms*, transkript Verlag, Bielefeld 2012, S. 7–22, hier S. 8.

altruistischen Motiven getrieben, sondern erfolgt aufgrund der Tatsache, dass finanzielle Mittel dafür verfügbar sind. Der Kirche, die die Nächstenliebe und Gastfreundschaft fordert, wird auch Scheinheiligkeit vorgeworfen. „Et l'Eglise… La Sainte-Eglise même… Elle se trompe… Elle accueille pour la grâce de Dieu là où il faudrait accueillir pour le salut des Hommes… Sa charité est un dogme, pas un élan du cœur." (SDC, ebd.) Folgt man der Argumentation von Amedeo Bonianno, dann besitzt das Kommen der Gastmigranten eine ambivalente Funktion für die europäische Humanität. Einerseits enthüllt es die Dekadenz moralischer Werte und Ideale und die damit verbundene Verachtung des Fremden, Andererseits bietet es die Gelegenheit zur Wiederbelebung der Humanität und die Möglichkeit, sich positiv zu verändern, wie es im Zitat „l'occasion de gagner plus d'humanité" (SDC, S. 206) zum Ausdruck kommt:

> [J]'ai eu l'impression, oui, que pour la première fois depuis longtemps, ce continent avait une formidable occasion de redevenir grand. De redevenir grand sinon en retrouvant le sens du sacré, au moins en regagnant celui du courage. Le courage humain de se replonger dans le cœur de l'Homme, de ne pas fuir sa ténèbre dans le divertissement perpétuel. Le courage de se plonger en soi, d'y affronter le Mal, l'ombre, la peur… L'arrivée de ces jeunes hommes, c'était une chance pour les Européens de se redresser et de répondre comme des Hommes à ceux qui arrivaient, avec une vraie énergie. (SDC, S. 204)

Für den Priester ist der Untergang des Humanismus eine Ursache der Gastfeindschaft bzw. der Abwehr der fremden Gastmigranten. Die Gelegenheit zur humanistischen Renaissance konnten die europäischen Menschen, „les grands humanistes à l'éthique impeccable" (SDC, S. 24), nicht ergreifen. Die Einstellung des Padre Bonianno über die Humanität Europas ist pessimistisch. Doch der Dichter betont, dass es sich nicht ausschließlich um ein europäisches Problem handelt, sondern um ein globales Problem. Das europäische Versagen an der Humanität scheint nur mehr sichtbar oder schlimmer zu sein als anderswo. Er zeigt so nuanciert die Hoffnungslosigkeit des Priesters: „Partout, dans le monde, cet affaiblissement de la grandeur humaine est à l'œuvre. Peut-être qu'il va plus vite ici, qu'il fait plus de ravages. Ou qu'il est plus visible." (SDC, S. 205) Dabei hebt der Dichter hervor, warum der Priester auf diese Weise einen abwertenden Diskurs über die europäische humanistische Disposition schildert. Das Problem des Padre besteht darin, dass er den Humanismus zu allgemein, abstrakt und relativ konzipiert. Der Dichter zeigt ihm eine andere Weise, den Humanismus praktisch am Beispiel der Menschen zu sehen:

> C'est parce qu'ils restent pour toi de grands mots de la morale. Il faut les voir dans la vie quotidienne, dans le réel, dans ce qui est en acte. Dans ce qui est concrètement en

> train de se passer. Si tu ne crois plus en l'Humanité, regarde vers – je ne leur mets pas de majuscule – les hommes […]. Des gens ici se dédient à rendre l'accueil réel. Regarde Carla. (SDC, S. 206)

Das ist eine optimistische Gegenposition zum pessimistischen Diskurs des Priesters. Der Dichter präsentiert in seiner Aussage Carla als eine humanistische Figur, die bereit ist, ihr eigenes Verständnis von Humanismus zu überdenken. Auf diese Weise wird sich des ambivalenten Charakters des Menschseins bewusst.

8.2.2 Zur Erkenntnis der Ambivalenz des Menschseins

Carla hat zuvor ein vages Verständnis des Menschseins. Sie verhielt sich nach einem humanistischen Modell, nach dem alle Menschen in einen großen Topf der Menschlichkeit geworfen werden, ein Humanismus, das in jedem anderen Individuum das Menschsein erkennt, ohne sich der spezifischen Differenzen bewusst zu werden. Nach einer heftigen Diskussion zwischen den Mitarbeitern, bei welcher gegensätzliche Meinungen bezüglich der Fotoaufnahmen der Ragazzi auftreten, gelangt Carla zu dem Schluss, dass ihr Humanitätsmodell naiv, subjektiv, oberflächlich und unkonkret ist.

Jeder Gastmigrant ist in seinem Menschsein anders. Die Anerkennung der Andersheit und der kulturellen Ferne zum anderen kann zu einem objektiveren Humanismus führen. In der Erzählung ist Carla erst einmal in dem naiven Verständnis der Humanität verblieben, an dem sich ihr Umgang mit den Gastmigranten orientiert hat. Folglich hat sie sich nicht mit deren Erwartungen beschäftigt. Den Grund dafür verrät der Erzähler: „Peut-être parce qu'il lui semblait qu'il n'y avait pas de distance entre un 'eux' et un 'nous', peut-être parce qu'elle avait jusque-là cru qu'il n'y avait qu'un 'nous', un grand ensemble où se retrouvaient tous ceux que la même humanité unissait." (SDC, S. 154) Carlas früheres Verständnis steht in der Dialektik eines Universalismus, der hier infrage gestellt wird. Sarr leistet an dieser Stelle einen Beitrag zum postkolonialen Denken, das durch die Kritik des europäischen Universalismus und Humanismus für die Anerkennung des Anderen und seiner Differenz plädiert, wie Achille Mbembe ausführt:

> [d]ans la pensée postcoloniale, la critique de l'humanisme et de l'universalisme européen […] est faite dans le but d'ouvrir la voie à une interrogation sur la possibilité d'une politique du semblable. Le préalable à cette politique du semblable est la reconnaissance de l'Autre et de sa différence. Je crois que cette inscription dans le futur, dans la quête interminable des nouveaux horizons de l'homme par le biais de la reconnaissance d'autrui comme foncièrement homme est un aspect de cette pensée que l'on oublie trop souvent. […] Mais la pensée postcoloniale est également une pensée du rêve : le rêve d'une nouvelle forme d'humanisme – un humanisme critique qui serait fondé avant tout

> sur le partage de ce qui nous différencie, en deçà des absolus. C'est le rêve d'une polis universelle parce que métisse.[311]

Der pragmatische postkoloniale Humanismus gründet sich nicht nur auf der Anerkennung des Anderen, sondern auch auf seiner Differenz. Die Kritik am westlichen Universalismus und Humanismus wird anhand von Carlas Überlegungen umgesetzt. Ihr erscheint plötzlich die Differenz der Gastmigranten als sehr relevant für den Umgang mit ihnen, denn es geht um die Begegnung von Menschen unterschiedlicher soziokultureller Hintergründe. Der Autor hebt diese Differenz deutlich im 7. Kapitel hervor:

> Ragazzi et Siliciens n'étaient pas les mêmes. Entre eux, n'éclataient d'abord, béantes, que des différences. Différences des corps et de ce qu'ils disaient, des visages et de ce qu'ils exprimaient, des attentes et de ce qu'elles cachaient, des passés et de ce qu'ils recouvraient. (SDC, S. 55)

Ein Humanismus, der das allgemeine Menschsein der Gastmigranten anerkennt, ohne jedoch die spezifischen Elemente ihres Menschseins wie die Diversität der Gefühle, Gedanken, Wünsche, Hoffnungen und Erwartungen (SDC, S. 154) zu berücksichtigen oder der postuliert, dass die Anderen genauso denken, fühlen, sprechen und leben wie man selbst, trägt wenig zu einem gelungenen gastfreundlichen Miteinander bei. Dieser Humanismus entspricht im Wesentlichen der schlichten Menschlichkeit, die sich von der Tierheit oder Göttlichkeit unterscheidet (wie beispielsweise in Goethes *Iphigenie auf Tauris*) und alle Menschen in einem großen naiven „WIR" einschließt. Doch die Menschen als Kulturwesen, so Jürgen Straub,

> bestehen […] auf *kulturellen* Differenzen. Wer von solchen Unterschieden absieht, wird Schwierigkeiten bekommen, vielleicht scheitern. Er (oder sie) versperrte sich den Weg ‚gelingender' Kommunikation, Kooperation und Koexistenz von vorneherein. Er (oder sie) wiche elementaren praktischen Herausforderungen kulturell differenzierter Gesellschaften aus und träfe deswegen schon bald auf Probleme und Konflikte, die in ihrer Struktur ‚polemogen' sind (*polemos*, griech: Krieg, Kampf, Streit). Wer dem Faktum kultureller Pluralität kognitiv, emotional und praktisch nicht Rechnung trägt, wird sich zunehmend in Missverständnisse, Missachtungen und Ablehnungsverhältnisse verstricken und auch eigene Handlungs- und Lebensziele verfehlen.[312]

---

311 Achille Mbembe, in: „Qu'est-ce que la pensée postcoloniale ? Entretien avec Achille Mbembe", Propos recueillis par Olivier Mongin, Nathalie Lempereur et Jean-Louis Schlegel, 8. Januar 2008, abrufbar auf https://www.eurozine.com/quest-ce-que-la-pensee-postcoloniale/, Zugriff am 09.05.2022.

312 Jürgen Straub: „Interkulturelle Kompetenz – eine humanistische Perspektive?", in: Jörn Rüsen & Henner Laass: *Interkultureller Humanismus: Menschlichkeit in der Vielfalt der Kulturen*, Wochenschau Verlag, Schwalbach/Ts 2009, S. 300–332, hier S. 303. Hervorhebungen im Original.

Man erkennt, dass Carla in einen humanistischen aufklärerischen Moment gelangt, als sie sich der soziokulturellen Diskrepanz zwischen dem „eux" (den Gastmigranten) und „nous" (den Einheimischen) bewusstwird. Erst zu diesem Zeitpunkt wird ihr klar, dass ihr bisheriges Verständnis der Humanität etwas Falsches an sich hatte:

> Sa naïveté l'accablait : l'humanité, l'humanité seule, celle qui avait pourtant tout expliqué à ses yeux jusqu'à présent, lui paraissait tout d'un coup incapable de recueillir la soudaine diversité qui prenait chair : diversité des sentiments, des pensées, des désirs, des espoirs, des attentes de tous les êtres humains engagés dans cette situation. L'humanité – une certaine définition de l'humanité – se révélait insuffisante à tout expliquer. Car malgré l'humanité qui les unissait, elle était différente des ragazzi. (SDC, S. 154)

Man kann sagen, dass Carlas Verhalten bis zum Zeitpunkt ihrer Einsicht durch „die in der Sozialen Arbeit immer noch so übliche Sentimentalität und den unreflektierten Humanismus"[313] beeinflusst wurde. Nun gelangt sie zu einem neuen Verständnis der Humanität. Das wird sie befähigen, konsequenter mit den Ragazzi umzugehen, um die Aufnahme real zu machen, „à rendre l'accueil réel" (SDC, S. 206). Daraus lässt sich schließen, dass der Humanismus im Kontext der Begegnung mit Gastmigranten etwas komplexer ist und eng mit der intensiven Beschäftigung mit der Spezifizität ihres Menschseins einhergeht. Es wird deutlich, dass der Autor auf diese Weise die Definition der Humanität und ihre Bedeutung im spezifischen Kontext der postkolonialen Gastmigranten zur Diskussion stellt. Er versucht, den Begriff im Konkreten und Objektiven zu erfassen.

Die Relativität und Unfassbarkeit des Begriffs werden auch an anderen Textstellen evoziert. Padre Bonianno, Vertreter der christlichen Instanz in dem Roman, drückt die Schwierigkeit des Begriffs aus:

> Là est justement le problème […] Je ne suis plus certain de savoir ce qu'est l'humanité, ce qui la définirait. Tous ces mots à majestueuses majuscules sur lesquels on croit bâtir… Humanité, courage, liberté, fraternité, solidarité… Si relatifs… si incertains… Des illusions. (SDC, S. 206)

Der Priester äußert tatsächlich nicht sein Unverständnis für die Humanität. Vielmehr drückt er seine Enttäuschung über die Missachtung der zitierten moralischen Werte aus. Die Enttäuschung besteht darin, dass diese moralischen Werte gegenüber den Gastmigranten keine Rolle mehr spielen und nicht in die Tat

313 María do Mar Castro Varela: „‚Das Leiden der Anderen betrachten'. Flucht, Solidarität und Postkoloniale Soziale Arbeit", in: Johanna Bröse, Stefan Faas, Barbara Stauber (hrsg.): *Flucht*, Springer VS, Wiesbaden 2018, S. 3–20, hier S. 11. https://doi.org/10.1007/978-3-658-17092-9_1.

umgesetzt werden. Dies zeigt die Diskrepanz zwischen Diskurs und Realität bzw. zwischen dem diskursiven Wissen über die Humanität und die anderen Werte und die Unfähigkeit, sie praktisch zu leben. Dabei stellt sich die Frage, ob die Weigerung eines Menschen, sich humanistisch zu verhalten, ihn unmenschlich macht, oder ob die Humanität sich ausschließlich durch das Gute erfassen lässt. Carla hatte früher ihr Humanitätskonzept nur auf das Gute oder Großzügige im Menschen beschränkt. Aber ihre Überlegungen bringen sie zu dem Schluss, dass diese eindimensionale Auffassung falsch ist (vgl. SDC, S. 154), denn das Menschliche ist ambivalent. Das Menschsein kann nicht ausschließlich durch das Gute oder die sogenannten humanistischen Ideale definiert werden, sondern auch durch das Böse, so ist die These im Roman. Der Mensch ist ein Produkt sowohl vom Guten als auch vom Bösen. Unser Verständnis des Menschenseins sollte demnach auch den bösen Aspekt des Menschen berücksichtigen.

> [Carla] s'opposait qu'il y eût une inhumanité, une part maudite située hors l'humanité et appartenant à la barbarie, à la sauvagerie, à la monstruosité, à toutes ces catégories de l'horreur, à toutes ces arrière-cours de l'immonde dans lesquelles chaque homme rejette, avec cette moue de répulsion qui le conforte et l'élève dans sa bonne conscience, ce qui n'était pas de son usage moral. Or, Carla se rendait soudain compte d'un fait, peut-être banal, mais qui ébranlait les assises les plus profondes de sa vision du monde et des hommes : les actes les plus horribles eux-mêmes étaient toujours le fait d'êtres humains. Il n'y a pas d'inhumains, se disait-elle (et cette pensée l'effrayait tout autant qu'elle s'insinuait implacablement dans son esprit) ; il n'y a pas d'inhumains : il n'y a que des hommes. Il n'y a que des hommes, capables du meilleur et (non pas « ou ») du pire. Qu'est-ce qu'un homme qui a fait le Mal ? Jadis, Carla eut immédiatement, et sans hésitation, répondu : un monstre. A cet instant, pourtant, une autre réponse lui venait, simple, d'une douloureuse banalité : un Homme malgré tout, un Homme qu'on pouvait haïr, punir, combattre, mépriser, mais un Homme qu'on ne pouvait déchoir de son humanité. Au nom de quoi ? Comment ? Qui est certain d'avoir assez de pureté en lui pour prétendre châtier ceux qu'il estime en avoir moins ? (SDC, S. 155)

Carla plädiert auf diese Weise für ein Äquilibrieren des Humanitätsverständnisses. Tatsächlich ist es das Anliegen des Autors, dieses erweiterte postkoloniale Verständnis des Menschseins zu unterstreichen, „reconnaître l'autre comme un semblable, même dans ses dimensions les plus abjectes.“[314] Dass das Böse auch charakteristisch für das Menschsein ist, lässt sich auch aus einer Reaktion des Priesters erkennen. Er antwortet auf den Vorwurf des Dichters: „Ce n'est pas très moral, un curé qui ment

---

314 Anthony Audureau: „Mohamed Mbougar Sarr : La littérature doit réfléchir aux tabous, à défaut de les briser“, in: *Demain Dakar*, du 26 juin 2018, abrufbar auf https://www.ipj.news/demain-dakar/2018/06/26/mohamed-mbougar-sarr-la-litterature-doit-avoir-lambition-de-reflechir-aux-tabous-a-defaut-de-les-briser/.

lorsqu'il le faut. Qu'en dirait le Christ ?" (SDC, S. 96), dass man sich ein bisschen Sünde gönnen sollte, um human zu sein : „Il faut s'accorder un péché de temps à autre pour être plus humain." (SDC, ebd.) Obwohl er damit einen Witz zu machen scheint, lässt sich hieraus schließen, dass er auch die christliche Auffassung der Humanität infrage stellt, solange er meint, er habe diesen Gedanken zur Bibel hinzugefügt: „Je l'y ai ajouté récemment." (SDC, ebd.) Diese Figurendiskurse zeigen, dass ein pragmatisches Verständnis von Humanität den Menschen als ambivalentes Wesen begreift, geprägt von Gut und Böse. Carla proklamiert dies zuversichtlich: „Voici ce qu'était l'humanité. Rien d'autre." (SDC, S. 155 f.)

Die Bestimmung des Menschen als ein Wesen, das sowohl Gutes als auch Böses hervorbringt, impliziert, dass man sich selbst zuerst als ein Ergebnis beider Eigenschaften betrachtet, um dann anzunehmen, dass Mitmenschen ebenfalls ambivalente Wesen sind. Diese Erkenntnis spricht dem Eigenen jegliche Prätention und Arroganz ab: Das Subjekt begegnet dem Anderen nicht mit der Idee, humaner als dieser zu sein. Die Einsicht, dass der Mensch auch zur Bosheit fähig ist, führt dazu, dass die Gastakteure einander nicht ausschließlich durch das Prisma des Bösen wahrnehmen und sich nicht auf das Böse reduzieren. Das kann beide Gastakteure dazu bringen, gegenseitig das Böse zu erkennen und sich gemeinsam dem Guten hinzuwenden, um eine interkulturell akzeptable Menschenwürde zu schaffen. Wenn man das Böse und Anderssein der Anderen als verschiedene Manifestationen der gleichen Menschwürde deutet, „dann kann man von ihrer Verschiedenheit etwas über das Eigene, über sich selber, lernen."[315] Beispielsweise kann der Gastmigrant zu der Erkenntnis gelangen, dass die Ablehnung des Gastgebers, ihn aufzunehmen, nicht vollkommen unmenschlich ist. Ebenso kann der Gastgeber ein Verständnis dafür entwickeln, dass die Zurückhaltung des Gastmigranten hinsichtlich einer religiösen oder kulturellen Immersion nicht grundsätzlich böse ist. Carla erkennt beispielsweise, dass die Tatsache des Empfangs eine komplizierte Angelegenheit ist. Sie wird sich bewusst, dass die Ankunft von Gastmigranten sehr unterschiedliche gute sowie schlechte Reaktionen hervorruft, sowohl bei den Gastmigranten selbst als auch bei den Einwohnern. All diese Reaktionen sind aber menschlich. Vielleicht ist es hier wichtig, das Böse genau zu bestimmen, denn es kann auch einfach durch eine kulturell-politische Differenz bedingt sein, in der Art, „vérité au deçà des Pyrénées, erreur au-delà",[316]

315 Jörn Rüsen: „Einleitung: Einheitszwang und Unterscheidungswille – die kulturelle Herausforderung der Globalisierung und die Antwort des Humanismus", in: Jörn Rüsen & Henner Laass: *Interkultureller Humanismus: Menschlichkeit in der Vielfalt der Kulturen* (hrsg.), Wochenschau Verlag, Schwalbach/Ts 2009, S. 8–22, hier S. 16.

316 Blaise Pascal: *Pensées et opuscules*, publiés par Léon Brunschvicg, Paris 1959, S. 465.

Wahrheit diesseits der Pyrenäen, Irrtum jenseits. Übertragen bedeutet das: Das Gute an einem Menschen kann in meinem kulturell-politischen Raum als etwas Böses betrachtet werden, während das Gute bei mir als Böse bei dem Anderen verurteilt werden kann. Diesbezüglich haben wir schon bei den heftigen Diskussionen in der Hilfseinrichtung gesehen, wie die Fotoaufnahmen von den einen als normal und von den anderen als beleidigend wahrgenommen werden. Auf jeden Fall ist die Beachtung des Bösen als integraler Bestandteil eines dynamischen und kritischen Humanismus mit Vorsicht zu nehmen, so selbstverständlich es auch sein mag. Sonst kann man in die Versuchung fallen, dadurch die Gastfeindschaft und Gewalt der Xenophoben zu legitimieren. Ihre Abwehrreaktionen sind auch Merkmale existenzieller Ängste und auf diese Weise menschlich. Aber selbst wenn Carla das Böse als humanistischen Charakterzug miteinschließt, hofft sie trotzdem, dass das Gute das Böse im Menschen übersteigt. Sie glaubt an das Gute und ist optimistisch: „[E]lle pensait en l'essentielle bonté de la nature humaine. Elle ne devait pas sombrer dans le pessimisme ou le cynisme" (SDC, S. 156).

Diese Diskussionen belegen, dass nicht die Migration von Menschen aus Afrika, sondern der Verlust der wesentlichen Güte der menschlichen Natur in Europa die eigentliche Krise darstellt. Zum Beispiel steht Claras selbstkritische Haltung zu ihrem humanistischen Verständnis im Kontrast zu der selbstgefälligen Einstellung des fiktiven Malerehepaars Vera und Vincenzo Rivera. Die beiden sind stolz darauf zu glauben, dass sie ihre humanistische Pflicht erfüllt haben, indem sie Jogoy eine Wohnung vermietet haben:

> Depuis qu'ils avaient accepté de louer à Jogoy le petit appartement qui était au fond de leur cour, ils considéraient que leur rôle d'humanistes était rempli avec générosité et qu'ils pouvaient désormais se désintéresser provisoirement, sans honte, de la situation qui les entourait. Jogoy était leur bonne conscience, le blanc-seing qui leur était tendu et sur lequel ils validaient leur diplôme de charité pour l'Autre, celui qui souffre, le Tiers-Monde. (SDC, S. 119)

Im Hintergrund des angeblich humanistischen Aktes dieses Ehepaares steht ein Verständnis des Menschseins des Anderen, das sich nur auf das Wohnen reduziert, als ob die Unterkunft das Wesentliche für einen Gastmigranten wäre. Für Jogoy umfasst Gastfreundschaft mehr als Unterkunft und Verpflegung:

> [C]'est se voir offrir autre chose qu'un toit et du pain. C'est se voir offrir autre chose que l'hospitalité. C'est égoïste, peut-être. Manger et avoir un toit sont deux choses importantes. Vitales. Mais pas essentielles. Ça ne suffit pas. Les hommes, tous les hommes, ont besoin de raisons de vivre plus profondes. (SDC, S. 157)

Die beiden Künstlerpartner sind im Gegensatz zu Jogoys Erwartungen schon an ihre gastfreundlichen Grenzen gelangt. Folglich kommt es für sie nicht infrage, sich in eine interpersonale Interaktion mit ihm zu begeben. Der Leser entdeckt in der Erzählung nicht, dass sie sich selbstreflexiv kritisch mit ihrem minimalen Verständnis des Humanismus beschäftigt haben. Die Folge ihrer mehr oder weniger falschen Einstellung ist ein totales Desinteresse an der Situation der Gastmigranten: „[I]ls ignoraient superbement les ragazzi et toutes les activités liées à leur accueil et préférèrent chercher l'inspiration ailleurs.“ (SDC, S. 117) Offensichtlich sind sie nie auf die Idee gekommen, dass die Kunst zur humanistischen Veränderung der Gesellschaft beitragen kann. Sie empfinden aber einen großen Stolz an einem Abend darüber, dass sie sich kurz mit Jogoy über die Situation der Gastmigranten unterhalten haben und dazu Fragen gestellt zu haben:

> Aussi furent-ils heureux ce soir où ils dînèrent avec Jogoy, de l'écouter parler de la situation. Pour la forme, ils posèrent des questions, froncèrent le sourcil, prirent des mines attristées et indignées, compatirent grandement. Tout cela les reposait ; ils profitaient du plaisir de parler de choses prosaïques après avoir âprement lutté avec l'Art à des hauteurs inhumaines. (SDC, S. 119)

Dieses Ritual des Erzählens ist von fundamentaler Bedeutung für jeden Gastmigranten, insbesondere für das Asylverfahren. Einige Dispositive des Asylverfahrens heben eine weitere Dimension der Degradierung der Werte hervor.

8.3. (Not-)Lügen und narrative Performativität als Dispositiv der Gastfeindschaft

Man kann nicht von Gastfeindschaft oder Gastfreundschaft sprechen, ohne von der Narration bzw. vom Erzählen zu sprechen. Für das Bestehen oder Nichtbestehen der Gastfreundschaft sind die Gastakteure irgendwie gefordert, voneinander zu erzählen. Durch das Erzählen von eigenen Geschichten oder Erfahrungen können die Gastakteure eine Verbindung herstellen oder vertiefen. Indem Flüchtlinge oder Migranten ihre eigenen Geschichten erzählen, können sie ihre Erfahrungen, Herausforderungen und Hoffnungen mit der Aufnahmegesellschaft teilen. Besonders für den Asylprozess und die politische Integration ist das Erzählen von großer Bedeutung, denn:

> Die Bedeutung des Lebens kann nur in Erzählungen verstanden und erzeugt werden. Erzählungen sind unsere Art und Weise, uns zum Erleben zu verhalten, Sinn zu stiften und Überleben zu sichern. Erzählungen sind etwas fundamental anderes als Erlebnisse; Leben wird gestaltet in Erzählungen.[317]

---

317 Vera Nünning: „Literatur – Erzählen – ZusammenLeben“, in: Ottmar Ette (hrsg.): *Wissensformen und Wissensnormen des ZusammenLebens: Literatur – Kultur – Geschichte – Medien*, De Gruyter, Berlin/Boston 2012, S. 35–62, hier S. 39, op. cit.

Dabei geht es nicht nur um ein einfaches Erzählen der eigenen Geschichte, sondern auch um eine narrative Leistung des Gastmigranten, insbesondere vor der Auswahlkommission. Um aufgenommen zu werden, muss jeder Asylbewerber ein bestimmtes Verfahren durchlaufen, bei dem er die Geschichte seiner Migration verteidigen muss. Im Vorfeld der Befragungen scheint eine Projektion von Lügen auf die Gastmigranten vorzuliegen. Denn die inquisitorische Arbeit der Beamten während der Anhörungen besteht offensichtlich mehr darin, durch gezielte Fragen, Wiederholungen und Überschneidungen Lügen und Unwahrheiten beim Asylbewerber aufzudecken und Wege zu seiner Ablehnung zu finden, anstatt eine mögliche Wahrheit zu erkennen und zu authentifizieren. Nur die narrative Performativität des Asylbewerbers, seine Fähigkeit, Lügengeschichten aufzutischen und die Glaubwürdigkeit seiner erfundenen und montierten Geschichte werden berücksichtigt. Sie bedeutet für den Gastmigranten, eine Kombination von *faktualem Erzählen mit fiktiven Inhalten*[318] zu schaffen. Dabei scheint sich die Lüge als Norm und *conditio sine qua non* der Glaubwürdigkeit der Asylgründe etabliert zu haben. In diesem Zusammenhang steht die folgende Aussage des Flüchtlingshelfers Rupert Neudeck: „Man kommt an der Feststellung nicht vorbei, dass unser Asylrecht zu Betrug verführt … Flüchtlinge dürfen nicht die Wahrheit sagen, wenn sie hierbleiben wollen."[319] Aus der Sorge, dass wahrhaftige persönlichen Informationen Benachteiligungen nach sich ziehen könnten, entspringen falsche Angaben über Herkunft, Identität, Alter, über die Umstände der Flucht und Migration. Mit Immanuel Kant gesagt machen die Gastmigranten Gebrauch vom Recht auf eine Notlüge.[320] Damit erlebt man eine Verdrehung und Schwächung der moralischen Werte der Wahrheit. Mbougar Sarr unterstreicht diese Problematik in seiner Erzählung. Die narrative Performativität wird für die Gastmigranten „l'éternelle lutte à mener pour mériter d'être un homme" (SDC, S. 412). Die Lüge ist das Motto des Asylverfahrens: „Il faut dire une bonne histoire

---

318 Vgl. dazu Christian Klein/Matías Martínez: „Wirklichkeitserzählungen. Felder, Formen und Funktionen nicht-literarischen Erzählens", in: Dies.: *Wirklichkeitserzählungen. Felder, Formen und Funktionen nicht-literarischen Erzählens*, J.B. Metzler, Stuttgart 2009, S. 1–13, hier S. 5.

319 Zitiert nach Andrea Seibel: „Wenn Flüchtlinge lügen, folgen sie nur ihren Interessen", in: *Welt* vom 23.06.2016, auf https://www.welt.de/debatte/kommentare/article156502776/Wenn-Fluechtlinge-luegen-folgen-sie-nur-ihren-Interessen.html, Zugriff am 12.12.2022.

320 Immanuel Kant: *Grundlegung zur Metaphysik der Sitten*, Mit einer Einleitung herausgegeben von Bernd Kraft und Dieter Schönecker *[electronic resource]*, 1. Auflage, Felix Meiner Verlag, Hamburg 2016, S. 21 ff.

pour avoir les papiers“ (SDC, S. 122). Problematisch im Roman ist die Tatsache, dass die Erfindung der Lüge von der religiös-christlichen Instanz, dem Garanten für die Wahrheit, organisiert wird.

Der ersten Lüge begegnet der Leser bei Mamady Kanté und Ismaïla Camara. Nach ihren eigenen Aussagen sind beide 20 Jahre alt, obwohl sie ziemlich lange Barthaare haben. Dieses Alter stimmt scheinbar nicht mit ihrem körperlichen Aussehen überein. Selbst ihr Kollege Fousseyni bezweifelt das: „ils disent qu'ils ont tous les deux vingt ans, mais je crois qu'ils sont plus vieux. Moi aussi j'ai vingt ans, mais je n'ai pas la même longue barbe qu'eux.“ (SDC, S. 79) Der Betrug mit dem Lebensalter ist eine allgemeine Problematik des Asylverfahrens. Hinter der falschen Angabe der Gastmigranten lassen sich unterschiedliche Gründe vermuten. Man bemerkt schon eine gewisse Hemmung, das richtige Alter anzugeben, um nicht abgelehnt zu werden. Damit ist sicherlich die Einstellung verbunden, dass jungen Gastmigranten ein besserer Asylschutz und günstigere Asylbedingungen zustehen.

Besonders frappierend in der Erzählung ist die Rolle des Priesters Bonianno in dem Arrangement der Migrationsgeschichten der afrikanischen Asylbewerber. In der Einrichtung der Santa-Marta-Hilfsorganisation übernimmt er die Funktion dessen, der die Lügen arrangiert. Er hilft den Bewerbern, ihre Geschichte zu verbessern und glaubwürdig zu machen. Er teilt dementsprechend dem Dichter Giuseppe mit, „qu'il aiderait les ragazzi à mieux raconter leur histoire aux commissions chargées de leur évaluation, quitte parfois à arranger un peu le récit lorsqu'il le fallait.“ (SDC, S. 96). Die moralische und religiös-christliche Tragweite dieser Aussage einer religiös geförderten Lüge kritisiert der Dichter: „Ce n'est pas très moral, un curé qui ment lorsqu'il le faut. Qu'en dirait le Christ ?“ (SDC, ebd.) Der Priester erläutert sein Vergehen nuanciert in einer witzigen Art und erklärt, dies sei ein Merkmal der Menschlichkeit in Kontrast zur Gottheit: „Il [le Christ] me dirait qu'il faut s'accorder un péché de temps à autre pour être plus humain“ (SDC, ebd.). Diese Begründung ist seine eigene Erfindung, um sich vor dem profanen Dichter zu verteidigen, wie er unterstreicht: „Je l'y ai ajouté récemment. Il faut bien que les hommes pèchent un peu, sinon le Christ, et tous les blablatants à sa suite, moi compris, seraient inutiles au monde. Bon. Assez blasphémé. Assez plaisanté“ (SDC, ebd.). Er macht somit klar, dass dies nicht in der Heiligen Schrift steht. Die Attitüde des Priesters ist arrogant, weil er versucht, anstelle von Christus zu sprechen und in seinem Namen die Lüge zu verharmlosen. Er ignoriert bewusst die Warnungen des Neuen Testaments in Matthäus 5,19 – „Wer nun eins dieser geringsten Gebote auflöst und so die Menschen lehrt, wird der Geringste heißen im Reich der Himmel“ – und in der Offenbarung des Johannes 22,18: „Wenn jemand etwas zu diesen [Worten] hinzufügt, so wird Gott ihm die Plagen hinzufügen, die in diesem Buch geschrieben sind.“[321] Außerdem widerspricht seine Aussage dem christlichen Ideal der Wahrheit. Die Lüge erhält bei ihm nicht nur den Charakter einer bewussten Handlung oder Sünde, sondern auch eine Art religiöses Recht, welches das Menschsein als Gegensatz zu Gott bestätigen sollte. Anders gesagt meint er, dass ein Mensch lügen muss, um Mensch zu sein. Zwar gehört die Lüge zum Menschsein, und im Alten Testament befinden sich viele Geschichten über Notlüge,[322] aber es erweist sich als problematisch, die Lüge zu einem unentbehrlichen Merkmal des Menschseins zu erheben. Die Lüge kann kein Ruhmesblatt sein. Ein solches Verhalten kann gefährlich für die zwischenmenschlichen Beziehungen in der Gesellschaft sein. Allerdings bestraft Gott streng im Neuen Testament die Lüge, zum Beispiel im Fall von Hananias und Saphira.[323] Der Priester weiß dies wohl, deswegen bekennt er, dass seine Aussagen eine Blasphemie sind.

Einerseits ist es seine Absicht, den Gastmigranten für den Erfolg ihrer Asylbewerbung beizustehen und zum Erhalt ihrer Papiere zu verhelfen. Andererseits aber untergräbt er seine christliche und moralische Funktion, indem er die Geschichten der Gastmigranten mit Lügen beschönigt. Aber man kann sagen, dass der Priester sich an das Lügendispositiv der Asylbehörden anpasst, da, wie schon erwähnt, die Beamten vielmehr den Fokus auf die narrative Performativität und auf das schauspielerische Überzeugungspotenzial des Bewerbers, statt auf seine Wahrhaftigkeit legen. Er will damit um jeden Preis die Aufnahme der Gastmigranten ermöglichen.

Das Dispositiv, das die Asylbewerber zum Lügen zwingt, wird kritisch in der Erzählung dargestellt. Bei den Kommissionen werden die Gastmigranten durch ihre Reaktion oder Antwort auf die Frage „Pourquoi es-tu parti de chez toi ?“ (SDC, S. 138) pauschal in zwei Migrantentypen eingeteilt. Es wird zwischen guten Migranten – „les bons migrants“ – und schlechten Migranten – „mauvais migrants“ – unterschieden:

> Devant la commission européenne ou devant la personne bienveillante assoiffée d'émotion, le migrant peut insister sur la *cause* de son départ ou sur son *but*. Sur le *motif* ou le *mobile*. Sur la *raison* ou *l'objectif*. Selon l'option qu'il choisira, il ne sera pas vraiment le même type d'immigré. Les ‘parce que’/‘à cause de’ ont plus de chance d'avoir des

321 Die Bibel, nach der Elberfelder Übersetzung, 1. Auflage der Standardausgabe, SCM R. Brockhaus, Witten, und Christliche Verlagsgesellschaft, Dillenburg, 2020.

322 Beispielsweise gibt Abraham seine Frau Sara zweimal als seine Schwester aus (1. Mose 12,10–20 und 20,2), um sein Leben zu retten. Jakob betrügt seinen Vater Isaak, um den Segen des Erstgeborenen zu erhalten (1. Mose 27).

323 Vgl. Apostelgeschichte, Kapitel 5.

> papiers ou d'émouvoir : devant la commission ou devant les gens émues, cette réponse est celle de l'absolue nécessité du départ (guerres, famines, persécutions, discriminations, catastrophe naturelle, écologique, etc.). Ce sont les bons migrants : une mort certaine les menaçait. Les 'pour'/'afin de' sont plus suspects : leur réponse peut toujours convaincre ou émouvoir, mais avec plus de mal, puisqu'aux yeux de l'interlocuteur, cette réponse lit le départ à une raison non absolument nécessaire, voire superflue (gagner plus d'argent, aider sa famille, trouver un emploi, avoir des perspectives d'avenir, avoir une meilleure vie). Ce sont de mauvais migrants. Une mort *seulement incertaine* les guettait. (SDC, S. 138 f., Hervorhebungen im Original)

Die Asylbehörde ist an Gründen und Ursachen der Flucht, nicht an den Hoffnungen oder Erwartungen der Gastmigranten interessiert. Ein „guter" Flüchtling ist folglich derjenige, der in seiner Heimat an Leib und Leben gefährdet war und als Schutzsuchender den europäischen Boden betritt. Die guten Migranten sind diejenigen, die über eine überzeugende *Storytelling*-Kompetenz[324] verfügen und ihre Fluchtursache emotional berührend, dramatisch glaubwürdig erzählen können. Sie sind diejenigen, die in der Lage sind, der Kommission den Eindruck zu vermitteln, dass sie wirklich einer Todesdrohung ausgesetzt waren: „une mort certaine les menaçait". Sie bestehen ihre Asylprüfung mit der besten Note „a failli mourir pour de vrai !" (SDC, S. 139). Das Erfinden dramatisierter, tragisch-fiktiver Geschichten gilt als eines der Merkmale des guten Migranten. Dazu kommen noch die Nützlichkeit und Integrationsfähigkeit des Migranten. Aus diesen Gründen bemühen sich alle Bewerber, in die Kategorie der guten Migranten zu gelangen:

> Beaucoup de ragazzi avec le temps et l'aide des associations qui les accueillent, ont fini par comprendre qu'il valait toujours mieux commencer leur récit par « parce que ». Nombre d'entre eux, même s'ils sont motivés par des raisons strictement économiques, inventent ou exagèrent des causes de nécessité absolue. En somme, il y en a certains qui arrangent la vérité. C'est une banalité que de le dire. Mais cette question « pourquoi es-tu parti de chez toi ? » est si violente que nul ne devrait s'étonner que ceux qui la subissent mentent en y répondant. Ils en ont même le droit. Voire l'obligation : pour l'obtention de ces papiers, le plus important pour un refugié n'est pas la vérité de son histoire, mais sa vraisemblance tragique. (SDC, S. 139 f.)

In dem Auszug betonen viele Wörter wie „inventent", „exagèrent", arrangent", „mentent", „pas la vérité" und „vraisemblance tragique" deutlich die Bedeutung des unwahren Charakters der zu erzählenden eigenen Geschichte, um in die Kategorie der „guten Migranten" klassifiziert zu werden. Die subjektive

324 Zum Begriff des Storytellings, vgl. Karolina Frenzel, Hermann Sottong, Michael Müller: *Storytelling. Das Praxisbuch*, Hanser Verlag München/Wien 2006.

Unterscheidung ist eigentlich Teil des Dispositivs der Gastfeindschaft, denn sie zielt weniger darauf, nützliche und integrationsfähige Migranten zu identifizieren, als vielmehr Migranten zu entdecken, die abgelehnt und abgeschoben werden können. Das bringt der Erzähler auf den Punkt:

> Migrant est un diplôme qui se mérite, avec différentes mentions dont la plus prestigieuse est : « A failli mourir pour de vrai ! ». Avec ses échecs aussi. L'échec d'un refugié, aujourd'hui, n'est plus seulement de ne pas arriver sur une terre d'accueil : c'est aussi d'y arriver sans avoir failli mourir. S'il n'arrive pas à prouver que la mort était à ses trousses, il ne vaut rien. On ne l'accueille pas. (SDC, S. 139)

Das Asylsystem distanziert sich so vom Objektiven. Die Unfähigkeit, die eigene Geschichte glaubhaft zu machen, kann in diesem Zusammenhang als Manöver des bürokratischen Dispositivs der Gastfeindschaft dargelegt werden. Das verringert die Glaubwürdigkeit der Geschichten. Die Konsequenz ist: Die Beurteilung der Glaubhaftigkeit der Asylgründe beruht dann auf dem Gefühl oder der professionellen Intuition der Entscheider, welche die wirklichen Erlebnisse der Migranten nie kennen werden, „les membres, chargés de décider de leur destin, n'auraient jamais la plus petite idée de ce qu'ils avaient réellement vécu" (SDC, S. 192). Die tragische Konsequenz davon ist, dass die tatsächlichen Schutzwürdigen nicht immer identifiziert werden können. Das Asylsystem gleicht in diesem Fall einer „Lotterie, freilich, bei der die Gewinnchancen ungleich verteilt sind."[325] In einem Interview schildert Sarr eine der Erfahrungen, die ihn bei der narrativen Bearbeitung dieser Tatsachen inspiriert haben:

> J'ai rencontré dans ce petit village sicilien un autre migrant, très jeune, d'une sincérité naïve et d'autant plus touchante. Il a une histoire terrible qu'on l'obligeait, à chacun de ses passages devant une commission (pour obtenir un statut de réfugié politique), à répéter. J'ignore encore comment il trouvait la force de tout redire, dans les détails. Mais je sais que chacune de ces commissions commençait par cette question : « pourquoi es-tu parti ? ». On fait comme si cette question (ou plutôt la réponse qu'un réfugié lui apporte) était le critère décisif. Les migrants l'ont compris, et chacun d'eux a une histoire, réelle ou inventée, vraie ou légèrement déformée, authentique ou réarrangée pour convenir, selon la situation. [...] Le jeune réfugié dont je parlais plus haut était considéré par beaucoup comme un migrant qui avait ses chances parce qu'il avait un bon récit, c'est-à-dire un récit tragique à l'extrême. Se rend-on compte du cynisme de cette configuration ?[326]

Diese Tatsachen zeigen, wie das Asylverfahren das Schicksal eines Menschen von der Beantwortung einer Frage abhängig macht. Zu diesem gastfeindlichen

---

325 Ruud Koopmans: *Die Asyl-Lotterie. Eine Bilanz der Flüchtlingspolitik von 2015 bis zum Ukraine-Krieg*, C.H. Beck Verlag, München 2023, S. 10.

326 Elara Bertho, 2019, op. cit., S. 205.

Dispositiv gehört der Priester, denn seine Funktion ist es, durch Übungen die Gastmigranten dabei zu helfen, dass sie ihre Geschichten neu erfinden, „écrire et de réécrire leurs histoires“ (SDC, S. 97), und diese an die Erwartungen der Kommission anpassen zu können, denn „il faut dire une bonne histoire pour avoir les papiers“ (SDC, S. 122). Die fast schriftstellerische Tätigkeit des Priesters soll am Ende für die Gastmigranten zu arrangierten (Schein-)Identitäten führen, mit denen sie die Kommission überzeugen können.

Diese Konstruktion einer narrativen *politischen* Scheinidentität als Voraussetzung zur Anerkennung als echten Flüchtling entwürdigt das Menschsein des Gastmigranten und unterschätzt die tragischen Situationen und die Gewalt, die sie in der Wüste und auf dem Meer erlebt haben (vgl. SDC, S. 190 f.). Der Erzähler empört sich und fragt: „Et où tout cela – ces sacrifices, ces peurs, ces courages éperdus, ces risques inconsidérés – les avait-il menés ? Sur cette froide chaise, devant lui [Bonianno], racontant leur traversée et la manière dont ils avaient lutté pour survivre.“ (SDC, S. 192) Schon die Tatsache, dass die Gastmigranten ihre Flucht vor der Kommission *rechtfertigen* müssen, empfindet der Autor als eine Art Gewalt ihnen gegenüber. In dem oben zitierten Interview behauptet Sarr: „Il me semble que la première violence s'exerce là : lorsqu'un dispositif administratif oblige à justifier un exil, une fuite, la recherche d'une vie meilleure ou le désir simple de partir.“[327] In diesem Sinne wird der Stuhl, auf dem die Asylbewerber sich bei der Kommission setzen, mit einem elektrischen Folterstuhl verglichen, „ces hommes se retrouvent le cul sur une foutue chaise en métal aussi mortelle que sa cousine électrique“ (SDC, ebd.). Dies zeigt, dass der Druck oder der Stress, eine fiktive Geschichte entwickeln und vortragen zu müssen, als eine Art psychologische Folter betrachtet wird.

Die Lüge, um sich Vorteile beim Asylstatus zu verschaffen bzw. um Papiere zu bekommen, kritisiert der Erzähler, indem er Salomon als Gegenfigur der Lüge unter den Gastmigranten hervorhebt. Obwohl der Padre versucht, Salomon durch insistierende Fragen zum Lügen zu überreden, weigert sich dieser kategorisch, seine Geschichte zu ändern oder zu verfälschen. Er erwidert: „Mon histoire, finit-il par dire, c'est que ma famille a été tuée. Je n'ai rien d'autre à vous dire. Je n'ai aucune envie de parler du voyage, de la traversée, de la barque. Vous savez déjà tout ça. L'essentiel c'est la mort de ma famille.“ (SDC, S. 193) Trotz der unterschiedlichen Strategien gelingt es dem Padre nicht, Salomon zu manipulieren und zur Lüge zu bewegen. Salomon ist es gleichgültig, ob ihm die Papiere verweigert werden oder nicht. Für ihn ist es von wichtigerer Bedeutung, keine erfundene

327 Ebd.

Geschichte zu erzählen, sondern beim Wahrhaftigen zu bleiben. Der Priester kommt zum folgenden Schluss: „Rien ni personne ne le fera changer d'histoire. Celle-là, on peut être sûr qu'elle est vraie." (SDC, S. 195) Auch der Psychologe Pietro hat bemerkt, dass Salomon nicht lügen kann: „Il ne sait pas mentir, répondit Pietro. Il ne changera pas un mot de son histoire." (SDC, S. 196) Salomon verfügt über eine gefestigte moralische Überzeugung, die konsequent auf biblischen Prinzipien basiert und Widerstand gegen das lügnerische Gastfeindschaftsdispositiv leistet. Dieses Dispositiv legt nahe, dass die tatsächlichen Migrationsgeschichten der Asylbewerber der Kommission gleichgültig sind. Dadurch wird die Menschenwürde der fremden oder afrikanischen Gastmigranten nur in begrenztem Maße respektiert.

9. Die Ästhetik des „Mieux vivre ensemble"

Einleitung

Erzähltexte, so Vera Nünning, haben Qualitäten, kreative Welten zu erschaffen und zu bestehenden Welten Stellung zu nehmen.[328] In den heutigen Migrationsgesellschaften, in denen die Begegnungen von Ansässigen und Fremden mit vielen Spannungen und Herausforderungen einhergehen, kann die Literatur dazu beitragen, nicht nur Probleme zu identifizieren, sondern auch Lösungsstrategien zu entwickeln, ein „›bewohnbares‹ *Land* zu schaffen [...], sich sogar um eine gastliche *Welt* zu sorgen."[329] Aus dieser Perspektive schildert Mbougar Sarrs gesellschaftskritischer Roman zwar das Problem der Gastfeindschaft gegenüber afrikanischen Gastmigranten, aber in der Fiktionalisierung lassen sich besondere Textstrategien rekonstruieren, die im Hintergrund der gescheiterten Begegnung ein Zusammensein unter bestimmen Umständen möglich erscheinen lassen. Denn die Literatur ist ein „moyen, parmi tant d'autres, de penser un ›vivre-ensemble‹ nécessaire à l'évolution de l'homme dans la société. D'autant que la mise en évidence de ces maux est sous-tendue par un besoin de questionner, de mettre à mal leur réception."[330]

---

328 Vera Nünning, „Literatur – Erzählen – ZusammenLeben", 2012, op. cit., S. 59. https://doi.org/10.1515/9783110283013.

329 Burkard Liebsch: *Für eine Kultur der Gastlichkeit*, Verlag Karl Alber, München 2008, S. 53. Hervorhebungen im Original.

330 Patricia Bouanga: „Le fait littéraire : une expérience de l'altérité", in: Bellarmin Étienne Iloki/Augustin Nombo (hrsg.): *La littérature et le 'vivre-ensemble' : l'autre, identité et différence*, L'Harmattan, Congo-Brazzaville/Paris 2020, S. 377–387, hier S. 384.

In der Darstellung der Auseinandersetzungen zwischen den Protagonisten in der Erzählung stellt der Autor eine grundlegende Frage: „la seule question politique véritable […] C'est ›comment mieux vivre ensemble ?‹ qu'il faut se demander.“ (SDC, S. 149). Die Antwort auf die Frage, wie man besser oder harmonischer zusammenleben kann, bzw. die Suche nach einem harmonischen Leben zwischen den Gastmigranten und den Bewohnern der fiktiven Stadt Altino ist einer der wichtigsten Kernpunkte des Romans. Dass diese Frage grundlegend ist, zeigt sich in der Art und Weise, wie sie heftige interne Diskussionen innerhalb der Santa-Marta-Hilfsorganisation verursacht hat. Merkwürdigerweise wird diese Frage von Jogoy verkörpert. Jogoy ist als „transkultureller Migrant“[331] ein „médiateur culturel“ (SDC, S. 39), ein Kulturvermittler und Übersetzer bei der Santa-Marta-Hilfsorganisation. Als Moderator soll er darauf achten, dass die Gastmigranten und die Mitarbeiterschaft sich sprachlich sowie kulturell verständigen. Ohne diese Moderation ist ein besseres Zusammenleben kaum vorstellbar. Anhand von formalen und inhaltlichen Elementen lässt sich die Ästhetik des „Mieux vivre ensemble“ rekonstruieren.

9.1. Polyphonische Bilder des Zusammenlebens

Das erste Merkmal der Ästhetik des besseren Zusammenlebens liegt im Paratext bzw. im Titel des Romans. In *Silence du chœur* ist der Begriff „chœur“ ambivalent und verwirrend beim Aussprechen und Hören.[332] Ohne den Titel gelesen zu haben, könnte der Leser erst einmal an das Homonym „cœur“ (das Herz) denken. Auf diese Weise produziert der Titel eine tonale Homogenität, die im Hintergrund eigentlich auf zwei orthographisch heterogene Wörter verweist. Derselbe Effekt vollzieht sich mit dem Digraphen „oe“ in „chœur“. Der Buchstabe „œ“ wird im Französischen als „l'e dans l'o“, „o, e entrelacés“ oder „digramme soudé oe“ bezeichnet[333] und weist auf eine Zusammensetzung von „o“ und „e“

331 Der transkulturelle Migrant ist für Stuart Hall die Verkörperung des Hybriden. Er ist einer, der sich zwischen den Kulturen bewegt und ununterbrochen übersetzt. Für ihn sind transkulturelle Migranten nicht einheitlich, sie sind „unwiderruflich das Produkt mehrerer ineinandergreifender Geschichten und Kulturen […]. Menschen, die zu solchen Kulturen der Hybridität gehören […] sind unwiderruflich Übersetzer.“ Vgl. Stuart Hall „Die Frage der kulturellen Identität“, in: Ders.: *Rassismus und kulturelle Identität*, herausgegeben und übersetzt von Ulrich Mehlem [und vier anderen], Argument Verlag, Hamburg 1994, S. 180–222, hier S. 218.

332 Die Ambivalenz des Titels war auch typisch für seinen Roman *Terre ceinte*. Hierbei kann „ceinte“ mit „sainte“ verwechselt werden.

333 https://www.lalanguefrancaise.com/linguistique/l-e-dans-l-o-oe, Zugriff am 02.06.2022.

hin. Dies bedeutet eine harmonische Verbindung oder Verschmelzung zweier verschiedener Buchstaben zu einer Einheitssilbe. Nach der Buchstabenhäufigkeit der französischen Sprache steht „e“ auf dem ersten Platz (15,10 %), während „o“ sich auf dem 10. Platz (5,27 %) befindet.[334] Ausgehend davon kann man annehmen, dass der Digramm „oe“ die Ligatur einer Minderheit und einer Mehrheit symbolisiert. Dies spielt wohl auf den Versuch einer Annäherung der Minderheit der afrikanischen Gastmigranten und der Mehrheit der italienischen Bewohner an. Diese Informationen, die sich im Titel verbergen, stellen in gewisser Hinsicht die Vorstellung einer homogenen Identität bzw. Gesellschaft infrage. Sie implizieren das Angewiesensein auf den Anderen zur Bildung einer Gemeinschaft. Zudem weisen die unterschiedlichen Semantiken von „chœur“ auf eine gemeinsame oder kollektive Handlung (Singen, Tanzen, Stimmen, Parolen u. a.) hin.[335] Der „Chor“ beschreibt auch das Modell des antiken Theaters und der Tragödie. Dabei erscheint der Chor als kollektive Figur, der eine harmonische Verbindung zwischen Bühne und Publikum schafft. Immerhin stellt sich aber die Frage, ob das Kollektiv harmonisch oder disharmonisch ist.

In der Struktur des Romans lässt sich eine Harmonie aus der kollektiven Erzählung nachvollziehen. Im Roman tritt ein auktorialer Erzähler auf, der häufig tiefe Einblicke in die Gedanken- und Gefühlswelten der unterschiedlichen (Erzähler-) Figuren zur Verfügung stellt. Zeitweise verschwindet er hinter einer multiperspektivischen personalen Erzählsituation bzw. einer „focalisation interne variable“,[336] sodass eine Mehrstimmigkeit und erzählerisches Kollektiv daraus entstehen.

Silence du chœur ist ein polyphoner Roman mit mehreren weiblichen und männlichen Erzählerstimmen und Genres. Die Polyphonie wird in den 64 Kapiteln unterschiedlicher Umfänge am Einsatz von zwei narrativen Instanzen[337] erkennbar. Ein allwissender extradiegetischer Erzähler, der in seiner Erzählung in der dritten Person Kommentare einbringt (vgl. z. B. SDC, S. 83 f., oder SDC, S. 23, über die Bedeutung des Wortes „*Bôh !*“) und entscheidet, was er über die Figuren erzählt oder nicht (vgl. z. B. SDC, S. 93, 95, über die Figur Padre Bonianno). Dadurch beweist der extradiegetische Erzähler seine kognitive Superiorität, bzw. „donne des signes ostensibles de sa supériorité cognitive en fournissant des informations et des réflexions dont la responsabilité énonciative ne correspond

334 https://www.sttmedia.de/buchstabenhaeufigkeit-franzoesisch, Zugriff am 02.06.2022.

335 Vgl. zum Beispiel *Dictionnaire du français contemporain*, Librairie Larousse, Paris 1966, S. 235.

336 Gérard Genette, *Discours du récit* 2007 [1972], op. cit., S. 196.

337 Zu narrativen Instanzen, vgl. Gérard Genette: *Die Erzählung*, 2. Aufl. Fink Verlag, München 1998, S. 151 ff.

à aucun personnage.“[338] Er fügt Dialoge in die Erzählung ein (vgl. z. B. SDC, S. 192 ff.), hinterfragt Standpunkte von Figuren und lässt Konzepte infrage stellen (vgl. SDC, S. 21 ff. und SDC, S. 154 ff.). Der Erzähler erster Stufe dominiert die Mehrheit der Kapitel, lässt aber ab und zu andere Erzählfiguren an der Narration teilhaben, „ce narrateur prépondérant, qui guide le cours de la narration, cède par moments la place aux dialogues, aux récits et aux monologues intérieurs à la première personne.“[339] Somit steht der Leser vor einer Verkettung der Stimmen, einer „concaténation de points de vue et de voix […].“[340] Die anderen intradiegetisch-homodiegetische Erzählerstimmen[341] stellen in der ersten Person ihre persönlichen Geschichten und Standpunkte dar. Diese autodiegetischen Erzählungen, die eher eine Erzählerminderheit bilden, sind wie unabhängige Inseln, in die die Stimme des extradiegetischen Erzählers nicht überlagert. Sie werden von inneren Monologen geprägt, zum Beispiel in Kapitel 10, in dem der Gendarm Matteo Falconi und der Anführer der Fremdenfeindlichen, Maurizio Mangialepre, einer nach dem anderen von den Ereignissen bei der Ankunft der Ragazzi monologisch berichten, oder im Kapitel 15, in dem der Arzt Salvatore Pessoto seinen Standpunkt im Blick auf das Schicksal der Gastmigranten schildert. Andere Kapitel dazu sind 11 (Fousseyni), 21 (Bemba), 31 (Fousseyni, Gianni, Lucia). Eine zweite Variante der intradiegetischen Erzählung ist die selbstreferenzielle Erzählung von Jogoys Migrationsgeschichte, die sich ebenfalls durch den gesamten Roman zieht. Jogoys tagebuchartige Erzählung zeichnet sich im Roman durch eine andere Typografie aus. Sie scheint am Anfang eine *fremde* Erzählung von sekundärer Bedeutung zu sein, aber sie bildet eine Vorgeschichte und den Schlüssel zu den Ereignissen in der Hauptdiegese. Sie fordert den Leser heraus, zwei Erzählungen gleichzeitig zu verfolgen. Das lässt sich als eine ästhetische Aufforderung zur Gleichwertigkeit und Hochachtung des Fremden interpretieren.

Durch die polyphonische Struktur erschafft der Autor einen narrativen „Mikrokosmos der Redevielfalt“,[342] in dem jede Stimme ihren Platz findet, ohne die

338 Luisa Fernanda Acosta Cordoba, Maud Lecacheur, Basil Martin-Marge: „*Silence du chœur* de Mohamed Mbougar Sarr : une épopée polyphonique“, *Présence Africaine*, vol. 199–200, no. 1–2, 2019, S. 217–241, hier S. 226. DOI: https://doi.org/10.3917/presa.199.0217.

339 Ebd., S. 222.

340 Ebd.

341 Ein intradiegetisch-homodiegetischer Erzählertyp ist ein „Erzähler zweiter Stufe, der seine eigene Geschichte erzählt.“ (Genette 1998, S. 178).

342 Michail Bachtin: *Die Ästhetik des Wortes*, herausgegeben und eingeleitet von Rainer Grübel, aus dem Russischen von Rainer Grübel und Sabine Reese, Suhrkamp Verlag, Frankfurt am Main 1997, S. 290.

andere zu unterdrücken. In der narrativen „Redevielfalt" oder „Zweistimmigkeit" ist nach Bachtin „ein potentieller, unentwickelter und konzentrierter Dialog zweier Stimmen, zweier Weltanschauungen [...] angelegt."[343] Das praktische erzähltheoretische Funktionspotenzial dieses multiperspektivischen Erzählens für postkoloniale Begegnungen wie diejenige in Sarrs Roman erklären Hanne Birk und Birgit Neumann:

> Durch das Phänomen der Polyphonie, das nicht nur die sprachliche Ebene, z. B. das Register, sondern auch die narrative Vermittlung einer Pluralität von Sichtweisen umfasst, können Identitäts- und Alteritätskonzepte entsprechend multiperspektivisch inszeniert werden. Eine mögliche Funktion multiperspektivischen Erzählens im postkolonialen Kontext besteht also darin, dass dem imperialen Anspruch auf Allgemeingültigkeit des eigenen Werte- und Normensystems und der damit einhergehenden Illusion einer ‚Objektivität' verschiedene Versionen oder Interpretationen von Wirklichkeit entgegengesetzt werden können. Besonders wenn eine divergierende Stimmvielfalt vorliegt, kann eine der (vielen möglichen) Funktionen dieses narrativen Phänomens in der Problematisierung des imperialistischen Deutungsmonopols liegen, da allein durch die formale Inszenierung der Perspektivenpluralität die subjektive Bedingtheit von Wahrnehmung hervorgehoben wird. Wenn eine Vielfalt bzw. Vielstimmigkeit alternativer Wirklichkeitsvorstellungen vermittelt wird, kann somit die einseitig imperialistische Weltwahrnehmung als Ideologie entlarvt werden.[344]

Eine Offenheit zur Pluralität und die Akzeptanz der Werte und Weltanschauungen des Anderen legt eine Bedingung des „Mieux vivre ensemble" dar. Im Roman steht das Lesepublikum tatsächlich vor einem religiösen, kulturellen und ideologischen Schock – „choc de valeurs" (SDC, S. 149) zwischen italienisch-europäischen und afrikanischen Normen und Werten. Die Frage, anhand welcher Strategien „l'affrontement de civilisations" (SDC, S. 150) bzw. der Kampf der Kulturen[345] bewältigt werden kann, löst eine heftige Figurendiskussion bei der Santa-Marta-Hilfsorganisation aus, insbesondere als ein Foto von den Gastmigranten zu Werbezwecken aufgenommen werden soll bzw. „pour illustrer le travail de l'association et l'effort fourni par beaucoup d'habitants pour les accueillir" (SDC, S. 147). Dabei kommt die Frage nach den religiösen Werten auf. Dies fordert die Mitarbeiterschaft auf, zu begreifen, warum die muslimischen Gastmigranten sich weigern, ein Foto von sich bei einem christlichen Fest und vor christlichen Symbolen aufnehmen zu lassen (vgl. SDC, S. 146 ff.). Das Werte- und Normensystem

---

343 Ebd., S. 213.

344 Hanne Birk & Birgit Neumann, 2002, op. cit., S. 132.

345 Vgl. Samuel Huntington: *Kampf der Kulturen: die Neugestaltung der Weltpolitik im 21. Jahrhundert*, Vollst. Taschenbuchausg., 8. Aufl., Siedler, München 1998.

der Kultur und Religion der Anderen zu verstehen bestimmt auch das „Bild", das man sich von ihm macht oder vermittelt. Dieses Bild beeinflusst auch die Disposition, ihn abzuwehren oder mit ihm zusammenzuleben.

Die Strategie der narrativen Vielstimmigkeit des Romans kann weiterhin als Inszenierung einander tolerierender Herrschaftsverhältnisse betrachtet werden. Der extradiegetische Erzähler fungiert hierbei als ein narrativer Gastgeber, der andere „fremde" Gasterzähler aufnimmt und sie die Grenze seines Machtraumes überschreiten lässt und sie in diesen Raum duldet und integriert. Diese narrative Gastfreundschaft und Organisation der narrativen Grenzüberschreitungen kann auch eine Bedeutung für das Zusammenleben von Gastmigranten und ihren Gastgebern annehmen. Die extradiegetische Erzählerinstanz kann in dieser Perspektive die Einheimischen als Mehrheit symbolisieren, während die intradiegetischen Erzählerstimmen die Fremden als Minderheit verkörpern. Denn die Anordnung dieser Erzählerminderheit innerhalb des Romans unterliegt zweifellos dem ästhetischen Kalkül des extradiegetischen Erzählers, der das Erzählprivileg und den Erzählraum mit den Ersteren teilt. Bereits durch die Tatsache, dass der Autor die intradiegetischen Stimmen als autonome Erzähler intervenieren lässt, vollzieht er eine literarisch-politische Duldung und eine symbolische Berechtigung der Gastmigranten in dem Raum der aufnehmenden Gesellschaft.

Der narrative Raum gilt insofern nicht als absolutes Eigentum des extradiegetischen Erzählers, sondern als gemeinschaftlicher Besitz, ohne dass eine die Autorität oder Bedeutung der anderen vollständig aufgehoben wird. Dies hebt eine Disposition nicht nur zur „Fragmentierung und Pluralisierung des Selbst",[346] sondern auch zum Teilen des eigenen Raums mit dem Gastmigranten hervor. Somit wird in symbolischer Weise die Ausgrenzung des Gastmigranten verurteilt. Hier lässt sich wohl Immanuel Kants *Zum ewigen Frieden* führendes kosmopolitisches „Besuchsrecht" nennen,

> welches allen Menschen zusteht, sich zur Gesellschaft anzubieten, vermöge des Rechts des gemeinschaftlichen Besitzes der Oberfläche der Erde, auf der, als Kugelfläche, sie sich nicht ins Unendliche zerstreuen können, sondern endlich sich doch neben einander dulden zu müssen, ursprünglich aber niemand an einem Orte der Erde zu sein, mehr Recht hat, als der Andere.[347]

---

346 Hanne Birk & Birgit Neumann, 2002, op. cit., S. 121.

347 Immanuel Kant: „Zum ewigen Frieden. Ein philosophischer Entwurf", in: Otto Heinrich von der Gablentz, (hrsg.): *Immanuel Kant. Klassiker der Politik*, Springer Fachmedien, Wiesbaden 1965, S. 104–150, hier S. 120. https://doi.org/10.1007/978-3-663-19739-3_6.

Ein „Raum geben"[348] ist notwendig für ein Zusammensein mit dem Anderen. Das Bestehen der Gastfreundschaft setzt vor allem voraus, den Anderen in den eigenen Raum hereinzulassen. Ohne die Partizipation am selben Raum kann man weder von Gastfreundschaft noch von Zusammenleben sprechen. Die Duldung des – narrativen – Anderen im eigenen Raum stellt territorial-ethnische Konstruktionen des „Zuhauses" infrage und widerspricht auch dem Bild fremder Invasoren, die die Souveränität des Gastgebers usurpieren. Denn die intradiegetischen Erzähler berauben der Stimme des extradiegetischen Erzählers nicht ihrer Geltung und umgekehrt. Beide Stimmen und Erzählperspektiven behalten ihre Gültigkeit für das Verstehen des Geschehens. Der Autor schafft eine Komplementarität der erzählerischen Rollen. In diesem Sinne ist Gastfreundschaft zwar eine Machtkonstellation, aber das Teilen des „eigenen" Territoriums mit dem fremden Gastmigranten beraubt dem Gastgeber nicht aller Macht, wie Philipp Stoellger zeigt:

> Üblicherweise ist der Gastgeber *nolens* oder *volens*, bewusst oder nicht, eine Machtfigur [...]. Handlungslogisch ist dann der Zulassende der Machthaber, der dem Machtlosen etwas gewährt, ihn ermächtigt und darin zugleich seine eigene Macht erweist und steigert. Denn der Zugelassene ist durch diese Zugangsbedingung dem Gastgeber verpflichtet, durch Anerkennung dessen Machtposition zu festigen. Gastlichkeit ist daher auch ein Machtspiel, das von symbolischem Tausch bestimmt wird.[349]

Die narrative Machtteilung spiegelt sich weiterhin in dem im Roman vorkommenden Gattungswechsel wider. Das harmonische Zusammenwirken heterogener literarischen Gattungen ist besonders bei den intradiegetischen Erzählungen vorhanden. Zum Beispiel ist das Kapitel 32 an sich eine dramatisierte Szene. Dabei schafft der Autor im fiktiven Feld nicht nur eine fiktive Bühne, sondern lässt auch zweistufig-fiktive Figuren mitspielen, wie Rokia, Fousseynis Mutter zum Beispiel (vgl. SDC, S. 218 f.). Mittels der theaterhaften Auftritte, bei denen der Erzähler als Regisseur fungiert und Regieanweisungen angibt, lässt die extradiegetische Instanz die Geschichte von Fousseyni, Lucia und Rokia erzählen. Dieses Verfahren könnte als narrative Solidarität verstanden werden. Auch die dramatisierte Szene endet mit einer Umarmung von Lucia und Fousseyni, nachdem die Erstere seine Geschichte zu Ende erzählt hat: „*Les deux s'étreignent toujours. La lumière*

348 Philipp Stoellger: „›Raum geben‹. Sprachfiguren des gastlichen Umgangs mit Fremden", in: Burkhard Liebsch, Michael Staudigl, Philipp Stoellger (hrsg.): *Perspektiven europäischer Gastlichkeit: Geschichte – kulturelle Praktiken – Kritik*, erste Auflage, Velbrück Wissenschaft, Weilerswist 2016, S. 397–425.

349 Ebd., S. 400.

baisse lentement, jusqu'à l'obscurité. Rideau." (SDC, S. 235) Dies vermittelt ein ideales Bild von Solidarität und Zusammensein zwischen einem afrikanischen Gastmigranten und einer Italienerin. Es soll unterstrichen werden, dass Lucia stumm ist. Das Theaterdispositiv ermöglicht es, ihr trotzdem eine Stimme zwischen den artikulierenden Figuren zu geben. Man versteht, dass es ein systematisches Anliegen des Erzählers ist, dass sie wegen ihrer Sprachlosigkeit nicht an den Rand gedrängt wird, denn, so heißt es im Text, „être muette ne devait pas l'empêcher d'avoir une voix, voire une parole" (SDC, S. 245). In diesem Sinne lässt der Erzähler das Ende der Migrationsgeschichte von Fousseyni durch „La voix de Lucia" (SDC, S. 234) weitererzählen. Vorher sehen wir, dass auch Lucia sich an den internen Diskussionen der Santa-Marta-Hilfsorganisation beteiligt und ihre Meinung schriftlich ausdrückt (vgl. SDC, S. 151). Die Inszenierung des gemeinsamen Agierens und Miteinanders einer Stummen und eines Sprechenden ist ein brillantes Bild von der Suche nach dem „Mieux vivre ensemble" trotz der bestehenden Unterschiedlichkeiten. Relevant dabei ist die Tatsache, dass beide Figuren sich einander angepasst haben. Sie ergänzen sich bei ihrer Ausdrucksmöglichkeit: die eine schreibt, der andere spricht. Nimmt man an, dass Lucias Behinderung sie in einen Subalternen-Status versetzt, dann ist die narrative *Stimmgebung* offensichtlich eine erzählerische Antwort auf Spivaks postkoloniale Frage „Can the subaltern speak?"[350] Mbougarr Sarr setzt der Sprachlosigkeit eine Grenze und der subalternen Frau – hier im physischen Sinne – eine Stimme. Die durchgeführten Anpassungsbemühungen verhelfen Lucia und Fousseyni sowie den anderen, das Miteinander und einen gegenseitigen Austausch zu genießen. Jeder hat den radikalen Unterschied zwischen dem Selbst und dem Anderen anerkannt und aus diesem Unterschied eine solidarische Entität des Ähnlichen und Versöhnlichen erschaffen. Die solidarische Suche nach Gemeinsamkeiten kann gewinnbringend

350 Vgl. Gayatri Chakravorty Spivak: *Can the Subaltern Speak? Postkolonialität und subalterne Artikulation*. Aus dem Englischen von Alexander Joskowicz und Stefan Nowotny, Turia + Kant Verlag, Wien 2008. Spivaks Begriff des *Subalternen* erfasst nicht nur die sozial und kulturell Unterdrückten im globalen Vergleich, sondern ebenso die Gruppen und Individuen, vor allem die Frauen, die an den Rand der postkolonialen Gesellschaften in der südlichen Hemisphäre gedrängten werden. Spivak verfolgt in ihrem Essay drei Argumentationsstränge. Erstens kritisiert sie die postmoderne Problematisierung des Subjekts in Europa. Zweitens hinterfragt sie die Behandlung der Frage nach der Repräsentation des „Subjekts" der Dritten Welt im politischen Diskurs des Westens sowie die damit verbundene Verwobenheit zwischen intellektueller Wissensproduktion und ökonomischem Interesse. Drittens setzt sie sich mit einer alternativen Analyse der Beziehungen zwischen westlichen Diskursen und der Möglichkeit, über oder für die subalterne Frau zu sprechen.

für ein verständnisvolles Zusammenleben sein. Dass Lucia keine akustisch wahrnehmbare Stimme hat, liegt der strategischen Entscheidung des Erzählers, denn Lucia bekommt am Ende durch einen gewaltigen Schrei „un cri puissant, terrible“ (SDC, S. 405) ihre Stummheit weg: Sie konnte sprechen und Fousseyni retten (SDC, S. 406). Wenn Lucia und Fousseyni am Ende miteinander mündlich kommunizieren können, dann ist die Botschaft schlussreich: den Anderen so in seiner Andersheit annehmen mit der Hoffnung, dass man sich irgendwann in einer neuen „Sprache“, „une langue commune“ (SDC, S. 237) verständigen kann.

Der Autor rekurriert ferner zweimal auf Zeitungsartikel als „moyen détaché“,[351] um von zwei bestimmten Ereignissen zu berichten, die die Situation mit den Gastmigranten verändert haben (vgl. SDC, S. 288 f. und 307 ff.). Zudem sind viele typografisch erkennbare intertextuelle Bezüge in Form von Liedern, Gedichten, Titeln literarischer Werke im Text präsent. *Silence du chœur* multipliziert somit die Genres: soziologischer Roman, Thriller, Tagebuch, Zeitung, politische Intrige, moderne Tragödie. Die Variation von literarischen Genres, die fiktionale Grenzüberschreitung von einer Gattung zur Anderen, der Beitrag der einzelnen Gattung und Textform zur Originalität des Geschehens sind sehr prägend. Durch diese „poétique du franchissement des frontières symboliques“[352] macht der Autor die Offenheit der geographischen und soziokulturellen Grenzen zum Anderen einen konstruktiven und produktiven Grundsatz für die Praxis der Gastfreundschaft grundlegend. Dies kann als ein Appell an Grenzregime verstanden werden, die einen systematischen Grenzschutz praktizieren und in denen die Gesellschaften sich dem Fremden ausschließen, weil Migration als Eindringen ausgelegt wird. Ohne eine Durchlässigkeit der Grenzen sind keine Begegnung mit dem Anderen und kein Zusammensein von Menschen unterschiedlicher Kulturen, Nationen und Identität, wie im Roman, möglich. Es ist dabei aufschlussreich, dass der eine Gastakteur die Kultur des Anderen für sich selbst nutzbar macht. Insofern kann eine Gemeinschaft gebildet werden, in der sich die Gastakteure jeweils in die Kultur des Anderen begeben und diese bereichern.

Ferner enthält der Text sprachliche Variationen, die mit den unterschiedlichen Muttersprachen der Figuren und Hinweisen des extradiegetischen Erzählers verbunden sind. Abgesehen von besonderen Akzenten des Französischen zirkulieren italienische, englische, deutsche und noch andere afrikanische Sprachen

351 Luisa Fernanda Acosta Cordoba, et al., 2019, op. cit., S. 235.

352 Virginie Brinker: „Faire advenir la complexité pour refaire corps : Silence du chœur de Mohamed Mbougar Sarr, une poétique du franchissement des frontières symboliques“, 2023, S. 119–140. https://doi.org/10.7203/HYBRIDA.6.2633.

(vgl. z. B. SDC, S. 100 f.) im Text. Es geht hier nicht um Mehrsprachigkeit im engeren Sinne, sofern die Sprachbarriere keine Verständnisprobleme zwischen den Figuren darstellt. Vielmehr dienen diese sprachlichen Merkmale dazu, die soziale Herkunft und Rolle der Figuren zu charakterisieren. Sie sind auch Unterscheidungsmerkmale zwischen dem extradiegetischen Erzähler, der sich im Standardfranzösisch ausdrückt, und den anderen Erzählern. Zum Beispiel lässt sich durch den Vergleich der inneren Monologe von Fousseyni Traoré und Bemba ein formaler sprachlicher Unterschied feststellen. Bembas Sprache ist weit vom Standardfranzösisch entfernt: „Ça peut pas être ça, l'Europe ! Pas possible ! Pas possible […] On nous a payés un peu, mais ça suffit pas. Depuis y a rien. L'association trouve pas. Ils sont là, ils foutent que dalle“ (SDC, S. 142). Das sind kurze Sätze mit Ellipsen des Adverbs „ne“ in den Verneinungen. Diese Merkmale stellen einen „Soziolekt“[353] des Französischen dar, der zur Darstellung der Mündlichkeit verwendet wird.[354] Die Integration von Elementen unterschiedlicher Sprachen ermöglicht es, dass jede Figur, welchen sozialen Status sie auch immer innehat, anerkannt und mit einer Stimme versehen wird.

Alle diese dargestellten Aspekte der Erzählung zeigen eine Verbindung zwischen Identität und Alterität. Sarrs polyphonische und heterogene Konstruktion der Erzählung widersteht dem „westliche[n] Projekt des singulären Selbst“[355] und erinnert die Leserschaft daran, dass „der andere ein lebendiger Mitschöpfer unseres Bewusstseins, unseres Selbst und unserer Gesellschaft“[356] ist. Die Einbeziehung intradiegetischer Erzähler produziert eine narrative Identität, die „in engem Zusammenwirken mit ‚den Anderen' […] konstruiert und stabilisiert“ wird. Die intradiegetischen Erzähler können als integrierte narrative Andere betrachtet werden, die „als Mitschöpfer des Selbst“[357] des extradiegetischen Erzählers wirken. Der Stellenwert des Einen steht unausweichlich in Relation mit dem Anderen. Diese Positionierungen und Ausgestaltung der Erzählinstanz sprechen dem auktorialen Erzähler die Privilegien der totalen Allgegenwart und Allwissenheit ab, mit denen seine Stimme „greater authority than the word of a character“ trägt und „always stands at a level 'above' the narrated events by

353 Hartmut Kubczak: „Soziolekt“, in: *Handbücher Zur Sprach- und Kommunikationswissenschaft*, Vol. 3/1, De Gruyter, Berlin, Boston 2020, S. 268–273.

354 Sillam Maguy: „La variation dans les dialogues de Bel-Ami…“, in: *Langue française*, n° 89, 1991. L'Oral dans L'écrit. pp. 35–51. Doi: https://doi.org/10.3406/lfr.1991.5762.

355 Heiner Keupp et al.: *Identitätskonstruktionen*: *Das Patchwork der Identitäten in der Spätmoderne*, Rowohlt Verlag, Reinbek 1999, S. 98.

356 Edward Sampson 1993, S. 109, zitiert nach Heiner Keupp et al. 2008, S. 98.

357 Hanne Birk & Birgit Neumann, 2002, op. cit., S. 124.

virtue of narrating them."[358] Selbst wenn die autodiegetischen Erzähler nicht eine gleichmäßige Textpräponderanz wie der auktoriale haben, könnte man hier von einem demokratischen narrativen Raum sprechen. Die demokratische Konstruktion der Erzählinstanz beweist, dass die Existenz des Einen mit der des Anderen verbunden ist. Sie dekonstruiert eine Herr-Knecht-Beziehung der Gastakteure. Diese narrativen Bilder stellen die Grundlagen für eine kohäsive Beziehung zwischen den – europäischen – Gastgebern und den – afrikanischen – Gastmigranten dar. Sie sprechen dafür, dass

> kein Mensch ohne den Beistand der anderen Menschen leben [kann]; und die Gesamtheit aller Menschen kann nur bestehen, solange es Individuen gibt, die ihr Leben mit ihrer Erkenntnis, ihrem Verständnis und ihrer Einsicht so führen, dass sie von anderen Menschen verstanden wird.[359]

Die Aushandlung des „Mieux vivre ensemble" wird auch inhaltlich im Roman besprochen.

9.2. Das „Mieux vivre ensemble" im Gespräch

Vom Zusammenleben zu sprechen, setzt voraus, dass die Akteure sich darüber verständigen, was es bedeutet und impliziert. Deswegen ergeben sich Gespräche bei der Santa-Marta-Hilfsorganisation dazu. Die Frage des Zusammenlebens ist relevant geworden, nachdem die Organisation besonders bei den Fotoaufnahmen zur Weihnachtszeit (vgl. SDC, S. 146 ff.) damit konfrontiert wird, wie differenziert die Gastmigranten die Realität wahrnehmen. Bis zu diesem Augenblick hat sich die Mitarbeiterschaft nicht wirklich mit den kulturellen und religiösen Differenzen ihrer Schützlinge beschäftigt, um konsequente Schlussfolgerungen für den Umgang mit ihnen zu ziehen. Erst die Verweigerung der Fotoaufnahme macht sie auf die grundsätzliche Fremdheit der Gastmigranten aufmerksam. Sie erkennen, dass „ces hommes qui arrivent ne sont pas des dépouilles vides. Ils portent des valeurs que leurs cultures leur ont données. Et il est possible que ces valeurs ne soient pas les mêmes que les nôtres" (SDC, S. 149 f.). Schon das Bewusstsein der kulturellen Differenz der Gastmigranten bildet eine wichtige Grundlage für

---

358 Susan Lanser: „Sexing Narratology: Toward a Gendered Poetics of Narrative Voice", in: Walter Grünzweig & Andreas Solbach (Hrsg.): *Grenzüberschreitungen. Narratologie im Kontext/Transcending Boundaries. Narratology in Context*, Narr Verlag, Tübingen 1999, S. 167–183, hier S. 171.

359 Volker Gerhardt: *Humanität: über den Geist der Menschheit*, Verlag C.H. Beck oHG, München 2019, S. 23.

eine objektivere Begegnung mit denselben. Während diese Fotoaufnahmen für die italienische Mitarbeiterschaft keine kulturelle Bedeutung zu haben scheinen, verhält es sich für die Gastmigranten anders: „Ce ne sont pas de simples photos pour les ragazzi. Elles ne sont pas neutres. Elles ont un sens.“ (SDC, S. 148) Im Grunde genommen hat es Konsequenzen für ihren muslimischen Glauben, wie sie dem Vermittler Jogoy mitgeteilt haben:

> Certains me disent qu'ils ne veulent pas être représentés et que la représentation par l'image est interdite dans leur religion. Ils me disent que ce serait une offense à leur prophète [...]. Il y a parmi eux des musulmans qui refusent d'être photographiés devant des symboles chrétiens. Qui refusent tout simplement d'être photographiés pour un calendrier publié pour une fête chrétienne par une association chrétienne. (SDC, S. 147)

Wie überraschend dieses Abbildungsproblem auch sein mag, so sind die Akteure der Santa-Marta-Hilfsorganisation herausgefordert, das kulturell-religiöse Wertesystem und die Anforderungen der Gastmigranten zur Kenntnis zu nehmen. Die Verhandlung des „Mieux vivre ensemble“ ist in diesem Sinne das Bemühen, eine Harmonie zwischen einem „nous“ und „eux“ (SDC, S. 154) mit gegensätzlichen Wahrnehmungsmustern bzw. „deux façons de penser qui se font face“ (SDC, S. 149) zu finden. Sie beruht auf der „politischen Frage“ (SDC, ebd.): „Qu'attendent-ils de nous ? Qu'attendons-nous d'eux ?“ (SDC, S. 152) Die Suche nach einer Antwort auf diese Frage führt selbstverständlich zu gegenseitigen Handlungen und Kompromissen, so wie Veronica, eine der Mitarbeiterinnen, die Idee vertritt: „Vivre ensemble [...] c'est faire chacun des compromis.“ (SDC, S. 149) Das Finden einer Harmonie zwischen dem „nous“ und dem „eux“ ist gerade eine Aufgabe der Gastfreundschaft: sie lehnt die dramatisierte Trennung von „wir“ und „sie“ ab und konstruiert ein inklusives Wir.

Die interne Diskussion über die Frage der Werte hat deutlich auf die weitere Arbeit der Santa-Marta-Hilfsorganisation ausgewirkt. Sie hat bei Carla zum Beispiel Überlegungen zur Humanität hervorgerufen, sodass es ihr wichtig wurde, die Differenzen, „diversité des sentiments, des pensées, des désirs, des espoirs, des attentes“ (SDC, S. 154), zwischen den Gastmigranten und den Europäern zu berücksichtigen. Des Weiteren hat sie sich im Zuge ihrer aufklärerischen Gedanken damit beschäftigt zu verstehen, was die Gastfreundschaft für Jogoy sowie für die Gastmigranten bedeutet (vgl. SDC, S. 157). Das Verständnis der Werte und Differenz von anderen und die Akzeptanz ihrer Denk- bzw. Verhaltensweisen kann dazu beitragen, den eigenen Umgang mit ihnen umzustellen, indem man ihnen nicht mit eigenen eindimensionalen Zuschreibungen und Vorstellungen begegnet. Zwei Schlussfolgerungen lassen sich in dieser Hinsicht aus der Diskussion über Fotoaufnahmen sowohl für den Gastgeber als auch für den

Gastmigranten ziehen. Einerseits ist es für den Gastmigranten angebracht, die Gastgebenden nicht bloß wie „des chrétiens qui cherchent à leur imposer une foi ou à agresser la leur" (SDC, S. 150) zu sehen. Andererseits sollen die Gastgebenden die Gastsuchenden nicht nach den eigenen westlichen Deutungen ihres Verhaltens oder ihrer Gedanken wahrnehmen und an ihrer Stelle sprechen und handeln. Diese wichtige Meinung bringt die Romanfigur Lucia auf den Punkt:

> *Je crois qu'il faudrait aussi qu'on évite de les voir seulement comme des musulmans qui se pensent agressés dans leur foi. Parce qu'ils ne sont pas tous musulmans d'une part. Et d'autre part parce qu'ils sont autre chose. C'est peut-être autre chose de plus profond qui motive le refus de plusieurs d'entre eux de se faire photographier. [...] Je pense que les ragazzi sont des hommes forts, mais fatigués qu'on pense et parle à leur place. Et c'est ce que nous faisons.* (SDC, S. 151) (kursiv im Original)

Es geht also auf der einen Seite darum, die eigenen Vorstellungen, Verständnisse und Wahrnehmungsmuster nicht bloß auf den Gastmigranten zu übertragen, denn die unreflektierte Projektion eigener Selbstverständlichkeiten auf sie kann eine Form von unbewusster Gastfeindschaft verbergen. Auf der anderen Seite gibt es die Gefahr, dass die Gastmigranten Wahrnehmung der potentiellen Gastgeber missinterpretieren. Wie Padre Bonianno zum Beispiel betont, kann sich die Vorstellung des Glücks bei den Gastmigranten von der Bedeutung bei der einheimischen Mitarbeiterschaft unterscheiden. In diesem Sinne rät Padre Bonianno Carla „qu'il ne fallait peut-être pas essayer de les rendre heureux selon sa propre idée du bonheur, parce que c'était là une erreur responsable de bien des malheurs humains" (SDC, S. 244). Es bedeutet, nicht nur Vorurteile, sondern auch Selbstverständlichkeiten zu überwinden. Es ist nicht selbstverständlich, dass unser gut gemeintes Tun für den Anderen von demselben immer positiv oder nützlich wahrgenommen wird. Überdies fordert das Zusammensein die Überwindung und die Vermeidung der kulturellen Konfrontation – „l'affrontement de civilisations ou même de valeurs" (SDC, S. 150) – zwischen den Protagonisten, um eine neue Realität, eine neue Gemeinschaft zu bilden, so schlägt es die Figur Rosa vor (vgl. SDC, S. 150). Dies bedeutet, dass die Diskrepanz zwischen den Werten und Kulturen der beiden Parteien nicht fatal oder unveränderbar, sondern dynamisch verhandelbar ist. Die Verhandlung geht mit der Auseinandersetzung untereinander einher. Diese Form der Beschäftigung drückt Padre Bonianno als „faire face" oder „faire visage" (SDC, S. 244) aus. Es geht nicht um eine feindliche Konfrontation mit dem Gastmigranten, sondern um eine humanistische Teilnahme an seinem Leiden:

> Il faut faire face [...]. Non pas résister, car nous ne sommes pas dans une lutte, sinon contre notre propre Démon intérieur, mais littéralement faire face, je veux dire : faire

> visage. Devant ces visages en détresse, veiller à avoir un vrai visage humain, une vraie face, car c'est dans le visage que se trouve ce qu'il y a de plus haut et de plus noble. La plus grande des humiliations, pour n'importe quel homme, c'est de n'avoir aucun visage en face de lui, ou de ne rien voir sur le visage qu'il regarde. Alors fais face. (SDC, S. 244 f.).

Dieses „Faire face“ weist auf eine humanistische Interaktion mit dem Gastmigranten hin. Die Entwicklung hin zu einer zusammenhaltenden Gemeinschaft trotz der großen kulturell-religiösen Differenzen der Gastakteure basiert auf einer systematischen interpersonalen Interaktion. Es liegt nahe, dass dieser Tipp des Priesters von seinen Fremderfahrungen im Senegal herrührt.

9.3. Ein Integrationsmodell aus dem fiktiven Senegal

Angesichts der jahrelangen Fremderfahrungen des Priesters in Senegal tritt er als Symbol des „Mieux vivre ensemble“ hervor. Der Prozess seines Ankommens in der senegalesischen Gesellschaft wird in den verschiedenen Phasen ausführlich beschrieben und erweist sich als gewinnbringend für ein gelungenes Zusammensein.

In einer ersten Phase seines Kontaktes mit den Senegalesen hat sich der Priester mit dem Erlernen der lokalen Sprache beschäftigt (SDC, S. 92 f.). Dabei wird erkennbar, wie die Sprache unentbehrlich für jeglichen Kontakt und jede Interaktion mit dem Gegenüber ist. Durch die Sprache können die Gastakteure eine effektive reziproke Kommunikation erfahren, was relevant für das Zusammenleben ist. Mit seinem Status als Priester könnte sich Bonianno einen Übersetzer suchen und sich damit begnügen. Doch die Tatsache, dass er das nicht macht, sondern selbst drei Jahre lang die lokale Sprache erwirbt, zeigt die bedeutende Rolle der Sprache, um in Beziehung mit dem Anderen zu treten. In dieser Zeit machte der Priester die herausfordernde Erfahrung des Fremdseins, wie der Erzähler es erläutert: „Amedeo Bonianno éprouva tous les affres auxquels est condamné un homme soudain jeté sur une terre étrangère où il avait pourtant à vivre avec d'autres hommes.“ (SDC, S. 93). Das Wort „affres“ (Qualen) unterstricht den Grad der Herausforderung der kulturellen Begegnung. Was diese Qualen beim dreijährigen Spracherwerb für den Priester gewesen sind, benennt der Erzähler nicht im Detail. Dies sind sicherlich die Schwierigkeiten, die Frustration und die Ohnmacht vor der Unfähigkeit, sich in der Sprache der Anderen ausdrücken und sich mit ihnen verständigen zu können und sich in ihrer Kultur zurechtzufinden. Obwohl der Erwerb der lokalen Sprache ein wichtiger Schritt ist, ist er aber nicht die einzige Herausforderung für das Zusammensein mit dem Anderen. Die Sprache ist die Komponente einer ganzen Kultur, insofern ist das Erlernen der Sprache mit dem Bemühen, die einheimische Kultur zu verstehen, verbunden. Deswegen sind die Spannungen, die aus der kulturell-religiösen Konfrontation hervortreten, auch herausfordernder, wie es der Priester erlebt:

> Au départ, la chose ne fut pas facile ; ses tentatives d'évangélisation créaient des tensions chez les populations locales. Plusieurs fois, l'envie de rentrer en Europe le prit ; autant de fois, le désir de ne pas échouer dans la rencontre avec le peuple l'emporta. Les sept premières années, il eut l'impression que tout ce qu'il voyait lui serait à jamais étranger et incompréhensible. (SDC, S. 93)

Die Evangelisationseinsätze des Priesters verursachen am Anfang Spannungen. Aufgrund der radikalen Diskrepanz zwischen der Religion des Priesters (Christentum) und derjenigen der lokalen Bevölkerung (Animismus) könnten die Einheimischen seine Missionierung als Bedrohung empfinden und radikalen Widerstand leisten. Wie schon bei den Diskussionen in der Santa Marta-Hilfsorganisation auf die Bildung einer anderen Realität hingewiesen wurde, entsteht für Bonianno nach der Zeit der Konfrontation jedoch ein produktiver Integrationsprozess.

> Mais peu à peu, la méfiance à son égard s'estompa, sa capacité à écouter s'accrut, on l'intégra davantage à la vie sociale du village. C'est de cette extraordinaire période, au cours de laquelle il avait pu échanger avec les personnages les plus importants de F…, que datait son sursaut. Il avait été invité à passer quelques soirées au « ngel », la rudimentaire construction en bois et en paille sous laquelle les Anciens du village se réunissaient pour parler.

Hier stellt sich eine positive Veränderung der Situation hin zum interkulturellen Austausch durch reziproke Bemühungen der Gastakteure ein. Wir sehen vor allem in der Phase davor, dass der Priester trotz der Enttäuschungen und Gefühle der Hilfelosigkeit nicht resigniert hat, sondern sein „désir de ne pas échouer dans la rencontre avec le peuple l'emporta" (SDC, S. 93). Sein Engagement für das Gelingen der Begegnung mit den Einheimischen, seine Disposition, ihnen Gehör und Aufmerksamkeit zu schenken, „sa capacité à [les] écouter" (SDC, ebd.), hat ihr Misstrauen ihm gegenüber verringert und die Beziehungen gesteigert. Intensivere Interaktionen mit den Einheimischen haben sich entwickelt und zu seiner völligen Aufnahme und Integration in der Gesellschaft geführt. Die Beschreibung zeigt die Besonderheit dieses Momentes:

> *On l'accueillit enfin.* [Hervorhebung von mir, A. A.] Le sacrificateur du village échangea avec lui. Le devin lui parla. Les femmes ne le fuirent plus. Les griottes l'entretinrent de leurs chants et poèmes. On lui permit d'assister à certaines cérémonies initiatiques. Soudain, l'austère curé, toujours plongé dans le texte biblique, commença à sentir et ne plus seulement comprendre les liens entre les différents êtres, la solidarité entre l'humain et le sacré, la signification du monde comme *ngel* – espace symbolique où dialoguent les hommes entre eux et avec ceux qui les y avaient précédés, espace où ce qui est dit

> compte, où la parole porte la densité sacrée d'un geste créateur. Toutes ces choses le bouleversèrent. Sa propre foi catholique, qu'il n'avait pas abandonnée, s'en trouva changée, éclairée d'un jour nouveau. (SDC, S. 93 f.)

Die Behauptung „on l'accueillit enfin“ (SDC, S. 93) hebt diesen Moment der vollkommenen Gastfreundschaft hervor, wobei eine symmetrische Beziehung beginnt. Sie markiert den Anfang einer neuen Zeit, in der die kulturelle und religiöse Fremdheit des Priesters nicht mehr als Drohung wahrgenommen wird, sondern als Möglichkeit zu einer bereichernden und qualitativen Beziehung überzugehen. Er hat seine religiösen Einstellungen erweitern lassen, ohne seinen katholischen Glauben aufzugeben. Dabei kommt die Notwendigkeit der Deradikalisierung eigener Überzeugungen oder Einsichten zum Ausdruck, um mit Virginie Brinker zu sprechen, „la nécessité de ne pas camper sur ses positions, de laisser la pensée de l'autre advenir pour questionner et transformer, tout en rompant avec toute posture colonialiste.“[360] Er tritt in diesen lokalen Raum des senegalesischen „ngel“, „espace symbolique où dialoguent les hommes entre eux“ (SDC, S. 94), in dem er die kollektive „menschliche Wärme“[361] und Achtung der Einheimischen erlebt und als einer von ihnen aufgenommen und behandelt wird. Seine Wahrnehmung der einheimischen Kultur und Religion hat sich radikal verändert, sodass sein katholischer Glaube dadurch bereichert und erweitert wird. Das Adverb „enfin“ zeigt zudem an, dass der Eintritt in diesen herrlichen Moment des Ankommens in der Gastgebergesellschaft ein herausfordernder Prozess für den Priester gewesen ist, den er mit Geduld, Demut und Engagement durchgemacht hat. Die Chronologie dieses Prozesses wird an zeitlichen adverbialen Ausdrücken verdeutlicht: „au départ“, „mais peu à peu“, „enfin“, „les dernières années“. Der ganze Prozess hat acht Jahre gedauert. Acht Jahre, in denen er sich seiner Integration wegen damit beschäftigt hat, geduldig und radikal die Kultur und Religion der Einheimischen zu studieren und zu akzeptieren:

> Il passa huit années là, sans jamais revenir en Europe, essayant patiemment, dans un geste radical, de comprendre la culture sérère et de supporter, par conséquent, que Roog Sèn, le grand dieu animiste de ce peuple, y fût mieux traité que le Christ, inconnu dans leur panthéon. (SDC, S. 93)

---

360 Virginie Brinker: „Faire advenir la complexité pour refaire corps : Silence du chœur de Mohamed Mbougar Sarr, une poétique du franchissement des frontières symboliques“, 2023, S. 119–140, hier S. 134. https://doi.org/10.7203/HYBRIDA.6.2633.

361 Harald Pechlaner, Christian Nordhorn, Anja Marcher: „Flucht, Migration und Tourismus – Brauchen wir eine neue Gastfreundschaftskultur?“, in: Dies. (Hrsg.): *Flucht Migration und Tourismus – Perspektiven einer „New Hospitality“*, LIT Verlag, Berlin 2018, S. 1–16, hier S. 7.

Zu beachten ist das vorbildliche gastfreundliche Verhalten der Einheimischen im senegalesischen Dorf gegenüber Bonianno. Ihre aktive und intensive Beziehung mit ihm beweist, dass die „Kernkompetenz der Gastfreundschaft […] allerdings immer in der Beziehung zwischen Gast und Gastgeber und ihrer Qualität liegen"[362] sollte. Dementsprechend schaffen es die gastgebenden Menschen aller sozialen Schichten, „dem Gegenüber ‚nicht distanziert höflich, sondern freundschaftlich höflich' entgegenzutreten und eine ‚ehrliche Herzlichkeit' auszustrahlen."[363] Aus dem anfangs religiös-destruktiven Einsatzes des Priesters entsteht eine produktive Dynamik. Das Beispiel vom Priester zeigt, dass

> on ne saurait être-au-*monde* sans être-avec (…) avec ceux (…) avec qui on n'*est* pas et avec qui on a à *agir*. (…) [I]l semble que ce soit à condition d'accueillir l'étrangeté de l'autre et la sienne que le monde cesse de nous être étranger, et nous d'être étrangers au monde, à cette condition que l'hospitalité peut être le nom d'une cosmopolitique.[364]

Der Integrationsprozess des Priesters lässt sich nicht nur als narrativer Ausdruck der senegalesischen Teranga-Kultur[365] interpretieren, sondern er lässt auch an den von Léopold Sédar Senghor geförderten „dialogue des cultures"[366] denken. Der Dialog der Kulturen ist Teil von Senghors Philosophie der „Civilisation de l'Universel"[367] und fördert ein „métissage culturel", eine gegenseitige Durchdringung und Komplementarität von Kulturen und Rassen. Zu den zentralen Problemen der Gastfreundschaft gehören heute die kulturellen und religiösen Ängste und Stereotype der Gastakteure, welche den kulturellen Austausch kaum vollstellbar machen. Die Erfahrungen des Priesters zeigen, dass diese Ängste durch den kulturellen Austausch bewältigt werden können.

Die Tatsache, dass er erst nach acht Jahren in der Gesellschaft ankommen konnte, regt zu Reflexionen über den zeitlichen Aspekt einer Integration oder die Dauer des

362 Ebd., S. 5.

363 Ebd., S. 7.

364 Étienne Tassin: *Un monde commun. Pour une cosmo-politique des conflits*, Éditions du Seuil, Paris 2003, Collection « La couleur des idées », S. 177, Hervorhebungen im Original.

365 Vgl. Fedora Gasparetti: „Relying on Teranga: Senegalese Migrants to Italy and Their Children Left Behind", in: *Autrepart*, vol. 57–58, no. 1–2, 2011; Mactar Faye: „La "teranga" sénégalaise facteur de développement du tourisme urbain", in: *Norois*, n° 178, Avril–Juin 1998, Villes et tourisme, S. 337–341.

366 Léopold Sédar Senghor: *Liberté 5. Le dialogue des cultures*, Éditions du Seuil, Paris 1993.

367 Léopold Sédar Senghor: *Liberté 3. Négritude et Civilisation de l'Universel*, Éditions du Seuil, Paris 1977.

Prozesses bis zum effektiven Zusammenleben an. Die Frage, wie lange es dauern soll, bis Gastgeber und Gastmigranten sich über ein harmonisches Zusammenleben bzw. eines „Mieux vivre ensemble“ verständigen, kann nicht genau beantwortet werden. Aber man kann hier feststellen, dass ein Zusammensein mit dem fremden Gast über eine einfache „Willkommenskultur“ hinausgeht. Eine erfolgreiche Gastfreundschaft ist an eine Situation konkreter Interpersonalität gebunden, „es agieren die Akteure als konkrete Personen, von Angesicht zu Angesicht, in der Tatsächlichkeit ihrer Situation. Dies ist die primäre Semantik der Gastlichkeit.“[368] Wenn der Gast durch Einladungen, Gespräche, Kommunikation, gegenseitigen Austausch und andere Praktiken in das Gesellschaftsleben mit eingebunden wird, vermag er in der Fremde eine – wenn auch vorübergehende – Heimat zu finden. In diesem Zusammenhang bestimmt der Autor die letzten Jahre des Priesters im senegalesischen Dorf als eine Tür zum Paradies, „une porte entrouverte sur le paradis“ (SDC, S. 94). Dies steht im Kontrast zu seinen schwierigen und entmutigenden Erfahrungen am Anfang. Das verdeutlicht, dass das „Mieux vivre ensemble“ mit einer Disposition und einem Engagement der Gastakteure, aus den ungünstigen Situationen der Begegnung zu einer lebbaren harmonischen Gemeinschaft hinzuarbeiten, zusammenhängt. Hierzu hat Richard Kearney gezeigt, dass die Gastfreundschaft niemals garantiert ist, sondern einen lebendigen, existenziellen Kampf verkörpert. In dieser Hinsicht bedeutet das Aufgenommen-Werden bzw. „die gastliche Aufnahme anderer – von Fremden, Ausländern, Immigranten oder Flüchtlingen – eine permanente Aufgabe, niemals aber einen *fait accompli*.“[369]

Obwohl die Fremdheitssituationen des Priesters im Senegal und der afrikanischen Gastmigranten in Altino sich in manchen Punkten voneinander unterscheiden, kann man die Aufnahmepraxis im afrikanischen Raum als kontrastierende Kritik zur Gastfeindschaft in der italienisch-europäischen Gesellschaft annehmen, in der ein gelingendes Ankommen der afrikanischen Gastmigranten trotz der vielen Bemühungen noch eine Illusion ist. Genauer besehen stellt der katholische Priester im senegalesischen animistischen Dorf eine wirkliche Bedrohung für die Kultur und Religion der Menschen dar, da er sie systematisch missionieren und

368 Ralf Simon: „Parasit/Gast“, in: Burkhard Liebsch, Michael Staudigl & Philipp Stoellger (hrsg.): *Perspektiven europäischer Gastlichkeit: Geschichte – kulturelle Praktiken – Kritik*, erste Auflage, Velbrück Wissenschaft, Weilerswist 2016, S. 681–697, hier S. 692.

369 Richard Kearney: „Gastlichkeit – zwischen Möglichkeit und Unmöglichkeit“, aus dem Englischen übersetzt von Michael Staudigl in: Burkhard Liebsch/Michael Staudigl/ Philipp Stoellger (hrsg.): *Perspektiven europäischer Gastlichkeit. Geschichte – Kulturelle Praktiken – Kritik*, Verbrück Wissenschaft Verlag, Weilerswist 2016, S. 479–496, hier S. 479.

sie zu seinem christlichen Glauben bekehren will. Trotz dieser Tatsache hat seine Integration in diesem animistischen Milieu stattgefunden. Diese Erfahrung steht im Gegensatz zur Situation der Gastmigranten, die in der sizilianischen Stadt negativ wahrgenommen und dementsprechend abgegrenzt und ausgeschlossen werden. Selbst wenn die fremden Afrikaner von den Italienern als solche konstruiert werden, ist ein Zusammenleben mit den Ersteren immerhin möglich, wenn die Gesellschaft in Altino „in der Lage [wäre], das, was ihr zunächst als Parasitäres erscheint, in systemoptimierende Energien umzukodieren."[370] Außerdem sind interpersonale Nahbeziehungen mit den Gastmigranten kaum vorhanden, ausgenommen der *giro case*[371] und der Umgang mit der mikrokosmischen Gesellschaft der Hilfsorganisation. Es herrscht eher das bürokratische Labyrinth des entfremdenden Asylverfahrens. Nur bei den Auswahlkommissionen wird den Gastmigranten eine begrenzte rechtliche Ausdrucksmöglichkeit gegeben. Das Fehlen einer qualitativen Interaktion kann zu einem Zusammenwohnen ohne Zusammenleben führen, in der Art, wie es in Leonora Mianos Roman *Contours du jour qui vient* zur Sprache kommt: „Il n'y a plus vraiment de communauté, les gens vivent les uns près des autres, mais pas ensemble."[372] Das heißt, dass die Gastakteure in diesem Fall trotz des Zusammenwohnens in Einsamkeit leben, denn „la solitude ce n'est pas de vivre seul, c'est de vivre chez les autres, chez les gens qui ne s'intéressent pas à vous, pour qui vous comptez moins qu'un chien."[373] Deswegen ist die Frage sehr präzise von Jogoy gestellt worden: „En fait, *on vit déjà ensemble*, malgré tous les problèmes. C'est « comment *mieux* vivre ensemble ? » qu'il faut se demander." (SDC, S. 149) [Hervorhebung von mir, A. A.]. Hier ist das komparative Adverb „mieux" von großer Bedeutung. Ein Zusammenleben garantiert nicht immer, dass die Beziehungen miteinander harmonisch verlaufen.

---

370 Ralf Simon, 2016, op. cit., S. 696.

371 Man soll hier erkennen, dass die Praxis der politischen und sozialen Gastfreundschaft im aktuellen Kontext der Massenmigrationen sich deutlich von der traditionellen Praxis abhebt, sodass die Interpersonalität immer mehr schwierig wird. Wir erleben eine Erweiterung, eine *Migration* der Gastfreundschaft vom Häuslich-privaten zum Öffentlich-politischen, von der individuellen zur institutionalisierten Gastfreundschaft. Sie hat sich von einer traditionell zweifachen Beziehung (Gastgeber und Gast) zu einer dreifachen Interaktion entwickelt und schließt die Gastmigranten, den Staat und die Gesellschaft ein. Sie ist „un jeu à trois" (Anne Gotman 2001, S. 294.) geworden. In dieser Gestaltung ermöglicht das Dispositiv der Asylheime kaum eine optimale Interpersonalität, eine face-to-face-Situation mit den Gastmigranten.

372 Leonora Miano: *Contours du jour qui vient*, Plon, Paris 2006, S. 104.

373 Octave Mirbeau: *Le journal d'une femme de chambre*, Eugène Fasquelle, Paris 1915, S. 109.

Das „Mieux vivre ensemble“ erfordert daher nicht nur räumliche, sondern auch soziokulturell und qualitativ harmonisierte Beziehungen.

Gleichwohl sehen wir, dass die Energie, mit der Bonianno sich den Spannungen mit der einheimischen Bevölkerung auseinandergesetzt hat, bei den Gastmigranten in Altino fehlt. Die Verzögerung der Auswahlkommissionen, die fremdenfeindliche Stimmung in der Stadt hat sie eher gegen die Einheimischen aufgebracht. Viele von ihnen versäumen die Sprachkurse (vgl. SDC, S. 148). Wir haben gesehen, wie Bemba reagiert hat, als Carla sie aufgefordert hat, sich für ihre Integration in die Stadt zu kämpfen:

> Vous répétez toujours la même chose aussi : l'association ne fait pas assez de ceci, l'association ne fait pas assez de cela… Je connais aussi par cœur votre discours. Nous faisons de notre mieux ! Arrêtez de ressasser et participez à la vie de la ville. Allez en cours ! Faites connaissance avec les habitants ! Proposez votre aide aux ouvriers sans forcément attendre de l'argent ! (SDC, S. 178)

Damit appelliert Carla an eine Handlungsfähigkeit, einen eigenen Beitrag des Gastmigranten zur Ankunft in der fremden Gesellschaft zu leisten. Sie fordert sie zu einem Gemeinsam-Agieren (*agir-ensemble*[374]), denn ein Zusammensein ist auch ein „agir-avec.“[375] Die Bereitschaft zur Begegnung mit dem Anderen ist erforderlich für eine Aushandlung des Zusammenlebens. Vera Nünning argumentiert aus dieser Perspektive, wenn sie schreibt, dass

> ein gelungenes ZusammenLeben Individuen [erfordert], die nicht nur von der Gemeinschaft abhängig sind, sondern zum ZusammenLeben erforderliche Bereitschaft, Einstellungen und Fähigkeiten haben. In anderen Worten: ZusammenLeben steht in enger Wechselwirkung mit individuellem Leben, Gemeinschaft mit persönlicher Identität.[376]

Selbst wenn die Stimmung in der Stadt misstrauisch und bedrohlich ist, hätte sich der Versuch gelohnt, den Rat von Clara umzusetzen, zumal nicht alle Bewohner fremdenfeindlich gesinnt sind. Die beharrliche Anstrengung zu Interaktionen mit dem Anderen führt auch zu „Bindungen“[377] mit ihm. Diese Bindungen stellen die Grundlage zur Aushandlung des Zusammenlebens auf einer höheren Stufe dar.

---

374 Étienne Tassin: *Un monde commun. Pour une cosmo-politique des conflits*, 2003, op. cit., S. 137.

375 Ebd., S. 177.

376 Vera Nünning: „Literatur – Erzählen – ZusammenLeben“, 2012, op. cit., S. 35. https://doi.org/10.1515/9783110283013.

377 Vittoria Borsò: „Jenseits der Vernunft des Dritten oder ZusammenLeben als affirmative Lebenspolitik: Überlegungen zu einer Theorie des Zusammenlebens aus Sicht von Literatur und Kunst“, in: Ottmar Ette (hrsg.): ebd., S. 14–34, hier S. 23. https://doi.org/10.1515/9783110283013.14.

Wie stark das Erlebnis in Senegal den erblindeten Priester geprägt hat, spiegelt sich in seinem Engagement für die Gastmigranten in Altino wider. Sein Kampf um Aufnahme der jungen Afrikaner kann als Erwiderung der im Senegal erlebten Gastfreundschaft betrachtet werden. Die Idee einer Reziprozität der Gastfreundschaft könnte auch ein Motiv oder Ansporn des Zusammenseins mit dem fremden Gastmigranten sein, basiert auf einer eventuellen Erwiderung des Letzteren. „Isn't a guest always an equal, who could, presumably, reciprocate at a later date, in a different space, at a different time?",[378] fragt Mireille Rosello treffend. Offensichtlich fehlt diese Einstellung bei den Menschen in der italienischen Gesellschaft. Unter diesen Umständen wird Bonianno ein Symbol des Kampfes für die Aufnahme der Gastmigranten und für ein Zusammenleben mit ihnen im Roman. Jedenfalls ist er sich dessen bewusst, dass viele Herausforderungen und Schwierigkeiten damit verbunden sind. Ein Zusammenleben garantiert nicht immer eine paradiesische Gemeinschaft, es kann auch eine kollektive Hölle sein. Die Rhetorik des Priesters unterstützt im Übrigen die Idee, dass es besser ist, eine kollektive Hölle mit den Gastmigranten zu teilen, als sie auszuweisen:

> Alors, oui, les accueillir est peut-être un enfer collectif, où personne ne comprend personne. Mais ne pas les accueillir est un enfer solitaire, où on ne se parle pas, où l'on a donc aucune chance de se comprendre. Entre ces deux enfers, je préfère celui où nous sommes tous ensemble en se parlant, même sans se comprendre. Car c'est l'enfer qui offre le plus d'espoir. L'espoir qu'un jour, une nouvelle langue commune naisse. Tout le monde a sa place au paradis. (SDC, S. 237)

Die Hölle, von der der Priester spricht, symbolisiert die Spannungen und Konflikten, die aus den Unterschieden in der Kultur, Religion, in den Gewohnheiten, Denk- und Verhaltensweisen resultieren. Man soll sich auch nicht deswegen einem Zusammensein mit den fremden Gastmigranten verweigern, „il faut trouver un moyen pour accueillir toujours plus sans nier les difficultés politiques ou administratives que ça implique",[379] behauptet Mbougar Sarr in einem Interview. Die Verhandlung des Zusammenseins fordert im Gegenteil die Fähigkeit, sich mit diesen Spannungen auseinanderzusetzen und sie zu überwinden, denn, bekräftigt der Priester, „partout, il y a des gens avec soi, qu'on n'a pas choisis, et avec lesquels il faut bien composer. Ça s'appelle vivre" (SDC, S. 238). Mireille Rosello bemerkt zu dieser Perspektive, dass eine Gastfreundschaft ohne Spannungen gar keine ist bzw. andere Gewalten und Gastfeindschaften verbirgt:

---

378 Mireille Rosello: *Postcolonial Hospitality. The Immigrant as guest*, Standford University Press, Standford, California 2001, S. 9.

379 https://www.afd.fr/fr/actualites/prix-litterature-monde-afd-entretien-avec-mohamed-mbougar-sarr-laureat-2018, Zugriff am 10.04.2022.

> Consequently, a completely harmonious and pacified level of interaction may not be the best of successful hospitable gestures: a total absence of friction might signify that other inhospitalities [...] have instituted a *Pax Romana* [...] Unconditional hospitality is a risk, but hospitality without risk usually hides more serious violence.[380]

Ein Zusammensein setzt also voraus, dass der Gast und der Gastgeber bereit sind, Risiken einzugehen und die Möglichkeit, durch das Zusammensein herausgefordert, erschüttert und verändert zu werden. Wenn die Menschen sich an einem Ort gastfeindlich verhalten, dann ist die Frage, was die Natur an diesem Ort sagt, denn, schreibt der Erzähler, „les lieux où nous vivons retiennent tout de nous : voix, visages, paroles et gestes (...). L'espace du monde (...) est aussi une mémoire propre, autonome, la grande archive du temps, des choses, des hommes qui passent.“ (SDC, S. 83 f.). In diesem Sinne kommt der Natur im Roman eine mächtige Stimme zu.

9.4. Das „Mieux vivre ensemble“: ein gewaltiges Plädoyer der Natur

Die Überwindung der Spannungen zwischen den Gastakteuren ist gescheitert. Im Vordergrund aber lässt sich eine narrative Technik erkennen, die für die Verhandlung einer zusammenhaltenden Gemeinschaft mit Gastmigranten plädiert. Dem Scheitern des Zusammenlebens stellt der Autor eine natürliche „Anti-Utopie“[381] entgegen, die als Warnung von der Macht der Natur ausgesprochen wird. Diese Strategie ist „eine Ablehnung der bestehenden Verhältnisse [...], eine ›Negation des Negativen‹.“[382] Die Warnung vor den Gefahren der Weigerung des Zusammenlebens scheint bereits auf der Titelseite ausgedrückt zu werden: Sichtbar ist das Bild eines ausbrechenden Vulkans.

In der Handlung ertönt das apokalyptische Grollen des Vulkans, als die Stimmung in der fiktiven Stadt mit der grausamen Ermordung einiger Helferinnen und Gastmigranten über Nacht in der Kneipe (vgl. SDC, S. 307 f.) eskaliert. Kurz vor der blutigen Konfrontation zwischen den Gastmigranten und den Faschisten schürt der Ätna eine extreme Wut, die in seiner Irruption ausgedrückt wird: „c'était un hurlement de rage qui se prolongea de longues secondes, semblable à la colère d'une divinité trahie et promettant sa vengeance“ (SDC, S. 392). Der Vulkan lässt alle Protagonisten, die vor der Evakuierung aus der Stadt stehen, still werden. Er bringt alle Spannungen zum Ende. Hier kommt die Bedeutung des Titels

380 Mireille Rosello, 2001, op. cit., S. 173.

381 Stephan Meyer: *Die anti-utopische Tradition: eine ideen- und problemgeschichtliche Darstellung*, Peter Lang Verlag, Frankfurt am Main 2001.

382 Ebd., S. 136.

Silence du chœur zum Vorschein: das Schweigen der vielen disharmonischen Stimmen der Menschen vor der Wut des Vulkans. Seine Eruption ist außergewöhnlich, denn, merkt der Dichter Fantini, „je l'ai vu entrer en éruption des dizaines de fois dans ma vie. Jamais, cela n'a commencé par un hurlement pareil, presque humain" (SDC, S. 392). Der Vulkan erscheint hier als *deus ex machina*, als göttliche Macht, „une divinité trahie et promettant sa vengeance" (SDC, ebd.), die ihre Rache und Strafe gegenüber dem enttäuschenden Verhalten der Menschen ausdrückt. Später im Text heißt es, „l'Etna disait quelque chose, mais sa parole était brouillée par la colère" (SDC, S. 400). Hier wird offensichtlich, dass die aufgebrachte Intervention des Vulkans als Ausdruck der Natur interpretiert werden soll. Auch wenn ihre Stimme oder Botschaft zunächst unklar erscheinen mag, lässt sie sich erahnen und deuten. Die Natur reagiert auf die feindselige Haltung gegenüber den fremden Gastmigranten. Als eine Kraft, die über menschliche Angelegenheiten hinausgeht, kann ihre Reaktion metaphorisch als Warnung oder Bestrafung für die Gastfeindschaft interpretiert werden. In dieser Hinsicht kann man annehmen, dass sie sich auf die Seite der Fremden stellt, und es zeigt sich dadurch, dass die Letzteren aus ihrer Perspektive aufgenommen werden müssten. Hier könnte argumentiert werden, dass der Autor die Fremden als heilig oder göttlich idealisiert, als „menschliche Maske (persona) des Göttlichen."[383] Die Gastfeindschaft wird somit als etwas darstellt, das gegen die natürliche Ordnung und göttliche Prinzipien verstößt und kann daher als Sakrileg charakterisiert werden. Dies könnte darauf hinweisen, dass die Vielfalt und das Miteinander verschiedener Kulturen als bereichernd und spirituell wertvoll angesehen werden.

Der Ausbruch des Vulkans zwingt die Protagnisten in kurzer Zeit, eine homogene Gemeinschaft zu bilden, wozu sie monatelang unfähig waren. Sie begeben sich zwangsweise gemeinsam auf Flucht. Schon in dem Evakuierungsbus verschwinden all ihre Differenzen. Sie bekommen alle dieselbe Identität: „Exilierte" (SDC, S. 412). Das ist der herrliche Höhepunkt der Ästhetik des „Mieux vivre ensemble". Damit erfährt auch das Epigraph aus Vergils *Äneas*, das am Anfang des Romans steht, seine Deutung: „Personne n'a de demeure fixe." (SDC, S. 7) Es ist nicht deutlich, wohin die Bewohner flüchten, aber es ist sicher, dass beide Protagonisten an dem Ort, wo sie ankommen würden, zu einem besseren Zusammenleben gezwungen sein werden. Dies ist auch eine narrative Erinnerung daran,

383 Richard Kearney: „Gastlichkeit – zwischen Möglichkeit und Unmöglichkeit", in: Burkhard Liebsch/Michael Staudigl/Philipp Stoellger (hrsg.): *Perspektiven europäischer Gastlichkeit. Geschichte – Kulturelle Praktiken – Kritik*, aus dem Englischen übersetzt von Michael Staudigl, Verbrück Wissenschaft Verlag, Weilerwist 2016, S. 479–496, hier S. 494.

dass jeder Mensch irgendwann Flüchtling oder Migrant werden kann. Das scheint die objektive Antwort auf die Frage „Comment mieux vivre ensemble“ zu sein: Ein besseres Zusammenleben ist nur möglich, wenn jeder sich dessen bewusst ist, dass wir alle Flüchtlinge sind[384] bzw. werden können.

9.5. Die Ästhetik des „Mieux vivre ensemble“: ein postnarrativer Stellenwert

Es soll angemerkt werden, dass die Rekonstruktion des „Mieux vivre ensemble“ textimmanent, zugleich auch postnarrativ und leserorientiert ist. In der Erzählung bringt der zum Philanthropen gewordene Giuseppe Fantini auf den Punkt, dass „le poète ne peut empêcher le monde de s'effondrer, mais lui seul est en mesure de le montrer dans son effondrement. Et, peut-être, de le rebâtir aux endroits où il s'effondre“ (SDC, S. 301). Der Schriftsteller engagiert sich für seine Gesellschaft, in dem er auf ihre sensiblen Probleme aufmerksam macht und zur Handlung appelliert. Diese lebensverändernde Wirkung von Literatur vermittelt der Roman, ganz im Gegensatz zur karikierten Einstellung des fiktiven Künstlerehepaares Vera und Vincenzo Rivera, das eine komplette Distanzierung der Kunst von den gesellschaftlichen Problemen fordert: „L'art est là. L'art c'est la mort. […] Notre seule liberté, c'est de pouvoir être indifférent, dans le présent, aux malheurs des hommes.“ (SDC, S. 334) Die utopische Konstruktion des Zusammenseins zwischen den Gastakteuren gilt als Kritik an der Gesellschaft. Das apokalyptisch-dystopische Ende dient als Warnung vor der postkolonialen Abwehr und Ausgrenzung fremder Gastmigranten. Den Lesern ist es überlassen, Schlussfolgerungen aus dem Geschehen zu ziehen und zu entscheiden, was besser und wünschenswert ist und was nicht sein sollte.

In diesem Zusammenhang ist zu betonen, dass Sarrs Roman hier eine kathartische literarische Intervention übernimmt. Die Erzählung lässt sich dementsprechend in die Dynamik einer Form der gegenwärtigen Literatur einordnen, die Alexandre Gefen zufolge eine „puissance de remédiation“[385] hat. Die „littérature remédiatrice“[386] übt einen heilenden Effekt auf den Leser aus und fordert ihn zur Beseitigung oder Wiedergutmachung[387] dessen auf, was in der Erzählung nicht gelungen ist. Gefen zufolge versteht diese Literatur das Schreiben und das

384 Alice Bolterauer: „Wir sind ja alle Flüchtlinge, Fremde. Zur Migrationserfahrung bei George Tabori“, in: *Germanica* 38, 2006, S. 47–62.

385 Alexandre Gefen, 2016, op. cit., S. 423.

386 Ebd., S. 421.

387 Vgl. Alexandre Gefen, 2017, op. cit.

Lesen als „manière de renouer, ressouder, combler les failles des communautés contemporaines, de retisser l'histoire collective et personnelle, de suppléer les médiations disparues des institutions sociales et religieuses."[388] Wenn der Roman zeigt, dass der Aufbau einer glücklichen Gemeinschaft mit den Gastmigranten gescheitert ist, wird dieses Scheitern trotzdem ästhetisch durch die Inszenierung restaurativer Gesten (wie von Padre Bonianno, Sabrina und Carla) kompensiert. Diese Gesten haben besondere Wirkungen, die Alexandre Gefen als „puissances réparatrices"[389] bezeichnet. Die vom Autor als „gute Seelen" – „les belles âmes" (SDC, S. 19) – bezeichneten Figuren, die diese Gesten vollziehen, verkörpern auch die Hoffnung auf Gemeinschaft mit den Gastmigranten. Der Dichter hat zum Beispiel bei der Konfrontation auf dem öffentlichen Platz für „une certaine idée de la vie en communauté" (SDC, S. 375) gekämpft. Des Weiteren ist die kataklystische Pointe der Erzählung auch der Anfang eines neuen Beginns, die Neugeburt einer harmonischen Gesellschaft, gleichwie der Autor in dem Übersetzen eine Rekonstruktion des zerstörten Turms zu Babel sieht (vgl. SDC, S. 40). Die Macht der Natur vereint die Menschen und zeigt eigentlich die Nichtigkeit des Streites zwischen Gastmigranten und den Einheimischen, die den Untergang ihrer alten Heimat fürchten. In dieser Hinsicht eröffnet das Schweigen des Chors und die gemeinsame Flucht einen wertvollen Moment zum Nachdenken über den Wert der Gastfreundschaft und die Möglichkeit des Aufbaus einer neuen Gemeinschaft. Das Schweigen des Chors, argumentiert Moustapha Harzoune,

> permet de couvrir les bruits médiatiques, les peurs obsidionales, réelles ou entretenues, de déplacer les frontières des dépendances et interdépendances pour redéfinir notre conception du bien commun, pour tenter de « rebâtir le monde, là où il s'effondre » et entendre, à nouveau, le chant d'un chœur commun.[390]

Durch das Schweigen und die gemeinsame Flucht entsteht der Optimismus einer neuen pluralen Welt oder Gemeinschaft, in der Harmonie, Toleranz und Frieden zwischen Einheimischen und Gastmigranten vorherrschen werden.

388 Alexandre Gefen, 2016, op. cit., S. 422.

389 Ebd., S. 422.

390 Mustapha Harzoune: „Mohamed Mbougar Sarr, *Silence du Chœur*", Présence africaine 2017, in: *Hommes & migrations*, 1322, 2018, S. 214–215, hier S. 215. Zugriff auf URL: http://journals.openedition.org/hommesmigrations/6927, am 18.02.2023.

III. Der Gast als Sündenbock in Christoph Heins *Guldenberg* (2021)

Einleitung

In einem im Dezember 1991 veröffentlichten Text „*Eure Freiheit ist unser Auftrag. Ein Brief an (fast alle) Ausländer – wider das Gerede vom Fremdenhass der Deutschen*"[391] erklärte Christoph Hein mit großem Sarkasmus den unausgesprochenen Grund der Ausländerfeindlichkeit im Westen: die panische Angst vor Verarmung durch Flüchtlinge bzw. Ausländer. Dieser Text scheint übersehen worden zu sein. Aber in den 2000er-Jahren, als es in Ostdeutschland zu Gewaltausbrüchen gegen Flüchtlinge aus den ehemaligen Ostblockstaaten kam, schrieb Christoph Hein den Aufsatz *Zwei Sätze über Wanderschaft und Exil*, in dem er wieder aufzeigte, dass der Anstieg des Rassismus und der Fremdenfeindlichkeit mit einem Gefühl der Unzufriedenheit der Gesellschaft sowie der Angst, in völlige Armut zu versinken, verbunden ist. In dem Essay beschreibt er gastfeindlich gesinnte Personen als

> keine glücklichen, keine mit sich zufriedenen Menschen, die so viel Hass in sich tragen und ihn ausleben müssen. Es sind Unglückliche, die einen Schuldigen für ihr Unglück suchen, und sie sind nicht fähig oder nicht bereit, die dieser Suche einmal einen Blick in den Spiegel zu werfen. Sie brauchen eine andere Person, eine Menschengruppe, sie brauchen einen Mitmenschen, in dem sie die Ursache ihres Unglücks ausmachen können.[392]

Damit erklärt der Autor die Gastmigranten als Sündenböcke der unglücklichen Deutschen. Knapp zwanzig Jahre später, als Deutschland und Europa mit Hunderttausenden von Flüchtlingen unter anderem aus arabischen und afrikanischen Ländern konfrontiert wird, erscheint Christoph Heins Roman *Guldenberg*[393] (demnach als GUL abgekürzt), in dem er seine Reflexion fiktiv bestätigt. Denn die Einstellungen und Haltungen der Bewohner der titelgebenden Kleinstadt Guldenberg illustrieren diese Worte. Hein richtet den Blick auf gescheiterte und unglückliche Menschen, die das Sündenbock-Denken praktizieren und die

---

391 Christoph Hein: „Eure Freiheit ist unser Auftrag. Ein Brief an (fast alle) Ausländer – wider das Gerede vom Fremdenhass der Deutschen", in: Klaus Hammer 1992, op. cit., S. 51–55.

392 Christoph Hein: *Der Ort. Das Jahrhundert: Essais*, Suhrkamp, Frankfurt am Main 2003, S. 190.

393 Christoph Hein: *Guldenberg*, Suhrkamp Verlag, Berlin 2021.

Gesellschaft zum Fremdenhass aufhetzen. In meiner Analyse möchte ich zeigen, wie junge Gastmigranten in dem Roman zum „Sündenbock" für interne gesellschaftliche Frustrationen in einer fiktiven ostdeutschen Provinz gemacht werden. In diesem Zusammenhang werden theoretische Überlegungen zur Sündenbockpraktik einbezogen, wobei auch ideologie- und sprachkritische Aspekte der postkolonialen Theorie aufgrund der einzigartigen Ästhetik und narrativen Gestaltung der Erzählung berücksichtigt werden. Bevor ich zur Untersuchung des Romans komme, möchte ich den Sündenbock-Begriff bestimmen.

1. Der Sündenbock: Begriffserklärung

Der Begriff „Sündenbock" entstammt dem hebräischen alttestamentlichen Asasel-Ritus. Der Asaselritus geschieht jährlich am *Jom Kippur*, dem Versöhnungstag in Israel, gemäß den Anweisungen:

> Und Aaron soll den Stier des Sündopfers, der für ihn ist, herbeibringen und Sühnung erwirken für sich und für sein Haus. Und er soll die zwei Ziegenböcke nehmen und sie an den Eingang des Zeltes der Begegnung vor den HERRN stellen. Und Aaron soll Lose werfen über die zwei Ziegenböcke, ein Los für den HERRN und ein Los für Asasel. Und Aaron soll den Ziegenbock herzubringen, auf den das Los für den HERRN gefallen ist, und ihn als Sündopfer opfern. Und der Ziegenbock, auf den das Los für Asasel gefallen ist, soll lebendig vor den HERRN gestellt werden, um für ihn Sühnung zu erwirken, um ihn für Asasel in die Wüste fortzuschicken [...]. Und Aaron lege seine beiden Hände auf den Kopf des lebenden Ziegenbocks und bekenne auf ihn alle Schuld der Söhne Israel und all ihre Vergehen nach allen ihren Sünden. Und er lege sie auf den Kopf des Ziegenbocks und schicke ihn durch einen bereitstehenden Mann fort in die Wüste, damit der Ziegenbock all ihre Schuld auf sich trägt in ein ödes Land; und er schicke den Ziegenbock in die Wüste. (3. Mose 16 V 6–10, 21–22)

Dieser Ritus besteht aus dem Bekennen der Sünden über einem Ziegenbock und dem Fortschicken des lebendigen Bockes in die Wüste. Der Bock trägt dabei die Sünden und Verfehlungen der Menschen oder der ganzen Gemeinschaft hinweg. In diesem Sinne wird Jesus Christus als Inbegriff des Sündenbocks betrachtet und somit als „Lamm Gottes, das die Sünde der Welt wegnimmt."[394] Der Ausdruck „Lamm Gottes" ersetzt die negative Konnotation eines abstoßenden und übelriechenden Bocks durch die positiven Eigenschaften eines Lamms und hebt auf diese Weise die Unschuld des Opfers und die Ungerechtigkeit seiner Verurteilung hervor, wie René Girard bestätigt:

394 Die Biel, Johannes 1, 29, Eberfelder Übersetzung, 8. Auflage, CSV, Hückeswagen, 2018.

> L'expression bouc émissaire n'est pas là, certes, mais les Evangiles en ont une autre qui la remplace avantageusement et c'est l'*agneau de Dieu* [H. i. O.]. Tout comme bouc émissaire, elle dit la substitution d'une victime à toutes les autres mais en remplaçant les connotations répugnantes et malodorantes du bouc par celles, toutes positives, de l'agneau, elle dit mieux l'innocence de cette victime, l'injustice de sa condamnation, le sans cause de la haine dont elle fait l'objet.[395]

Der Sündenbock ist also eine schuldlos schuldige Person, die als Opfer anstelle des eigentlichen Täters für etwas büßen muss. Die Unschuld des Opfers bildet die Grundlage des Sündenbock-Begriffs: „Bouc émissaire désigne simultanément l'innocence des victimes, la polarisation collective qui s'effectue contre elle et la finalité collective de cette polarisation."[396] Der Sündenbock im Asasel-Ritual war ein Substitut für die Schulden der anderen Mitglieder der Gesellschaft. Der gleiche Mechanismus liegt dem gesellschaftlichen Phänomen des Sündenbocks zugrunde. In dieser Perspektive weist der Begriff in seinem heutigen Sprachgebrauch auf einen Menschen oder eine Menschengruppe hin, der bzw. die auf Basis vorurteilsverhafteten und magischen Denkens stellvertretend[397] und ungerechterweise für eine Tat beschuldigt oder verurteilt wird. Denn die Menschen beschuldigen sich selten selbst, sie schieben die Schuld zumeist auf andere (Menschen-)Gruppen, die als schädlich angesehen werden.[398]

Insofern fungiert der Sündenbock

> als Projektionsfläche für die inneren Konflikte und Probleme sozialer Gruppen, er dient als Blitzableiter und trägt so zur Reduktion von Spannungen bei [...]. Für die Gruppenmitglieder erfolgt in dem Prozess der Projektion innerer Spannungen auf den Sündenbock eine Entledigung von eigenen Schuld- oder Insuffizienzgefühlen, indem sie an einen anderen weitergegeben und diesem zur Last gelegt werden.[399]

Der Sündenbock fungiert also als Ersatzobjekt für eigene Schuld und innere Spannungen. Zu den Klassen von Menschen, die häufig anfällig für Verfolgungen und Sündenbockpraktiken sind, gehören nicht nur ethnische und religiöse Minderheiten, sondern auch Menschen, die Schwierigkeiten mit der Anpassung haben, wie

---

395 René Girard: *Le bouc émissaire*, : Grasset et Fasquelle, Paris 1982, S. 169.

396 Ebd., S. 60.

397 Christine Viertmann: *Der Sündenbock in der öffentlichen Kommunikation. Schuldzuweisungsrituale in der Medienberichterstattung*, hrsg. von Günter Bentele, Springer Verlag, Wiesbaden 2015, S. 38.

398 René Girard, op. cit., S. 26.

399 Erwin Seyfried: „Sündenbock." In: *Wörterbuch der Mikropolitik*, Verlag für Sozialwissenschaften, Wiesbaden 1998, S. 269 f.

Fremde und Neuankömmlinge.[400] Hans-Dieter Bahr argumentiert aus derselben Perspektive und schreibt:

> Jede ›Minderheit‹ kann in den Verdacht geraten, parasitär zu sein, Arme und Bettler, Reiche oder Erfolgreiche, Andersgläubige oder Kritiker. Der Ungastliche wird zumal den Landesfremden, den Ausländer, den Asylanten als Parasiten verdächtigen, wenn diese nicht nur als flüchtige Gäste eines persönlichen oder symbolischen Gastgebers vorübergehen.[401]

Diese Menschen, die für jegliches Unglück oder Problem in den heutigen Migrationsgesellschaften verantwortlich gemacht und auf welche Aggressionen abgewälzt werden, sind oft schutzsuchende Einwanderer, Gastmigranten und Minderheiten aufgrund ihrer Schwäche und ihrer leichten Identifizierbarkeit. Ihre Anwesenheit wird für die Ursache der schon existierenden soziopolitischen und kulturellen Probleme der Gesellschaft gehalten. Sie sind daher einer feindseligen Behandlung ausgesetzt. Es wird angenommen, dass das aggressive Verhalten gegenüber anderen Menschen von existierenden Frustrationen der einheimischen Gemeinschaft erzeugt wird. In ihrer sozialen Dynamik haben Aggressionserscheinungen *Vorgeschichten*,[402] in denen nicht nur existenzielle Ängste, Frustrationen und soziale Benachteiligungen, sondern auch „ideelle" Interessen[403] – etwa Glaube, Weltanschauung, soziale Identität – als latente Konflikte gedeihen. Durch emotionsgenerierende Ereignisse – *Auslöser* – und *Katalysatoren* – „Erfolge und Misserfolge der Konfliktparteien, Propaganda, Kommentare Dritter" – eskalieren die latenten Konfliktlagen zu manifesten Aggressionsakten, wobei Sündenböcke aufgezeigt werden.[404] Die Verzahnung von Frustration und

---

400 René Girard, S. 30. René Girard erwähnt zwei Klassen von Menschen, die normalerweise anfällig für Verfolgungen sind. Zur ersten Menschenkategorie gehören ethnische und religiöse Minderheiten (wie Juden in modernen westlichen Gesellschaften oder Muslime in Indien). Die zweite Menschengruppe kennzeichnen bestimmte physische Kriterien, nämlich Krankheiten, physische oder psychische sowie genetische Deformationen, Verletzungen und Behinderungen. Zu dieser Gruppe gehören auch Menschen, die Schwierigkeiten mit der Anpassung haben, wie Waisenkinder, Fremde, Einzelkinder, Arme oder Neuankömmlinge.

401 Hans-Dieter Bahr: *Die Sprache des Gastes. Eine Metaethik*, Reclam, Leipzig 1994, S. 14.

402 Klaus Wahl: *Aggression und Gewalt: Ein biologischer, psychologischer und sozialwissenschaftlicher Überblick*. 1. Aufl., Spektrum Akademischer Verlag, Heidelberg 2009, S. 42.

403 Roland Eckert & Helmut Willems: „Eskalation und Deeskalation sozialer Konflikte: Der Weg in die Gewalt", in: Otto Backes et al. *Internationales Handbuch der Gewaltforschung*, Westdt. Verl, Wiesbaden 2002, S. 1457–1480.

404 Klaus Wahl, 2009, op. cit., S. 42.

Aggression hat anscheinend *Sündenbock-* und *spezifische Verschiebungs-Theorien* entstehen lassen,[405] bei denen besonders auf fremde Menschen gezielt wird. Aufgrund dessen werden die Letzteren für jedes schlechte Ereignis als Täter verdächtigt, verurteilt und angegriffen. Sie werden zum gemeinsamen Feind der autochthonen Gesellschaft.

Christoph Heins Roman erzählt von „Guldenberg", einer fiktiven ostdeutschen Kleinstadt, deren Einwohner junge Gastmigranten, die in einem Alten Seglerheim untergebracht werden, einfach loswerden möchten. Diese jungen Geflüchteten werden als unerwünschte „Fremde" von den Guldenbergern nahezu einstimmig kriminalisiert, tätlich angegriffen, abgelehnt, ausgegrenzt und vertrieben. Sie werden zu Sündenböcken für all das, was im Privat- und Geschäftsleben der Guldenberger Bevölkerung misslingt. Im Grunde aber war der gesellschaftliche Zusammenhalt aufgrund existenzieller Ängste, Verzweiflung und Frustrationen der Bewohner bereits zuvor instabil. Howard Ehrlich führt in diesem Sinne aus, dass

> frustrierte Menschen ihre Feindseligkeit nicht auf die wirkliche Quelle der Blockierung richten [können], daher finden sie einen Sündenbock in einem unschuldigen Opfer, das angegriffen werden kann, ohne dass Vergeltungsmaßnahmen befürchtet werden müssen.[406]

Diese Faktoren verleiten die Bürger zum Sündenbockprozess, der – nach Gordon Allport – sich in drei Formen manifestiert, nämlich „gedankliche Vorstellungen" („Das Ausbrüten feindseliger Gedanken kann zu feindseligen Taten führen"[407]), „mündliche Angriffe" („Die Jagd auf einen Sündenbock kann durch einen Strom von überwollenden Reden eingeleitet werden"[408]) und „Terrorhandlungen".[409] Diese drei Formen der Sündenbockpraktik werden, so Allport weiter, von fünf Typen von Sündenbockpraktikern angewendet. „Der zwangsläufige Sündenbockpraktiker" ist eine Kategorie von Menschen, die pathologisch verirrt und krankhaft in eine verkehrte Richtung denkende Personen sind. Für solche Menschen bedeuten Vorurteile die „Quelle ihres geistigen Daseins", sodass die Suche nach

405 Hervorhebung im Original.

406 Howard J. Ehrlich: *Das Vorurteil. Eine sozialpsychologische Bestandsaufnahme der Lehrmeinungen amerikanischer Vorurteilsforschung*, aus dem Amerikanischen von Ingrid Hacker-Klier & Ursula Ahrens, Reinhardt Verlag, München und Basel 1979, S. 171.

407 Gordon W. Allport: *Treibjagd auf Sündenböcke*, Christian-Verlag, Berlin und Bad Nauheim 1951, S. 64.

408 Ebd.

409 Ebd., S. 64 f.

Sündenböcken ihre zwangsläufige ständige Beschäftigung wird.[410] Es gibt auch die „Sündenbockpraktiker aus Enttäuschung". Sie sind Menschen, die in ihrem sozialen und wirtschaftlichen Leben Misserfolg, Befürchtungen und vereitelte Hoffnungen haben. Hier meint Allport, dass dieser Kategorie Mitglieder extremistischer Parteien und ihre Anhänger zugeordnet werden können.[411] Dann sind „Sündenbockpraktiker aus Konvention" Menschen, die „durch und durch konventionell und konservativ sind: Sie sind [...] patriotisch im konventionellen Sinne"[412] und festigen sich in „Wir-Gruppen". Zu diesen drei Typen von Sündenbockpraktikern gesellen sich lediglich gedankenlose „Mitläufer", die bereit sind, sich der Menge anzuschließen, wenn sie ihr in den Weg laufen. Man denke hier an die vielen „Mitläufer" im Deutschland der NS-Zeit. Nicht vergessen werden soll auch die fünfte Kategorie von Sündenbockpraktikern. Sie sind „kaltblütige Demagoge[n], d[ie] den ganzen Prozess der Suche und der Jagd nach Sündenböcken mit sicherem Auge übers[ehen]"[413] und die vier ersten Sündenbockpraktiker zum eigenen Vorteil ausnutzen können. Allport räumt ein, dass Mischungen oder Kombinationen der einzelnen Typen auftreten können. Auch in der Analyse wird zu zeigen sein, wie sich solche Typen von Sündenbockpraktikern in der Handlung charakterisieren lassen. Denn Sündenbockpraktik ist eine gefährliche Form der Gastfeindschaft.

Im Folgenden wird untersucht, wie der Sündenbockmechanismus in der Erzählung verarbeitet wird und wie jede Figur in dem ganzen Prozess agiert.

2. Christoph Hein: Autor und Werk

Christoph Hein, geboren 1944 in Heinzendorf, Schlesien (heute Ścinawa, Polen), ist als aufklärerischer Moralist seit den Achtzigerjahren einer der wichtigsten Autoren im deutschsprachigen Raum geworden. Seinen literarischen Durchbruch in der DDR erlebte er mit seiner Novelle *Der fremde Freund*,[414] der in der Bundesrepublik Deutschland als *Drachenblut* herauskam. Hein wird auch oft als Chronist bezeichnet, der schonungslos das Bild unserer Epoche darstellt und bei seiner literarischen Kreation auf Dialog mit dem Leser setzt. Er versteht das Schreiben als literarische Form des Verfassens von Chroniken. Hein ist auch Dramatiker und

410 Ebd., S. 51.
411 Ebd., S. 51 f.
412 Ebd., S. 54.
413 Ebd., S. 57.
414 Christoph Hein: *Der fremde Freund*, Aufbau-Verlag, Berlin und Weimar 1982.

Essayist. Mit seinem Essayband *Öffentlich arbeiten*[415] wurde er einer der schärfsten Kritiker der deutschen Öffentlichkeit. Peter Hack zufolge ist Christoph Hein ein

> Dramatiker, der auch in der Prosa reüssiert, ein Erzähler, der gute Dramen schreibt; […] ein scharfsinniger Essayist. So wenig sich der Schriftsteller Hein auf ein literarisches Genre festlegen lässt, so schlecht passt er in eine der Schubladen, die man in der Bundesrepublik hergerichtet hat, um die literarische Hinterlassenschaft der abgetretenen DDR übersichtlich einzuordnen.[416]

Heins unterschiedlichen Etiketten prägen auch sein vielfältiges Werk, das aus zahlreichen Romanen, Novellen, Erzählungen, Theaterstücke und Essays besteht. Er wurde mit zahlreichen Preisen ausgezeichnet.[417] Sein literarisches Schreiben beschäftigt sich mit der Geschichte der DDR, mit dem Faschismus, dem Krieg und der Nachkriegszeit. Seine Werke besprechen Themen wie

> die Distanz, die Nichtidentität, die Entfremdung des Menschen in unserer Zeit, und seine Texte zielen selbst auf abgelegenen Pfaden und phantasievollen Umwegen immer unsere Gegenwart an. Die Mehrbödigkeit seines Erzählens ist wohl auch ein Grund dafür, dass seine Geschichten, erneut gelesen, erstaunlich oszillieren, andere Schichten freilegen, neue Deutungen zulassen. Sie halten in unterschiedlichen Situationen und Zeiten eine ganz andere, neue Sicht, Warnung und Wahrheit bereit.[418]

Über diese Themen hinaus befasst sich der Autor in den letzten Jahrzehnten viel mit Migration und Fluchterfahrung, mit denen er auf ein bewegtes Leben zurückschaut. Er musste selbst als Flüchtling aus Schlesien in der Kleinstadt Bad Düben bis zu seinem 14. Lebensjahr aufwachsen. Heins thematisches Spektrum wird in einer besonderen Ästhetik verarbeitet. Er erzählt sachlich und einfach seine Geschichten. Doch

> in seinen einfachen Alltagsgeschichten verstecken sich – im Untertext – ganz andere, viel komplexere Geschichten. Sie stehen dem entgegen, was der Erzähler- oder Figurenbericht

415 Christoph Hein: *Öffentlich arbeiten. Essais und Gespräche*, Aufbau Verlag, Berlin und Weimar 1987.

416 Vgl. Lothar Baier (hrsg.): *Christoph Hein: Texte, Daten, Bilder*, Orig.-Ausg., Luchterhand Literatur-Verl., Frankfurt am Main, 1990, S. 7.

417 Die Preise der letzten Jahre bzw. Jahrzehnte sind unter anderem der Kinderbuchpreis des Landes Nordrhein-Westfalen 2020, Prix du Meilleur livre étranger 2019, Samuel-Bogumił-Linde-Preis 2019, Grimmelshausen-Literaturpreis 2017, Internationaler Stefan-Heym-Preis 2013, Uwe-Johnson-Preis 2012, Gerty-Spies-Literaturpreis 2011, Eichendorff-Literaturpreis 2010, Walter-Hasenclever-Literaturpreis 2008, LUCHS-Preis 2003.

418 Klaus Hammer (hrsg.): *Chronist ohne Botschaft. Christoph Hein. Ein Arbeitsbuch. Materialien, Auskünfte, Bibliographie*, Aufbau-Verlag, Berlin und Weimar 1992, S. 7.

> vorgibt. Der Leser hat beim Erzählten ständig zwischen Oberfläche und Tiefe, Gesagtem und Ungesagtem, Offenbartem und Verborgenem zu unterscheiden.[419]

Die Komplexität seiner Texte wird also von seinem einfachen Schreibstil verdeckt. Heins Schreiben kennzeichnet sich durch ein „Pathos der Sachlichkeit“,[420] um Klemens Renoldners Worte zu benutzen. Die wichtigsten Merkmale von Heins Prosa sind, so Renoldner,

> Nüchternheit, Kargheit bis zur scheinbaren Entpersönlichung, […] leidenschaftslose Sachlichkeit, womit ja Objektivität, Glaubwürdigkeit des Berichteten und dokumentarische Genauigkeit suggeriert wird, Verzicht auf repräsentatives Erzählen, Antipathos und Antimoral.[421]

Christoph Hein ist ein Autor, der nicht nur Geschichte verarbeitet, sondern mit seinen Erzählungen einen ständigen Bezug zur Gegenwart herstellt oder, besser gesagt, die Erzählungen verbinden immer Geschichte und Gegenwart. In diesem Sinne beschäftigt er sich in *Guldenberg* mit dem hochaktuellen Thema von Asyl in Deutschland. Die Feindlichkeit gegenüber jungen Gastmigranten aus Syrien und Afghanistan untersucht er und bezieht die Fremderfahrung der Vertriebenen des Kriegsendes bzw. die Übersiedler der DDR-Zeit mit ein.

3. *Guldenberg*: Inhalt und Ästhetik

3.1. Inhalt

Guldenberg erzählt von Gastfeindschaft und Fremdenhass in der fiktiven ostdeutschen Kleinstadt namens Bad Guldenberg. In dieser Stadt herrscht noch eine gewisse gesellschaftliche Stabilität, bis im Alten Seglerheim ein Dutzend geflüchteter Teenager aus Syrien und Afghanistan untergebracht wird. Diese Jugendlichen, „die keiner eingeladen hatte“ (GUL, S. 10), sorgen für Aufruhr und Unfrieden in der Kleinstadtgemeinschaft. Die Bewohner fürchten „ungehörige und verachtenswerte Auftritte in der Stadt […], die den Werten und dem Lebensstil ihrer Bürger unangemessen waren und Unfrieden stiften würden“ (GUL, S. 10). Da die jungen Muslime, als fremd, unerwünscht und potenziell gefährlich angesehen werden, verschlechtert sich die Stimmung zunehmend gegen sie und diejenigen, die ihnen helfen. Die Spannungen eskalieren in Form von Pöbeleien und Übergriffen. Die Feindseligkeit erreicht ihren Höhepunkt, als den minderjährigen

---

419 Ebd.

420 Klemens Renoldner: „Vom Pathos der Sachlichkeit. Der Erzähler Christoph Hein (1990)“, in: Lothar Baier 1990, op. cit., S. 128–137, hier S. 128.

421 Ebd., S. 129.

Schutzsuchenden kollektiv eine Vergewaltigung vorgeworfen wird. Sie werden schließlich aus der Stadt vertrieben. Erst nach ihrer Vertreibung kehrt wieder Ruhe in die Stadt ein.

Die Protagonisten innerhalb des erzählerischen Mikrokosmos umfassen ein breites soziales Spektrum. Dazu gehören Adil, Enis, Hakim und andere Geflüchtete, die ihre Eltern, Familie und Heimat verloren haben und in Guldenberg gekommen sind. Sie werden dank des gastfreundlichen, aufrichtigen, wenn auch etwas hilflosen Bürgermeisters Kötteritz im Alten Seglerheim aufgenommen und von einfühlsamen und unvoreingenommenen Sozialarbeiterinnen wie Marrike Brummig, Fritzi, Kerstin und Josephine Sieghardt betreut. Kötteritz gerät aufgrund seines Engagements für die jungen Gastmigranten in Konflikt mit dem überheblichen Unternehmer Haubrich-Becker. In der Verfolgung der Jugendlichen spielt auch der integre Polizeichef Kremmer und sein Team eine wichtige Rolle. Zudem taucht der intrigante, islamophobe Stadtrat Lichtenberger auf, der der größte Widersacher des katholischen Priesters Alexander Fuschel ist. Der Pfarrer verkörpert das Idealbild eines entschlossenen Geistlichen, der mutig zu den Flüchtlingen steht und sich für ihre Integration einsetzt. Den Guldenbergern begegnet der Leser in der lästernden Skatrunde in der Gastwirtschaft. Der „Skatklub" vertreibt sich die freie Zeit mit Dorfklatsch und Hetze. Eine besondere Figur ist der Querulant Fred Krausnick, der zwar nicht Teil des Stammtisches ist, aber mit seinen Verschwörungstheorien und vulgären Anschuldigungen nur eine Steigerung des Alltäglichen darstellt. Die Erzählung stellt auch andere Figuren vor, wie die schwangere und angeblich vergewaltigte Bärbel Nimrod, die Großmutter Gertrude Fischlinger und Malka Gold, die Haushälterin des Pfarrers.

Der Roman ist in erster Linie eine thematische Fortsetzung von Heins früheren Romanen *Horns Ende*[422] und *Landnahme*,[423] in denen das Vertreiben von Fremden eine Tradition in „Bad Guldenberg" darstellt. Eben die Motive der fiktiven Kleinstadt „Bad Guldenberg" als Handlungsschauplatz, der „Zigeuner" und der Entfremdung verbinden die drei Romane. In *Horns Ende* geht es um Sinti und Roma, die aus der Stadt systematisch vertrieben wurden, während in *Landnahme* schlesische Übersiedler, die nach dem Zweiten Weltkrieg in die Stadt gekommen sind, Ablehnung und Hass erleben. In *Guldenberg* erinnern die Bewohner wieder an die „Zugezogene aus Norddeutschland" (GUL, S. 8) und die „Zigeuner" (GUL, S. 9). Damit nimmt der Roman schon im ersten der 34 Kapitel Bezug auf die Vorgängerromane. Auch die „Gleichgültigkeit der Bewohner füreinander", „die

422 Christoph Hein: *Horns Ende. Roman*, Luchterhand, Darmstadt u. a. 1985.

423 Christoph Hein: *Landnahme. Roman*, Suhrkamp, Frankfurt am Main 2004.

kühle Freundlichkeit untereinander" (GUL, S. 7) und das Misstrauen erinnern an die lieblose und erstarrte Stimmung in *Horns Ende*. Ferner begegnet der Leser einigen Charakteren, die schon in den beiden früheren Romanen vorhanden waren. Es geht nämlich um den Bürgermeister und die Frau Gertrude Fischlinger (*Horns Ende*), Bernhard und Sigurd (*Landnahme*). Hein erinnert in Guldenberg an „Kruschkatz" (GUL, S. 9), den Bürgermeister in *Horns Ende*. Zum Beispiel war Gertrude Fischlinger in *Horns Ende* die Inhaberin eines Lebensmittelgeschäftes, das wieder in Guldenberg als *Lebensmittel-Fischlinger* oder *Gertrudes Konsum* (vgl. GUL, S. 77) auftaucht. Die Kontinuität des Erzählens ist auch darin erkennbar, dass die Guldenberger die jungen arabischen Gastmigranten als „Zigeuner" und „Neger"[424] (GUL, S. 66) abwerten. Offenkundig gibt es Parallelen zwischen Heins heimatlichem Kurort und der fiktiven Kleinstadt Guldenberg, wie es der Autor selbst behauptet.[425] Die Erwähnung von „Lutherstein" (GUL, S. 9) im Roman ist ein fiktiver Beweis dafür. Tatsächlich befindet sich der Lutherstein zwischen Bad Düben und Kemberg.[426]

Guldenberg ist ein Dialogroman, in dem der Erzähler ein ästhetisches Schweigen praktiziert. Der Leser hat nicht mit einem Erzähler zu tun, der die Erzählung filtert, dirigiert und kommentiert. Er zieht sich im größten Teil des Geschehens zurück, lässt die Figuren reden und moderiert notwendigerweise ab und zu die Dialoge. Die Abwesenheit von Erzählerkommentaren, was häufig in Heins Ästhetik vorkommt, „ne fait qu'accroître l'impression de désolation qui envahit rapidement le lecteur."[427] Aufgrund seiner durchgängig dialogischen Struktur lässt sich der Roman als Theaterstück lesen, denn, so schreibt Carsten Otte, „mit ein paar Streichungen im umfangreichen Figurenensemble kann der Stoff leicht auf die

---

424 Wie bereits in der Fußnote 240 erläutert, zählt Susan Arndt auch den Begriff „Zigeuner" zu jenen Ausdrücken, die aufgrund ihrer rassistischen Konnotationen im zeitgenössischen Sprachgebrauch vermieden werden sollten. Im Rahmen dieser Arbeit, die eine eindeutig kritische Haltung gegenüber Rassismus einnimmt, wird bei der Wiedergabe von Originalzitaten aus den untersuchten Erzählungen auf eine Zensur solcher Begriffe verzichtet.

425 Joachim Scholl: „Wir sind an einer Zeitenwende. Christoph Hein im Gespräch mit Joachim Scholl", in: *deutschlandkultur.de*, vom 18.05.2021. auf https://www.deutschlandfunkkultur.de/schriftsteller-christoph-hein-wir-sind-an-einer-zeitenwende-100.html, Zugriff am 17.03.2023.

426 Vgl. https://www.luther-erleben.de/luther-war-hier/ort/duebener-heide-lutherstein/, Zugriff am 23.03.2023.

427 Hélène Guibert-Yèche: *Christoph Hein : l'œuvre romanesque des années 80 ; de la provocation au dialogue*, Peter Lang, Bern und Berlin u. a. 1998, S. 219.

Bühne gebracht werden."[428] Die Geschichte folgt einer klassischen Eskalationsdramaturgie, bei der die anfängliche latent vorhandene Feindseligkeit schließlich in einem dramatischen Höhepunkt gipfelt, nämlich dem Anschlag auf das Alte Seglerheim. Dieser Vorfall führt zur Verlegung der jungen Asylbewerber aus Guldenberg, und ihre Helferinnen verlassen die Stadt in Richtung Berlin. In der Stadt bleiben nur alte Menschen und solche, die als gescheitert angesehen werden, welche „den Rechtsstaat für einen Selbstbedienungsladen halten."[429] Der Leser erhält Einblicke in die regressiven Charaktere und ihre Abgründe ausschließlich durch das, was sie sagen. Dies alles bestätigt Heins Etikett eines „Erzähler[s], der gute Dramen schreibt."[430]

3.2. Eine verstörende Ästhetik

Christoph Hein wird in vielen Rezensionen wegen der rüden und kunstlosen Sprache des Romans und der unkritischen Reproduktion von Klischees kritisiert.[431] Rezensentin Judith von Sternburg spricht von einer „sprachlich abfälligen Sprödigkeit",[432] während Jörg Magenau seine Kritik mit folgenden Worten formuliert:

> ‚Guldenberg' besteht vor allem aus Dialogen, die seltsam hölzern wirken, als habe Hein nicht wirkliche Menschen vor Augen gehabt, sondern Papiergestalten, die jargonfrei und immer etwas zu elaboriert sprechen, als wäre das Ganze kein Roman, sondern eine Drehbuchvorlage.[433]

---

428 Carsten Otte: „Guldenberg. Das ganz normale Grauen", in: *Zeit-Online*, vom 08.05.2021, auf https://www.zeit.de/kultur/literatur/2021-05/guldenberg-christoph-hein-roman-rassismus-deutschland-klassenverhaeltnisse-provinz, Zugriff am 30.11.2022. Tatsächlich kam der Roman am 26. November 2022 in der Stadt Meiningen auf die Bühne, siehe https://www.mdr.de/kultur/theater/meiningen-guldenberg-hein-theater-premiere-100.html.

429 Carsten Otte, ebd.

430 Lothar Baier 1990, op. cit., S. 7.

431 Für einen Überblick der Rezensionen über die enttäuschenden Aspekte von Heins Roman, siehe https://www.perlentaucher.de/buch/christoph-hein/guldenberg.html, Zugriff am 17.03.2023.

432 Judith von Sternburg: „Christoph Hein: ‚Guldenberg' – Moralisch verschlissen", in: *Frankfurter Rundschau*, erstellt 09.05.2021, auf https://www.fr.de/kultur/literatur/christoph-hein-guldenberg-moralisch-verschlissen-90528303.html, Zugriff am 17.03.2023.

433 Jörg Magenau: „Christoph Hein: ‚Guldenberg'. So überschaubar schlimm ist die Gegenwart", in: *Deutschlandfunk Kultur*, 04.06.2021, auf https://www.deutschlandfunkkultur.de/christoph-hein-guldenberg-so-ueberschaubar-schlimm-ist-die-100.html, Zugriff am 23.10.2022.

Tatsächlich ist die Sprache in Guldenberg unschön. Rassisten reden rassistisch und verwenden N- und Z-Wörter, um die Jugendlichen aus Syrien zu bezeichnen. Ein Kneipenjargon, eine ungewöhnliche Jugendsprache und technokratische Begriffe[434] prägen die Erzählung. Durch die Schwarz-Weiß-Malerei zeigt der Autor, wie Gerüchte entstehen und wie Vorurteile sich verfestigen, jedoch kommt er bei der Darstellung nicht über Klischees hinaus. Beinahe alle Einwohner werden als Gastfeinde pauschalisiert vorgestellt. Den populistischen Äußerungen stellt der Autor kaum kontroverse substanzielle Dialoge und nuancierte Grautöne entgegen. In der lakonischen Erzählung sind die Figuren eindimensional, statisch und stagnierend, sie erleben keine Entwicklung, denn „Hein unternimmt die Bestandaufnahme eines Zustandes, nicht die Schilderung eines Entwicklungsprozesses."[435] Die Rassisten bleiben Rassisten, Rechtsextreme verändern sich nicht, die Halunken bleiben Halunken. Zudem agieren viele nicht zur Identifikation einladende Charaktere in einer disharmonischen Vielstimmigkeit.

Diese Kontroverse über *Guldenberg* ist nur eine Fortsetzung der allgemeinen Kritik und Polemik über viele Werke Christoph Heins,[436] weil sein Schreiben einen „aspect dérangeant",[437] einen verstörenden Aspekt hat. Es handelt sich hierbei jedoch um ein bewusst kalkuliertes Dispositiv, denn Hein besitzt „wider alle Regeln des [literarischen] Gewerbes ein kritisches, philosophisch außerordentlich geschärftes Bewusstsein von seiner Tätigkeit."[438] Insofern ist die Inszenierung schockierender Charaktere, die Verweigerung einer erzählerischen Moral, die Objektivität, Unparteilichkeit der Narration und vor allem das Fehlen eines Kontrapunkts ein integraler Bestandteil der Ästhetik der Provokation des Autors:

> Hein aime la provocation. Sa littérature est d'emblée apparue au public sous ce signe particulier comme en témoignent les vives controverses déclenchées par *L'ami étranger*. Ce n'est d'ailleurs pas par hasard que ce roman a été qualifié de « *livre le plus méchant de la saison* ». Seul le lecteur qui ne s'y frotte pas à [sic !] des chances d'échapper aux vérités souvent dérangeantes que l'auteur assène sans hésiter. Or l'art de provocation tient autant au choix des sujets abordés qu'à leur traitement peu orthodoxe dans le cadre d'une littérature socialiste. […] Les romans de Hein provoquent par la mise en scène brute et parfois même outrageusement noircie de situations de la vie quotidienne […].[439]

434 Carsten Otte, op. cit.

435 Klaus Hammer, 1992, op. cit., S. 8.

436 Beispielsweise gab es Polemiken über seine Erzählungen *Der fremde Freund* und *Horns Ende*.

437 Hélène Guibert-Yèche, 1998, op. cit., S. 74.

438 Lothar Baier 1990, op. cit., S. 8.

439 Hélène Guibert-Yèche, op. cit., S. 219.

Offenkundig besitzt Heins Konzeption einer problematischen Literatur eine Orientierungsfunktion. Außerdem ist die fast völlige Interferenzlosigkeit des auktorialen Erzählers als erzählerische Strategie erkennbar, die darauf abzielt, jeglichen Einfluss auf den Leser fernzuhalten. Diese Ästhetik dient dem Zweck, einen breiten dialogischen Raum zwischen Erzähler und Lesern zu schaffen, wobei Letztere zu einer aktiven Reflexion und Positionierung herausgefordert werden. „Ich [...] bin nicht klüger als der Leser und kann nur in Dialog mit ihm treten",[440] sagt Hein. Für ihn gilt:

> le dialogue est une écriture offerte à l'autre. Le dialogisme ne se situe pas seulement au moment de la production de l'énoncé ; il vise principalement l'après de l'écriture, l'instant de la lecture, et surtout il s'inscrit explicitement dans les intentions poétiques d'un auteur qui considère que la littérature et l'écrivain ont un rôle à jouer au sein de la société. Et c'est peut-être en cela que réside l'aspect véritablement original de la poétique de Hein, dans la mesure où l'intention dialogique ne se lit pas comme une conséquence de l'écriture, mais comme son présupposé conscient et revendiqué.[441]

Für die Förderung dieser offensichtlich anderen Art von Bachtins Dialogizität[442] ist es literarisch ohne Belang, den Leser zur Beantwortung didaktischer oder pädagogischer Fragen zu nötigen. In derselben Perspektive praktiziert er eine Auflösung des Erzählers, der sich hinter berichtenden Figuren verbirgt oder hinter diese zurücktritt. Die Distanzierung des Erzählers vom Erzählten gibt den Charakteren eine gewisse Unabhängigkeit und lässt dem Leser genug Raum für die Mehrdeutigkeit des Erzählten. Die Charaktere werden ohne Arrangement in ihrer Authentizität dargestellt. In *Guldenberg* bleibt Hein seinem Stil des genauen Beobachters treu. Er macht von seinem erzählerischen Selbstverständnis als Autor und „Chronist ohne Botschaft"[443] Gebrauch. Er betrachtet es primär als die Pflicht des Autors, die Rolle eines Chronisten einzunehmen.[444] Er beschönigt und verurteilt nicht. Seine Entscheidung, nicht aktiv und kritisch in die Dialoge der Figuren einzugreifen, gründet auf seiner Überzeugung, dass Literatur in erster Linie nichts mit Moral zu tun habe. Seiner Ansicht nach steht die Präzision im Vordergrund. „Aber Moral selbst", bekräftigt er, „Sittlichkeit soll durch Schreiben nicht unbedingt befördert werden. Ich denke, die Genauigkeit, die direkte Mitteilung über die

---

440 Lothar Baier, op. cit., S. 71.

441 Klaus Hammer, op. cit., S. 119.

442 Vgl. Michail Bachtin: *Probleme der Poetik Dostoevskijs*, Ullstein, Frankfurt und Berlin u. a.: 1985. Die Dialogizität bei Bachtin beruht auf einer polyphonischen Struktur des Romans.

443 Klaus Hammer, op. cit.

444 Ebd., S. 7.

Welt, ist wichtiger, und sie verstößt eben auch mitunter gegen Moral.“[445] In diesem Sinne versucht er in seinem Roman, „wie ein Chronist die Sache mitzuteilen“,[446] wie ein distanzierter Beobachter, der unbeteiligt, emotionslos und objektiv die Fremdenfeindlichkeit der Guldenberger erzählt. Für Hein ist es von zentraler Bedeutung, dem Leser ausreichend Raum zu bieten, damit dieser in einen Dialog mit allen Figuren treten und ihre Erfahrungen und Ansichten hinterfragen kann. Ferner ist der nüchterne Stil des Autors und das Unkonventionelle seiner Figuren absichtlich gewählt, wie von Hélène Guibert-Yèche festgestellt wurde:

> Allant résolument à l'encontre de la tradition méliorative de la littérature […], Hein mise sur la vulgarité de ses personnages, au sens littéral du terme : sur le peu d'éclat de leur vie, sur la banalité et le tragique de leur quotidien. Les figures de Hein ne sont pas des héros classiques, c'est-à-dire des personnages modèles montrés en exemple au lecteur. De plus, le style volontairement dépouillé de l'auteur semble interdire toute relativisation. Il ne faut pourtant pas se laisser abuser par la simplicité apparente de cette littérature : l'absence de structure dialectique parfois reproché à l'auteur par la censure n'est que feinte.[447]

Man kann festhalten, dass das, was Hein vorgeworfen wird, ein bewusst eingesetztes Instrument in seinen Werken darstellt, denn „er gehört zu den wenigen, die mit der Sprache keine Sorgen haben. Christoph Hein hat Gewalt über die Worte.“[448] Die scheinbar misslungenen Aspekte seines Romans sind strukturell in sein narratives Selbstverständnis und sein ästhetisches Kalkül eingebettet, mit dem Ziel, eine „Öffentlichkeit ohne Einschränkung und Zensur“[449] zu schaffen. Insofern bietet *Guldenberg* reichlich Gelegenheit zur Untersuchung der Gastfeindschaft und Sündenbockpraktik der Bewohner.

4. „Bad Guldenberg“ und die Berührungsfurcht

> Die Zuwanderung von Fremden führt zu einem Anwachsen eines latenten Misstrauens in der einheimischen Bevölkerung, das durch gesellschaftliche Konflikte und sozialen Stress jederzeit ausbrechen kann. Der Fremde wird zum Eindringling, der die Ortsansässigen ihrer legitimen Rechte zu arbeiten, ihren Besitz zu genießen und ihres Eigentums zu berauben droht.[450]

---

445 Ebd., S. 11.
446 Ebd., S. 21.
447 Hélène Guibert-Yèche, op. cit., S. 219.
448 Lothar Baier 1990, op. cit., S. 11.
449 Ebd., S. 8.
450 Werner Bohleber: „Ethnische Homogenität und Gewalt. Zur Psychoanalyse von Ethnozentrismus, Fremdenhass und Antisemitismus“, in: Klaus Ahlheim (hrsg.): *Die Gewalt des Vorurteils. Eine Textsammlung*, Wochenschau Verlag, Schwalbach 2007, S. 225–240, hier S. 231.

Dieses Zitat von Werner Bohleber macht deutlich, dass der Fremde im allgemeinen dafür berüchtigt ist, an dem Ort, an dem er ankommt, eine Atmosphäre des Misstrauens zu erzeugen. „Er tut uns nichts, aber er ist uns lästig, das ist genug getan", heißt es in einem kurzen Text Kafkas, den Max Brod mit *Gemeinschaft* betitelte. Dies deutet darauf hin, dass an diesem Ort bereits eine bestehende soziokulturelle Ordnung und eine spezifische Lebensgestaltung existieren, an die die ortsansässigen Menschen als homogenes Kollektiv gebunden und gewöhnt sind. Dadurch fürchten sie ein möglicherweise destruktives Erleben des Fremden. Diese Dynamik spiegelt sich in Heins Roman wider.

Die fiktive Kleinstadt Guldenberg ist seit der Wende[451] mithilfe privater Spenden, Fördermittel von Land, Bund und EU mit sanierten Straßen, modernisierten staatlichen Wohnblöcken und schönen Fassaden und Dächern aufgewertet worden. Am Stadtrand befindet sich eine Wellness-Anlage, die zum Mulde-Heilbad[452] gehört. Dadurch haben sich Farbe, Geschmack und Geruch der Stadt verändert, wie eingangs im Roman berichtet wird (vgl. GUL, S. 7). Hinsichtlich der Stadtentwicklung hat sich Guldenberg verändert. Lediglich der Plan, das Alte Seglerheim in eine Pflegestation umzubauen, konnte nicht verwirklicht werden. Dass es leer steht, ist der Grund, warum junge Gastmigranten später in den Räumlichkeiten untergebracht werden. Man kann sich vorstellen, wie stolz die Bewohner auf ihre renovierte Stadt sind und wie sie sich für die Bewahrung und den Schutz dieser hübschen Stadtatmosphäre einsetzen. In dieser schönen Atmosphäre können die Guldenberger dazu gute, reine Luft atmen:

> Die Luft ist das Beste an Guldenberg, diese Luft könnte die Stadt in Konserven abfüllen und verkaufen. Das verdanken wir den Wäldern rundherum und vor allem der Heide. Die Luft schmeckt nach Baumharz und Tannengrün und Heidekraut. Atmen kann man hier gut. Ansonsten gibt es nur diese kleinen Häuser, alles niedrig und geduckt. So ist Guldenberg […]. Aber die Luft ist weich, mild, aromatisch. (GUL, S. 74)

So beschreibt eine achtundneunzigjährige Dame die Stadt. Sie preist mit großem Stolz die außergewöhnliche Reinheit der Luft einer guten, nicht verschmutzten Natur. Obwohl die alte Dame eindeutig die Qualität der Luft und der Landschaft beschreibt, verbirgt ihr hyperbolisches Lob vermutlich auch eine hegemoniale Wahrnehmung und Überbewertung der einheimischen Bevölkerung, als ob die

451 Im politischen Diskurs der Bundesrepublik Deutschlands symbolisiert „die Wende" den Untergang der DDR (1989) und die Wiedervereinigung Deutschland im Jahr 1990.

452 Die Mulde ist ein Fluss in der Nähe der fiktiven Kleinstadt Bad Guldenberg. Die Erwähnung der Mulde weist Parallelen zur Realität auf, da die Mulde tatsächlich ein Fluss ist. In der Realität liegt entlang des rechten Ufers der Mulde die nordsächsische Stadt Bad Düben, auf die die Erzählung fiktiv anspielt.

Guldenberger das reinste Volk wäre. Doch hinter den renovierten Fassaden und der schönen, unversehrten Natur, scheint bei den Menschen alles beim Alten geblieben zu sein. Eine Intensivierung in den zwischenmenschlichen Beziehungen ist kaum spürbar. Das Leben ist gekennzeichnet von einer „Gleichgültigkeit der Bewohner füreinander" und einer „kühle[n] Freundlichkeit untereinander" (GUL, S. 7). Auch das „geschmackliche Selbstverständnis der kleinen Stadt [ist] von einem geschichtslosen Alltag und dem gewöhnlichen Rhythmus eines erschöpften Schlendrians" (GUL, ebd.) geprägt. Mit diesen Beschreibungen entwirft der Erzähler eine ambivalente Sicht der Stadt: Es geht nämlich um eine äußerlich renovierte Stadt mit innerlich alten, misstrauischen Verhaltensweisen der Menschen. Dies stellt eine verwirrende Mischung von neuem Stadtkörper und veraltetem Geist dar und zeigt, dass die Bewohner sehr aktiv für eine äußere Entwicklung der Stadt, aber abwehrend gegen innerliche Veränderung sind. Trotz dieser problematischen Diskrepanz zwischen Äußerem und Innerem freuen sie sich über ihr schönes Leben.

Die Monotonie des Lebens, das scheinbare „Leugnen von Entwicklung"[453] und Veränderung werden in der Gastwirtschaft der einzigen Kneipe der Stadt sichtbar. Im Mittelpunkt des sozialen, gemeinschaftlichen Lebens der Stadt steht der regelmäßige Stammtisch in der kleinen Kneipe, wo es nichts anderes als Bier und Gulaschsuppe gibt. Jeden Tag bietet der Gastwirt immer dasselbe an, weil er bei seiner Mutter nur diese Suppe zu kochen gelernt habe. Obwohl diese Gastwirtschaft als „nicht normal" und „schon pervers" (GUL, S. 22) empfunden wird, haben sich die Guldenberger daran gewöhnt. Dies kann als eine Symbolik von der Wiederkehr des Immergleichen als groteskem Niedergang dargelegt werden. Die systematische Verweigerung gegen eine abwechslungsreiche Gestaltung des Menüs zeigt an, dass die Bewohner nicht nur skeptisch soziokulturellen Veränderungen gegenüberstehen, sondern sich auch an eine statische und konservative Lebensführung gegebenenfalls anpassen.

Die Kneipe ist ein Treffpunkt besonders für ältere Menschen, ein Ort, an dem die meisten Informationen kolportiert werden. Dort wird geschimpft, gefrotzelt, schwadroniert. Über zwischenmenschliche Freundschaften und Feindschaften, Konflikte und Misstrauen, über Schwierigkeiten, Misserfolge und Projekte anderer wird geklatscht und geredet. Außer den behördlichen Institutionen stellt sich die Kneipe als eine Art öffentliche bürgerliche Instanz dar, die unter Kontrolle

---

453 Dietmar Meyer: „Konservativismus, Stabilität, Freiheit", in: Ellen Bos (hrsg.): *Konservativismus im 21. Jahrhundert: Liebe zu alten Lastern oder Angst vor neuen Fehlern?* Nomos Verlagsgesellschaft, Baden-Baden 2014, S. 11–28, hier S. 11.

der „Donnerstag-Skatbrüder“ (GUL, S. 19) steht. Gerade das Lästern über andere zeigt die Neigung der Menschen zur Sündenbockpraxis. Denn Klatsch trägt zum Produzieren von Sündenböcken bei, um mit Kerstin Breitenfellner zu sprechen: „Klatsch ist heimliches Gerede, das Sündenböcke produziert. Klatsch vereint die Klatschenden unter Preisgabe des einen […]. Er ist verwandt mit Gerüchten und schafft neue Mythen, das heißt diffamierende Geschichten über das Opfer.“[454] Dass Klatsch Mythen über andere schafft, hat sich in der Erzählung gezeigt, besonders in der Art und Weise, wie in der Kneipe Stereotype und Vorurteile über die Flüchtlinge verbreitet werden. Ferner fungiert die Kneipe als bürgerliches Informationsmedium. In der Kneipe zirkulieren alle Gerüchte und Informationen über jeglichen Vorfall in der Stadt. Selbst etliche vertrauliche Informationen aus Gesprächen und Beschlüsse im Stadtrat, im Gemeinderat oder im Revier verbreiten sich am Stammtisch in der Kneipe. Die Neuigkeit, dass Flüchtlinge angekommen seien und dass der Bürgermeister im Stadtrat erklärte, die Stadt müsste sie für maximal ein Jahr in dem leerstehenden Seglerheim aufnehmen, taucht im Roman bei der ersten Donnerstag-Skatrunde in der Kneipe auf (vgl. GUL, S. 21 f.). Das erste Gerücht über eine Vergewaltigung – sowie die spätere Bestätigung der Polizei über die Unschuld der jungen Gastmigranten – ist von der Kneipe ausgegangen: „‚Ich weiß es aus sicherer Quelle‘, unterbrach ihn Fred Krausnick, ‚der Aubrich, der Bulle, hat gestern in der Kneipe was angedeutet […], sie haben eine vergewaltigt, hier, in Guldenberg‘“ (GUL, S. 130). Die erste Reaktion der Bewohner nach Bekanntwerden dieser Information war ein außerordentliches Zusammentreffen in der Kneipe:

> Als hätte jemand die Bürger Guldenbergs zusammengerufen, hatten sich viele von ihnen in Schiffers Kneipe eingefunden, Frauen wie Männer, Alte und Junge. Jeder Stuhl war besetzt, einige hatten auf den Fensterbänken Platz nehmen müssen, und alle redeten durcheinander. Um sich Gehör zu verschaffen, sprach man laut, und da es keinen Versammlungsleiter gab, redete man ohne Rücksicht auf jene, die zuvor das Wort ergriffen hatten. (GUL, S. 136)

Die Kneipe fungiert hier als Raum jenseits der zivilen Ordnung und als Mikrokosmos, der die Gesellschaft abbildet. Das, was „angedeutet“ wurde, ist der Anlass zu diesem besonderen Treffen, ohne dass es vorab terminiert wurde. In diesem Moment äußern die versammelten Bürger ihr gegenseitiges Misstrauen und ihre inneren Konflikte und vereinigen sich zur kollektiven Beschuldigung der Gastmigranten. Dass der Erzähler die Kneipe zu einem besonderen

454 Kerstin Breitenfellner: *Wir Opfer. Warum der Sündenbock unsere Kultur bestimmt*, Diederichs Verlag, München 2013, S. 50 f.

sozialen Informations- bzw. Entscheidungsraum mit einer gewissen bürgerlich-politischen Macht erhebt, deutet die manipulative Rolle an, die das Volk im demokratischen Leben haben kann. Das Leben in der brodelnden kleinstädtischen Atmosphäre, die Politik, alles wird in Guldenbergs Kneipe geprägt. Die Kneipe erscheint als ein Mikrokosmos, der eine *vox populi* konstruiert, einen „mehrheitlich urteilsfähige[n], selbständige[n] Akteur, der die politische Ordnung in einer Geschichte mit offenem Ausgang selbst gestaltet (*vox populi, vox dei*), aber auch als sich irrational verhaltende Menge, d. h. als manipulierbare ‚Marionette'."[455] Im Fall der Romanhandlung tritt mehr ein emotionales und irrationales Verhalten der Bürgerversammlung in der Kneipe zum Vorschein. Gerade diese Eigenschaft spielt eine bedeutende Rolle bei der Verfolgung des konstruierten Opfers. In der Triebhaftigkeit entscheiden sich die Bürger für einen kollektiven Protestmarsch zum Rathaus gegen die Gastmigranten (vgl. GUL, S. 138). Die Kneipe steht so für einen bürgerlichen Apparat, der ungeachtet der Beschlüsse der politischen Macht seine Sache „selber in die Hand" nimmt (GUL, S. 140). Sie ist überdies ein Ort, an dem die Sündenbock- und Gastfeindschaft-Mechanismen gedacht werden.

In der Beschreibung der Stadt fällt überdies auf, dass die Guldenberger „anders als anderswo in der Welt" (GUL, S. 7) leben. Dieses erzählerische Zeugnis unterstellt ein Gefühl der bürgerlichen Selbstgefälligkeit sowie der selbstgewissen Überlegenheit und die damit verbundene Disposition zur Ausgrenzung oder Exklusion der von anderswoher kommenden Menschen. Außerdem führt es zu dem, was Elias Canetti als „Berührungsfurcht" bezeichnet, die Abneigung gegenüber der Berührung durch Unbekanntes: „Nichts fürchtet der Mensch mehr als die Berührung durch Unbekanntes [...]. Überall weicht der Mensch der Berührung durch Fremdes aus."[456] Diese Berührungsfurcht ist bei der Ankunft der Gastmigranten erkennbar:

> Und nun sollten Jahrzehnte später wieder Fremde nach Guldenberg kommen. Das verursachte Unbehagen unter den Bewohnern. Es würde wieder ungehörige und beachtenswerte Auftritte in der Stadt geben, die den Werten und dem Lebensstil ihrer Bürger unangemessen waren und Unfrieden stiften würden. Wieder sollten sich Leute von irgendwoher, die keiner eingeladen hatte, in Guldenberg einnisten, Ausländer, die die Lebensart und Gesinnung der Einwohner nicht kannten. (GUL, S. 10)

---

455 Volker Mittendorf: „Die Rolle des ‚Volkes' in Konzepten direkter Demokratie und plebiszitärer Herrschaft", in: Thomas von Winter und Volker Mittendorf (Hrsg.): *Perspektiven der politischen Soziologie im Wandel von Gesellschaft und Staatlichkeit*, VS Verlag für Sozialwissenschaften, Wiesbaden 2008, S. 139–156.

456 Elias Canetti: *Masse und Macht*, Claassen Verlag, Hamburg 1960, S. 11.

Hier wird die Fremdheit der jungen Ankommenden, ihre andersartige kulturelle Identität gefürchtet. Die auffällige „Verunsicherung, spürbar in einem überspannten gegenseitigen Misstrauen“ (GUL, S. 7), die die Menschen der Stadt ergreift, liegt dieser Furcht zugrunde. Die Leute sind nervös, selbst die Mitglieder der Kirche sind beunruhigt. Alle haben offensichtlich Angst vor einer eventuellen Heterogenisierung ihrer Kultur. Die Furcht vor den „ungehörige[n] und verachtenswerte[n] Auftritte[n] […], die den Werten und dem Lebensstil ihrer Bürger unangemessen waren“ (GUL, S. 10) bedeutet eine Furcht vor einer kulturellen Veränderung (oder vor dem Verschwinden der einheimischen Kultur?) durch Überfremdung. René Girard zeigt in seinen Überlegungen, dass die Kultur bzw. „das Kulturelle“ eine große Rolle in der Praxis der Verfolgung von Minderheiten spielt. Er sieht in dem Untergang des „Kulturellen“ die erste Ursache bzw. den ersten Stereotyp der Verfolgung. Er schreibt: „C'est le culturel qui s'éclipse en quelque sorte, en s'indifférenciant […]. Devant l'éclipse du culturel, les hommes se sentent impuissants ; l'immensité du désastre les déconcerte.“[457] Die Hilflosigkeit vor der Überfremdung und Angst vor der Korrumpierung des Kulturellen schafft die Disposition zur Sündenbockpraxis, wie Elena Pulcini es darstellt:

> Auf die Gefahr der Kontaminierung scheinen die Individuen […] vorwiegend eine Antwort zu geben, die zugleich defensiv und aggressiv ist. Das heißt, sie reagieren mit einem Streben nach Immunität, das in eine Entgegensetzung von »Wir« und »die Anderen« und in gewaltbestimmte Formen des Konfliktes mündet. Anders ausgedrückt wird die Angst auf den Anderen, den Verschiedenen, projiziert und bringt Formen der Verfolgung hervor, die zur Konstruktion von »Sündenböcken« anregen, denen man in Form kollektiver Schuldzuweisungen die Verantwortung für die Übel der Gesellschaft in die Schuhe schieben kann. Die Projektion der Angst in Form von Verfolgung mündet in »destruktive Gemeinschaften«, die durch den Willen zum gewaltvollen *Ausschluss* [H. i. O.] des Anderen als vermeintlicher Ursache des Übels zusammengehalten werden.[458]

Die Berührungsfurcht zeigt zudem, dass die Guldenberger ein Zusammenleben mit fremden Menschen anderer Kulturtraditionen nicht gewohnt sind. Sie „haben ein schönes Städtchen, man kann hier gut leben, und das sollte so bleiben. Ruhig, vertraut und gemütlich." (GUL, S. 27). Dieser Schlusssatz sagt viel darüber aus, dass die Menschen die Ruhe und Vertrautheit schützen wollen. Da „das moderne Streben […] Unterschiede als Hindernis an[sieht]“,[459] wird die Anwesenheit der Fremden als Hindernis zur gesellschaftlichen Ruhe in Guldenberg aufgefasst. Zur Bewahrung dieser Ruhe und Vertrautheit hat sich ein „fremdenfeindliche[s]

457 René Giard, op. cit., S. 26.
458 Elena Pulcini, 2016, op. cit., S. 204.
459 Kerstin Breitenfellner, op. cit., S. 46.

Milieu von Guldenberg" (GUL, S. 84 f.) gebildet, in dem manche nach dem Motto „[d]enk von jedem das Schlechteste, und du fällst niemals auf die Schnauze" (GUL, S. 23) leben.

Die Betonung, dass Fremde „nun [...] wieder" (GUL, S. 10) nach Guldenberg kommen, ist eine Erinnerung an die ersten Berührungserfahrungen mit den Sinti und Roma vor sechzig, siebzig Jahren. Diese sogenannten „Zigeuner",[460] die „einfach nicht nach Bad Guldenberg [gehörten]" (GUL, S. 8), hatten jeden Frühsommer die Stadt „heimgesucht" (GUL, S. 9). Ihre viel zu fremde Sprache und Lebensart in ihren Wohnwagenkolonien brachten das Leben der Einheimischen in Unordnung. Die Verwendung des Verbs „heimsuchen" macht sehr deutlich, dass die Fremden in Guldenberg unerwünscht sind und sich für die Bewohner als Belastung darstellen. Denn „alle schlugen drei Kreuze" (GUL, ebd.), wenn die Fremden im Frühherbst wieder verschwanden. Die regelmäßige Freude nach dem Verschwinden dieser jahreszeitlich anwesenden fremden Besucher legt die Disposition der Einheimischen zur Gastfeindschaft nahe. Um das saisonale Heimsuchen definitiv zu verhindern, ist es „dem damaligen Bürgermeister gelungen, [die Fremden] für alle Zeit loszuwerden" (GUL, ebd.). Dieser Akt des Bürgermeisters bedeutet für die Bewohner eine Errungenschaft und einen wertvollen Dienst, sodass er deswegen länger im Amt gewesen war als jeder andere. Selbst nach seinem Tod hielt die Dankbarkeit der Bürger gegenüber ihm viele Jahre an, sodass es sogar in einer Versammlung des Stadtrats versucht wurde, einen Weg nach ihm zu benennen (GUL, S. 9 f.). Die Erleichterung der Bürger beim endgültigen Loswerden der Fremden kann als historische Disposition zur Abwehr weiterer Fremder gewertet werden. Dies zeigt überdies einen allgemeinen Einsatz für eine homogene Gesellschaft durch Ausgrenzung der Fremden. Die Abwehrdisposition hat für die nachfolgenden Jahre eine gewisse Ordnung in der Gesellschaft eingeführt und Guldenberg von fremdenfeindlichen Anschlägen, sexuellen Übergriffen und Vergewaltigungen befreit. Solche Vorfälle sind einfach „aus einer anderen Welt, derlei gab es in Guldenberg nicht" (GUL, S. 7).

Die fremden Gäste, die später in Guldenberg willkommen geheißen wurden, waren Ausländer, die aus touristischen Gründen vorübergehend in den Hotels beherbergt wurden. Der Bürgermeister hebt es deutlich hervor: „Fremde, und gar aus dem Ausland, [sind] in diesen Landstrich bislang höchstens als Touristen gekommen, als willkommene Gäste, da sie den Hotels und den Gaststätten

460 Seitdem bezeichnen die Guldenberger mit „Zigeuner" alle Migranten im Allgemeinen, „nicht ganz schwarz, mehr so arabisch dunkel" (S. 22). Hier sind die Sinti und Roma gemeint.

Geld einbrachten und nach zwei, drei Tagen wieder verschwunden seien“ (GUL, S. 220 f.). Es geht hier um eine ökonomisch motivierte Gastfreundschaft als Dienstleistung, bei welcher der Gast ein zahlender Kunde ist. Deswegen spielt die Fremdheit des Gastes eine geringere Rolle, solange er für einen begrenzten Zeitraum den Gastgeber bezahlt und sich in einem geschlossenen Raum aufhält. Doch bei der traditionellen und kulturell geprägten Gastfreundschaft ist es wichtig, dass man „zwischen denen unterscheiden kann, die wandern *müssen*, und denen, die wandern *dürfen*.“[461] Der Gast der *Hospitality Industry* stellt nicht dieselbe Herausforderung wie der geflüchtete Gast dar. In Bezug auf den ungeladenen Gastmigranten, der flüchten musste, ist Gastfreundschaft mehr

> eine kulturelle Praxis, die dann erfolgreich ist, wenn es dem Individuum und einer Gesellschaft gelingt, Fremde als Bereicherung für ein gelingendes Leben zu verstehen und wenn die Möglichkeiten des […] Zusammenlebens mit Fremden immer wieder neu gestaltet werden. Dies sind die Voraussetzungen für den richtigen und guten Umgang mit Flüchtlingen und Migranten.[462]

Eine solche Gastfreundschaft, die über den kommerziellen Raum hinausgeht und eine besondere kulturelle, interaktionsreiche Beziehungsqualität mit dem fremden Gast ermöglicht, kommt bei den Einheimischen nicht infrage. Angesichts dessen stellen sich die jungen Schutzsuchenden aus dem Nahen Osten für sie als eine Überforderung dar, da sie unerwünscht, ungeladen und unerwartet gekommen sind. Ihre Aufnahme scheint keine Einnahmen für die Stadt zu generieren, sondern vielmehr Kosten zu verursachen. So betrachtet sind diese unwillkommenen Gastmigranten den stolzen Guldenbergern ein Dorn im Auge. Der Fremde erscheint dann als willkommener Kunde, wenn er für seine Gastfreundschaft zahlt, und eher als Feind, wenn er ungeladen als Schutzsuchender kommt.

Das restriktive Verhalten der Bürger könnte vermuten lassen, dass sie selbst nie eine Fluchtsituation erlebt haben. Doch der Erzähler insinuiert in der Handlung, dass einstige Kriegsvertriebene aus Schlesien in die Stadt eingebürgert worden seien. Und die gebürtigen Bewohner erinnern manche gerne daran: „Du bist doch auch kein geborener Guldenberger. Ihr wart auch Flüchtlinge damals“ (GUL, S. 228).

461 Felicitas Hillmann: „Migration – Einleitung: Migration im Blickwinkel unterschiedlicher Perspektiven“, in: Julia Lossau, Tim Freytag, Roland Lippuner (hrsg.): *Schlüsselbegriffe der Kultur- und Sozialgeographie*, Ulmer UTB, Stuttgart 2014, S. 108–121, hier S. 108, Hervorhebung im Original.

462 Harald Pechlaner et al., „Flucht, Migration und Tourismus – Perspektiven einer ‚New Hospitality‘?“, in: Harald Pechlaner, Michael Volgger (Hrsg.): *Die Gesellschaft auf Reisen – Eine Reise in die Gesellschaft*, Springer VS, Wiesbaden 2017, S. 206–220, hier S. 210.

Manche dieser zugezogenen Menschen sehen sich aber nicht als Flüchtlinge an, wie einer es behauptet, „[m]ein Vater war kein Flüchtling, er war ein vertriebener Deutscher. Die Russen haben uns aus Schlesien verjagt." (GUL, ebd.). Hier unterscheidet die sprechende Figur zwischen einem „Flüchtling" und einem „vertriebenen Deutschen", zwischen nationaler (Inländer-) und transnationaler (Ausländer-)Migration, zwischen dazugehörend und dicht dazugehörend. Somit verteidigt diese Figur das Vorrecht der Vertriebenen gegenüber den Flüchtlingen aus dem „Orient". Das Recht bzw. das Vorrecht auf Zugehörigkeit und Asyl verbindet sich hier mit territorial-ethnisch konstruierten Grenzen. Tatsächlich heißt es im Text, „als Deutsche hatten wir ein Recht darauf, uns irgendwo anders in Deutschland anzusiedeln. Das ist völlig anders als bei diesen Orientalen. Die gehören nicht hierher, (…) das sind keine Deutschen." (GUL, ebd.). Im Gegensatz zum Binnenvertriebenen wird die Fremdheit der ausländischen Flüchtlinge auf einem höheren Niveau eingestuft. Ihr höherer Fremdheitsgrad beeinflusst auch ihre (Des-)Integration. In der Wirklichkeit spielt die Unterscheidung, ob die betreffende Person aus der nahegelegenen oder fernen Fremde stammt, bei Fluchterfahrungen keine größere Rolle. Es kommt auf jeden Fluchtkontext an. Obwohl die sogenannten Vertriebenen fast dieselben Erlebnisse wie die Gastmigranten durchgemacht haben,[463] zählt sich dieser nicht „geborene […] Guldenberger" zu denjenigen, „die etwas gegen diese Flüchtlinge haben" und deren „Einwände etwas heftiger ausfielen" (GUL, ebd.). Diese Person wäre im Normalfall die erste, die empathische Gefühle gegenüber den jungen Ausländern zeigen sollte, da sie selbst mit den Eltern die Flucht erlebte. Das Gegenteil ist der Fall: Diese Figur zeigt auch eine negative Einstellung gegenüber den fremden Menschen aus dem Nahen Osten.

In Guldenberg gehört die Feindlichkeit gegenüber Fremden zum Alltag. Es entwickelt sich in der beschriebenen Stimmung ein Abwehrdispositiv gegenüber den im Alten Seglerheim untergebrachten jungen afghanischen und syrischen Gastmigranten. Der Ekel der autochthonen Bevölkerung gegenüber ihnen prädestiniert sie anscheinend zum Bösen. Mit Bezug auf Ereignisse in anderen Städten lässt der auktoriale Erzähler schon am Anfang des Romans vermuten, dass die ungeladenen Fremden im Voraus kriminalisiert und als Täter zukünftiger Vorfälle in Guldenberg verdächtigt werden:

> Guldenberg war diese Erregung nicht gewohnt, man lebte hier anders als anderswo in der Welt. Man hatte davon gehört, dass in den großen Städten wie Berlin oder Paris

463 Über Diskriminierungserlebnisse eines Vertriebenen hat Christoph Hein in seiner Erzählung *Landnahme* (2004) geschrieben.

> gelegentlich Scheiben eingeschlagen wurden. Von sexuellen Übergriffen und gar Vergewaltigungen hatte man schaudernd in der Zeitung gelesen, aber das waren Vorfälle aus einer anderen Welt, derlei gab es in Guldenberg nicht. (GUL, S. 7)

Solche Ereignisse gab es bis zu diesem Zeitpunkt nicht in Guldenberg. Menschen, die vor Jahrzehnten ähnliche Taten begangen haben, sind ausschließlich „Zugezogene" und Unbekannte (GUL, S. 7 f.). Dies lässt vermuten, dass die unerwünschten Gastmigranten in der nahen Zukunft solche Ereignisse verursachen würden. Diese Einstellung konstruiert die jungen Ausländer als „das Andere, das sich unter das Eigene mischt, das Heterogene, das ununterscheidbar den Volkskörper und seine Kraft schwächt, die gesunden Funktionen kontaminiert, der Feind, der sich als Parasit im Inneren einnistet."[464] Sofern Fremde als böse, korrupte und verunreinigende Personen betrachtet werden, treten die Einheimischen unbedingt in eine Verfolgerrolle ein und versuchen, die Gemeinschaft zu reinigen, „ils rêvent de purger la communauté des éléments impurs qui la corrompent", so René Girard.[465] Die Neuankömmlinge stehen unter diesen Zuschreibungen, weil sie aus Fremde und nicht aus dem bestehenden gesellschaftlichen Körper kommen. Wie sieht es aber im Inneren aus? Wie ist die Qualität der zwischenmenschlichen Beziehungen in der Gesellschaft vor der Ankunft der Ausländer zu bewerten?

5. Risse in dem inneren Sozialgefüge

Das abwehrende Verhalten der Bewohner gibt den Eindruck über die Existenz einer stabil-homogen sozialen Ordnung, die sie vor einer Überfremdung wahren wollen. Ein Rückblick in die jüngere Vergangenheit der kleinen Stadt wirft jedoch Zweifel auf diese Annahme. Zu Recht hebt der allwissende Erzähler hervor, dass nicht nur in der Vergangenheit, sondern auch in der Gegenwart Spannungen innerhalb der Gesellschaft existieren. In der Nachkriegszeit gab es Brandstiftungen, bei denen Nachbarn und Konkurrenten verdächtigt wurden. Dadurch sind „lebenslange, unauflösbare Feindschaften" (GUL, S. 8) zwischen Familien entstanden, Feindschaften, „die sich von Generation zu Generation weitervererbten, so dass auch fünfzig Jahre später zwei Familien in der Stadt kein Wort miteinander wechselten, obwohl keiner von ihnen den Grund für das Zerwürfnis erinnerte" (GUL, ebd.). Erlittene Ungerechtigkeiten haben über Jahre zur Bildung von Ressentiments zwischen Familien geführt (vgl. GUL, S. 232 f.). Unter diesen Umständen kann Misstrauen gedeihen. Das vergiftete gesellschaftliche Klima

---

464 Heidrun Friese: *Flüchtlinge: Opfer – Bedrohung – Helden Zur politischen Imagination des Fremden*, transcript Verlag, Bielefeld 2017, S. 36.

465 René Girard, op. cit., S. 28.

und das überspannte Misstrauen betreffen sogar die hohen Instanzen und Eliten der Stadt. Im Mittelpunkt dieser Spannungen steht Stefan Haubrich-Becker, der angesichts seines wirtschaftlichen Aufstiegs den Neid von gescheiterten Konkurrenten erlebt. Zwei Stadträte, deren Bauunternehmen drei bzw. fünf Jahre nach der Gründung gescheitert sind, versuchen aus Neid, Haubrich-Becker zu schaden:

> Dass er mit seinem Kaufantrag für die damals noch heruntergekommene Jugendstilvilla gescheitert war, hatte er, dessen war er gewiss, vor allem diesen beiden Männern zu verdanken, die ihm seinen wirtschaftlichen Erfolg, den rasanten Aufstieg der Töffli-Werke und seinen Einstieg in das Management des Mulde-Klinikums als Anteilseigner mit Sperrminorität neideten. Sie wollten verhindern, dass er sich an dem Ort seiner wirtschaftlichen Erfolge überdies mit einer Villa schmückte, die er gewiss innerhalb von zwei, drei Jahren in ihrem alten Glanz hätte erstrahlen lassen. (GUL, S. 38)

Überdies waren Naturschützer der Stadt empört über die Entscheidung des Bürgermeisters, den reichen Stefan Haubrich-Becker ein Grundstück kaufen zu lassen, das an der Grenze zum Naturschutzgebiet lag: „Damit zog [der Bürgermeister] Kötteritz sich endgültig den Missmut der Naturschützer zu, die jahrelang um das Stück Land gekämpft hatten, deren Widerstand er aber Zug um Zug juristisch hatte aushebeln können." (GUL, S. 36) Man kann zu Recht annehmen, dass die Naturschützer nicht nur gegen den Bürgermeister missmutig sind, sondern auch gegen Herrn Haubrich-Becker, der das Grundstück zu ihrem Nachteil gekauft hat. Wenn die Naturschützer und die beiden Stadträte gegen den Herrn Haubrich-Becker sind, obwohl dieser ein gutes Verhältnis zum Bürgermeister pflegt, lässt dies darauf schließen, dass auch das Ansehen des Bürgermeisters bei ihnen, und natürlich bei ihren Angehörigen, gesunken ist. Denn „es gab Unmut und Gerede in der Stadt" und Herr Kötteritz hat sich „einige Unverschämtheiten deswegen anhören müssen" (GUL, S. 42). Der Leser steht hier vor Menschen, die ihrem Konkurrenten und besonders dem Bürgermeister ihr Unglück anlasten. Gordon Allport zeigt, dass der Antrieb, jemandem sein eigenes Unglück aufladen zu wollen, in Zeiten heftiger und außergewöhnlicher sozialer Spannungen oder persönlicher Enttäuschungen – dabei auch aufgrund einer schlechten Geschäftslage – stark wächst.[466] Wenn Mitbürger verantwortlich für eigenes Scheitern gesehen werden, dann kann die Unterbringung der jungen Gastmigranten in dem Alten Seglerheim die feindlichen Beziehungen und die damit verbundenen Frustrationen tatsächlich steigern. Diese Situation schafft die Disposition, die unbekannten Fremden zu Sündenböcken für gesellschaftsinterne Probleme zu machen, weil „die Migranten eher die Sündenböcke sind und der wirkliche Grund

466 Gordon W. Allport, op. cit., S. 8.

dahinter ein anderer ist, nämlich sozioökonomische Faktoren, Zukunftsängste, abgehängt sein, regionale Unterschiede."[467]

Nicht nur in politischen, sondern auch in religiösen Angelegenheiten entstehen Missverständnisse in Guldenberg. Der Stadtrat Lichtenberger nimmt auch im Pfarrgemeinderat eine einflussreiche Position ein. Er ist der größte Widersacher von Priester Fuschel, dem er bei jeder Sitzung und bei jeder Gelegenheit heftigen Widerstand leistet, egal worum es geht. Er war gegen die Entscheidung der Diözese, Alexander Fuschel als Pfarrer nach Bad Guldenberg zu schicken, und bat vergebens um seine Versetzung (vgl. GUL, S. 49 f.). Vermutlich kannte Lichtenberger schon die Position des Pfarrers in den Migrationsangelegenheiten. Die Missverständnisse zwischen beiden Figuren beunruhigt auch die ganze Gemeinde, wie der Priester seine Besorgnis ausdrückt:

> Nun, ich sorge mich um unsere Kirchengemeinde, um unsere Gemeinschaft. Gemeindemitglieder spüren das Zerwürfnis zwischen Gemeinderat und Priester und das ist nicht gut. Es zerstört das beiderseitige Vertrauen, der Zusammenhalt unter den Gläubigen bröckelt. Ich bemerke, dass der Frieden unter uns gestört ist. Unsere brüderliche Gesinnung schwindet. Das darf nicht sein. Dem müssen wir entgegenwirken, wir beide, Herr Lichtenberger. Kehren wir um, beschreiten wir nicht weiter den Weg des Zerwürfnisses und der Zwietracht. Ich bitte Sie um Christi und der Gemeinde willen. (GUL, S. 51 f.)

Zerwürfnisse, Zwietracht, gestörtes Vertrauen, bröckelnder Zusammenhalt, gestörter Frieden, eine geschwundene brüderliche Gesinnung – dies sind aufgestaute negative Gefühle und Zeichen einer gescheiterten Kohäsion in der Gemeinde sowie unter den Gläubigen außerhalb der Gemeinde. Diese zerstörten Beziehungen zwischen den Sympathisanten des Pfarrers und denen des Stadtrates können nur die allgemeine gespannte Situation zwischen Freunden und Feinden der Gastmigranten in der Gesellschaft verschärfen.

Ein besonderer Faktor der Konfrontation zwischen Lichtenberger und dem Priester ist die religiöse Aufgeschlossenheit des Letzteren. Die Tatsache, dass der Priester die jungen Gastmigranten in die Gemeinde einlädt und sie im christlichen Glauben unterrichtet (vgl. GUL, S. 54), versteht Lichtenberger als Versuch, aus der „Kirche eine Moschee [zu] machen" (GUL, S. 53). Damit wird eine einseitige Gegenüberstellung von Kirche und Moschee erzeugt, wobei „Moschee" das überfremdende Böse verkörpert. Die „Moschee" und somit auch der Islam repräsentieren insofern das korrumpierende religiöse Fremde. Der Stadtrat

467 Vgl. Marcel Fratzscher, zitiert in Christiane Kaess: „Die Migranten sind die Sündenböcke", in: *Deutschlandfunk.de*, 21.02.2018, auf https://www.deutschlandfunk.de/studie-ueber-afd-waehler-die-migranten-sind-die-100.html, Zugriff am 11.10.2021.

kommt zu dieser Unterstellung, weil er die jungen muslimischen Gastmigranten für „Islamisten“ (GUL, S. 54) hält, zumal „Muslim“ „inzwischen eine Chiffre für das bedrohliche Fremde geworden“[468] ist. Diese Einstellung, die so überraschend und unvoreingenommen erscheint, spielt wahrscheinlich auf die vermeintliche Angst vor der sogenannten Islamisierung des Abendlandes oder der islamischen Bedrohung an, die durch rechtspopulistische Bewegungen in der soziopolitischen Aktualität verankert wurde. Für den fiktiven Stadtrat sind die jungen Schutzsuchenden „Islamisten“, sprich Terroristen. Er findet es abstoßend, dass sie in dem Sitzungszimmer der Kirche saßen: „Mich ekelt, in einem Raum zu sitzen, in dem auf denselben Stühlen Islamisten saßen“ (GUL, S. 55). Mit dieser Äußerung drückt Herr Lichtenberger eine xenophobe Ansteckungsangst und Islamophobie aus. Diese Einstellung macht ihn zu einem systematischen Gegner des toleranten Priesters, der dagegen die Flüchtlinge für normale Jugendliche hält, die sich zum islamischen Glauben bekennen und die einer Integration bedürfen (GUL, S. 54 f.). Er vertritt eine gastfreundschaftliche Position, die ihn zu einem positiven, toleranten Umgang mit ihnen befähigt. Doch ihm wird dafür Hass widerfahren. Da alle Mitarbeiter der Stadtverwaltung, „die sich in Sachen […] Migranten etwas zu weit aus dem Fenster gelehnt haben“ (GUL, S. 30), nicht mehr so gut angesehen sind wie der Bürgermeister selbst, wird der Priester von Lichtenberger auf ähnliche Weise wahrgenommen. Aufgrund seines gastfeindlichen Standpunktes streitet sich Lichtenberger mit dem Priester. Er versucht Druck auszuüben, damit der Priester seine Predigten an die fremdenfeindliche Meinung der Bürger anzupasst. Lichtenberger, ein „stolzer Guldenberger“ (GUL, S. 55), versucht darüber hinaus, den Pfarrgemeinderat für seine extremistischen Gedanken zu gewinnen und durch seine unsachliche islamistische Unterstellung die Gemeinde zu beunruhigen. Lichtenberger fördert somit das „Feindbild Islam“, das „als Chiffre der […] Abwehr gegenüber einer Minderheit von Muslimen [dient].“[469] Denn die muslimischen Bürger, die als Gastmigranten in der Gesellschaft leben, werden

> unter Hinweis auf Terrorakte fanatischer Islamisten, die durch den Missbrauch der Religion im Gegensatz zur Mehrheit der Muslime stehen, durch Verallgemeinerungen von Verbrechen, die in Afghanistan oder im Iran ihren Ursprung haben […] stigmatisiert, indem man sie unter Generalverdacht stellt und ihre Religion instrumentalisiert, um sie zu diskriminieren.[470]

---

468 Philipp Hübl: *Die aufgeregte Gesellschaft. Wie Emotionen unsere Moral prägen und die Polarisierung verstärken*, C. Bertelsmann Verlag, München 2019, S. 186.

469 Wolfgang Benz: „Einleitung“, in: Ders. (hrsg.): *Ressentiment und Konflikt: Vorurteile und Feindbilder im Wandel*, Wochenschau-Verl., Schwalbach/Ts 2014, S. 9.

470 Ebd., S. 9 f.

Seine Dämonisierung des Islams und der jungen muslimischen Gastmigranten versteht sich als Abwehrreaktion auf den Versuch ihrer Integration in der Gemeinde. Lichtenberger fürchtet auch schon vorweg eine religiöse Überfremdung, und zwar die „Islamisierung" von Guldenberg, durch die Erwähnung der „Moschee". Er symbolisiert einen islamkritischen Diskurs, der aber von xenophoben Zügen und Ressentiments gegenüber anderen Kulturen gekennzeichnet ist. Dabei wird „Islam" mit „Islamismus", „Muslim" mit „Islamist", also die Religion des Islam und ihre politisierte und ideologisierte Form, gleichgesetzt.

In dem Prozess zum feindlichen Verhalten bzw. zu Sündenbockpraktiken sind nach Gordon Allport Vorurteile von Bedeutung. Denn „Sündenbockpraktiken wachsen aus normalen Einstellungen, normalen Bevorzugungen und herkömmlichen Vorurteilen heraus."[471] In dem Ausdruck „stolzer Guldenberger" ist schon angelegt, dass der Stadtrat Lichtenberg eine Bevorzugung, eine Zuneigung zu seiner Kultur im Gegensatz zu den Gastmigranten hat, die er voreingenommen und übertrieben zu ekelerregenden „Islamisten" etikettiert. Auf diese Weise überschreitet er die „nachsichtlose, unbeugsame, übertriebene Parteilichkeit [...], eine Einstellung einer unzugänglichen Denkungsweise"[472] und erreicht einen Diskriminierungsgrad:

> Wenn ein Vorurteil irgendwie zum Ausdruck gebracht wird, führt dies zu Diskriminierung, die sich von Sündenbockpraktiken meist nur im Stärkegrad des Angriffs unterscheidet. Mit der Diskriminierung wird ein Ausschluss vollzogen. Der Diskriminierende wurde aufgestachelt durch das Vorurteil. Im allgemeinen stützt sich eine Diskriminierung nicht auf die wahren Qualitäten einer einzelnen Person, sondern auf das „Aushängeschild", auf das Merkmal, das jene Person als ein Mitglied einer verunglimpften Gruppe brandmarkt. Diskriminierung bedeutet, eine Person gewaltsam und ungerechtfertigt aus unserem Geschäftsleben, unserem Wohnviertel, unserem Land auszuschalten, gegen die wir ein Vorurteil haben oder die jenes unglückselige Merkmal trägt. Wohlgemerkt, nicht wir verlassen etwa das Feld, bewogen von unserer einseitigen Parteilichkeit, sondern sie, die wir gewaltsam vom Hineinkommen in „unsere Domäne" ausschließen.[473]

Offensichtlich verwechselt Lichtenberger die Religion des Islam mit dem fundamentalistisch-radikalen Islamismus, der im Westen mit Gewalttaten und Terror

471 Allport, op. cit., S. 13.

472 Ebd., S. 14. Für andere gebräuchliche Erklärungen und ausführliche Studie zum Begriff des „Vorurteils", vgl. Howard J. Ehrlich: *Vorurteil: Eine sozialpsychologische Bestandsaufnahme der Lehrmeinungen amerikanischer Vorurteilsforschung*, aus dem Amerikanischen von Ingrid Hacker-Klier und Ursula Ahrens, Ernst Reinhardt Verlag, München 1979.

473 Ebd., S. 15.

in Verbindung gebracht wird.[474] Denn seine diskriminierende Bezeichnung rührt von der Tatsache her, dass die jungen Syrer und Afghanen Muslime sind, oder vielleicht auch daher, dass Islamisten angesichts des Krieges viel in Syrien und Afghanistan operieren. So gesehen betrachtet Lichtenberger die Jugendlichen systematisch als eine große Gefahr. Insofern dürfen sie nicht in die Stadt – die geschützte Domäne – eintreten und in ihr verweilen. Selbst wenn es um eine Stadt – und nicht Staat – als Referenz geht, macht seine Bezeichnung als „stolzer Guldenberger" seine diskriminierende patriotische und nationalistische Einstellung sichtbar. Das spricht er deutlich bei einem Gespräch mit dem Bürgermeister aus: „Ich bin Guldenberger [...], das zuallererst. [...] Ich muss und will das umsetzen, was die Einwohner meiner Stadt wollen. [...] Und ich setze mich für die Bürger meiner Stadt ein" (GUL, S. 251). Obwohl seine Aussage auf den ersten Blick harmlos erscheint, weist sie aber auf seinen Stolz, seine Loyalität und das Bekenntnis zur Vorrangstellung der eigenen Heimat und Mitbürger hin. Dies ist die Grundlage seines Widerstandes gegen die Gastmigranten und so seiner Ausschließungspraxis, denn der Wille seiner Mitbürger, den er in diesem Kontext unbedingt umsetzen will, ist der Ausschluss bzw. die Abschiebung der jungen Ausländer. In einer empirischen Studie haben Klaus Ahlheim und Bardo Heger gezeigt, dass eine national-stolze Gesinnung in einem „fatale[n] Zusammenhang" mit Fremdenfeindlichkeit steht.[475] Das trifft auf Lichtenberger zu. Sein Engagement zum Ausschluss der Fremden ist belegt durch seine Warnung an den Priester, „wir lassen uns nicht in die Suppe spucken" (GUL, S. 53). Diese Warnung bedeutet nicht nur, dass er Kontrolle über die Situation in seiner Heimatstadt behalten will, sondern auch, dass er bereit ist, alles zur Ausschaltung der vermeintlichen „Islamisten" zu steuern. Zu bemerken ist zudem die Tatsache, dass er nicht der einzige Guldenberger ist, der dieses Vorurteil über die jungen Muslime verbreitet. Auch einige Bürgerinnen bezeichnen die Gastmigranten als „Drogendealer und Vergewaltiger" (GUL, S. 218) oder „Kriminelle" (GUL, S. 220). Unter dieser „Dämonisierung des Anderen"[476] verschärfen sich die Verhältnisse der Suche nach einem Sündenbock. In diesem Rahmen notiert Allport bündig, „wenn die Bedingungen ausgereift sind [...], durchbricht die Diskriminierung

---

474 Vgl. Tilman Seidensticker: *Islamismus: Geschichte, Vordenker, Organisationen*, C.H. Beck, 4th ed. München 2016.

475 Klaus Ahlheim & Bardo Heger: *Nation und Exklusion: der Stolz der Deutschen und seine Nebenwirkungen*, Wochenschau-Verl., Schwalbach 2008, S. 76.

476 María do Mar Castro Varela & Paul Mecheril: *Die Dämonisierung der Anderen: Rassismuskritik der Gegenwart*, transcript Verlag, Bielefeld 2016.

alle Dämme und die Jagd auf Sündenböcke beginnt."[477] Die Lage in Guldenberg wird sich durch Übergriffe verschärfen.

Betrachtet man weiter die wirtschaftliche Situation der Stadt, dann lassen sich andere gescheiterte bürgerliche Existenzen verzeichnen. Die erste Anzeige gegen vier junge Gastmigranten stellt Fred Krausnick. Dieser Guldenberger hat einen spektakulären Bankrott erlebt, den der Erzähler ausführlich beschreibt (vgl. GUL, S. 63 ff.). Sein wirtschaftlicher und sozialer Untergang hat sich tief auf sein persönliches Leben ausgewirkt:

> [D]er Konkurs seiner Firma zerbrach ihn fast. Er alterte seither zusehends, war häufig geistesabwesend und hatte heftige Wortfindungsschwierigkeiten. Die Insolvenz hat er trotz aller Schwierigkeiten nicht vorausgesehen und daher keinerlei Vorsorge getroffen. Der Untergang seiner Firma wurde damit auch zu seinem persönlichen Ruin. Sein Wohnhaus war noch immer Eigentum der Schwiegereltern und daher kein Teil der Konkursmasse, doch er verlor sein Landhaus, seinen Sportwagen und fast die gesamte Ausstattung seines Tonstudios, das Mischpult, die Monitore, Mikrofone und Effektgeräte, was ihn besonders verärgerte, hat er doch als Amateurgitarrist in das Studio seine gesamte freie Zeit und jeden Cent gesteckt. Er blieb zerstört zurück, angewiesen auf die Hilfe und Unterstützung seiner Frau, deren Eltern in Leipzig mehrere Mehrfamilienhäuser besaßen und ihrer Tochter mühelos beizustehen vermochten. Zwei Jahre später ließ sich seine Frau von ihm scheiden, da ein Zusammenleben mit ihm unerträglich geworden war. Sie zog wieder in ihre Heimatstadt, wodurch Krausnick der finanziellen Unterstützung seiner Schwiegereltern verlustig ging und verarmte. (GUL, S. 65)

Aus dieser ruinierten Lebenssituation ist Fred „ein stadtbekannter Querulant [geworden], der ständig jemanden anzeigen würde" (GUL, S. 63) und allgemein Unsinn treibt. Dies bedeutet, dass er bereit ist, das ganze Unglück seines Lebens auf andere abzuwälzen, bzw. einen Sündenbock – am besten die Gastmigranten – zu finden. Über Krausnick hinaus hat die Kleinstadt Guldenberg im Allgemeinen finanzielle Schwierigkeiten. Die ganze kommunale Gemeinde erlebte eine Baueuphorie, die zu Schulden führte. Dabei wurde der Stadtkämmerer „angesichts einer heftig wachsenden Verschuldung der Gemeinde nervös und öffnete die Stadtkasse nicht mehr so bereitwillig wie in den Jahren zuvor" (GUL, S. 64). Ein anderer Guldenberger namens Siegfried Spielhagen muss auch den großen Misserfolg seiner massiven Intensivhaltung von Schweinen, Gänsen und Hühnern hinnehmen (GUL, S. 243 f.). Nach diesem Scheitern übernimmt er das Blumengeschäft seiner Frau, um finanziell zu überleben. Aus solchen dramatischen und traumatisierenden Erfahrungen sind Frustrationen und Ressentiments gegen die ganze Gesellschaft und gegen Unbekannte unvermeidbar entstanden.

---

477 Gordon W. Allport, op. cit., S. 16.

Die vorgestellten Bürger befinden sich in einer sozialen und ökonomischen „Deprivation“, um den Begriff von Susanne Rippl und Dirk Baier zu verwenden. Mit diesem Konzept gehen sie davon aus, dass Arbeitslosigkeit und Abstiegsängste Anknüpfungspunkte für die Erklärung von Fremdenfeindlichkeit darstellen. „Unter Deprivation soll ein Zustand des tatsächlichen oder perzipierten Entzugs bzw. der Entbehrung von etwas Erwünschtem verstanden werden.“[478] Auf diesen Deprivationszustand reagieren Individuen mit Unzufriedenheit und die wahrgenommene Unzufriedenheit mit der eigenen ökonomisch-sozialen Situation führt zu Vorurteilen, Stressempfinden, Aggressionen und zu sozialem Ausschluss.[479] Die Beeinträchtigung individueller Interessen und die subjektive Wahrnehmung der damit einhergehenden verunsichernden Unzufriedenheit stehen nicht immer in Verbindung mit objektiven Faktoren. Dies schafft die Disposition zu einer Abwertung und Diskriminierung von Fremden.[480] Vor dem Hintergrund der Deprivationssituation sind die genannten Bürger zur Sündenbockpraktik fähig.

Ein ausgrenzendes, von Konflikten, Feindschaften, Neid und Hass geprägtes soziales System; eine Gesellschaft voller enttäuschter, gescheiterter und frustrierter Menschen und Zukunftsängste; eine Stadt, in der die politischen und religiösen Institutionen sich in Misstrauen, Spannungen und Zerwürfnissen befinden; ein Raum, wo patriotische Bürger ihr eigenes Schicksal in die Hand nehmen, eine Kultur der Verdächtigung treiben und feindliche Gefühle und Verhalten gegenüber fremden Gastmigranten schüren, so lässt sich das Leben in Guldenberg bisher zusammenfassen. Diese negativen Bilder mögen stereotyp erscheinen, aber es sind Erlebnisse, die der Autor nach eigener Auskunft in seiner Heimatgesellschaft gemacht habe:[481] „Das ist keine Konstruktion von mir, das war etwas, was vorhanden war, was ich gesehen habe […]. Ich erfinde keine Geschichte, ich erzähle von dem, was ich gesehen habe.“[482] In der schwierigen, konfliktträchtigen

---

478 Susanne Rippl & Dirk Baier: „Das Deprivationskonzept in der Rechtsextremismusforschung“, in: *Kölner Zeitschrift für Soziologie und Sozialpsychologie* 57(4), 2005, S. 644–666, hier S. 645.

479 Ebd., S. 645.

480 Vgl. Thomas Bollwein: „Führt soziale, ökonomische und politische Unsicherheit zu einer Überbewertung der eigenen Nation? Eine Analyse anhand der demokratischen Staaten in Europa“, in: Alexander Brand, Annika Schubert, Daniel Schubert, Jakob Wiesinger (hrsg.): *Nationalismus und Globalisierung. Spannungsfelder der Gegenwart*, (Studentische Schriften zu den Sozialwissenschaften; 2), University of Bamberg Press, Bamberg 2020, S. 123–144.

481 Joachim Scholl, op. cit.

482 Klaus Hammer 1992, S. 31, op. cit.

Atmosphäre der Gesellschaft charakterisiert die Menschen ein Geist der Selbstgerechtigkeit, Selbstgefälligkeit und der Überheblichkeit. Allerdings sind es zahlreiche Gegebenheiten, die Sündenbockpraktiker entwickeln und den Prozess der Jagd auf einen Sündenbock beschleunigen können. Nun soll die Situation der jungen Guldenberger analysiert werden.

6. Zur Beschäftigungsfähigkeit der jungen Guldenberger

Der Erzähler liefert eine negative Beschreibung der wirtschaftlichen Beschäftigungsfähigkeit der jungen Menschen in der Stadt. In einer immer älter werdenden Bevölkerung herrscht ein großer Mangel an Arbeitskräften. Dem reichen Unternehmer Haubrich-Becker gelingt es nicht, Menschen zu finden, „die ehrlich arbeiten wollen, gutes Geld verdienen und nicht dem Staat auf der Tasche liegen wollen" (GUL, S. 101). Der Text hebt hervor, dass viele junge Guldenberger nicht arbeiten bzw. keinen Beruf lernen wollen. Sie begnügen sich lieber mit der staatlichen Sozialhilfe. Die wenigen, die eine Ausbildung angefangen haben, kündigen gleich einige Tage danach den Lehrvertrag wieder, denn sie hätten „keine Lust, so früh aufzustehen. Ihre Kumpels arbeiten auch nicht, sie kassieren lieber dieses Hartz IV, dreihundert oder vierhundert Euro Staatsknete, wie sie es nennen, das reicht ihnen wohl" (GUL, S. 102). So werden die jungen Guldenberger als Faulenzer dargestellt, die für den Arbeitsmarkt nicht verfügbar oder nicht mehr zu gebrauchen sein werden. Das stellt auch für die Zukunft Nachwuchsprobleme dar. Diese Tatsache irritiert den Firmenleiter Haubrich-Becker. Er äußert die Vermutung, dass die jungen Menschen, die in dieser freiwilligen Situation der Arbeitslosigkeit Gefahr laufen, „asozial, kriminell" (GUL, S. 103) zu werden. Dieser Kurzschluss, der die Arbeitslosigkeit mit Kriminalität gleichsetzt, scheint pauschal formuliert zu sein und muss deshalb mit gewisser Distanz betrachtet werden. Das beschriebene Faulenzen der jungen Einheimischen ist nicht das eigentliche Problem. Es liegt besonders an der Tatsache, dass die Guldenberger anscheinend dieser Situation gleichgültig und emotionslos gegenüberstehen. Im Gegensatz dazu werfen sie den jungen Gastmigranten, die arbeiten wollen und sich gelegentlich deswegen streiten (vgl. GUL, S. 17), Faulheit vor: „Denn arbeiten tun sie ja nicht. Müssen sie ja nicht. Können es wahrscheinlich gar nicht. Bei denen zu Hause im Busch haben sie das nicht gelernt" (GUL, S. 219). Unumstritten sehen die Guldenberger den Splitter in dem fremden Auge, ohne den Balken im eigenen Auge wahrzunehmen.[483]

483 Vgl. dazu Matthäusevangelium 7, S. 3–5.

Trotz des großen Mangels an Arbeitskräften sehen die Bürger in den fremden jungen Menschen keine Chance für ihre Wirtschaft. Sie konstruieren diese paradoxerweise zu Konkurrenten und Invasoren, die ihnen alles rauben wollen: „Die wollen alles übernehmen. Und wir können gucken, wo wir bleiben. Am Ende verjagen sie uns noch aus dem eigenen Land! Dann müssen wir weg“ (GUL, S. 219). Das spielt auf den sogenannten *Großen Austausch*[484] an, eine rechtsextremistische Verschwörungstheorie der Islamisierung. Diese subjektive Einstellung erklärt die jungen Ausländer zu Sündenböcken, sofern sie als Bedrohung für ihre territoriale Freiheit und ihren Wohlstand betrachtet werden. Es gibt auch die Furcht vor einer territorialen Fremdherrschaft. Dass zwölf Gastmigranten das Territorium der Einheimischen einmal erobern würden, erscheint als pauschale und fantasierte Übertreibung und emotive Dramatisierung. Eine solche Dramatisierung schlägt sich auch in der folgenden Behauptung nieder: „Wir können uns ja nicht um das Elend der ganzen Welt kümmern“ (GUL, S. 218). Diese Aussage stellt die Furcht der Verarmung aufgrund der Fremden dar, in der Art, wie Christoph Hein es in seinem 1991 veröffentlichten Brief geschrieben hat: „Wir werden uns wehren. Aus Furcht vor Eurer Armut. Aus Angst, eines Tages Eure Armut teilen zu müssen.“[485]

Es soll hier daran erinnert werden, dass Guldenberg in seiner Geschichte nur einen begrenzten Kontakt mit Fremden hatte. Eigentlich geht es gerade einmal um zwölf minderjährige Flüchtlinge, die die Guldenberger als „das Elend der ganzen Welt“ inszenieren. Rhetorisch gesehen ist diese Aussage eine hyperbolische Synekdoche, welche die systematische und radikale Ablehnung der zwölf Schutzsuchenden und ein außergewöhnliches Überforderungsgefühl der Einheimischen anzeigt. Somit sehen die Bürger der Stadt in den jungen Afghanen und Syrern ihre größte wirtschaftliche Last. Hinter dieser – in den letzten Jahren auch in der europäischen Migrationspolitik bekannt gewordenen – Behauptung versteckt sich ferner die Konstruktion der Gastmigranten zu Parasiten, die nur von den Bemühungen der Bürger profitieren, insbesondere von dem Geld, „für das wir uns krumm gemacht haben“ (GUL, S. 218 f.). Damit wird erzählerisch auf die Problematik des Bürgergelds und der Sozialleistungen an die fremden Gastmigranten angespielt. Dies ist eine der Ursache für den Hass gegenüber den fremden Beziehern des Bürgergelds. Man hört heute immer wieder in vielen europäischen Gesellschaften, dass Ausländer das soziale System missbrauchen: „Die Flüchtlinge bekämen Jobs, Geld, lebten auf unsere Kosten und nutzten uns aus […]. Sie arbeiten nichts und bekommen alles, sie nehmen den [Bürgern] die

484 Vgl. Renaud Camus, 2017, op. cit.

485 Christoph Hein, 1992, op. cit., S. 55.

Wohnungen weg."[486] Deswegen werden die fremden Bezieher als Schmarotzer wahrgenommen, wobei es versucht wird, sie zu beseitigen. Dieses Vorurteil bzw. dieser Vorwurf ist eines der tradierten, aber auch aktuellen Streitthemen der deutschen Asylpolitik, die fiktiv in dem Roman reflektiert wird. Es erscheint jedoch fragwürdig zu glauben, dass zwölf jugendliche und minderjährige Gastmigranten tatsächlich Konkurrenten, Rivalen und Mitbewerber um den Wohlstand der fiktiven Stadt Guldenberg sein können.

Wir haben gesehen, dass manche Figuren aufgrund ihrer individuell egoistischen Interessen die wirtschaftliche Chance, die Schutzsuchende darstellen, verkennen. Jedoch gibt es andere, die die jungen Asylsuchenden als geeignete Kandidaten für wirtschaftliches Wachstum verstehen. Diese Meinungsdichotomie hat schon bei der Unterbringung der Ankömmlinge im Heim die Gesellschaft in Migrantenfreunde und Migrantengegnern unterteilt. Ein Teil der Bevölkerung steht hinter dem Migrantengegner Walter Lichtenberger, welcher Dezernent für Bau- und Stadtentwicklung ist und Druck macht, das Alte Seglerheim entsprechend dem Stadtleitbild in eine Pflegestation umzubauen (vgl. GUL, S. 125 f.). Er gibt dabei an, er bemühe sich lediglich nach Kräften, seine Aufgabe als Baudezernent zu erfüllen, sodass ihm später kein Vorwurf gemacht werden könne (vgl. GUL, S. 127). Im Grunde genommen trägt der Dezernent die Schuld mit, dass der vor fünf Jahren geplante Umbau des Heims noch nicht umgesetzt wurde, wie die Donnerstag-Skatbrüder es verraten: „Das verdanken wir diesem Lichtenberger, dass das ewig verschleppt wurde. Aber kein Wunder, wenn die Stadt einen Bankrotteur zum Dezernenten für Stadtentwicklung macht. Erst hat er seine Balkon-Firma ruiniert und nun macht er die Stadt platt" (GUL, S. 23). Lichtenbergers Haltung rechtfertigt den Verdacht, dass er die Gelegenheit nutzen will, um seine Nachlässigkeit und sein „Dienstvergehen" (GUL, S. 126) wettzumachen und so das Vertrauen der Mitbürger zurückzuerobern. Anders gesagt sucht er in den hilflosen Gastmigranten einfach einen Sündenbock. Damit hat er die Unterstützung vieler Bewohner gewonnen, die auch wünschen, dass die fremden Jugendlichen die Stadt verlassen. Der Bürgermeister wird dagegen als Migrantenfreund vielfach kritisiert, beschimpft und diffamiert. Denn „die Bürger wollen etwas anderes als [ihn]" (GUL, S. 250 f.). Ob die jungen Gastmigranten Vollwaisen seien und aus Kriegsländern kämen, wie er es sagt, das ist den Migrantenfeinden egal, das „sehen die Leute hier aber anders" (GUL, S. 26). Einige Bewohner meinen, er „hat [die Migranten] hierhergeholt, er hat ihnen das schöne Seglerheim gegeben, also muss er auch dafür sorgen, dass sie wieder verschwinden" (GUL, S. 140).

---

486 Werner Bohleber, op. cit.

Sie beschuldigen auf diese Weise den Bürgermeister wegen der Aufnahme der Gastmigranten. Nicht nur die fremden Flüchtlinge sind zu beseitigen, sondern ebenso alle Personen, die sie aktiv unterstützen, werden diskriminiert. Der Bürgermeister und alle Migrantenfreunde erhalten damit ein Etikett des Fremden und werden von den Migrantengegnern zur Minderheit der Gastmigranten angeschlossen.

Die bisherigen Ausführungen haben deutlich dargelegt, dass sich eine gewisse Einstellung und Disposition zur Beschuldigung der Fremden in der fiktiven Stadt etabliert hat. Es fehlt nur noch ein katalysierendes Ereignis, damit der Druck aus dem Kessel entweicht. Nun will ich im Folgenden erläutern, wie sich die Bürger, trotz einer fragilen und gespalteten sozialen Ordnung, eines inszenierten Ereignisses bedienen, um ihre Sündenbockpraktik tatsächlich als Kollektiv umzusetzen.

7. Die kollektive Beschuldigung der Gastmigranten

> Durch die Stadt schwirrt seit ein paar Tagen ein Gerücht, von dem ich nicht weiß, ob es begründet ist oder nicht. Die Leute sind aufgebracht, einige sogar richtig hysterisch. Wie ich höre, wurde eine junge Frau vergewaltigt. Und der Täter sei kein Deutscher, sondern ein Südländer. Die ganze Stadt vermutet nun, es sei einer aus dem Alten Seglerheim, einer der jungen Migranten. Haben Sie auch davon gehört? (GUL, S. 194)

Gezeigt wurde, dass die gesellschaftliche Kohäsion schon durch die früheren internen Konflikte sowie durch die Ankunft der fremden Schutzsuchenden erschüttert worden ist. In solchen Verhältnissen neigen die „Verfolger" oft dazu, andere Menschen zu beschuldigen, denen gegenüber sie Vorurteile haben, dass sie für die Gesellschaft und die einheimische Kultur schädlich sind.[487] Vor diesem Hintergrund wird ein „mécanique de l'accusation" zur Beseitigung der vermeintlichen fremden Invasoren in Gang gesetzt.[488] Dieses „mécanique de l'accusation" schließt Verdächtigungen und ungerechte Schuldzuweisungen, Diskriminierungen, gewaltsame Angriffe und sogar Mord ein. Dieser Mechanismus vollzieht sich in der Gesellschaft der fiktiven Stadt Guldenberg.

Der erste fremdenfeindliche Anschlag richtet sich gegen die Familie und die Wohnung des Bürgermeisters (vgl. GUL, S. 25). Der Anschlag gilt als strategische Protestreaktion auf seine Entscheidung, Flüchtlinge in dem leerstehenden Seglerheim aufnehmen zu lassen. Aus einem Gespräch zwischen den Donnerstag-Skatbrüdern in der Kneipe (vgl. GUL, S. 19) kann der Leser schließen, dass es

487 René Girard, op. cit., S. 27.
488 Ebd.

viele Leute irritiert, dass das Heim, gemäß des vor fünf Jahren beschlossenen Plans, noch nicht in eine Pflegestation umgebaut wurde. „Dann hätten wir jetzt eine Pflegestation und diese Flüchtlinge wären uns erspart geblieben" (GUL, S. 22), bedauern sie. Das zeigt, dass viele Leute mit der Unterbringung der jungen Gastmigranten in Guldenberg nicht einverstanden sind und dass ein Ressentiment gegen den Bürgermeister entsteht. Gleich in dem auf dieses Gespräch folgenden Kapitel erfährt der Leser, dass Pflastersteine durch das Wohnzimmer des Bürgermeisters geflogen sind und dass auf seine Haustür „Türkenwichser" geschmiert wurde (GUL, S. 25). Diese Beleidigung ist ein weiteres Signal an den Bürgermeister, dass er und seine migrantenfreundlichen Einsichten abgelehnt werden. Ressentiment wird so in Gewalt umgewandelt. „Türkenwichser" erinnert in der Realität wohl an den ausländerfeindlichen Vorfall in der Nacht vom 19. August 2007 in der sächsischen Kleinstadt Mügeln. Die Hetzjagd von fünfzig deutschen Jugendlichen auf acht Inder wurde von dem Ruf „Türkenschweine macht euch heim! Ihr nehmt uns die Arbeit weg!" begleitet.[489] Abgesehen von dem Schimpfwort „Türkenwichser" durchzieht den ganzen Roman eine xenophobe „Hate Speech" zur Dämonisierung und Kriminalisierung der Gastmigranten. „Hate speech is commonly defined as any communication that disparages a person or a group on the basis of some characteristic such as race, color, ethnicity, gender, sexual orientation, nationality, religion, or other characteristic."[490] Dieser „kommunizierter Hass gegen ‚die Anderen', ‚die Fremden', ‚die Feinde' [spricht] direkt und indirekt in Worten wie Symbolen und Bildern [und] trachtet [danach] zu verletzen."[491] Die Bezeichnungen und Feindbilder wie „Islamisten", „Kriminelle", „Staatsverbrecher", „Nichtsnutze", „geile Böcke", „Vaterlandsverräter" und andere, die den jungen Syrern und Afghanen oder ihren Sympathisanten zugeschrieben werden, dienen der systematischen Degradierung und Herabwürdigung der fremden Muslime. Dabei werden sie aufgrund der ihnen

489 Vgl. z. B. Britta Schellenberg: *Die Rechtsextremismus-Debatte: Charakteristika, Konflikte und Ihre Folgen*, Springer Fachmedien Wiesbaden GmbH, Wiesbaden 2013, S. 45.

490 Vgl. Anna Schmidt: „A Survey on Hate Speech Detection using Natural Language Processing", in: *Proceedings of the Fifth International Workshop on Natural Language Processing for Social Media*, Association for Computational Linguistics, Valencia, Spain 2017, S. 1–10.

491 Sebastian Wachs et al.: „Wenn Hass redet und schädigt. Einleitung in den Sammelband", in: Dies. (hrsg.): *Hate Speech – Multidisziplinäre Analysen und Handlungsoptionen*. Springer VS, Wiesbaden 2021, S. 3–12, hier S. 3.

zugewiesenen Gruppenzugehörigkeit „als ungleichwertig markiert und feindseligen Mentalitäten der Abwertung und Ausgrenzung ausgesetzt."[492]

Der Übergriff oder die Beleidigung ist bestimmt nicht nur ein Einschüchterungsmanöver gegenüber dem Bürgermeister, sondern es ist auch ein Schritt zum Angriff auf die jungen Ausländer. Nicht lange nach dem Anschlag auf den Bürgermeister, werden die Letzteren „wegen eines Verbrechens" angezeigt. Der alte gescheiterte und debil gewordene Fred Krausnick, der die Anzeige erstattet hat, erzählt, er sei überfallen worden, überfallen „von dem Negergesindel" (GUL, S. 62), das ihn zu Boden geschleudert haben soll, als er zum Supermarkt ging (vgl. GUL, S. 66 f.):

> Er sei dabei fast umgekommen und habe mit beiden Händen seine Jacke zugehalten, weil sie ihn ganz offensichtlich berauben wollten. Die Namen dieser kriminellen Nichtsnutze kenne er nicht, er wisse aber, dass sie im Alten Seglerheim wohnten [...]. Auf Nachfrage fügte er hinzu, dass er keine Zeugen für das Verbrechen benennen könne, er habe keinen Menschen gesehen und dass er nicht zu einem Arzt gegangen sei, dafür hätte ihm nach dem Sturz die Kraft gefehlt. (GUL, S. 67)

Der Erzähler verwendet plötzlich die indirekte Rede für Freds Bericht. Man kann sich fragen, warum der allwissende Erzähler hier überhaupt die indirekte Rede verwendet. Diese erzählerische Distanzierung belegt, dass der Erzähler Freds Aussage als fragwürdig darstellt, zumal auch der Polizeimeister es ungewöhnlich findet, dass Fred „keine Zeugen mitten am Tag vor dem Supermarkt" (GUL, S. 67) gesehen hat. Selbst eine Befragung der Jungen von der Polizei hält Fred für Zeitverschwendung. Denn aus seiner Sicht würden die Jugendlichen nie die Wahrheit sagen: „Natürlich lügen diese Zigeuner, sie lügen, wenn sie ihr dreckiges Maul aufmachen" (GUL, ebd.). Man fragt sich, wie der Fred wissen kann, dass die Jungen – „diese Verbrecher" (GUL, S. 71) – Lügner sind, obwohl er sie noch nicht und nie kennengelernt hat. Hierbei handelt es sich sicherlich um ungerechte und verallgemeinernde Stereotypen über Fremde. Die Attitüde von Fred zeugt davon, dass er bewusst diese Jungen durch Lüge kriminalisieren will. Durch Polizeibefragungen der vier Jungen und einer Verkäuferin, die den Vorgang gesehen hat, stellt sich heraus, dass Krausnick absichtlich gelogen und den Vorgang anders dargestellt hat. Tatsächlich ist Fred „ohne erkennbaren Anlass" (GUL, S. 70) schimpfend zu den Jungen auf der anderen Seite der Straße zugelaufen und hat versucht, sie mit seinem Krückstock zu schlagen:

---

492 Wilhelm Heitmeyer: „Gruppenbezogene Menschenfeindlichkeit. Die theoretische Konzeption und empirische Ergebnisse aus 2002, 2003 und 2004", in: W. Heitmeyer (Hrsg.), *Deutsche Zustände* (Folge 3, S. 13–34), Suhrkamp Verlag, Frankfurt 2005, hier S. 14.

> Einer der vier habe ihn abgewehrt, um sich vor Schlägen zu schützen, dabei sei der alte Mann auf den Bürgersteig gestürzt. Die vier Jungen aus dem Heim hätten sich nicht um ihn gekümmert, sondern seien wohl aus Angst vor weiteren Beschimpfungen oder Attacken weggerannt. (GUL, S. 70)

So lautet der Bericht von Frau Gesicke, einer Zeugin des Vorfalls. Die fortgesetzte Verwendung der indirekten Rede zeigt, dass der Erzähler sich vollständig vom Geschehen distanziert und keine klare Position beziehen möchte, um so der Unparteilichkeit treu zu bleiben. Die Version Krausnicks ist völlig anders, und seine Tat scheint eine bewusste fremdenfeindliche Provokation zu sein. Das ist ein bewusstes Manöver, um die Beunruhigung der Bürger auf ein höheres Niveau zu bringen. Denn bei den Ermittlungen des Polizisten tritt zutage, dass „alles dafür [spricht], dass [Fred Krausnick] die Jugendlichen zu Unrecht beschuldig[t]" (GUL, S. 71). Herr Krausnick habe bereits mehrmals Personen zu Unrecht angezeigt und würde sich nicht einschüchtern lassen, wie er es selbst behauptet: „Ich ziehe doch nicht vor diesem Zigeunergesocks, das in unser Land eingefallen ist, den Schwanz ein […]. Vor dahergelaufenen Zigeunern kuschen, das könnte euch so passen, ihr Vaterlandsverräter" (GUL, S. 72). Dass Fred von einer diskriminierenden nationalistischen Gesinnung ist, ist an den Ausdrücken „unser Land" und „Vaterland" erkennbar, die er verwendet. Nationalistisches Verhalten ist aufgrund einer Überbewertung der eigenen Heimat nicht von der Annahme einer Gleichwertigkeit aller Menschen geleitet. Es würdigt fremde Menschen herab, sieht sie als minderwertig an und behandelt sie auch so. Die Herabwürdigung der Fremden und das rechtsnationale Weltbild schlagen sich hier in dem Wort „Zigeunergesocks" oder „Negergesindel" nieder. Auch wenn er die Sympathisanten der jungen Gastmigranten mit „Vaterlandsverräter" beschimpft, dann möchte er angeben, dass er im Gegensatz zu ihnen sein Vaterland vor fremden Menschen schützt bzw. schützen will. Der Schutz des Vaterlandes vor Ausländern steht seit Jahrzehnten im Zentrum nicht nur der rechtspopulistischen Ideologie, sondern auch von restriktiven Migrationspolitiken. Dabei unterstehen die unerwünschten Gastmigranten einer ständigen fremdenfeindlichen Verdächtigung. Es kommt deutlich zum Ausdruck, dass Fred Krausnick ein systematischer Sündenbockpraktiker ist, der auch andere Menschen durch das Streuen von Gerüchten einer Vergewaltigung manipuliert.

In der Stadt verbreitet sich das zu Gewaltausbrüchen führende Ressentiment nicht nur gegen die Gastmigranten, sondern auch gegen alle Mitarbeiter, die sich aktiv für sie einsetzen. Nach dem Vorfall mit Krausnick wird die Leiterin des Asylheims schikaniert und zur „unerwünschten" Person erklärt. Die Reifen ihres vor dem Heim stehenden Autos werden durchstochen. Frau Brummig vermutet eine fremdenfeindliche Attacke, weil sie den Migranten hilft (vgl. GUL, S. 84 f.).

Man kann eruieren, dass Fremdenfeindlichkeit auf Personen übertragen werden kann, die im eigentlichen Sinne gar nicht fremd sind, aber als fremd wahrgenommen werden, weil sie sich um Fremde kümmern. Alle Mitarbeiterinnen im Seglerheim müssen sich sogar „von wildfremden Leuten blöde Sprüche anhören" (GUL, S. 213). Aus den Stammtischteilnehmern hatte sich ein kleines gastfeindliches Kollektiv von Sündenbockpraktikern gebildet, das mit der Zuspitzung der Situation zunehmend anwächst.

Die Gerüchte über eine vermeintliche Vergewaltigung eines jungen Mädchens führen zu einem Überfall im Seglerheim. Dabei wird das Glasfenster der Küche mit einem Ziegelstein eingeschlagen (GUL, S. 134). Das Mädchen, das angeblich vergewaltigt worden ist, klagt Gastmigranten an. Der Täter spreche „gebrochen Deutsch […], er war ein Ausländer, ein Migrant vermutlich" (GUL, S. 120), berichtet Nimrod gegenüber der Polizei. Der Polizist scheint sich auch sofort von dieser Verdächtigung überzeugen zu lassen und stellt nach einer Gegenüberstellung jeden Einzelnen der Jungen „unter dringende[n] Tatverdacht" (GUL, ebd.). Beim Abschluss der Gegenüberstellung warnt Polizeiobermeister Kremer: „Aber wir finden den Täter, das versichere ich euch. Ich habe es im Gefühl, einen von euch sehe ich sehr bald wieder" (GUL, S. 121). Er spricht so eine voreilige Schuldzuweisung aus. Des Weiteren lässt die Aussage „ich habe es im Gefühl" die Ermittlungsmethoden des Polizisten fragwürdig erscheinen. Das führt zu dem Eindruck, dass er emotional und unsachlich bei der Suche des Täters vorgehen würde und die Jungen voreilig kriminalisiert. Dass die minderjährigen Gastmigranten wegen einer Vergewaltigung angezeigt werden, ist sehr relevant für die kollektive Sündenbockpraktik. Folgt man René Girards Überlegungen zum „Bouc émissaire", dann ergibt sich, dass bestimmte Verbrechen besonders häufig als Vorwand zur Verfolgung von vermeintlich gesellschaftsschädlichen Menschen herangezogen werden. Dazu zählen Sexualverbrechen wie Vergewaltigung, Inzeste und Bestialität, die, so Girard, „transgressent les tabous les plus rigoureux, relativement à la culture considérée"[493] und das Fundament der kulturellen Ordnung angreifen.[494] In Erinnerung ist noch, wie der ehemalige US-Präsident Donald Trump mexikanische Migranten als „rapists", „Vergewaltiger" bezeichnete,[495] um eine kollektive Agitation zu provozieren. Dieser historisch etablierte Generalverdacht hat sich wahrscheinlich in der Einstellung der Bewohner der fiktiven Stadt verankert, dass

493 René Girard, op. cit., S. 26.

494 Ebd., S. 27.

495 Vgl. Z. Byron Wolf: „Trump basically called Mexicans rapists again", in: *CNN*, 6. April 2018, abrufbar auf https://edition.cnn.com/2018/04/06/politics/trump-mexico-rapists/index.html, Zugriff am 05.11.2021.

sie so unreflektiert nach den Gerüchten handeln. Solche Gerüchte erhitzen nur die Stimmung und verstärken die Fremdenfeindlichkeit. Die Mitarbeiterin Marikke hat es schon verspürt, wenn sie besorgt behauptet; „aber unser Seglerheim wird so oder so Probleme bekommen. Die Stadt hat uns nie akzeptiert, und wenn sich das mit dem Mädchen rumspricht, haben wir keine ruhige Minute mehr" (GUL, S. 122).

Als Fred Krausnick bei einem Gespräch zwischen Aubrich und Bulle in der Kneipe flüchtig von dem Fall der Vergewaltigung erfährt, erwartet er, dass die *Rundschau* am folgenden Tag davon berichtet (vgl. GUL, S. 129). Dass im „Revolverblatt" nichts über die angebliche Vergewaltigung steht, interpretiert Fred als Beweis dafür, dass die jungen Afghanen und Syrer sicherlich die Täter seien. Wenn sie die Täter sind, dann, so vermutet Fred, dürfen die Zeitungen nichts darüber berichten, denn „die wollen diese Typen auch noch schützen" (GUL, S. 130). Damit spricht er die manipulative Rolle der Presse in der Verbreitung von Verdächtigungen und Feindbildern über Gastmigranten an. Obwohl der Erzähler hier auf diesen Aspekt nicht eingeht, zeigt sich später in der Handlung, wie die Zeitung Stereotypen über Flüchtlinge verbreiten kann, zum Beispiel über den Antisemitismus muslimischer Migranten: „Ja, ich las in der Zeitung, dass sehr viele muslimischen Flüchtlinge Antisemiten sind" (GUL, S. 224), gibt Polizeiobermeister Kremer an.

Die Wut und die agitatorische Reaktion von Fred, als er von der erfundenen Vergewaltigung erfährt, sind eng mit seinen schwierigen Lebenserfahrungen verbunden. Eine nähere Bewertung seines Verhaltens gegenüber den jungen Gastmigranten lässt an ihm zumindest Charakterzüge von drei Sündenbockpraktiker-Typen erkennen. Er ist wohl ein Sündenbockpraktiker aus Enttäuschung, da er seine Enttäuschungen und Misserfolge auf die jungen Ausländer projiziert. Von den schwierigen Erlebnissen scheint er aber auch psychisch betroffen zu sein, sodass er als „Wirrkopf" und „debile[r] Schwachkopf" (GUL, S. 62) bezeichnet wird. Für den Polizisten Frank Aubrich ist er „nicht mehr richtig im Kopf" (GUL, S. 63), und er war nach seinem Ruin sogar „häufig geistesabwesend und hatte heftige Wortfindungsschwierigkeiten" (GUL, S. 65). In seinem depressiven Zustand denkt Krausnick, dass die Gastmigranten das Leben der Guldenberger gefährden, obwohl sie nichts damit zu tun haben. Viele Jahre hat er sein Scheitern erlebt, bevor die Gastmigranten gekommen sind. Diese Beschreibungen entsprechen nach Allport den Eigenschaften eines zwangsläufigen Sündenbockpraktikers. Außerdem zeigen seine Reaktionen deutlich, dass er ein patriotischer Guldenberger war, der sich gewöhnlich in einem romantisierten „Wir"-Gefühl ausdrückt und die anderen – migrantenfreundlichen – Guldenberger für „Vaterlandsverräter" (GUL, S. 72) hält. Diese Attitüde ist typisch für den Sündenbockpraktiker aus Konvention. Krausnick hat eine defensive Haltung gegenüber der einheimischen Kultur und fürchtet sich vor dem Leben mit den Gastmigranten. Krausnick ist von dem Vorurteil beherrscht, dass die Migranten die Guldenberger Kultur zerstören würden:

> Na diejenigen, die unsere Kultur zerstören wollen. Die einen Ausverkauf mit unserem Land machen. Die Staatsverbrecher. Mehr sage ich nicht. Diese Asylanten. Die, die man jetzt alle ins Land reinlässt. Mehr sage ich nicht. Ich kann eins und eins zusammenzählen. Ein ganzes Leben konnte man unbesorgt in Guldenberg leben, jetzt sind hier überall Zigeuner oder was immer das für welche sind. Migranten heißen die heutzutage, als ob sie das zu was Besserem machen würde! Wer will die denn schon? (GUL, S. 130 f.).

Inwiefern und auf welche Weise die fremden Gastmigranten die Kultur in Guldenberg zerstören können, ist unklar. Zu vermerken ist die Tatsache, dass sie die meiste Zeit im Seglerheim sind, sodass kein richtiger Kontakt mit der Gesellschaft stattfindet. Ohne einen interaktiven Kontakt ist kein kultureller Austausch möglich. Seyla Benhabib stellte die Frage, ob es moralisch „zulässig [ist], Hilfsbedürftige abzuweisen, weil wir fürchten, dass ihre Anwesenheit unsere Kultur und Lebensweise verändern würde? Ist die Bewahrung der Kultur ein hinreichender Grund?“[496] Kann eine Kultur eigentlich durch den Kontakt mit einer anderen zerstört werden oder wird sie lebendiger durch die Ausgrenzung des Fremden? Aimé Césaire, einer der Gründer der Négritude, sieht im Kontakt der Kulturen eher die Grundlage ihres Lebens:

> [j]'admets que mettre les civilisations différentes en contact les unes avec les autres est bien ; que marier des mondes différents est excellent ; qu'une civilisation, quel que soit son génie intime, à se replier sur elle-même, s'étiole ; que l'échange est ici l'oxygène.[497]

Dies impliziert, dass der fremde Gast zur Dynamisierung und Bereicherung der einheimischen Kultur beitragen kann. Eine dynamische Interaktion mit ihm kann nur durch eine Gastfreundschaft gegenüber ihm zustande kommen. Denn Gastfreundschaft bildet die Grundlage des Zusammenlebens mit dem fremden Gast, ob er eingeladen oder unerwünscht ist. In diesem Sinne spielt die Gastfreundschaft eine wichtige Rolle in der Dynamisierung und Bereicherung einer Kultur. Das bestätigt sich bei Derrida, wenn er schreibt: „L'hospitalité, c'est la culture même.“[498] Wenn Gastfreundschaft die Kultur selbst ist, dann steht der Gast im

---

496 Seyla Benhabib: *Die Rechte der Anderen: Ausländer, Migranten, Bürger. Aus dem Engl. von Frank Jakubzik*, Suhrkamp, Frankfurt am Main 2008, S. 46.

497 Aimé Césaire: *Discours sur le colonialisme*, Présence Africaine, Paris 2004 [1955], S. 10.

498 Jacques Derrida: *Cosmopolites de tous les pays, encore un effort !*, Galilée Verlag, Paris 1997, S. 42.

Mittelpunkt der kulturellen Dynamisierung. Denn Kulturen sind ständig im Wandel, sie sind „keine stabilen abgeschlossenen Monaden ohne Fenster nach außen, sondern unterliegen ständigen äußeren Einflüssen und innerem Wandel."[499] Sie befinden sich in einem Prozess stetiger Veränderung und bedürfen auch radikaler Umgestaltungen oder Neuerungen. Selbst wenn manche Forschungen die Idee einer Dynamik von innen unterstützen,[500] wird die Exklusion des fremden Gastes nur eine hegemoniale letale Stabilisierung der Kultur herbeiführen.

In dieser Stabilisierungslogik stehen die fremdenfeindlichen Guldenberger, die an ihren Kulturstandards festhalten und eine Berührung mit von außen Kommenden verhindern. Selbst wenn die einheimische Gesellschaft nicht von den Gastmigranten lernt – was eigentlich nicht möglich ist –, können zumindest die Gastmigranten von ihr lernen. In dieser Dynamik steht der Priester, wenn er sagt, „ich bemühe mich, ihnen etwas von unserer Kultur zu vermitteln, unsere Sitten und Gebräuche, die ihnen fremd sind und sicher seltsam erscheinen. Ich unterrichte sie in unserem Glauben, von dem sie nichts wissen" (GUL, S. 54). Das Informieren des Anderen über die eigenen kulturellen Praktiken provoziert unmittelbar einen Austausch und ermöglicht einen kulturellen Wandel. Ein kultureller Wandel von innen sollte auch die Außenperspektive einschließen. Die Begegnung mit dem Fremden provoziert die Neudefinition der eigenen kulturellen Werte und die Erweiterung des eigenen kulturellen Horizontes, zumindest wenn durch Gastfreundschaft ein Rahmen für einen interkulturell produktiven Austausch geschaffen wird. Denn

> [d]er – weitgereiste – Gast ist ein kultureller Transmitter [...] Der Gast bringt Erfahrungen, die die Gastgeber nicht erfahren haben. Gastgeber/Gast sind eine asymmetrische Kulturbegegnung. [...] Sein Geschenk ist größer als das Gastgeschenk: reicher oft als die ihm gewährte Gastlichkeit. [...] Er ist ein Kulturträger fremder Welt.[501]

Zum Beispiel können die wenigen Austauschbegegnungen der Helferinnen mit den Jungen dazu führen, dass sie einiges von ihrem eigenen kulturellen Verständnis neudenken. Allerdings hat sich Marikke mit dem Koran beschäftigt, als sie mit der Leitung des Asylheims beauftragt wurde. Ohne Zweifel hat sie dadurch religiös-muslimisches Wissen gewonnen (vgl. GUL, S. 59 f.). Auch haben

499 Wolfgang Reinhard, 2016, op. cit., S. 1311.

500 Stefan Deines, Daniel Martin Feige, Martin Seel: „Formen kulturellen Wandels – eine Einleitung", in: Dies. (Hrsg.): *Formen kulturellen Wandels*, transcript Verlag, Bielefeld 2014, S. 7–22.

501 Birger P. Priddat: „Gäste – Ökonomisch. Über Geben und Nehmen", in: Burkhard Liebsch, Michael Staudigl und Philipp Stoellger, 2016, op. cit., S. 249–269, hier S. 250.

die Mitarbeiterinnen ihren kulinarischen Horizont erweitert, indem sie orientalische Gerichte und besonders „Maqclube“ gekocht haben (GUL, S. 281). In einer stabilisierenden Tendenz stehen aber viele andere Guldenberger, besonders die von Fremdenhass erfüllte Figur Fred. Die stabilisierende Tendenz durch die gastfeindliche Abgrenzung vom fremden Gast bringt aber die Menschen dazu, Sündenbockpraktiker zu werden. Durch die Kombination der Verhaltungsweisen dreier Typen des Sündenbockpraktikers ist der fiktive Fred Krausnick zentral in dem ganzen Prozess der Beschuldigung der fremden Gastmigranten, die er voreingenommen als „Staatsverbrecher“ beschreibt. Auch schreibt er ihnen alles Böse zu und denkt, dass die Bezeichnung „Migrant“ statt „Zigeuner“ sie nicht zu etwas Besserem machen würde. Hier soll angemerkt werden, dass es sich eigentlich um komplett unterschiedliche Begriffe handelt, die nichts miteinander zu tun haben. Fred nennt die Gastmigranten einmal „Zigeuner“, einmal „Negergesindel“ und einmal „Migranten“. Damit impliziert er, dass die Jungs nie etwas Gutes tun können und den Guldenbergern nicht gleichwertig sind. Die Guldenberger sind davon überzeugt: „Und Vergewaltiger. Das gab es früher nicht bei uns“ (GUL, S. 218).

Die xenophobe Gegenüberstellung von Gutem und Bösem, bei welcher die Guldenberger das Gute verkörpern, wird erzählstrategisch bezweifelt. Der Erzähler hat in dieser Perspektive schon insinuiert, dass in Guldenberg Brandstiftungen stattgefunden haben in einer Zeit, in der keine Ausländer anwesend waren. Die daraus entstandenen Feindschaften erkennen die Bürger offensichtlich nicht als etwas Böses. Des Weiteren inszeniert der Erzähler tote Stimmen, die eine böse Facette der Bewohner zeigen. Viele dieser toten Stimmen sprechen jeden Tag mit Gertrude Fischlinger, der Urgroßmutter von Fritzi, einer Helferin im Heim. Die achtundneunzigjährige Frau redet mit den Toten, die keine Ruhe finden, weil „ihnen die Stadt auf der Seele liegt. Guldenberg quält sie über den Tod hinaus“ (GUL, S. 74). Selbstverständlich ist es das von den Guldenbergern verübte Unrecht, das sie nicht zur Ruhe kommen lässt. Sie erkundigen sich ständig über das Leben der Stadt und beichten ihre Sünden bei der offensichtlich ältesten Frau der Stadt (vgl. GUL, S. 262). Zum Beispiel, so berichtet die alte Frau, „wollte [eine Frau] heute mit mir über ihre zwei Abtreibungen sprechen“ (GUL, S. 260). Damit stellt der Autor das Gefühl der Sündenlosigkeit der stolzen Guldenberger infrage. Eine Abtreibung kann verschiedene Gründe haben. Sie kann beispielsweise bei „ungewollter“ oder „ungeplanter“ Schwangerschaft erfolgen.[502] Von

502 Petra Schweiger: „Schwangerschaftsabbruch – Erleben und Bewältigen aus psychologischer Sicht“, in: Ulrike Busch & Daphne Hahn (hrsg.): *Abtreibung: Diskurse und Tendenzen*, transcript Verlag, Bielefeld 2014, S. 235–256.

einer „ungewollten Schwangerschaft" kann man sprechen, wenn diese aus einer Vergewaltigung erfolgt, oder auch – wie der Fall von dem fiktiven Mädchen Bärbel Nimrod –, wenn das Mädchen minderjährig ist.[503] Die Vergewaltigung oder die Schwangerschaft einer Minderjährigen wird hier euphemistisch ausgedruckt. Im Hinblick darauf kann man die These aufstellen, dass Vergewaltigungen früher in Guldenberg stattfanden. Es könnte das persönliche Erleben dieser Frau sein, die mit der alten Frau über ihre Abtreibungen sprechen möchte. Bei der Großmutter „melden sich [alle] nur mit ihren Sünden […]. So, als ob das alles wäre, was für sie wichtig ist" (GUL, S. 261), bemerkt Fritzi. Bevor sie sich bei der alten Frau meldeten, standen sie „in der Ewigkeit in einer Schlange, um beim Herrgott zu beichten und zu hören, ob es für sie in den Himmel geht oder in die Hölle" (GUL, ebd.). Durch diese Toten-Szenen dekonstruiert der Erzähler das Gefühl der Vollkommenheit der stolzen Guldenberger.

Dass viele Leute in der Stadt den fremden Gastmigranten Böses zuschreiben, bestätigt sich durch die spontane Reaktion der Bewohner, als sie die Gerüchte über die Vergewaltigung hörten:

> Als hätte jemand die Bürger Guldenbergs zusammengerufen, hatten sich viele von ihnen in Schiffers Kneipe eingefunden, Frauen wie Männer, Alte und Junge. Jeder Stuhl war besetzt, einige hatten auf den Fensterbänken Platz nehmen müssen, und alle redeten durcheinander. Um sich Gehör zu verschaffen, sprach man laut, und da es keinen Versammlungsleiter gab, redete man ohne Rücksicht auf jene, die zuvor das Wort ergriffen hatten. (GUL, S. 136)

So versammeln sich die Guldenberger in der Kneipe, um über den Fall zu sprechen. Und das ist das erste Mal, dass der Leser erkennt, dass die Kneipe überfüllt ist. Von allen, die sich in der Kneipe versammeln weiß erstaunlicherweise keiner „etwas Genaues. Es war nicht klar, wer denn nun vergewaltigt worden war […], aber alle redeten darüber und für alle waren die zwölf Jugendlichen, die Ausländer, die eigentlich Schuldigen" (GUL, S. 136), denn, „ein Guldenberger würde so was ja nie machen" (GUL, S. 213). Das ist deutlich eine kollektive Beschuldigung, die zeigt, dass sich eine systematische Abwertung und Verteuflung anderer Menschengruppen in den Gedanken der Guldenberger etabliert hat. Solche Kollektive, die sich vom System der mit Verfolgung verbundenen Vorstellungen völlig beherrschen lassen und so unreflektiert zum Glauben an einen Sündenbock fähig sind, nennt Girard „masse éminemment manipulable". Girard zufolge werden

503 Vgl. dazu Ulrike Busch & Daphne Hahn (hrsg.): *Abtreibung: Diskurse und Tendenzen*, transcript Verlag, Bielefeld 2014.

Sündenbockpraktiken erleichtert, wenn Manipulatoren eine solche manipulierbare Masse zur Verfügung haben. Er meint tatsächlich,

> de telles choses […] ne se produiraient pas, même aujourd'hui, si les manipulateurs éventuels ne disposaient pas, pour organiser leurs mauvais coups, d'une masse éminemment manipulable, autrement dit de gens susceptibles de se laisser enfermer dans le système de la représentation persécutrice, de gens capables de croyance sous le rapport du bouc émissaire.[504]

Ein Gerücht dient dazu, all diese vielen Bürger zur kollektiven Kriminalisierung der Jugendlichen anzustiften. Siegfried Spielhaben, ein „Parteifreund" von Walter Lichtenberger, macht Stimmung gegen die Jugendlichen, „provoziert und stachelt die Leute auf", indem „er in der Stadt rumposaunt, einer der Migranten sei der Täter. Ein Syrer, behauptet er, sei so gut wie überführt und werde in Kürze verhaftet" (GUL, S. 242). Obwohl die meisten dieser jungen Syrer und Afghanen Minderjährige sind, gelten sie in den Augen der Guldenberger als „geile Böcke, die scharf auf [ihre] Frauen sind" (GUL, S. 138). In diesem Durcheinander, in dem aufgewühlte Bürger ihren Hass auf die Flüchtlinge äußern, wird auch deren Schicksal besprochen. „Von mir aus sollte man sie gleich abschieben. Warum sollen wir denen noch das Gefängnis bezahlen? Eine Zelle mit drei Mahlzeiten, Dusche und einem Fernseher, der reinste Luxus für die" (GUL, S. 137), sagt einer von ihnen. Ein anderer bekräftigt voller Ungeduld: „Diese Migranten müssen raus aus der Stadt. Dieses Pack. Heute noch. Marschieren wir doch alle zu dem Heim und sorgen dafür, dass sie sofort verschwinden" (GUL, S. 138). All diese hysterischen Reaktionen zeigen, wie sich die „Stimmung in gerichtete Energie"[505] verändert hat. Nachdem die versammelten Bürger und Bürgerinnen darüber diskutiert haben, wie sie die Jugendlichen loswerden können – ob durch freundliche Provokationen oder durch eine Bürgerwehr bzw. einen Aufstand –, haben sie sich geeinigt, zum Rathaus zu marschieren, um mit dem Bürgermeister zu sprechen: „Wir haben ihn gewählt, also soll er auch auf uns hören. Denn Guldenberg, die Bürger von Guldenberg, […] das sind immer noch wir" (GUL, S. 141). Hier erscheint wieder ein kollektiv romantisiertes patriotisches Gefühl, das immer wieder in der Erzählung vorkommt, zum Beispiel bei der Betonung zweier fremdenfeindlicher Frauen: „das ist unser Land hier" (GUL, S. 219). Diese Aussagen nähern sich der von rassistischen und völkischen Bewegungen angeeigneten Parole „Wir sind das

---

504 René Girard, op. cit., S. 61.

505 Nori Möding: *Die Angst des Bürgers vor der Masse: zur politischen Verführbarkeit des deutschen Geistes im Ausgang seiner bürgerlichen Epoche*, Wissenschaftler Autoren-Verlag, Berlin 1984, S. 82.

Volk" an.[506] Die Gerüchte über die Vergewaltigung erzeugen auf diese Weise eine Pogromstimmung. Mit dem Marsch der „Vertreter der Bürger der Stadt" (GUL, S. 144) zum Rathaus erlebt der Leser eine kollektive Jagd auf Sündenböcke. Allport definiert die Suche nach dem Sündenbock als eine „Erscheinung, bei der einige der angriffslustigen Energien [...] einer Gruppe sich auf [...] eine andere Gruppe [...] konzentriert."[507] Jetzt wird die Abschiebung der unerwünschten Fremden zum gemeinsamen Ziel. Seitdem gibt es jeden Abend „Krawall vor dem Heim, es wird gebrüllt, Steine fliegen" (GUL, S. 157), und die Mitarbeiterinnen im Heim müssten sich davor schützen bei Einbruch der Dämmerung, bis die Jugendlichen die Stadt verlassen haben.

8. Beredtes Schweigen oder das Instrument der Sündenbockpraktik

Bärbel Nimrod ist ein vierzehnjähriges Mädchen, Mitglied der Gemeinde, das selten in den Religionsunterricht kommt. Nun ist sie schwanger geworden und bekennt ihre Sünde beim Pfarrer (vgl. GUL, S. 105 f.). Man erfährt in der Erzählung durch die Haushälterin des Pfarrers, dass die aufreizenden Auftritte des jungen Mädchens in der Stadt wohl zur Schwangerschaft beigetragen haben sollen:

> Seine Haushälterin, Fräulein Malka Goldt, hatte schon vor einem Jahr zu ihm gesagt, dass die Kleine von den Nimrods sicher bald schwanger sein werde [...]. Weil sie durch die Stadt so läuft, wie sie läuft [...]. Und diese Schickse schaukelt mit ihren dreizehn, vierzehn Jahren ihren dicken Hintern mit einer Chuzpe über die Straße und ihre dicken Bristn ebenso heftig. Und genau davon wird man schwanger. (GUL, S. 108)

Die Äußerung der Haushälterin, obwohl auf den ersten Blick sexistisch, präsentiert die Schwangerschaft der minderjährigen Frau als Folge ihres als „unkeusch" bewerteten Lebens. Bärbels Freund drängt sie zur Abtreibung, die sie jedoch ablehnt (vgl. GUL, S. 107). Hier liegt offensichtlich die Ursache für das Gerücht der vermeintlichen Vergewaltigung. Da der Freund das Kind nicht will, soll eine Möglichkeit gefunden werden, die Wahrheit – nämlich seine Verantwortung für die Schwangerschaft – zu verschleiern. In diesem Kontext verlangt er von Bärbel, von einer Vergewaltigung durch die Gastmigranten zu sprechen. In einem Gespräch zwischen dem Priester und Bärbel lassen ihre Körpersprache, das

506 Diese Parole stammt ursprünglich aus der friedlichen Revolution in den 1989er Jahren in der DDR, als die Bürger gegen das SED-Regime skandierten: „Wir sind das Volk." Das wurde später von populistischen Rechten okkupiert.

507 Allport, op. cit., S. 13.

Sprechtempo und die Betonung ein verstecktes Eingeständnis erkennen. Auf die Frage, ob sie etwas über die Gerüchte der Vergewaltigung wisse, nickt die junge Frau (vgl. GUL, S. 194). Das Kopfnicken scheint einen Bruch in der Diskussion auszulösen. Denn danach spricht sie weniger und antwortet sehr knapp, obwohl sie zuvor mehr gesprochen hatte. Ihre Reaktionen werden nervöser und unruhiger. Der Pfarrer fragt: „Du weiß nicht vielleicht, wer die junge Frau sein könnte, um die es dabei geht?" (GUL, ebd.). Die Frage scheint sie abzuschrecken, und „sie schüttelte vehement den Kopf, sagte jedoch nichts" (GUL, ebd.). Mit ihrem Charakter scheint die Frage einen besonderen Klang bei ihr zu provozieren. Ihre Reaktion zeigt, dass es tatsächlich um sie ging. Der Pfarrer geht zu einer höheren Dimension der Frage über: „Du hast [deiner Mutter] nicht etwa erzählt, du seist von einem Ausländer vergewaltigt worden?" (GUL, ebd.) Diese Frage trifft das Mädchen: „Bärbel hatte den Kopf gesenkt, sie war rot geworden und flüsterte etwas" (GUL, ebd.). Auf den vorherigen Seiten war zu lesen, dass sie mit derselben Reaktion eine andere Frage bejahte. Dabei fragte der Priester, ob ihre Eltern von dem Fall wissen. Sie „wurde flammend rot und blickte zu Boden", was ihre Scham beschreibt und andeutet, dass ihre Mutter Bescheid weiß (GUL, S. 193). Es geht hier also um eine Zustimmung, die aus Beschämung nicht eindeutig erklärt wird. Ihre weitere Reaktion zeigt, wie sie die Frage getroffen hat. Als der Pfarrer sie zum lauten und deutlichen Sprechen aufforderte, bricht ihre Wut heraus: „Nein, stieß sie hervor, ohne ihn anzusehen." (GUL, S. 194). Hier zeigt sich eine Diskrepanz zwischen verbalem Ausdruck und physischem Ausdruck sowie emotionaler Reaktion. Die emotionale Reaktion und der physische Ausdruck widersprechen dem Gesagten. Denn

> was wir sagen, können wir leicht beeinflussen. Wie wir etwas sagen, ist hingegen schwer zu kontrollieren. Der körperliche Ausdruck gilt als echter als wahrer. Er spiegelt direkt und unverblümt unsere Gefühle, das, was wir wirklich sagen wollen […] Wie ernst wir [eine] Absicht meinen, zeigt die Körpersprache. Der Körper lügt nicht.[508]

Bärbels Reaktionen, Sprechweise und Bewegungen geben aufschlussreiche Hinweise, die ihre Antworten widerlegen. Obwohl sie die Worte hervorstößt, stellt der Pfarrer dieselbe Frage in Bezug auf ihren Freund: „Und dein Freund, der Vater deines Kindes, hat dir das auch nicht unterstellt? Oder dich gedrängt, so etwas zu erzählen, damit keiner auf die Idee kommt, ihn in die Verantwortung für das Kind zu nehmen?", schüttelt sie wieder nur den Kopf und atmet schwer, als der Pfarrer sie vor den Folgen einer falschen Beschuldigung warnt (GUL, S. 195).

508 Mike Mandl: *Unser Körper – Ausdruck, Haltung, Körpersprache: Mit der TCM Neu Wahrnehmen* Springer, Berlin und Heidelberg 2021, S. V.

Beim Weggehen eilt sie, ein Zeichen von Unruhe.[509] Wir stehen hier vor einer Mischung von Angst, Verlegenheit, Wut und Schande, die von den Fragen des Pfarrers hervorgerufen werden und in der Körpersprache des Mädchens sichtbar sind. Der Erzähler ästhetisiert hier ein verstecktes Zugeständnis des Mädchens, „ein recht beredtes Schweigen" (GUL, S. 238). Er zeigt, dass Bärbel von ihrem Freund manipuliert wurde, die Ausländer zu beschuldigen, „damit keiner auf die Idee kommt, ihn in die Verantwortung für das Kind zu nehmen" (GUL, S. 195). Hierin kommt das Konzept des „Sündenbocks" erst sehr deutlich zum Vorschein in der Erzählung. Es geht um die „Verantwortung". Im Konzept des „Sündenbocks" trägt nicht der tatsächliche Täter die Verantwortung im Sinne von Konsequenzen der Sünde, sondern ein anderer Mensch, der nichts mit der Tat zu tun hat. Der junge Vater versucht, ungerechtfertigt die Verantwortung auf andere abzuwälzen. Das Kollektiv der Gastfeinde profitiert von diesem Fall, da es dazu beiträgt, die jungen Gastmigranten loszuwerden. Diese sind bereits verdächtigt worden und müssen nun auch für die Tat bezahlen, von der sie nichts wissen. Letztendlich mussten sie die Stadt verlassen.

Die Inszenierung der Schuld der Jugendlichen wird von einer Figur auf unbestreitbare Weise bestätigt, nachdem diese das Heim und die Stadt verlassen haben: „Aber das mit der Vergewaltigung kannst du denen nicht anlasten, da hat das Mädchen wohl zugegeben, dass sie gelogen hat. [...] Die Polizei sagt, die Asylanten waren es nicht" (GUL, S. 269). Es wird klar, dass die ganze Geschichte dazu gedient hat, die Gastmigranten loszuwerden, weil sie als Bedrohung für die individuellen Interessen der Bewohner betrachtet wurden. Deshalb wurden sie auch vom bürgerlichen Kollektiv kriminalisiert. Bis zu dem Zeitpunkt, an dem sie abgeschoben wurden, hat niemand an ihre Unschuld geglaubt. Erst danach wurde die Wahrheit anerkannt und von allen akzeptiert. Ihre Abschiebung symbolisiert das Fortschicken des Sündenbocks in die Wüste. Es ist jedoch festzustellen, dass Unterschiede zwischen der Sündenbockpraktik im alttestamentlichen Kontext und derjenigen im Zusammenhang mit den fremden Gastmigranten in der Erzählung bestehen. In der biblischen Tradition haben das Volk oder die Söhne Israels die Sünde tatsächlich begangen und sind sich der Verfehlungen bewusst. Ein Schuldgefühl ist dabei vorhanden. Daher geht es um ein Bekenntnis der Sünden über den Ziegenbock zur geistlichen Bereinigung. Der Bock ist nur ein Opfer für die Taten des Volkes. In *Guldenberg* und im allgemeinen Migrationskontext empfinden sich die Bürger jedoch umgekehrt als Opfer der Anwesenheit der

509 Wolf W. Lasko & Lara M. Lasko: „Körpersprache", in: *Deal Resulting*, Springer Gabler, Wiesbaden 2016, S. 176.

fremden Gastmigranten und werden dabei selbst zu Tätern, die die Fremden in die „Wüste“ fortschicken. Den Einheimischen fehlt das Bewusstsein ihres eigenen Fehlverhaltens. Dies ist auf das Gefühl der Sündlosigkeit und eine Überbewertung der eigenen Kultur und ihrer Reinheit zurückzuführen. Das systematische Zuweisen der Schuld an die Fremden dient in diesem Sinne als Vorwand, um die eigene Kultur vor einer Heterogenisierung zu schützen. Sündenbockpraktiken im Migrationskontext sind eine Abwehrreaktion gegenüber fremden Gastmigranten und weisen auf den gesteigerten Willen moderner Völker hin, homogene Gemeinschaften zu bilden. Dies kann als kollektives Widerstandsmanöver gegenüber dem Mythos der Bildung von globalisierten, transkulturell-hybriden Gemeinschaften interpretiert werden. Darüber hinaus belegt es die Fragilität der Kulturen moderner Gesellschaften, die – zu Recht – einen kulturellen Verfall durch den Kontakt mit fremden Menschen befürchten.

9. Gastgeberfeindschaft und Binnengastfeindschaft

9.1. Gastgeberfeindschaft

Wie bereits dargestellt wurde, werfen viele Rezensionen Christoph Hein eine einheitliche, gastgeberzentrierte Behandlung des Themas oder sogar eine subtile Reproduktion von Klischees über Gastmigranten vor. Man könnte schnell den Eindruck haben, dass der Autor nur das gastfeindliche Verhalten der Gastgebergesellschaft plakativ verurteilt. Doch der Text entwirft auch einen kritischen Diskurs zur Gastgeberfeindlichkeit, zu Stereotypen und Feindbildern der Gastmigranten selbst. Das integrative Scheitern der jungen Syrer und Afghanen, die auf Aufnahme hoffen, wird an verschiedenen Stellen des Textes thematisiert und ermöglicht eine Gastkritik, die im Kontrast zur Gastgeberkritik steht. Die Gastkritik ist zwischen den Zeilen lesbar und kann als *ästhetische Camouflage* bezeichnet werden.

Die jungen Gastmigranten erleben früh im Text bei einem Besuch im Freibad der Stadt einen Kulturschock, den sie aufgrund ihrer kulturreligiösen Verwurzelung nicht überwinden können. Die einheimischen Frauen in Badekleidung, die sie im Freibad gesehen haben, bezeichnen sie als „Huren“ oder „Nutten“ (GUL, S. 58), weil dies in ihrer Kultur „keine Kleidung für eine Frau [ist]. So laufen bei uns nur Huren herum, die Männer fangen wollen“ (GUL, ebd.), so lassen sie wissen. Diese Äußerung wird mit einem religiösen Argument untermauert, als Frau Brummig, die Mitarbeiterin des Asylheims, ihnen erklärt, dass diese Badekleidung in Guldenberg ganz normal ist: „‚Aber eine Frau darf sich nicht nackt vor anderen zeigen‘, beharrte Hakim […]. ‚Sagt der Prophet. Das steht im Koran.‘“ (GUL, S. 59). Diese Aussage verleiht der Kleidung eine religiöse Bedeutung und zeigt, dass die Jungen eine andere Definition der „Nacktheit" oder des „Nacktseins" haben. Zudem scheint der körperlichen Intimität der Frau in der religiösen Kultur der jungen Muslime ein heiliger Charakter zugeschrieben zu werden. Die Frau ist in diesem Fall zu einer korrekten, anständigen Körperbedeckung verpflichtet,[510] die den ganzen Körper verhüllt. Daher assoziieren die Jungs die Badekleidung der deutschen Frauen mit Hurenkleidung. Mit dieser religiösen Konstruktion der körperlichen Intimität der Frau scheint auch das Tragen des Kopftuchs verbunden zu sein. In diesem Sinne kann vermutet werden, dass der Autor die „Badekleidung" nutzt, um auf umgekehrte Weise die kontroverse Debatte über die Kleidung, insbesondere das Kopftuch der Musliminnen, zu insinuieren. Im Allgemeinen wird das Tragen des Kopftuches der Musliminnen in vielen europäischen Gesellschaften abgelehnt,[511] und dem Kopftuch werden negative Konnotationen zugeschrieben. Hier wird die Wahrnehmungsperspektive umgekehrt, indem die Kleidungskultur westlicher Frauen von muslimischen Flüchtlingen wahrgenommen und bewertet wird. Somit wird die Debatte aufgebracht, wie westliche Frauen mit ihren liberalen Kleidungsweisen in patriarchalischen muslimischen Gesellschaften ankommen würden. Die Reaktionen der jungen Muslime deuten an, dass sie die einheimischen Frauen bzw. die Gastgeberkultur nach den kulturellen („bei uns") und religiösen („das steht im Koran") Standards ihrer Heimat beurteilen und dämonisieren.

Dieses Ereignis legt nahe, dass das weibliche Geschlecht sowie die Geschlechterrollen in den beiden Kulturen sehr unterschiedlich wahrgenommen werden. Die Religiosität der syrischen oder afghanischen Frau kontrastiert mit der Liberalität der deutschen Frau. Im Roman wird bei den deutschen Mitarbeiterinnen ein westlich-emanzipiertes und liberales Frauenbild deutlich, während ihre „Schützlinge" in dem Stereotyp einer patriarchalisch-frauenfeindlichen Wahrnehmung gefangen sind, die der Frau eine strikte Kleidungsordnung auferlegt. Diese religiöse Konstruktion des weiblichen Geschlechts scheint die Frau in eine dem Mann untergeordnete Position zu zwingen. Aufgrund dieser sexistischen Einstellung zeigen die jungen Gastmigranten nur geringen Respekt gegenüber ihren Helferinnen, wie durch die Aussage verdeutlicht wird: „Das Schlimme ist,

510 Vgl. z. B. Nina Maria Niederl: *Körper, Kleider, Kommunikation: Kleidung als Vehikel für das Frauen-Bild in muslimischer Literatur*, Tectum, Marburg 2011 und die Beiträge in Ranja Ebrahim, Ulvi Karagedik (hrsg.): *Kopftuch(verbot)*, Springer Fachmedien GmbH, Wiesbaden 2021, S. 90–107.

511 Sabine Berghahn & Petra Rostock: *Der Stoff, aus dem Konflikte sind: Debatten um das Kopftuch in Deutschland, Österreich und der Schweiz (unter Mitarbeit von Alexander Nöhring)*, transcript Verlag, Bielefeld 2015.

dass die Jugendlichen sich von einer Frau nichts sagen lassen. Eine Frau, meinen sie, hat einem Mann nichts zu sagen, auch wenn dieser Mann noch grün hinter den Ohren ist." (GUL, S. 224). Die Vorstellung des unterdrückenden Mannes bestätigt sich weiter, als der junge Adil während der Zubereitung des „Maqclube" für das „Id al-Adha Fest" Marikke aus der Küche verweist: „Und nun geh bitte aus der Küche raus, Marikke, beim Kochen muss ich allein sein." (GUL, S. 113). Dieses Beispiel macht deutlich, dass die jungen Gastmigranten sich so verhalten, als hätten sie gegenüber Frauen eine überlegene Stellung und als wäre die Frau rechtlos. Dieses Verhalten scheint aus einem unterdrückenden Frauenbild der islamistischen Ideologie zu stammen, das Frauen mit verschiedenen Verboten konfrontiert. In dieser Situation und angesichts der moralischen Selbstverpflichtung jedes einzelnen Menschen bzw. Gastmigranten gegenüber allen anderen Menschen und insbesondere gegenüber dem Gastgeber ist es erforderlich, dass die Jungen diese Denkperspektive kritisch hinterfragen. Dies ist notwendig, um eine interkulturelle Kompetenz und Kompromissbereitschaft zu zeigen, zumal sich die Frauen um ihr Wohlbefinden bemühen. Die jugendlichen Gastmigranten verachten die Frauen und gehorchen nur einer männlichen Autorität. „Auf uns Frauen hören die Jungs ja nicht so [...]. Als Ersatz für Kerstin haben wir den jungen Achim Mückenbusch bekommen [...]. Der ist erst vierundzwanzig, aber bei ihm parieren sie. Wenn er was anordnet, wird das gemacht" (GUL, S. 259), heißt es im Text. Die Reaktionen der Jugendlichen auf die Bitten der Frauen um mehr Ruhe im Heim sind unterschiedlich, wobei einige „nur höhnisch" lachen, während die anderen „verstört und verzweifelt" (GUL, S. 258) wirken. Man kann hieraus schließen, dass die Jugendlichen vor dem Hintergrund ihrer kulturreligiösen Überzeugung eine genderorientierte Wahrnehmung des Gastgebers praktizieren. In dieser Genderdiskriminierung lässt sich eine kontrastierende Anspielung auf die diskriminierende Selektion des Gastes in der Migrationspolitik erkennen. Diese Politik wählt aufzunehmende Gastmigranten auf der Grundlage intersektionaler Motive und Kriterien aus, wie beispielsweise Zugehörigkeit zu einer bestimmten Berufsgruppe, Altersgruppe, einem spezifischen Ausbildungsniveau oder Sprachkenntnissen. Durch die Bevorzugung eines männlichen Helfers treten die jungen Syrer und Afghanen in eine asymmetrische Herrschafts- oder Entscheidungsposition ein. Dadurch werden sie zu widerspenstigen Gästen, die sich nur einer männlichen Autorität unterordnen wollen und in eine Machtkonkurrenz mit ihren Helferinnen geraten. Diese Dynamik wirft eine wichtige Frage auf, nämlich ob ein auf Gastfreundschaft angewiesener Asylsuchender Anspruch auf eine konservativ-hegemoniale Fremdherrschaft haben kann, selbst wenn dies die Bemühungen des Gastgebers um seinen Schutz und Integration beeinträchtigt. Es stellt sich die Frage nach der Verteilung von Autorität im gastlichen Miteinander.

Die vorliegende Arbeit vertritt die Ansicht, dass der Umgang zwischen Gastgeber und Gast keine Herr-Knecht-Beziehung sein sollte, jedoch kann der Anspruch des Gastmigranten auf autoritäre Souveränität zu destruktiven Machtherrschaftsverhältnissen führen, wie von Derrida angedeutet:

> Ich will bei mir zu Hause Herr sein [...] um empfangen zu können, wen ich möchte. Ich beginne für einen unerwünschten Fremden und virtuell für einen Feind zu halten, wer auch immer in mein „Zuhause" eindringt und in meine Selbstheit, mein Gastfreundschaftsvermögen, meine Souveränität als Gastgeber eingreift. Dieser Andere wird zu einem feindlichen Subjekt, dessen Geisel ich zu werden drohe.[512]

Um diesen destruktiven Machtherrschaftsverhältnissen vorzubeugen, ist es entscheidend, dass alle beteiligten Akteure ihre Rollen auf *diplomatische* Weise einnehmen. Dies beinhaltet die Anerkennung des Platzes und der Rolle des Anderen im gastlichen Miteinander, um einen ausgeglichenen Spielraum zu schaffen. Die respektvolle Interaktion der Helferinnen und des Pfarrers mit den jungen Gastmigranten, ohne sie zu einem Verzicht auf ihre Religion und Kultur oder zu einer zwanghaften Anpassung an deutsche Standards zu drängen, stellt ein beispielhaftes Verhalten dar. Dieses diplomatische Einnehmen der eigenen Rolle bewirkt, dass der Andere nicht diktatorisch behandelt und herabgesetzt wird.

An anderen Textstellen wird die kulturelle Geschlossenheit der jungen Gastmigranten verarbeitet. Ein Beispiel dafür ist Adil, der so stark an seine Heimatkultur gebunden ist, dass er alles durch die Brille des entfernten „bei uns daheim" wahrnimmt. Er betrachtet das Asylheim als „Gefängnis", weil eiserne Fenstergitter zum Schutz gegen weitere Anschläge angebracht werden. Adil kann sich vor dem Hintergrund seiner eigenen Kultur nicht vorstellen, dass solche Gitter notwendig sind, denn er meint, „bei uns daheim hat man keine Eisengitter vor den Fenstern. Nur in den Gefängnissen ist bei uns alles vergittert" (GUL, S. 254). Diese Äußerung scheint kontrafaktisch zu sein, insbesondere vor dem Hintergrund der vorherigen Angriffe auf das Heim, die den Bewohnern Angst eingeflößt haben. Obwohl er und die anderen sich im Heim vor weiteren Übergriffen fürchten, erkennt Adil keine Notwendigkeit für den Schutz durch Gitter. Er interpretiert die Schutzmaßnahme als eine Art Urteil und Freiheitsbeschränkung. Adil scheint sich seiner Fremdheit und den damit verbundenen Gefahren nicht bewusst zu sein. Es fehlt ihm an Differenzierung zwischen dem normalen Zustand in seiner verlassenen Heimat und seiner vulnerablen Fremdheitssituation. Das Bewusstwerden des eigenen Fremdheitsstatus und die damit verbundenen Gefahren sind entscheidend für eine resiliente Disposition. Ohne dieses Bewusstsein und ohne

512 Jacques Derrida, 2001, op. cit., S. 45.

Resilienz kann die Integration in einen neuen kulturellen Raum scheitern. Resilienz bedeutet hier nicht eine kolonialistische Anpassung, sondern vielmehr die Fähigkeit, die eigene Situation im fremden Raum zu bewerten, Kompromisse zu akzeptieren und sich den Herausforderungen der Ausnahmesituation anzupassen. Im gastfreundschaftlichen Miteinander geht es darum, dass sowohl der Gastgeber die Anwesenheit des fremden Gastes akzeptiert und sich anpasst, als auch der Gastmigrant seine Notsituation anerkennt und sich integrativ dem Gastgeber entgegenkommt. Es geht um Veränderung, Anpassung und möglicherweise um beidseitige Veränderung und Entwicklung im Rahmen einer gastfreundschaftlichen Beziehung, denn beide Akteure „kamen in die [fremde] Welt, um in ihr zu leben, um mit ihr zurechtzukommen, um das eine oder andere zu verändern und zu verbessern, aber auch, um [sich] ab und zu ein wenig anzupassen, wenn es denn notwendig ist“ (GUL, S. 250), heißt es im Text.

Die Unwilligkeit zur Veränderung und Anpassung zeigt sich deutlich bei den jungen Gastmigranten. Während die Gastgebenden die Eisengitter als Schutzmaßnahme verstehen, fühlt sich Adil dahinter als Gefangener. Seine Beharrlichkeit zeigt sich in der Aussage: „Bei mir daheim steckt man nicht die guten Menschen hinter Gitter. Bei uns kommen die Gangster ins Gefängnis, die andere umbringen wollen oder verbrennen.“ (GUL, S. 255). Seine ständige Referenz an die Heimat – „daheim“ oder „bei uns“ – provoziert Wahrnehmungskonflikte. Das, was von der einen Seite als „etwas ganz anderes“ (GUL, S. 254) und positiv verstanden wird, hat für die andere Seite eine negative und verachtende Konnotation aufgrund des betonten Heimatgefühls. Das Hemmnis liegt vor allem in der Unfähigkeit der jungen Muslime, aus ihrem kulturellen Schutzraum herauszutreten und einen gemeinsamen Verständnisraum mit ihren Gastgeberinnen zu schaffen. Ein solcher dritter Raum für Gastfreundschaft, in dem Gast und Gastgeber gemeinsam ihr Zusammensein konzipieren und entwickeln, Verständnis und Toleranz füreinander zeigen und „durch die Anstrengung des Verstehens“[513] ihre Fremdheit überwinden, ist entscheidend für eine kohäsive Entfaltung. Andernfalls wird der gastfreundschaftliche Akt zu einem oberflächlichen Rollenspiel. Das Fehlen des Heraustretens aus den eigenen Kulturstandards wird besonders bei Adil deutlich, der zu dem Schluss kommt: „Bei euch ist alles andersrum als bei uns. Ihr habt eine verdrehte Welt.“ (GUL, S. 255) Damit beteiligt er sich an einem kulturdiskriminierenden Diskurs gegenüber dem Gastland, obwohl er auf eine Aufnahme in dieser „Welt“ angewiesen ist. Die Bezeichnung „ihr habt eine verdrehte Welt“ drückt jedoch eine Dämonisierung des Gastgeberlands aus und zeigt das Fehlen von Akzeptanz und Offenheit.

513 Wolfgang Reinhard, 2016, op. cit., S. 1311.

Der Erzähler nutzt in diesen Figurendialogen die Perspektive der Gastmigranten, um sie Aspekte der Gastgeberkultur bewerten zu lassen. Dadurch schafft er ein diskursives Gegengewicht zur vorherrschenden Dämonisierung der Migrantenkulturen im öffentlich-politischen Diskurs europäischer Gesellschaften, wie sie auch in Heins Roman präsent ist. Der Kontrast zwischen den wiederholten „bei uns" und „bei euch" erschafft eine ästhetische Raumsimulation: Die deutsche Figur wird in den imaginären syrischen bzw. afghanischen Gesellschaftsraum versetzt, um die Lebenswirklichkeit dort wahrzunehmen. Nach Birgit Neumann „verfügen literarische Texte zwar über ästhetische Freiräume, in denen sie neue, imaginative Raumpraktiken im Modus des spielerischen *Als-ob* [H. v. m., A. A.] verhandeln."[514] In dieser Hinsicht kann hier von einer „Als-ob"-Raumkonstruktion gesprochen werden. Der Leser wird indirekt mit einer simulierten Raum- und Rolleninversion konfrontiert und kann sich die Gastmigranten als Gastgeber in ihrem Heimatraum vorstellen, während die deutsche Figur als Fremde in diesem Raum agiert. Der simulierte Raum wird in diesem Fall ein „kultureller Bedeutungsträger",[515] mit Birgit Neumann und Wolfgang Hallet gesprochen. In diesem Raum erfahren

> kulturell vorherrschende Normen, Werthierarchien, kursierende Kollektivvorstellungen von Zentralität und Marginalität, von Eigenem und Fremdem sowie Verortungen des Individuums zwischen Vertrautem und Fremdem [...] eine konkret anschauliche Manifestation.[516]

Adils subjektive Schlussfolgerung „bei euch ist alles andersrum als bei uns. Ihr habt eine verdrehte Welt" (GUL, ebd.) hebt die kulturelle Differenz zwischen seinem Heimatraum und dem fremden deutschen Raum hervor. Diese Äußerung spiegelt die Diskrepanz zwischen dem als „Fremd" empfundenen („bei euch") und dem als „Eigen" betrachteten („bei uns") wider. Hier erfolgt eine Gegenüberstellung von Okzident bzw. Westen als „Fremde" und Orient bzw. Osten als „Eigen". In diesem Kontext hat der Raum eher eine kulturelle als eine geographische Bedeutung. Die Bezeichnung „verdrehte Welt" impliziert keine physische Umkehrung des Universums, sondern bezieht sich aus Adils Perspektive auf das System von

---

514 Birgit Neumann: „Imaginative Geographien in kolonialer und postkolonialer Literatur: Raumkonzepte der (Post-)Kolonialismusforschung", in: Wolfgang Hallet/Birgit Neumann (Eds.): *Raum und Bewegung in der Literatur*, transcript Verlag, Bielefeld 2009, S. 115–138. https://doi.org/10.14361/9783839411360-005.

515 Birgit Neumann & Wolfgang Hallet: „Raum und Bewegung in der Literatur: Zur Einführung", in: Dies. (hrsg): *Raum und Bewegung in der Literatur: Die Literaturwissenschaften und der Spatial Turn*, transcript Verlag, Bielefeld 2009, S. 11.

516 Ebd., S. 11.

abnormalen kulturellen Praktiken und Lebensweisen der Menschen im Westen. Nach Adils Urteil steht die „verdrehte Welt“ des Okzidents im Gegensatz zur normalen Welt des Orients. Wenn man von dieser abwertenden Schlussfolgerung ausgeht und annimmt, dass Menschen aus einer „verdrehten“ westlichen Welt in einer „normalen“ orientalischen Welt nicht gut ankommen würden, könnte man folgern: Ein Fremder aus dem Westen würde in einem simulierten „orientalischen“ Raum ebenfalls Diskriminierung und Ausgrenzung erleben. Dies kann als kontrastive Ausbalancierung zum Diskurs der Ausgrenzung der muslimischen Gastmigranten betrachtet werden: Aus umgekehrter Perspektive könnte ein fremder Gastmigrant ähnliche Integrationsprobleme in einem stark religiösen muslimischen Raum erleben.

9.2. Binnengastfeindschaft: Feindschaft unter betroffenen Gastmigranten

Die Gastfeindschaft der jungen Geflüchteten wird aus anderer Hinsicht durch ihre Unfähigkeit, friedlich miteinander zu leben, veranschaulicht. Im Text wird somit ein Paradoxon im Zusammenhang mit der Frage der Gastfreundschaft reflektiert: Gastmigranten, die einen gastfreundlichen Empfang erwarten und anderen Hass sowie Verachtung vorwerfen, sind trotz ihrer Notsituation feindlich gesinnt, sowohl untereinander als auch anderen gegenüber. Aufgrund der Stereotypen, die sie voneinander haben, fällt es ihnen schwer, sich zu verständigen. Die zehn syrischen Jungen betrachten die vier Afghanen beispielsweise als „Bauern ohne Kultur und Gangster“ (GUL, S. 18), wodurch sie sich als gebildet im Gegensatz zu den als ungebildet angesehenen Afghanen darstellen. Demzufolge „sind [sie] sich spinnefeind“ (GUL, S. 222). Ihr Zusammenleben ist durch fortwährende Unruhe bzw. Unfrieden geprägt, wie von Marikke berichtet wird:

> Und auch im Aufenthaltsraum, wo der Fernseher steht, begegnen sie sich natürlich. Und da gibt es regelmäßig Krach. Sie hassen und beschimpfen sich […]. Ohne ständige Aufsicht würden sie jeden Tag aufeinander losgehen, da genügt der kleinste Anlass. Sie können sich ja auch schlecht miteinander verständigen, da kommt es immer wieder zu Missverständnissen […]. (GUL, S. 223)

Der Aufenthalt der jungen Geflüchteten im Heim ist von Beleidigungen und Beschimpfungen (vgl. GUL, S. 256) gekennzeichnet. Darüber hinaus zeigt sich ein stark egoistisches Verhalten, insbesondere im Zusammenhang mit Arbeit und Geld. „Dafür gibt es ab und zu Zoff […], Zoff mit diesen Dummköpfen von hier und Zoff mit den Afghanen da“, berichtet Hakim, einer der syrischen Jungs (GUL, S. 17). Diese Konflikte betonen das Fehlen von Solidarität und die Dominanz egoistischer Interessen unter ihnen (GUL, S. 17). Eben unter diesen Umständen, wo Beleidigungen, Stereotype, Misstrauen, und Hass herrschen, wo die Solidarität fehlt und „wo die meisten Figuren ihre persönlichen individualistischen Interessen in den Vordergrund rücken, ist jede gemeinschaftliche Initiative zum Scheitern verurteilt."[517] Das Zusammenleben scheitert bereits zu Beginn, sodass die Jungen in ihren Zimmern „nach Nationalitäten getrennt" (GUL, S. 256) sind. Diese Trennung nach Nationalität zeigt wohl auch ihre ethnozentrische Gesinnung. Darüber hinaus kommt es zu Gewalttaten unter ihnen. Die anderen empfinden den jungen Walid als gefährlich. Er wird „Schläger" und „King" genannt, weil er zur Selbstverteidigung ein Klappmesser von zwanzig Zentimetern hat (GUL, S. 18). Diese Beschreibung unterstreicht seinen Charakter, denn er droht den anderen Jungen Gewalt an. Die Gewalttätigkeit der Jungen erreicht einen Höhepunkt, als an einem Abend und infolge eines Streits Enis „mit dem Messer auf Karim losgegangen [ist]" (GUL, S. 253). Er hat „ihm einen Stich versetzt und dann, als Kerstin [einer der „Schutzengel" (GUL, S. 15)] die beiden trennen wollte, auf sie eingestochen und am Arm verletzt" (GUL, S. 253). Diese Gewalttaten verstärken bei den Einheimischen das Bild des aggressiven Migranten und können nur ihren Aufenthalt kompromittieren. Sie verängstigen und verunsichern die Helferinnen, zumal die verletzte Kerstin zu dem Entschluss gekommen ist, nicht mehr zurück ins Seglerheim zu kommen: „Nie im Leben, sagte sie [...], wird sie dieses Haus wieder betreten können" (GUL, S. 259). Auch Fritzis Großmutter betrachtet das Heim seitdem als gefährlich für ihre Enkeltochter.

Die beschriebenen Begebenheiten zeigen deutlich, dass die Gastmigranten nicht untereinander ankommen. Das Heim, das als Mikrogesellschaft fungieren sollte, wird durch ihre interne Gastfeindschaft geprägt, was den Ängsten, Stereotypen und Verdächtigungen der Guldenberger Glaubwürdigkeit verleiht. Der eigene gastfeindliche Charakter der Gastmigranten und das interne Unvermögen, miteinander auszukommen, könnte das Hemmnis ihres Ankommens in der externen Gastgebergesellschaft verstärken. In diesem Zusammenhang kann man behaupten, dass die Gastfeindschaft des Gastgebers manchmal auf der unbewussten Kollaboration des Gastes basiert. Wenn Gastgeber zur kulturellen Offenheit aufgefordert werden, dann sollen Gastmigranten in dem Punkt nicht versagen. Aus dem internen gastfeindlichen Verhalten der Gastmigranten in Heins Erzählung lässt darauf schließen, dass der Blick der anderen auf

517 Dotsé Yigbe: „Spiel und Ernst als heimatliches Mitbringsel des Migranten – am Beispiel von Martin Aku und Sénouvo Agbota Zinsou", in: Albert Gouaffo, Salifou Traore (hrsg.): *Literaturen der Migration in Deutschland: Das Beispiel Afrika. Les littératures de migration en Allemagne : Le cas de l'Afrique*, Dschang University Press, Cameroun 2009, S. 103–118, hier S. 114.

Europäer genauso borniert sein kann wie umgekehrt, wie Wolfgang Reinhard betont: „Selbstverständlich [ist] der Blick der Anderen auf die Europäer, aber auch auf Dritte nicht weniger borniert als umgekehrt."[518] Seit den restriktiven Migrationspolitiken der EU-Länder nach dem Sommer 2015 hat sich eine allgemeine Kritik am Gastgeberverhalten entwickelt, sowohl im öffentlichen Diskurs als auch in wissenschaftlichen Untersuchungen und literarischen Werken zum Umgang mit Gastmigranten. Diese Kritik fördert einen unausgeglichenen Diskurs über Gastfreundschaft. Hinter dieser Gastgeberkritik steht oft eine allgemeine Sympathie für Schutzsuchende, die als Opfer fremdenfeindlicher Gastgeberpolitiken wahrgenommen werden. Diese Sympathie führt manchmal dazu, dass dem Gastmigranten eine gewisse Unantastbarkeit zugeschrieben wird, während legitime Anforderungen des Gastgebers als Fremdenfeindlichkeit missverstanden werden. Sie ist häufig auch in subjektiven und diskriminierenden postkolonialistischen Diskursen oder Dekolonisierungsprozessen gefangen. Aufgrund ihrer Notsituation und des damit einhergehenden „Rechts, Rechte zu haben"[519] wird den Gastmigranten eine Verantwortung oder aktive Teilnahme an der Verhandlung des gastlichen Zusammenseins offenbar abgesprochen oder nur zum Teil gewährt. Während die etablierte Gastgeberkritik dem Gastmigranten offensichtlich eine gewisse *Unantastbarkeit* verleiht, scheint der Gastgeber hingegen rechtlich schlechter gestellt zu werden. Die unterschiedlichen Herausforderungen, die ihm mit der Anwesenheit des fremden Gastmigranten entstehen, sind weniger geachtet und seine – ohne Zweifel legitimen – Anforderungen werden manchmal als Fremdenfeindlichkeit missdeutet. Die eigentliche Gastfeindschaft liegt meiner Ansicht nach nicht in der Anerkennung und Äußerung von Ängsten und Frustrationen, die mit der Ankunft und Anwesenheit der fremden Gastmigranten verbunden sind. Vielmehr liegt die Feindlichkeit in der systematischen Weigerung des Gastgebers, sich mit dem fremden Schutzsuchenden auseinanderzusetzen und mit ihm ein neues Zusammenleben zu verhandeln. Sie zeigt sich in den Mechanismen der systematischen Dämonisierung und Auslöschung des Fremden aus dem eigenen, souveränen soziokulturellen und politischen Raum.

Der unausgeglichene Gastfreundschaftsdiskurs führt zu einer Viktimisierung des fremden Gastmigranten. Diese konstatierte Viktimisierung macht ihn handlungsinkompetent in der Aushandlung des Miteinanders. Sie betrachtet ihn

---

518 Wolfgang Reinhard, 2016, op. cit., S. 1312.

519 Hannah Arendt: *Elemente und Ursprünge totaler Herrschaft. Antisemitismus, Imperialismus, totale Herrschaft*, 20. Auflage, Piper, München und Berlin 2017, S. 614.

nicht als Protagonist.[520] Durch die bewusste oder unbewusste Internalisierung der Opferrolle kann der Letztere zur ihm benachteiligenden fremdenfeindlichen Gastgeberpolitik und seiner eigenen Desintegration beitragen. Die Vulnerabilität des Gastmigranten spricht ihm seine Verantwortung in der Aushandlung seiner Integration nicht ab. Gastfreundschaft ist ein interaktives Phänomen, bei dem der Gastgeber und der Gast wechselseitig aufeinander achten sollen. Denn der

> Gastgeber [ist] in bestimmter Weise zugleich zu Gast, da er sich immer zugleich als Gast seines Gastes erweisen wird. Es wäre daher zu eng, mit dem Zu-Gast-Sein allein den Platz der anderen Person und deren soziale Rolle im Blick zu haben, an dem und bei dem man sich aufhält.[521]

Der Gastmigrant kann sich demnach auch als virtueller Gastgeber seines Gastgebers betrachten. In einer ersten Position ist er Gast und genießt vollkommen die Eigenschaften dieses Status. Jedoch sollte er sich in einer zweiten – virtuellen bzw. imaginären – Position in die Gastgeberrolle hineinversetzen können. Nach der „Goldene[n] Regel“ der Gastfreundschaft“ von Christian Kayed sollte sein Verhalten dem angemessen sein, was er von seinem Gastgeber bzw. von seiner Gastgebergesellschaft erwartet. Die „Goldene Regel“ der Gastfreundschaft ist nach Kayed ein „Sich-Hinein-Versetzen in die Lage der jeweils anderen.“[522] Sie hat eine positive und eine negative Formulierung.[523] Positiv ist das, was Jesus gesagt hat: „Was ihr von anderen erwartet, das tut ebenso auch ihnen.“[524] Das Ergänzungsstück findet man im Buch Tobit: „Was dir selbst verhasst ist, das mute auch einem anderen nicht zu!“ (Tob 4 V 15). Diese Regel fordert zu einer empathischen Wahrnehmung und zu einem ebensolchen Umgang miteinander auf.

---

520 Die Literaturwissenschaftlerin und Pädagogin Hajnalka Nagy findet in der Darstellung des Migranten in die Opferrolle eine Lücke der Literatur: „Die flüchtenden Menschen dürfen nicht nur in der Opferrolle dargestellt werden. Denn diese Figuren sind selber fähig, politische, soziale und kulturelle Verhältnisse in ihrem Land und im Aufnahmeland zu reflektieren und Machtgefälle kritisch zu hinterfragen. Die Literatur könnte subversive Strategien des Widerstands aufzeigen: Wo sind die Handlungsmöglichkeiten von flüchtenden Menschen selbst? Warum sind diese Handlungsmöglichkeiten so eingeengt?“ https://www.woz.ch/-7460, Zugriff am 09.05.2022.

521 Hans-Dieter Bahr: *Die Anwesenheit des Gastes: Entwurf einer Xenosophie*, Bautz, Nordhausen 2012, S. 40.

522 Christian Kayed, 2018, op. cit., S. 47.

523 Ebd.

524 Die Bibel, Lukas 6 V 31.

10. Gastfreundschaftsoasen: Ästhetische Verhandlung des Ankommens

Ich habe die unterschiedlichen Faktoren untersucht, die zusammen die gastfeindlichen Bedingungen dafür geschaffen haben, dass die minderjährigen Gastmigranten als Sündenböcke stigmatisiert und aus der Aufnahmegesellschaft verdrängt werden. Mein Ziel ist es nun, zu erforschen, inwiefern es dem Autor gelungen ist, innerhalb dieses feindseligen Kontexts dennoch ästhetische Räume zu konzipieren, die den fremden Jugendlichen ein gastfreundliches Ankommen ermöglichen. Diese speziellen Räume habe ich als „Gastfreundschaftsoasen" definiert.

Es hat sich eindeutig gezeigt, dass die Gastmigranten in der Guldenberger Bevölkerung auf kollektiver Ebene auf Ablehnung stoßen. Innerhalb dieser feindseligen Mehrheit unternimmt der Erzähler jedoch den Versuch, die Stimmen einer Minderheit hervorzuheben, die den jungen Gastmigranten eine gastfreundschaftliche Gemeinschaft bietet. Diese Stimmen, die Akteure der Gemeinschaftsoasen sind, manifestieren sich als ein verstreutes Kollektiv sowohl in der bürgerlichen Gesellschaft als auch in politisch-behördlichen und religiösen Institutionen. Konkret handelt es sich dabei um die Mitarbeiterinnen des alten Seglerheims, den Bürgermeister und den Pfarrer. Ihre Stimmen werden erzählstrategisch gegen die vorherrschende Stimme des feindseligen Bürgerkollektivs positioniert.

Der Bürgermeister trifft die Entscheidung, die jungen Syrer und Afghanen in seine Gemeinde aufzunehmen, und appelliert dabei an die Mitbürger „um Mithilfe bei ihrer Integration" (GUL, S. 54). Diese Bereitschaft zur Zusammenarbeit zeigt seine Offenheit für ein gemeinsames Miteinander. Er plädiert für einen gastfreundlichen Empfang der Jugendlichen und widerspricht dabei Mitbürgern, die betonen, dass die jungen Gastmigranten „nicht von hier" sind (GUL, S. 26). Dieser Gedanke spiegelt eine Intention der Ausgrenzung wider, die der Bürgermeister ablehnt. Doch der Bürgermeister stellt sich die schwierige Situation der unbegleiteten Minderjährigen empathisch vor: „Sie können nicht zurück. In ihrer Heimat ist Krieg. Einige von ihnen sind sogar Vollwaisen" (GUL, S. 26). Hierin zeigt sich seine kosmopolitische Positionierung, sowohl im Sinne von Kants Gastfreundschaftsphilosophie („das Recht eines Fremdlings, seiner Ankunft auf dem Boden eines anderen wegen, von diesem nicht feindselig behandelt zu werden"[525]) als auch im Sinne des *Non-Refoulement*-Prinzips des UN-Genfer Asylrechts

525 Immanuel Kant: „Zum ewigen Frieden. Ein philosophischer Entwurf", in: Otto Heinrich von der Gablentz, (hrsg.): *Immanuel Kant. Klassiker der Politik*, Springer Fachmedien, Wiesbaden 1965, S. 104–150, hier S. 120. https://doi.org/10.1007/978-3-663-19739-3_6.

von 1951. Des Weiteren versucht der Bürgermeister, die jungen Flüchtlinge als Arbeitskräfte zu gewinnen, insbesondere bei dem Firmenleiter Haubrich-Becker, der Nachwuchsprobleme hat. Er wirbt für sie als „junge Männer, die einiges hinter sich haben und dringend Arbeit brauchen, damit sie hier Fuß fassen können. Die werfen sicher nicht so schnell das Handtuch" (GUL, S. 103). Der Bürgermeister erkennt die Notwendigkeit, die unbegleiteten Minderjährigen ausbilden zu lassen und sie zu beschäftigen, damit sie einen Nutzen für die Gemeinschaft erbringen können. Seine Argumente entsprechen den dringlichsten Bedürfnissen der Jungen, da sie sich gelegentlich um Arbeit streiten (vgl. GUL, S. 17). Die Ausbildung und die Beschäftigung der Flüchtlinge dienen daher als ein Beruhigungsfaktor und als effektiver Weg für integratives Ankommen in der Gastgebergesellschaft. Wolfgang Seifert hebt bündig hervor, dass die „Partizipation am Arbeitsmarkt die wichtigste Voraussetzung für die Integration der […] Bürgerinnen und Bürger mit Migrationshintergrund [ist]."[526] Der Bürgermeister erkennt somit das vom Bürgerkollektiv übersehene Potenzial der jungen Ausländer. Denn „wer zu Gast ist, bringt Qualitäten in den Raum, der ihm eröffnet wird, welche nicht aus diesem selbst stammen."[527]

Die Arbeit ermöglicht die Integration der Flüchtlinge, aber auch umgekehrt schafft die Eingliederung der Flüchtlinge Arbeit für ansässige Bürger. Der Autor verarbeitet diesen Aspekt anhand der Mitarbeiterinnen in der Flüchtlingsunterkunft, die nach der Abschiebung der jungen Flüchtlinge in eine berufliche Sackgasse geraten (vgl. GUL, S. 282 f.). Einige von ihnen können keine passende neue Stelle finden, während andere Diskriminierungen erleben und auf dem Arbeitsmarkt als „unerwünscht" gelten, da sie „sich freiwillig mit dem Asylantenpack abgegeben haben" (GUL, S. 284). Die Ausweglosigkeit der Mitarbeiterinnen kann als erzählstrategischer Appell zur Anerkennung von Chancen durch Migration interpretiert werden. Diese Möglichkeiten können nur durch einen gastfreundlichen Umgang mit den fremden Gastmigranten verwirklicht werden. „Indem eine Gesellschaft Flüchtlinge bei sich ankommen lässt, kann sie auch nachhaltiger bei sich selbst ankommen."[528]

---

526 Wolfgang Seifert: „Integration und Arbeit", veröffentlicht am 16.05.2007, auf Bundeszentrale für Politische Bildung. https://www.bpb.de/apuz/30451/integration-und-arbeit?p=0, Zugriff am 17.11.2021.

527 Evis Fountoulakis /Boris Previšič: „Gesetz, Politik und Erzählung der Gastlichkeit: Einleitung", in: Dies. (hrsg.): *Der Gast als Fremder: Narrative Alterität in der Literatur*, transcript Verlag, Bielefeld 2014, S. 7–28, hier S. 10.

528 Ludger Pries: *Migration und Ankommen. Die Chancen der Flüchtlingsbewegung*, Campus Verlag, Frankfurt und New York 2016, S. 130.

Für die Aufnahme der jungen Gastmigranten tritt in der Erzählung der Pfarrer ein. In seiner Rolle als Vertreter der Kirche bemüht er sich in seinen Gesprächen mit dem Migrantenfeind Lichtenberger darum, dessen unsachliche Äußerungen über die fremden Minderjährigen zu dekonstruieren. Dabei wirbt er für einen toleranten und weltoffenen Umgang mit den Jugendlichen:

> Ich habe es Ihnen und dem Rat bereits erklärt, es sind ganz normale Jugendliche und keine Islamisten oder gar Salafisten, wie Sie jüngst ja auch behauptet hatten. Sie sind Kinder muslimischer Eltern, Gläubige, allerdings keine Christen, sondern sie bekennen sich zum islamischen Glauben. (GUL, S. 54)

Die Dekonstruktion der Klischees erweist sich als grundlegend für einen freundlichen Umgang mit den Geflüchteten. Solange ihnen Klischees zugeschrieben werden und damit verbundene negative Assoziationen fortbestehen, besteht die Gefahr, dass sie weiterhin ausgegrenzt und als Sündenböcke behandelt werden. Im Bestreben, diesem Umstand entgegenzuwirken, entwirft der Priester einen umfassenden Integrationsplan, der sowohl soziale als auch religiös-kulturelle Aspekte berücksichtigt. Ziel dieses Plans ist es, den Geflüchteten eine sichere Zuflucht zu bieten und gleichzeitig ihre Integration in die Gesellschaft zu fördern:

> Der Bürgermeister bat um Mithilfe bei ihrer Integration […] und ich bemühe mich, ihnen etwas von unserer Kultur zu vermitteln, unsere Sitten und Gebräuche, die ihnen fremd sind und sicher seltsam erscheinen. Ich unterrichte sie in unserem Glauben, von dem sie nichts wissen. Ich will sie nicht missionieren, sondern informieren. Denn vieles, was bei uns üblich ist, muss sie verstören. Sie kommen aus einer ganz anderen Kultur, und ich will ihnen unsere nahebringen, damit sie sich hier einleben können. Für die Zeit, in der sie kriegsbedingt bei uns Zuflucht gefunden haben. Einige werden in ihre Heimat zurückkehren, andere werden bleiben, und die müssen ihr neues Zuhause kennenlernen. Und diesen Unterricht gebe ich ihnen nicht in unserer Kirche, sondern im Sitzungszimmer. (GUL, S. 54 f.)

Der Plan des Priesters, wenn er umgesetzt worden wäre, hätte eine tatsächliche Gastfreundschaftsoase geschaffen, in der eine interaktive Auseinandersetzung, ein produktiver interkultureller Austausch und ein harmonisches Miteinander zwischen Einheimischen und Fremden als *versöhnliche Gegensätze* hätte stattfinden sollten. Dieser interkulturelle Austausch stellt eine strategische Maßnahme dar, um konstruierte Bedrohungsszenarien aufzulösen und zu überwinden. Über den Integrationsplan hinaus setzt sich Pfarrer Fuschel aktiv für die Aufklärung der vermeintlichen Vergewaltigung und für den Triumph der Wahrheit ein. Wie bereits gezeigt wurde, handelte es sich bei der behaupteten Vergewaltigung um eine inszenierte Lüge, die von fremdenfeindlichen Bürgern genutzt wurde, um ihre Sündenbockpraktiken umzusetzen. Die Beichte des Mädchens und die Gespräche des Pfarrers mit ihr haben diese Täuschung offengelegt. Durch diese

Gespräche und den „entscheidenden Hinweis“ (GUL, S. 235), den er der Polizei gab, hat der Pfarrer dazu beigetragen, die Unschuld der Gastmigranten zu klären (vgl. GUL, S. 235 ff.). In einer beunruhigten Gemeinde, in der Mitglieder seine Ansichten für „weltfremd [und] leeres Gerede“ (GUL, S. 47) halten und ihm aufgrund seiner gastfreundlichen Position vorwerfen, er verstehe und begreife nicht, „wie ein Deutscher denkt und fühlt“ (GUL, S. 47), tritt der Pfarrer als „Stein des Anstoßes“ (GUL, ebd.) und „Fels in der Brandung“ (GUL, S. 48) auf. Er fordert eine gastfreundliche Gemeinschaftsoase, insbesondere in einem Kontext, wo die Kirchen in „den letzten hundert Jahren [...] wieder und wieder versagt [und] dem Unheil [...] und der Gewalt, der Gewalt des Staates oder der Gewalt der Straße [nachgegeben haben]“ (GUL, ebd.). Der Pfarrer fungiert als „Fels in der Brandung“, der im übertragenen Sinne eine Oase inmitten der Wüste der Gastfeindschaft darstellt. In dieser Hinsicht verkörpert der Pfarrer eine persuasive Gastfreundschaftsfigur, deren Integrationsplan und offene Weltanschauung die Aufnahme der jungen Migranten in der Gesellschaft aktiv fördern.

Der Bürgermeister und der Pfarrer fungieren als Repräsentanten der politischen bzw. religiösen Institution in der fiktiven Stadt. Obwohl diese Institutionen als Ganzes nicht für die Aufnahme der jungen Gastmigranten eintreten, treten beide als individuelle Akteure hervor, die eine abweichende Weltanschauung vertreten. Im gesamten Landkreis wehren sich andere Bürgermeister dagegen, Gastmigranten aufzunehmen, sodass Kötteritz eine Ausnahme darstellt (vgl. GUL, S. 229). Wie bereits erläutert, versagen auch viele Kirchen, wenn es darum geht, ihre Position vor der Gewalt des Staates und der Straße zu verteidigen (vgl. GUL, S. 48), doch Pfarrer Alexander Fuschel stellt hier eine Ausnahme dar. Angesichts dieser individuellen Eigenschaften heben sich der Bürgermeister und der Pfarrer als typisierte Vorbildfiguren der Gastfreundschaft hervor, vor allem in einer Gruppe, die mehrheitlich kollektive Sündenbockpraktiken unterstützt. Solche Personen schaffen eine „virtuelle“,[529] nicht realisierte Gemeinschaft und eine unter gastfeindlichen Umständen unmöglich gemachte, virtuelle Aufnahme.

Das Alte Seglerheim hebt sich als einziger physischer Raum hervor, in dem die jungen Gastmigranten eine nicht virtuelle gastfreundliche Gemeinschaft mit den Mitarbeiterinnen erleben können. Die gemeinsamen Kochabende (vgl. GUL, S. 113 ff. und S. 279 f.), bei denen Heimatgerichte wie „Maqclube“ und „Mashawi“ zubereitet werden, sind Gelegenheiten, bei denen die Jungen als aktiv zum interkulturellen Austausch beitragen. Dieser Ort, an dem sie untergebracht und

529 Mit virtuell möchte ich darauf hinweisen, dass diese Gemeinschaftsoasen nicht stattfinden bzw. nicht zustande kommen.

verpflegt werden, fungiert gleichzeitig als Schutzraum, der sie vor fremdenfeindlichen Angriffen und Überfällen bewahrt. Das Heim stellt einen Zufluchtsort dar, ein gastfreundliches Umfeld, in dem sie sich zumindest für die kurze Zeit sicher und geborgen fühlen können, und sich nicht „von den Deutschen dumm anreden lassen" (GUL, S. 17), im Gegensatz zur unsicheren Stadt. Dies wird verdeutlicht durch einen Dialog zwischen Marikke Brummig und Adil, einem der Jungen, nach dem Anschlag auf das Heim. Der Dialog beleuchtet die Unterschiede zwischen den Erfahrungen der jungen Flüchtlinge in der Stadt und denen in der Unterkunft:

›Was ist Adil? Wir haben es doch überstanden.‹
›Glaube ich nicht. Das bleibt so. Alle sind gegen uns hier. Es ist wie daheim, sie wollen uns alle töten.‹
›Wir brauchen Geduld, Adil. Vor sechs Monaten war die Stimmung in Guldenberg viel schlechter, geradezu gefährlich für uns. Die Leute müssen sich erst daran gewöhnen, dass ihr jetzt hier seid (…).‹
›Sie verachten uns, Marikke. Alle verachten uns (…).‹
›Weißt du, Marrike, es gibt hier in Guldenberg keine Liebe. Auf der Straße schauen sie uns voller Hass an. Als seien wir tollwütige Hunde oder Schweine. Dabei machen wir doch gar nichts!‹
›Nicht alle sind so‹
›Und jetzt versuchen sie, uns umzubringen.‹
›Ich halte zu euch, Adil. Und ich freue mich, dass ihr hier seid.‹
›Ja, du. Aber nur du. Du bist wie meine Mama.‹
›Schlaf gut‹
›Gute Nacht, Mamarikke.‹ (GUL, S. 205)

Aus diesem Gespräch ist zu erkennen, dass das Heim als Zufluchtsort wahrgenommen wird im Gegensatz zum unsicheren „[D]aheim", von wo aus sie geflüchtet sind, und zum fremdenfeindlichen „[H]ier in Guldenberg", wo sie gehasst werden. Die Aussage „es ist wie daheim, sie wollen uns alle töten" verdeutlicht auf eindringliche Weise, dass Guldenberg für die jungen Gastmigranten zu einer Trauma-Stadt wird, vergleichbar mit ihrer verlassenen Heimat. Der Ausdruck dieser bedrückenden Parallele unterstreicht die belastende Atmosphäre in Guldenberg, wo die Jungen nicht nur mit der Herausforderung der Flucht, sondern auch mit einer feindseligen Umgebung konfrontiert sind. Es verdeutlicht, dass die Stadt, die eigentlich ein Zufluchtsort sein sollte, für sie zu einem Ort des Traumas und der Bedrohung geworden ist, ähnlich wie die Heimat, die sie verlassen haben. Die Unterkunft wird zu einem symbolischen sicheren Inneren im Kontrast zur marginalisierenden äußeren Gesellschaft. Die Betonung, dass Marrike „wie meine Mama" ist, und die Umwandlung von „Marikke" in „Mamarikke" zeigen, dass insbesondere der junge Adil in Marikke und den anderen Mitarbeiterinnen, die sich um sie kümmern, wieder eine Art von Mutterfigur entdeckt. Trotz gelegentlicher Verachtung der Frauen durch die Jungen entsteht eine gewisse Mutter-Kind-Beziehung, die besonders beim Abschied deutlich wird:

> Bevor die sieben am nächsten Vormittag in den Bus stiegen, umarmten sie die Frauen, die alle Tränen in den Augen hatten, und die jungen Männer bedankten sich überschwänglich bei ihnen. Besonders herzlich wurde Marikke Brummig umarmt, ihre Mamarikke. (GUL, S. 280)

Diese Szene illustriert, wie sowohl die jungen Syrer und Afghanen als auch die Frauen während ihrer gemeinsamen Zeit eine tiefe Verbundenheit zueinander entwickelt haben. Die Tränen der Frauen verdeutlichen zudem, dass sie den Abschied ihrer Schützlinge zutiefst bedauern. Trotz der räumlichen Randstellung in der Gesellschaft fungiert das Alte Seglerheim als eine Art simulierte Heimat für die jungen Gastmigranten, in der sie nicht nur physische Sicherheit finden, sondern auch emotionale Bindungen und Unterstützung erfahren.

Im Übrigen kann die Art und Weise, wie der Autor den gesamten Prozess bis zur Ausweisung der fremden Schutzsuchenden beschreibt, als erzählerische Verhandlung der Integration charakterisiert werden. Insbesondere die Darstellung der sozioökonomischen Situation der Sündenbockpraktiker ermöglicht einen Paradigmenwechsel und eine differenzierte Wahrnehmung der Situation. Diese Darstellung legt nahe, dass fremde Gastmigranten nicht zwangsläufig die Hölle für die Einheimischen sind. Das Problem kann grundlegend in den Letzteren selbst verortet werden, in ihrer psychokulturellen Vorstellung und Feindbildwerdung des Anderen, in der Hilflosigkeit, den Ressentiments und den Ängsten; es liegt in der Fragilität ihres eigenen sozialen und kulturellen Systems. Die imaginären Vorstellungen und Wahrnehmungsmuster, die auch unseren Umgang mit den Gastmigranten beeinflussen, haben eine derartige Wirkung auf sie, dass sie sich irgendwann an die ihnen zugeschriebenen Eigenschaften anpassen, seien es positiv oder negativ. Lars-Eric Petersen beschreibt dieses Phänomen als „Sich-selbst-erfüllende Prophezeiungen": „Die Aktivierung von Stereotypen in sozialen Interaktionen [kann] dazu führen, dass sich Mitglieder einer Gruppe den stereotypen Erwartungen ihrer Interaktionspartner anpassen. Dieses Phänomen nennt man ‚Sich-selbst-erfüllende Prophezeiungen'."[530] Ein bekanntes literarisches Beispiel hierfür findet sich in Max Frischs Drama *Andorra*,[531] in dem der fiktive

530 Lars-Eric Petersen: „Stereotype, Vorurteile und soziale Diskriminierung", in: Hans-Werner Bierhoff & Dieter Frey (hrsg.): *Sozialpsychologie – Individuum und soziale Welt*, Hogrefe Verlag, Göttingen 2011, S. 233–252, hier S. 238.

531 Max Frisch: „Andorra. Stück in zwölf Bildern", in: Max Frisch: *Sämtliche Stücke*, Suhrkamp, Frankfurt am Main 1995 (1957), S. 523–623.

Jude „Andri" aufgrund von Vorurteilen und Stereotypen zu einem verurteilten Feind wird. Die Frage, ob die Gastmigranten als Zuflucht suchende Freunde oder destruktive Feinde kommen, ist nicht im Voraus zu erkennen. „Ob sie – um die Extreme zu betonen – heilsam, beglückend oder bedrohlich sind, ist nicht zu antizipieren."[532] Die Dynamik zwischen Gastmigranten und Gastgebern kann vielfältig sein und von vielen Faktoren abhängen. Das, was die anklopfenden Gastmigranten für ihre Gastgeber werden, hängt manchmal davon ab, was diese aus ihnen machen und wie sie mit ihnen umgehen. Ebenso ist die Einstellung der Gastgeber oft mit dem Verhalten der Gastmigranten verknüpft. Ob bewusst oder unbewusst, der Mensch konstruiert selbst seine Freunde und Feinde. Ein kohäsives Zusammensein hängt von der Fähigkeit der Akteure ab, einen Raum für Verhandlungen und gegenseitiges Vertrauensklima zu schaffen, potenziellen Bedrohungen vorzubeugen, und „die negative Projektion auf den Verschiedenen zu durchbrechen und den *hostis* in einen *hospes* zurückzuverwandeln, den Feind in einen Gast und so die ursprünglich positive Bedeutung des Wortes wiederzuerlangen."[533]

Dies impliziert eine interaktive interkulturelle Kompetenz sowohl des Gastgebers als auch des fremden Gastes. In vielen wissenschaftlichen, soziopolitischen und öffentlichen Diskursen über Gastfreundschaft wird das Scheitern des Zusammenlebens häufig dem Gastgeber zugeschrieben. Dennoch ist die Verantwortung des Gastmigranten selbst nicht auszuschließen. In der Handlung in *Guldenberg* stoßen die Gastfreundschaft und die Bemühungen der Helferinnen für die Integration der jungen Gastmigranten auf deren desintegrative kulturreligiöse Ansichten.

Christoph versucht auf den letzten Seiten des Romans, ein Verlangen nach Veränderung zu inszenieren. Viele Ereignisse überschlagen sich, es kommt zu Zäsuren auf vielen Lebenswegen, einschließlich Job- und Ortswechsel. Eine Figur namens Mückenbusch zieht zum Abschluss des Romans Bilanz und sagt: „So ist Guldenberg, und darum muss ich hier weg" (GUL, S. 285). Marikke Brummig äußert ihre Empörung und ihren Wunsch nach Veränderung: „Dieses Guldenberg geht mir auf die Nerven. Ich habe die Kleinstadt satt und will mal das Leben genießen" (GUL, S. 284). Diese Aussagen spiegeln ein deutliches Verlangen nach Veränderung wider, nicht nur für das persönliche Leben der Figuren, sondern auch für die Gesellschaft als Ganzes.

532 Evis Fountoulakis/Previšič, Boris, 2014, op. cit., S. 10.

533 Elena Pulcini, 2016, op. cit., S. 212.

Fazit

Die Gastmigranten in der Erzählung werden zum Opfer ohne Schuld anstelle eigener Frustrationen und Eigeninteressen der einheimischen Bewohner. Die Akteure des Fremdenhasses sind, um die Worte von Christoph Hein selbst zu bestätigen,

> keine glücklichen, keine mit sich zufriedenen Menschen, die so viel Hass in sich tragen und ihn ausleben müssen. Es sind Unglückliche, die einen Schuldigen für ihr Unglück suchen, und sie sind nicht fähig oder nicht bereit, die dieser Suche einmal einen Blick in den Spiegel zu werfen. Sie brauchen eine andere Person, eine Menschengruppe, sie brauchen einen Mitmenschen, in dem sie die Ursache ihres Unglücks ausmachen können.[534]

Diese Menschen machen den Aufenthalt der fremden Flüchtlinge in Guldenberg unmöglich. Die Ankunft der Fremden verweist gleichzeitig auf die „Möglichkeit, dass der unheilvolle Andere im Inneren lauert und der Gast, der bleibt, der Feind ist, mit dem man (nur zeitweilig) Feindseligkeiten und Hostilität unterbricht."[535] Nach der Ausweisung der Gastmigranten kehrt eine außergewöhnliche Ruhe in die Gesellschaft zurück, und „nun wird die ganze Stadt gewiss aufatmen" (GUL, S. 277). Dies deutet darauf hin, dass die Einwohner die Prüfung der Aufnahme der jungen Gastmigranten nicht bestanden haben, wie es der Pfarrer bilanziert: „Es war eine Prüfung für uns. Eine Prüfung, ob wir christlich und solidarisch sind. Wir haben etwas über uns selbst erfahren." (GUL, ebd.). Durch ihre Ausgrenzung erfahren die Guldenberger mehr über ihr Versagen an Solidarität. Der Beschluss, das Heim in eine Pflegestation umzubauen, wird einstimmig gefasst: Im „Rathaus [...] ging der Beschluss problemlos durch. Keine Gegenstimme, keine Stimmenthaltung, alle dafür [...]. Eine Abstimmung ohne jede Gegenstimme oder Stimmenthaltung hätte es im Rathaus seit Jahr und Tag nicht mehr gegeben" (GUL, S. 268). Damit wird auch die Möglichkeit einer zukünftigen Aufnahme von Gastmigranten ausgeschlossen: „Wenn das Land uns nochmal mit Asylanten kommen will, können wir sagen, tut uns leid, wir haben dafür keine Räumlichkeiten" (GUL, ebd.). Die Aufnahme der fremden Gastmigranten war unmöglich und wird auch in der Zukunft nicht möglich sein. Auf diese Weise führt die Vertreibung des gemeinsamen „Feindes" zur Etablierung bzw. Wiederherstellung einer neuen, zuvor zerbrochenen gesellschaftlichen Ordnung von innen und außen. Die Suche nach Sündenböcken hat sich als populistische Strategie erwiesen, um eine soziale Hegemonie zu forcieren, da Dämonisierungsprozesse immer in hegemoniale Diskurse eingebettet sind."[536]

---

534 Christoph Hein, 2003, op. cit., S. 190.

535 Heidrun Friese, 2017, op. cit., S. 36.

536 María do Mar Castro Varela: „Die Geister, die wir riefen! Europas Terror – Gedankensplitter", in: María do Mar Castro Varela, Paul Mecheril (Hrsg.), 2016, op. cit., S. 57–72, hier S. 70.

Die Nichtaufnahme erhält daher eine ambivalente Bedeutung. Einerseits verhindert sie das Bleiben und das Zusammenleben mit den fremden Gastmigranten. Der Wille, ungeladene Gäste nicht aufzunehmen, führt zu sozialpolitischen Unruhen, Konflikten und Gewalttaten, bei denen Menschen zu Opfern werden. Gastfeindliche Gastgebergesellschaften vermitteln dabei den Eindruck, dass die Flucht und die Suche nach Zuflucht selbst ein Verbrechen darstellen oder *per se* ein Phänomen sind, die ausschließlich Fremde aus der Ferne betreffen. Diese Gesellschaften verharren in einer unrealistischen Gedankenperspektive, bis sie selbst in eine Fluchtsituation geraten. Andererseits trägt die Nichtaufnahme, obwohl nicht positiv, dazu bei, einen gewissen gesellschaftlichen Zusammenhalt zu rekonstruieren. Die Frage, ob dies im Interesse der Gesellschaft ist, lässt sich diskutieren. Selbst wenn die Gesellschaft zu einer gewissen Ruhe gelangt, bleibt die Frage nach der Fragilität der einheimischen Kultur und des Gesellschaftsgefüges bestehen. René Girard weist darauf hin, dass die Berührung mit dem differenzierenden Anderen und die Suche nach einem Opfer tatsächlich die Zerbrechlichkeit und Sterblichkeit des eigenen Systems in Frage stellen: „La différence hors système terrifie parce qu'elle suggère la vérité du système, sa relativité, sa fragilité, sa mortalité."[537] Die Differenz innerhalb des gesellschaftlichen Systems stellt für die zugehörigen Menschen kein Problem dar, nur die Differenz des Außen beunruhigt und legt die Zerbrechlichkeit der traditionellen Ordnung offen. In derselben Perspektive argumentiert Hans-Dieter Bahr. Er meint, dass der Wille,

> das Fremde nicht nur auszuschließen und abzuwehren, sondern zu vertreiben und zu vernichten […] keineswegs nur von der Erfahrung aus[geht], dass andere als Rivalen und Feinde uns bedrohen und vernichten können, sondern zumal auch von der Erfahrung, dass die Eigensphäre derart schwankend und unstabil ist, dass sie durch geringste äußere Einflüsse schon grundsätzlich gefährdet scheint. Und solche Erfahrungen werden in den Phantasmen der Fremdenfeindlichkeit ins Pathologische übersteigert.[538]

In Anbetracht der dargestellten Tatsachen betonte der Erzähler bereits im zweiten Kapitel des Romans die Bedeutung der Liebe für ein Zusammenleben mit anderen durch den intertextuellen Bezug auf das Lied „*All You Need Is Love, Love, Love*"[539] (GUL, S. 18).

537 René Girard, op. cit., S. 35 f.

538 Hans-Dieter Bahr, 2005, op. cit., S. 17.

539 *All You Need Is Love* ist ein von John Lennon und Paul McCartney komponiertes Lied, das durch die britische Band *The Beatles* interpretiert wurde. Es wurde am 30. Juni 1967 als Single veröffentlicht.

IV. Resilienz gegen Gastfeindschaft: Asyl als Arznei in *Le Médicament* (2003) von Sénouvo Agbota Zinsou

1. Zum Roman: Inhalt und Stil

Sénouvo Agbota Zinsou aus Togo ist vor allem Theaterautor, Dramaturg und Bühnenkünstler. 2007 galt er nach János Riesz der „international anerkannteste und meistgespielte ›frankophone‹ Theater-Autor Westafrikas."[540] Er ist aber auch ein Schriftsteller, der im Zuge politischer Konflikte aus seiner Heimat fliehen musste und seit Anfang der 1990er Jahre als anerkannter politischer Flüchtling in Deutschland lebt. Während seines Aufenthaltes konnte er seine literarische Tätigkeit weiterführen und um aktuelle, auf Deutschland bezogene Komponenten erweitern.[541] Als „l'un des auteurs francophones les plus productifs et les plus talentueux"[542] der 2000er Jahre veröffentlichte er im Jahre 2003 seinen 1999 in Bayreuth verfassten Roman *Le Médicament* (LM),[543] der eine Fiktionalisierung seiner eigenen Exilerfahrungen ist.[544] Durch das Jahr der Abfassung bzw. Erscheinung dieses Werks ermöglicht uns die Handlung einen historischen Einblick in die jüngste Vergangenheit des Themas Gastfeindschaft. Dies erlaubt uns, Praktiken und Entwicklungen in der Übergangszeit zwischen dem 20. und dem 21. Jahrhundert zu erforschen und zu verstehen. Der Roman hinterfragt die (Un-)Möglichkeit einer „Heilung" bzw. Lebensverbesserung oder Identitätsbildung

540 János Riesz: „Autor/innen aus dem schwarzafrikanischen Kulturraum", in: Carmine Chiellino (hrsg.): *Interkulturelle Literatur in Deutschland: Ein Handbuch*, Sonderausgabe, J.B. Metzler'sche Verlagsbuchhandlung & Carl Ernst Poeschel GmbH, Stuttgart 2007, S. 248–262, hier S. 252. Zu Zinsous dramatischem Werk, siehe Sélom Komlan Gbanou: *Un théâtre au confluent des genres. L'écriture dramatique de Sénouvo Zinsou.* IKO-Verlag, Frankfurt am Main und London, Studien zu den frankophonen Literaturen ausserhalb Europas, Band 23, 2002.

541 János Riesz, ebd., S. 248.

542 Alain Ricard: „Le sujet travesti : réflexions sur l'œuvre de Senouvo Agbota Zinsou", in: Daniel Delas, Pierre Soubias (Hrsg.): *Le Sujet de l'écriture africaine. Actes du colloque de l'APELA de septembre 1999, Université de Toulouse-Le-Mirail*, 2001, S. 57–62, hier S. 57.

543 Sénouvo Agbota Zinsou: *Le Médicament*, Edition Hatier International, Paris 2003.

544 János Riesz: „Théâtre africain à Bayreuth : Sénouvo Agbota Zinsou", in: *Revue de littérature comparée*, vol. 340, no. 4, 2011, S. 497–506, hier S. 501.

durch Asyl. Zinsou stellt die Frage des Überlebens unter gastfeindlichen Asylumständen in Flüchtlingszentren, die nach Giorgio Agamben „das biopolitische Paradigma des Abendlandes“ sind.[545] In dem aus dreiundvierzig unterschiedlich langen Kapiteln bestehenden Roman porträtiert er das Leben von Asylsuchenden aus verschiedenen „kranken“ Ländern der Welt - tous les pays malades du monde“ (LM, S. 117) - in Transitzentren in Offenberg, Rheinfelsen und Bayerrode, fiktiven Orten in Deutschland. Das Leben in den als „Krankenhaus“ metaphorisierten Transitzentren ist von diversen Restriktionen geprägt, die auch die Mobilität begrenzen und kontrollieren. Angesichts eines isolierenden Asylsystems bleiben die Asylsuchenden jedoch nicht in einer passiven Opferrolle stecken, sondern sie zeigen ihre Resilienz, das transformative Potenzial, das in ihnen steckt. Grundlage dieser Resilienz ist die Wahrnehmung des Asyls als „Medikament“. In diesem Sinne ergreifen die Figuren Resistenz- und Verhandlungsaktionen als Antidot gegen die erlebte Gastfeindschaft und zum Überleben in der Ausweislosigkeit bzw. „*sans-papiereté*“ (LM, S. 73).

Zur Eröffnung der Narration schließt die Ich-Erzählerin einen Pakt mit dem Leser über die Erzähltechnik ab, dessen Hintergrund die mündliche Märchenerzählung bildet:

> Si je racontais cette histoire dans mon pays, le Dugan, je commencerais par prévenir mon auditoire avec cette formule consacrée : 'J'étais témoin.' Il n'y a pas meilleure formule pour dire que je laisse mon imagination, ainsi que, parfois, celle des autres personnages de l'histoire, divaguer librement, comme si elle cherchait à se libérer d'une réalité. Je crois que les conteurs de chez nous ont inventé la formule, parce que le plus souvent, parmi les personnages qui, comme eux-mêmes, sont impliqués dans leur histoire, il y en a qui font en même temps partie de leur auditoire. Ainsi, en affirmant que j'étais témoin, je voudrais simplement dire que je vous transforme, je nous transforme à la fois en personnages et auditeurs du conte. (LM, S. 5)

Diese Textpassage ist ein erzählerisch-technischer Schlüssel, der das narrative Schema des Romans vermittelt. Zunächst einmal vermittelt die Ich-Erzählerin durch den Verweis auf „dans mon pays“ wichtige Informationen, die darauf hinweisen, dass der Leser im Wesentlichen mit einem kulturellen und sprachlichen Bezugsrahmen aus dem fiktiven Ort Dugan beziehungsweise aus Togo

545 Giorgio Agamben: *Homo sacer: die souveräne Macht und das nackte Leben. Aus dem Ital. von Hubert Thüring*, Deutsche Erstausgabe, 1. Aufl., Suhrkamp, Frankfurt am Main 2002, , S. 190.

konfrontiert wird[546] und nicht mit einem französischen oder europäischen zu tun hat.[547] Darüber hinaus informiert dieser erste Absatz über die Koexistenz von Wahrheit und Fiktion und die Unmöglichkeit, diese Stränge voneinander zu trennen. Diese Spannung zwischen Imagination und Wahrheitsfindung wird in dem ersten Satz, der auf einer oberflächlichen Ebene zwei widersprüchliche Register umfasst, sichtbar: Einerseits die Verwendung von „j'étais témoin" [ich war Zeuge], eine Aussage, die ein Register der Wahrheit etabliert, und andererseits die Verwendung von Begriffen wie „conte", „imagination", „divaguer librement", die auf Fiktion referieren. Besonders der fiktionale Aspekt ermöglicht es der Ich-Erzählerin, die Leser/Zuhörer auch in Zeugen und agierende Figuren zu transformieren, „je vous transforme (…) à la fois en personnages et auditeurs du conte". Dies ist eine Einladung zum Miterleben der Erzählung, ja sogar zur fiktiven Teilnahme am Erzählten. Somit etabliert die Erzählerin eine dialogische Wechselbeziehung zwischen ihr und der Leserschaft. Außerdem macht der Hinweis deutlich, dass man es nicht ausschließlich mit dem Genre des Romans, sondern mit einem *„conte-roman"*,[548] wie bei Zinsous Roman *Yévi et l'éléphant chanteur*, zu tun hat. Der verwendete Wortschatz verweist eher auf das Märchen:

---

546 In dem Roman ist es von dem fiktiven „Dugan" die Rede. Doch die geographische Lage des fiktiven Landes, die Erwähnung des Dorfs „Agbodrafo" (S. 71) – eines historischen Dorfes im Stadtkreis Aneho in Togo –, des in der Hauptstadt liegenden Denkmals „Colombe de la Paix" (S. 390), die ständige Anspielungen auf die historischen politischen Proteste und die vielen Wörter aus der Ewe-Sprache – unter anderem *gboma* (S. 87) – „Spinat" –, *akumé* (S. 152) – Maismehlbrei, ein Hauptgericht in Togo, besonders im Süd-Togo –, *vaudoussi* (S. 158) – Voodoo-Anhängerin –, *novi* (S. 177) – Bruder oder Schwester –, *sodabi* (S. 422) – traditionelles Alkoholgetränk oder Schnaps –, und die Ewe-Lieder *Fofo si nuse le* (S. 81; auch S. 289, 423) – Titel eines populären Liedes, „dem (himmlischen) Vater ist die Macht" –, die im Text integriert werden, sprechen sehr deutlich dafür, dass es sich um Togo, die Heimat des Autors, handelt.

547 Vgl. János Riesz: „L'écrivain africain exilé en Allemagne. Stratégies d'adaptation linguistique et d'auto-affirmation : l'exemple du roman de Sénouvo A. Zinsou", in: Lieven d'Hulst/Jean-Marc Moura (hrsg.): *Les études littéraires francophones : état des lieux. Actes du colloque organisé par les Université de Leuven, Kortrijk et de Lille, 2–4 mai 2002*, Villeneuve d'Ascq: Univ. Charles de Gaulle – Lille 3, 2003, S. 153–164, hier S. 159.

548 János Riesz: „Du conte au roman politique, de l'oralité aux médias Yévi et l'éléphant chanteur de Sénouvo Agbota Zinsou", in: Alain Ricard & Flora Veit-Wild (hrsg.): *Interfaces between the Oral and the Written: Versions and Subversions in African Literatures 2*, Matatu 31–32, Editions Rodopi, Amsterdam und New York 2005, S. 28–42, hier S. 29.

„racontais“, „auditoire“, „conteur“ und „conte“. Der Autor verwendet zum Beispiel nicht „récit“ (Narration) oder „lecteurs“ (Leser). Der Märchen-Hintergrund wird mit dem Hinweis auf die Einleitungsformel „J'étais témoin“ ausgedrückt. Dadurch übernimmt die Ich-Erzählerin den Status einer traditionellen Märchenerzählerin (*conteuse traditionnelle*) und verbindet die Tradition der oralen Literatur mit der modernen schriftlichen Narration. Sie bringt so, um es mit János Riesz zu bestätigen, die Dialektik zwischen dem Mündlichen und Geschriebenen, dem Alten und dem Modernen bzw. „dialectique entre l'oral et l'écrit, l'ancien et le moderne“[549] zum Ausdruck, denn der Einstiegsabsatz ist vergleichbar mit einer Eröffnungsbotschaft auf der Bühne bei einem Märchenabend. Die Märchenhaftigkeit und der theatralische Charakter des Romans werden unter anderen durch traditionelle Lieder bestätigt. Dies weist darauf hin, dass der Autor sich von seiner Identität eines Märchenerzählers, Bühnenkünstlers und Dramatikers beeinflussen lässt. In diesem Sinne schreibt Riesz folgendes:

> Si l'on songeait à une représentation théâtrale du roman – ce qui se conçoit si l'on considère que Zinsou est avant tout un dramaturge –, les chants africains en constitueraient les sommets dramatiques et pathétiques, comparables à un volcan faisant craquer la surface trop polie de la langue française pour submerger de sa lave brûlante le morne paysage de la résignation et de l'indifférence.[550]

Die zu Beginn zitierte Information der Erzählerin hat jedoch keinen Einfluss auf die Auswahl der Figuren im Roman. Denn wir haben es nicht mit Tieren oder fabelhaften, typisierten Figuren zu tun, die in klassischen Märchen vorkommen. Stattdessen sind die Romanfiguren menschlich und durch zeitgenössische Vor- und Nachnamen identifizierbar. Ferner ist die Erzählung reich an räumlichen Indizien, die auf existierende geographisch erkennbare Orte in Deutschland, Togo und Ruanda verweisen, wenngleich häufig in verfremdeter Form. Insofern hat die Einstiegswarnung der Erzählerin die ambivalente Funktion der

549 Ebd., S. 28.

550 János Riesz: „L'écrivain africain exilé en Allemagne“, op. cit., S. 160. Man kann auch in derselben Perspektive behaupten, dass *Le Médicament* ein intermedialer Roman ist, in dem unterschiedliche Medien interferieren. Gbandé Daré hat auch in seiner Dissertation „Intermedialer Mehrwert in S. A. Zinsous und El Lokos Werken“, (Dissertation an der Universität Lomé, 2017, unveröffentlicht) „Theatralität, Mündlichkeit, Telefon, Radio und Fernsehen“ in Zinsous Roman untersucht (siehe S. 121–165). Zur Intermedialität in Zinsous Werk im Allgemeinen, vgl. der Artikel von Dotsé Yigbe „Sénouvo Agbota Zinsou, *Le Baiser de la sirène*, la saga des médias ou … la mythomédialité“, in: Susanne Gehrmann, Dotsé Yigbe (hrsg.): *Créativité intermédiatique au Togo et dans la diaspora togolaise*, LIT Verlag, Berlin und Münster 2015, S. 181–197).

autobiographischen Distanzierung und der Miteinbeziehung des Zuhörers bzw. des Lesers. Überdies bereitet die Einführung den Leser darauf vor, Elementen des kulturellen Hintergrunds des Autors zu begegnen. Dafür stehen die sprachliche Heterogenität (*Hétérolinguisme*[551]) und die vielen Analogien und Übertragungen aus der Ewe-Sprache – im Roman heißt es „le vewo" (LM, S. 7)[552] – und -Kultur. Die Koexistenz der Vernakularsprache, der togoischen bzw. westafrikanischen Kultur und der französischen, deutschen sowie englischen Sprache, verleihen dem Roman eine ästhetische Besonderheit und referenziert implizit auf die Möglichkeit eines friedlichen Miteinanders unterschiedlicher Kulturen und Identitäten.

Letztendlich macht der Hinweis auf die Zeugenschaft deutlich, dass der Roman als ein Zeugnis des Überlebens einer Asylbewerberin verstanden werden kann. Dies bedeutet, dass die Protagonistin die erlittenen Unrechts- und Gastfeindschaftserfahrungen des Asylsystems schildert, sowohl in Bezug auf sich selbst als auch auf ihre Mitbewohnerinnen und Mitbewohner. Dies erinnert an die Zeugnisse, die in der Literatur zur Verfolgung und Vernichtung der Juden in Europa eine wichtige Rolle spielen und zugleich die Grundlage für die biopolitische Theorie bilden.

---

551 Rainer Grutman: *Des langues qui résonnent : l'hétérolinguisme au XIXe siècle québécois*, Classiques Garnier, Paris 2019. *Hétérolinguisme* ist nach Grutman die Art und Weise, wie die Sprachen sich im Text anknüpfen, „la manière dont les langues se font écho dans le texte" (S. 59). Das bringt also die Modalität der Integration anderer Sprachen im Text. Er betont zur Unterscheidung zu *bilinguisme* und *multilinguisme*, dass der Begriff mit Konfusion, Mischung und Hybridisierung der Sprachen spielt, bzw. „l'hétérolinguisme signifie aussi la (con)fusion, le mélange, l'hybridité" (S. 64). In seiner ersten Ausgabe von 1997 beim Verlag Fides schrieb Grutman in der Einleitung: „Un texte littéraire est rarement uniforme au point de vue de la langue. Plus souvent qu'on ne le croirait, il est entrelardé d'éléments hétérogènes. En plus d'intégrer plusieurs niveaux et diverses strates historiques de son idiome principal, il fait une place plus ou moins large à d'autres langues : cela peut aller du simple emprunt lexical aux dialogues en parlers imaginaires, en passant par les citations d'auteurs étrangers. Une telle présence d'idiomes est désignée par le terme d'*hétérolinguisme*." (Grutman 1997: S. 11, Hervorhebung im Original).

552 Es gibt auch Wörter aus dem „kinyarwanda" (S. 161), der ruandischen Sprache (vgl. zum Beispiel S. 87 & 457 f.) und aus der Yoruba-Sprache (z. B. S. 96). Für die deutschen Wörter, die im Text auftauchen, siehe Zinsou: „Sur le roman ‚Le médicament'", in: Lieven d'Hulst/Jean-Marc Moura (hrsg.): *Les études littéraires francophones : état des lieux. Actes du colloque organisé par les Université de Leuven, Kortrijk et de Lille, 2–4 mai 2002*, Villeneuve d'Ascq: Univ. Charles de Gaulle – Lille 3, 2003, S. 165–72, hier S. 167 f.

Im Folgenden werde ich verschiedene Aspekte der erfahrenen Gastfeindschaft und die Überlebensstrategien der Asylsuchenden genauer untersuchen.

2. Gesichter der Gastfeindschaft

2.1. Biopolitisches Dispositiv

2.1.1 Transitzentren

„Madame, Monsieur, voulez-vous retourner dans votre pays ?" (LM, S. 58) So lautet der Satz, der auf verschiedenen Schildern am ersten Transitzentrum in Offenberg eingraviert ist, in dem Justine, die Ich-Erzählerin, registriert wird. Dieser gastfeindliche Satz, den die Flüchtlinge schon bei ihrer Ankunft sehen, ist ein deutliches Signal oder eine Warnung, dass sie nicht willkommen sind. Die Bezeichnung „Transitzentrum" deutet an, dass es sich nur um einen Durchgangsort handelt, wo sie kein Zuhause finden werden. Der Satz, so hat es Justine schnell verstanden, „semble nous prévenir tous que ce qui nous attend n'est pas forcément le bonheur et la fortune" (LM, ebd.). Das verunsichert sie und begleitet sie durch ihren ganzen Aufenthalt. Hier ist es verwunderlich, warum die Behörden solch einen abstoßenden Satz am Zentrum anbringen lassen. Das Zentrum ist der erste Kontaktraum mit der Behörde und das Willkommen geheißen werden ist bedeutend für die Ankömmlinge. Und doch findet dort die erste Phase einer entwürdigenden Biopolitik des Staates statt, wie in der Beschreibung von Justine deutlich wird:

> En la lisant à la porte du bureau d'enregistrement, j'ai eu le pressentiment, superstitieux peut-être, que rien de ce qui pouvait m'arriver dans ce pays ne pourrait me garantir un bonheur durable. Et c'est en ce sens que j'ai interprété les faits suivants : retrait du passeport national qui m'enlevait mon identité, formalités répétées de police qui me donnaient l'impression d'être suspectée de tout… le choc au moment où j'allais me soumettre à la prise de photo d'identité pour l'établissement de mon *Ausweis* : comme s'il s'agissait d'une photo prise dans des conditions normales, je voulais prendre le temps de remettre mon maquillage à jour, d'enlever ce manteau d'homme démodé […]. Mais la photographe, pressée, d'une voix sèche, autoritaire et d'un geste nerveux de la main m'a rappelée à l'ordre, criant : « *Nein! Nein! Nein!* » […] J'avais compris : *Nein! Nein!* ta beauté et ton élégance n'intéressent personne, n'ont aucune importance ici. Ce qui importe, c'était de faire défiler en un temps record, devant l'appareil, le maximum de demandeurs d'asile assis ou debout dans la salle d'attente, leurs bagages encore en main ou posés à côté, car nous venions les et les autres de débarquer. En contemplant plus tard ma gueule sur la photo de l'Ausweis, j'eus tendance à croire que ce qui importait aussi, c'était l'image du demandeur d'asile dans l'état où il était arrivé. (LM, S. 58 f.)

Bereits mit dem Passentzug verliert Justine ihre Identität und Persönlichkeit. Sie wird nicht nur ausweislos, sondern auch „heimatlos", „behördlich begraben" und zur „Nichtperson."[553] Dadurch wird sie dem staatlichen Machtapparat ausgeliefert und muss interniert werden, da sie ohne Papiere in der Stadt festgenommen werden würde. Auch die menschenverachtende Fotoaufnahme in einem schlechten Aussehen gibt ihr ein Gefühl der Wertlosigkeit. Man bekommt den Eindruck, als ob die Registrierungsstelle das hässlichste Bild der Ankommenden darstellen will. Nicht nur diese Kontrolle, sondern auch das Zentrum selbst beweist die abwertende Wahrnehmung der ankommenden Asylsuchenden. Das Transitzentrum ist ein vollständig abgeschlossener Raum, von Gebäuden[554] und einem Zaun umgeben. Es ist ein großes Gehege und die Beschreibung gibt dem Leser ein Gefängnisgefühl: „[C]ette enceinte entièrement fermée entourée de bâtiments et de grillage. Un couloir métallique, passage obligé, permet au gardien installé derrière un guichet grillagé de contrôler les entrées, alors qu'il laisse les sorties libres" (LM, S. 62). Die Ich-Erzählerin macht auch bekannt, wie die Mobilität der Asylsuchenden bis zum Transfer in ein anderes Transitzentrum eingeschränkt und kontrolliert wird. Dabei bedeutet der Transfer in der Vorstellung der Asylbewerber den Einzug in bessere Verhältnisse, „un début de paradis", „une meilleure existence" oder „l'espoir de meilleures conditions de vie" (LM, S. 63), heißt es im Text. Man muss auch unterstreichen, dass der Transfer nach heimlichen Ermittlungen über das Verhalten der einzelnen Schutzsuchenden entschieden wird. „Les chefs nous surveillaient, nous épiaient dans notre conduite quotidienne, au besoin nous soumettaient à un test secret avant de décider de nous accorder le transfert ou non" (LM, S. 66), behauptet Justine. Der Einzug in ein normales Transitzentrum gibt den Bewerbern mehr Freiheit zur Mobilität, die aber dennoch begrenzt wird. Justine bringt diese Restriktion zum Ausdruck: „Déjà pour me déplacer en Allemagne, il me faut une autorisation que je ne peux obtenir plus de deux fois par an." (LM, S. 95).

Der Freiheitsentzug belegt, dass die Asylanten fast wie Gefangene behandelt werden. In diesem Zusammenhang erhält Carla, eine Asylantin aus Rwanda, eine Geldstrafe von 800 DM aufgrund einer Reihe von illegalen Reisen nach Belgien und Holland. Dafür wird sie verhaftet und ins Gefängnis in Bamberg gebracht, wo sie vierzig Tage verbringt (LM, S. 187). Aus diesem Grund kommt Mme Rézah, eine anerkannte Asylbewerberin aus dem Iran, zur Schlussfolgerung, dass „la demande d'asile nous met dans une demi-prison et l'oublier nous conduit à la pleine prison" (LM, S. 188). Die Asylsuchenden dürfen sich nicht frei bewegen. Die Missachtung der Einschränkungen bringt die Asylsuchenden ins

---

553 Erich Kaiser: *Der Mensch muss einen Ausweis haben*, Rosdorf, Hamburg 1983, S. 8.

554 In dem Roman ist es nicht deutlich gesagt, was für Gebäude es sind.

normale Gefängnis, das laut Carla sogar besser ist als das Transitzentrum findet. „C'est même plus confortable que le Centre" (LM, S. 189), betont sie. Sie fühlt sich wohler, weil sie mehr Raum und Freiheit habe und besser verpflegt werde (LM, S. 190). Georges le Bel, ein Asylbewerber aus Dugan, der von Renate, seiner durch arrangierte Ehe geheirateten deutschen Frau eingesperrt wird, teilt diese positive Wahrnehmung des Gefängnisses und behauptet folgendes: „En un sens, c'est même mieux que les centres de demande d'asile" (vgl. LM, S. 341). Wenn die Asylsuchenden das Gefängnis besser als das Transitzentrum beschreiben, dann ist es selbsterklärend, wie menschenverachtend das Zentrum ist. Offensichtlich bedeutet es, dass sie unerwünscht sind, was sich durch die Lokalisierung der Zentren bestätigen lässt. Die Ich-Erzählerin beschreibt ihr Zentrum wie folgt: „Deux bâtiments à étages, en madriers, entourés d'une grille, un entrepôt de poubelles neuves qui les précédait, des relents mélangés de cuisine et d'eaux usées signalent cet ›hôpital‹" (LM, S. 17). Dass das Zentrum isoliert ist, lässt vermuten, dass die Fremden als gemeingefährlich eingestuft werden. Die Nähe einer Baufirma, deren Tankwagen die ausschließlich für „asylants" (LM, ebd.) reservierte Straße verschmutzen und die herumspielenden Kinder stören, und die Präsenz eines Mülllagers machen die Umgebung des Zentrums unsicher, unsauber und gesundheitsschädlich. Dies bestätigt wieder den Gefängnischarakter, denn das Mülllager ist Teil der „repressive[n] Architektur"[555] der Gefängnisse. Im Vergleich mit Gefängnissen, wie es von Foucault dargestellt wurde,[556] erfüllen die Transitlager eine Funktion des Überwachens und gegebenenfalls des Strafens der Asylsuchenden. In einer solchen Atmosphäre würde bestimmt kein einheimischer Deutscher leben wollen. Es zeigt, dass *nur* die „asylants" (LM, ebd.) dort hingehören, weil sie unerwünschte Fremde sind. Deshalb herrscht auch Unordnung im Inneren des Zentrums (LM, S. 18). Außerdem wird ein Zimmer von bis zu acht Bewerber unterschiedlicher Nationalitäten geteilt (vgl. S. 23). Auch das Getränk, das in den Zentren serviert wird, verbirgt schon das Vorurteil eines kontaminierenden Asylsuchenden. Es wird mit einem Produkt gemischt, welches angeblich eventuelle Viren und Mikroben in ihren Organismus eliminieren soll, damit sie die Deutschen nicht anstecken (LM, S. 16). Diese Gedanken zeigen, dass die Asylsuchenden als infektiöse Menschen, vor denen die Einheimischen sich schützen sollten, wahrgenommen werden. Für diesen Schutz ist die Polizei zuständig.

---

555 Falk Jaeger: „Gefängnisarchitektur: Die neue Menschlichkeit", in: *Tagesspiegel*, 23.03.2013, abrufbar auf https://www.tagesspiegel.de/kultur/die-neue-menschlichkeit-6966709.html.

556 Michel Foucault: *Überwachen und Strafen: die Geburt des Gefängnisses*, 14. Aufl., Suhrkamp, Frankfurt am Main 2002.

2.1.2 Polizeikontrollen

Dass die Asylanten und Asylantinnen Eindringlinge sind und sich nicht frei bewegen dürfen, ist auch an den erschreckenden und traumatisierenden Polizeikontrollen sowohl im Zentrum als auch in der Stadt erkennbar. Ein Polizeieinsatz im Zentrum wird hyperbolisch als ein Kriegseinsatz beschrieben:

> '*Kontrolle! Ausweis!*' La guerre était maintenant à notre porte. (…) '*Kontrolle! Ausweis!*' Les balles crépitent de manière tout à fait assourdissante. L'armée des chefs entre dans notre chambre. '*Kontrolle! Ausweis!*' Au milieu des chefs, un moustachu, de taille moyenne, l'air bien sévère qu'entourent immédiatement, comme des gardes de corps, trois de plus grands chefs – grands par la taille, car le moustachu (…) est incontestablement le plus grand par le commandement, à cause de l'impression d'autorité que dégage sa personne. (LM, S. 69)

Die Begriffe „guerre", „balles", „armée des chefs", „gardes de corps", „commandement" weisen auf „Krieg" hin und belegen, wie dramatisch, erschreckend und unterdrückend die Polizeikontrolle wirken kann. Später im Text sieht man, dass Polizisten das Zimmer von Carla und ihren Kolleginnen betreten, als diese noch fast nackt sind (LM, S. 185 f.). Die Reaktion der Letzteren macht deutlich, dass sie sich in ihrer Intimität verletzt fühlen: „Et elles regardent les policiers, plutôt hébétées, muettes, plus préoccupées du drame que provoque l'irruption de ces derniers dans la chambre que de positions de pudeur." (LM, S. 186). Justine stellt die Kontrollen in der Stadt als „match asylants–polizei" (LM, S. 152) dar, als eine Konfrontation mit den Polizisten, welche die Asylsuchenden besiegen können, wenn sie viele sind. Zudem kann es in den Zentren zu Strafen kommen, wenn die Bewerber sich nicht gut benehmen. Das gibt ihnen manchmal den Eindruck, als ob sie als „Kinder" oder „Schüler" (LM, S. 74) behandelt werden. Kwesi, einer der Asylanten, wird sehr tief betrübt, als Polizisten ihn befragt und entdeckt haben, dass er sich vorher in der Schweiz aufgehalten hat (LM, S. 154). Diese Entdeckung führt Kwesi in Not, da er nach dem *Dublin-Verfahren* aus Deutschland abgeschoben werden musste. Das bedeutet tatsächlich, dass Kwesi gesetzlich nicht frei wählen kann, wo er Asyl beantragen will. Er ist verzweifelt und plant, nach Schweden zu flüchten, um dort in „clando" (LM, S. 194) zu leben. Kwesi drückt seine Empörung in folgenden Worten aus: „Ah ! Me voilà comme un criminel traqué. Et qu'ai-je volé ? Une petite miette du pays des autres (…). L'amertume monte dans sa voix, à mesure qu'il parle" (LM, S. 160). Den Eindruck, als Verbrecher gesehen zu werden, bekommt auch Edouard Langmüller, ein Asylant aus Dugan, bei einer Polizeikontrolle an der Grenze zur Schweiz. Der *„Djaman-Yovo"*,[557]

557 Der Begriff „Djaman-Yovo", im Französischen „Blanc allemand" (LM, S. 191) ist aus der Ewe-Sprache und heißt wörtlich übersetzt „Weißer-Deutscher". Aber gemeint hier – ironischerweise von der Ich-Erzählerin – ist ein Togoer, der deutsche Vorfahren hat.

welcher wegen der Kolonisation in Dugan deutsche Vorfahren hat, lebt in einem Transitzentrum in Lörrach. Bei einer Eskapade mit dem Fahrrad an der deutsch-schweizerischen Grenze hat sich die Polizei gewundert, dass ein Schwarzer, der noch nicht gut Deutsch spricht, den deutschen Nachnamen „Langmüller" hat. So sind die Schweizer Polizisten verwirrt und haben Mühe, ihn zu identifizieren. Bei dieser Kontrolle kommt Edouard sich fast wie ein Verbrecher vor:

> Ils fouillent dans les poches de Monsieur Langmüller et le dépouillent des 430 marks et des 2700 francs français, en prenant bien soin de laisser à sa disposition les francs CFA. ›Vous en aurez besoin quand vous rentrerez chez vous, Monsieur Langmüller‹. Ils mettent Monsieur Langmüller à poil et poursuivent leurs fouilles dans les parties intimes, la main fourrée dans un gant. Ils gardent enfin Monsieur Langmüller jusqu'au lendemain, le temps d'une observation complète, urine et défécations comprises, et que la police allemande confirme qu'un requérant d'asile de nationalité duganaise était bien inscrit sous le nom d'Édouard Langmüller. (LM, S. 192 f.)

Diese Ermittlung ist nicht nur beschämend, sondern auch dehumanisierend. Die Leibesvisitation und die Untersuchung des Urins und des Stuhlgangs, herabwürdigende Aspekte der Biopolitik, deuten an, dass die Polizisten Edouard verdächtigen, ein Verbrecher und Drogendealer zu sein. Der inhumane Charakter der Kontrolle raubt Edouard das Recht auf seinen Körper und behandelt ihn wie ein Objekt. Dies lässt in den Flüchtlingen die Verkörperung des agamben'schen nackten Lebens[558] erkennen, wobei der biopolitische Apparat des Staates ihn als würdeloses Fleisch und Blut behandelt. Ebenfalls durch die Verwendung des Ausdrucks „quand vous rentrerez chez vous" erteilen die Polizisten ihm den Befehl, nach Hause zu gehen. Dieses Vorgehen spiegelt ein häufig verwendetes rassistisches Motiv wider, das heutzutage oft von rechtsextremen Politikern aufgegriffen wird. Als der *Djaman-Yovo* schließlich freigelassen wird, werden sein Fahrrad sowie sein deutsches Geld beschlagnahmt, weil die Polizisten ihn verdächtigen, er habe diese gestohlen. Er müsse nachweisen, dass das Geld sein eigenes ist: „Mais vous devrez justifier l'origine de chaque Deutschemark, de chaque franc français, de chaque franc suisse, de chaque franc belge… que vous détenez. C'est ça l'Europe" (LM, S. 193). Es geht hier um Polizeirassismus.

In der Erzählung wird die Gastfeindschaft weiterhin durch Abschiebungspraktiken deutlich. Zum Beispiel wird ein Rumäne gewaltsam abgeschoben (LM, S. 110), andere Asylsuchende werden abgelehnt (LM, S. 189). Trotz der Bemühungen eines Anwalts konnte das Gericht zum Beispiel bei Carlos, einem der Abgelehnten, nicht annehmen, dass er aus humanitären Gründen vor dem

558 Giorgio Agamben, *Homo sacer*, op. cit.

Brüderkrieg in seinem Heimatland Angola geflüchtet ist (LM, S. 205). Dies ist eines der Zeichen, die darlegen, dass die Biopolitik das Politische dem Humanitären voranstellt. Die Abschiebung nehmen die Asylsuchenden als einen „plan de guerre" (LM, S. 212), als einen Kriegsplan wahr, der ihr Leben erschwert.

Die drohenden Ablehnungsbescheide bringen viele Asylanten dazu, arrangierte Heiraten einzugehen. Beispielsweise planen Alassani und Marion eine Heirat, die in Deutschland wegen Mangel an Papieren nicht möglich ist. Der Plan, stattdessen in Dugan, Alassanis Heimat, zu heiraten, erweist sich als nicht nur gefährlich, sondern sogar für ihn, da er dort ermordet wird (vgl. LM, S. 211, Kapitel 23 & 35). Auch der tragische Tod von Jacob Kalu sagt viel darüber, was ein Abschiebungsbescheid einen Asylbewerber kosten kann. Nach seiner Abschiebung kommt er wieder nach Deutschland, nach Würzburg und stellt einen neuen Asylantrag unter einem falschen Namen. Nachdem er von der Polizei angehört wird, verlässt er das Zentrum und lebt auf einer Brücke, weil er eine zweite Abschiebung fürchtet. Als Polizisten ihn festnehmen wollen, wehrt er sich und ruft „*Fuck you! Fuck you! German police!*" (LM, S. 281) aus. Am Ende springt er in den Fluss, wobei er „*Victory! I will come for ever!*" (LM, S. 281, H. i. O.) schreit, als ob der Tod der größte Sieg über das gastfeindliche Asylsystem wäre. Kalus Selbstmord zeigt die panische Angst der Asylsuchenden vor der Polizei. Ein im Roman zitierter Zeitungsartikel betont „la hantise, le traumatisme que constitue, pour la plupart des demandeurs d'asile, la police, ses voitures, son uniforme…" (LM, S. 283). Das Erblicken der Polizisten und ihrer Dienstwagen löst bei den Asylsuchenden fast eine Todesangst aus, bestimmt weil die Ersteren die Abschiebungen umsetzen. Man könnte sagen, dass die Asylsuchenden eine Beute der Polizei sind, wenn man das Schicksal von Kwesi betrachtet, der nach einer gescheiterten Heirat mit Doris in Schweden von der Polizei in Malmö ermordet wird (LM, S. 356). Die Polizei, ob im Transitzentrum in der Nähe oder in der Stadt, repräsentiert eine psychische Folter für die Asylsuchenden. Es wird deutlich, dass Deutschland für den Gastmigranten nicht nur zu einem Traumaland, sondern in einigen Fällen sogar zu einem Todesland wird. Der Vorfall von Kalu veranschaulicht die tragischen Konsequenzen der Biopolitik, für deren Umsetzung die von der Ich-Erzählerin als „Brigade antimenteurs" bezeichnete Polizei eine große Rolle spielt. Diese Biopolitik schützt den Staat durch Vertreibung der Unerwünschten. Dabei wird die Ambivalenz der Polizei in einem werkimmanenten Zeitungsartikel zum Ausdruck gebracht:

> ›Or […] l'intention de départ qui justifie la présence quasi permanente de la police dans et autour des centre[sic !] de demandeurs d'asile est louable : il s'agit de dissuader des groupuscules terroristes d'extrême-droite qui se sont souvent illustrés par leurs actions criminelles contre les lieux de résidence des étrangers. Des cas d'incendies criminels de ces lieux sont des réalités bien actuelles, non seulement dans notre pays, mais aussi

dans d'autres pays d'Europe. Mais n'oublions pas que les hommes qui portent l'uniforme peuvent parfois être proches, par leurs idées et leurs comportements, de ceux contre qui ils sont précisément payés pour protéger étrangers et nationaux.‹ (LM, S. 284)

Es ist unumstritten, dass die Polizei eine große Rolle bei der Umsetzung der gastfeindlichen Biopolitik spielt. Empörend ist die Tatsache, dass die deutsche Polizei von Kalus Tod unberührt bleibt, zumal sie behauptet: „la police ne se sent nullement responsable de cette mort. Nous faisons consciencieusement notre travail, sans méchanceté et sans état d'âme." (LM, ebd.). Diese Behauptung macht aus dem Flüchtling einen *homo sacer*, eine Figur, die „man töten kann, ohne einen Mord zu begehen."[559]

Abgesehen von der physischen Kontrolle der fremden Asylsuchenden ist auch die Kontrolle über ihre Ernährung zu hinterfragen. Hierbei ist die Abschaffung der Auszahlung von 400 Mark Sozialleistung, an deren Stelle Lebensmittelausgabe plus 80 DM Taschengeld treten (LM, S. 120 f.) willkürlich. Das neue Gesetz findet eine Asylbewerberin dehumanisierend, denn, kritisiert sie, „servir des vivres sans tenir compte de ce que les intéressés souhaitent manger, et ce pendant des mois, des années, a quelque chose de déshumanisant" (LM, S. 127). Die Empfänger können nicht entscheiden, was sie essen möchten, da ihnen die Lebensmittel vom Staat vorgeschrieben werden. Des Weiteren kann es für sie – einige sind ja Väter und Mütter – demütigend sein, sich in eine Warteschlange stellen zu müssen, um diese Lebensmittel bei der Verteilung zu bekommen. Sie würden sich dabei als Bettler fühlen. Justine empört sich demnach darüber, wie die Verteilung der Lebensmittel sie von der Verwaltung abhängig macht, sie fühlt sich nicht frei und glücklich: „[J]e dois y pointer chaque mardi, le jour de la distribution des vivres et ça m'embête (…). Je ne me sens pas libre, je ne me sens pas heureuse" (LM, S. 383). Darüber hinaus ist es auch bedauerlich, den Asylbewerbern für eine lange Zeit mit Essen und 80 Mark zu versorgen, ohne ihnen die Erlaubnis zur Arbeit zu erteilen. Diese gastfeindliche Maßnahme führt ihre soziale Isolierung herbei und verleitet sie zur Faulheit oder zu menschenunwürdigen Aktivitäten, wie ein Zeitungsartikel es betont:

> Mais cela peut aussi les pousser dans des activités inavouables, clandestines et dans des situations humainement dégradantes… Dans ces conditions, on peut se demander s'il ne s'agit pas là d'une solution faussement humaine, hypocrite et finalement négative aussi bien pour les demandeurs d'asile que pour l'Etat. (LM, S. 168).

Letztendlich kann man Siegfried Jäger und Margarete Jäger zustimmen, wenn sie folgendes behaupten:

---

559 Giorgio Agamben, 2002. op. cit., S. 93.

> Wenn, administrativ und gesetzlich verordnet, immer wieder deutlich gemacht wird, dass Asylsuchende sich nicht frei bewegen dürfen, dass Ausländer einer Rasterfahndung unterzogen werden, dass ihre Arbeitsmöglichkeiten eingeschränkt werden, dass sie statt Geld nur mit Sachleistungen abgespeist werden, etc., dann ist es kein Wunder, dass die daraus abgeleitete Schlussfolgerung lautet: Ausländer raus![560]

Solange der Staat durch Polizeieinsätze die Asylsuchenden verachtend behandelt, fallen diese den Bürgern und Bürgerinnen zum Opfer, wie es durch die „Citoyenne" veranschaulicht wird.

2.2. Die Stimme der „Citoyenne"

Das Konzept der Gastfeindschaft im Roman wird besonders durch die allegorische „Citoyenne de Bayerrode" (LM, S. 156) getragen. Das ihr zugeschriebene Pseudonym „Bürgerin" spielt wohl auf die Bürger an, deren Ideologie von Rassismus, Xenophobie und Gewalt geprägt ist und die man im heutigen Sprachbegriff als die Identitären bezeichnen würde. In der Erzählung taucht sie erst auf, als die Asylsuchenden gegen die neue Sozialleistung protestieren. Sie manifestiert auf unterschiedliche Weisen viel Fremdenhass und Rassismus gegenüber den afrikanischen Geflüchteten. Sie schickt den Letzteren einen Brief in vielen Exemplaren, in denen sie deren Protest gegen die Veränderung und Reduzierung der Sozialleistungen kritisiert. Sie kann sich nicht vorstellen, berichtet die Ich-Erzählerin,

> de ce que des soi-disant réfugiés manifestent pour recevoir de l'argent à la place de vivres. Inadmissible ! D'après… elle (…), on ne pense pas à faire fortune, on est d'abord prêt à accepter tout ce qui s'offre à soi pour ne pas mourir de faim, pour dormir sous un toit, être soigné en cas de maladie et accessoirement porter des vêtements qui protègent contre le froid, ce que la République fédérale garanti largement et bien généreusement à tous les immigrés sur son sol. La dame raconte sa propre expérience, et celle de sa famille, réfugiées de l'Est après la dernière guerre. « *Quoique de souche et de langue allemandes comme les autres Allemands, nous avons beaucoup souffert. Nous ne recevions pas plus d'un mark d'aide sociale par mois.* » Elle n'est pas prête à payer plus d'impôt pour enrichir des nègres. (LM, S. 156, Hervorhebung im Original)

Die Äußerung der „Citoyenne" verdeutlicht vier Dinge: Erstens mit dem Ausdruck „des soi-disant réfugiés" bezweifelt sie, dass insbesondere Afrikaner echte Flüchtlinge seien. Sie hält sie für Betrüger. Für sie wären die Afrikaner nicht vernünftig oder denkfähig genug, um eine politische Meinung zu haben und dafür

560 Siegfried Jäger und Margarete Jäger: „Das Dispositiv des Institutionellen Rassismus. Eine diskurstheoretische Annäherung", in: Alex Demirović/Manuela Bojadžijev (hrsg.): *Konjunkturen des Rassismus*, Verlag Westfälisches Dampfboot, Münster 2002, S. 211–224, hier S. 219.

verfolgt zu werden. (LM, S. 159). Diese Meinung wiederholt sie in ihren schriftlich und kursiv wiedergegebenen Äußerungen. „*Je vous ai dit que ces gens-là sont tous des Menteurs et qu'il n'y a pas un seul Vrai parmi eux*" (LM, S. 211), bekräftigt sie später im Text, dabei ist die Großschreibung von „Menteurs" und „Vrai" zur Betonung zu beachten. So bezeichnet sie das Transitzentrum als „MAISON DES MENTEURS". (LM, S. 173 oder 222) Zweitens schätzt sie die Asylsuchenden, die sie in ihrem Brief sarkastisch und rassistisch mit „*[s]ehr geehrte Damen und Herren Asylanten und Asylantinnen*" (LM, S. 155) anschreibt, gering und verachtet sie, indem sie denkt, dass sie nichts mehr brauchen oder anfordern sollten als das, was der generöse deutsche Staat anbietet. Drittens merkt man, dass sie die Sozialleistungen als Ungerechtigkeit wahrnimmt, weil sie selbst und ihre Familie früher Kriegsvertriebene waren und diese Chance nicht hatten. Ihre schwierige Asylsituation und die Gastfeindschaft, die sie damals als „réfugiés de l'Est" – Ostflüchtlinge – erlebt hatte, wird ausführlich beschrieben (LM, S. 170). Man sieht dabei ihre Frustration und ihren Neid gegenüber den Asylsuchenden, die offensichtlich nicht für die Großzügigkeit des Staates dankbar sind. Viertens ist es evident, dass sie die Asylsuchenden als Schmarotzer wahrnimmt, die von ihren Steuergeldern profitieren. Für sie müssten die Letzteren sich entweder mit den Lebensmitteln begnügen oder in ihre Heimat zurückkehren.

Ohne die Einstellung der „Citoyenne" zu rechtfertigen, kann man gut nachvollziehen, dass sie diese negativen Erfahrungen auf die afrikanischen Asylsuchenden projiziert, weil sie bemerkt, dass diese mehr Chancen haben als sie damals hatten. Deshalb stellt sie die Frage, „de quel droit [...] mangent-ils, ces vivres de nos souffrances, de nos propres épines, de notre propre flagellation ?" (LM, S. 172). Die schmerzhaften Erfahrungen sind wie eine „bittere Medizin" (LM, S. 478), die ihr verabreicht wird. Menschen, denen solch eine Medizin verabreicht wurde, die offensichtlich schlimmere Demütigungen erfahren haben als die Asylsuchenden, vergessen es nicht einfach. Sie versuchen manchmal, sie loszuwerden, indem sie versuchen, sie anderen aufzuzwingen, wie Mme Rézah es betont, „ils n'arrivent pas à le digérer (...) Parfois, pour s'en débarrasser, ils tentent de le rendre et de faire avaler à d'autres ce qu'ils vomissent" (LM, S. 478 f.). Die Sozialleistungen rufen bei der „Citoyenne" ihre eigenen schwierigen Erfahrungen als Geflüchtete in Erinnerung, sodass sie ihr aufgestautes Ressentiment paradoxerweise an die afrikanischen Asylsuchenden zurückgibt. Zusätzlich dazu wird in der Erzählung deutlich, dass die „Citoyenne" eine Enttäuschung in der Liebe von einem afrikanischen Asylsuchenden erlebt hat. Diese Enttäuschung hat in ihr eine tiefe Wunde hinterlassen (LM, S. 473). Dies ist ein weiterer Grund, warum sie zu einer Fremdenfeindin geworden ist, denn im Text steht, „il y a des gens qui deviennent xénophobes après avoir été déçus d'une façon ou d'une autre par un étranger.

En amour (…)“ (LM, S. 246). Der Hass der Citoyenne ist also eine Art Rache gegenüber den Afrikanern aufgrund persönlicher Motive.

Nach ihrem ersten tatsächlichen Erscheinen im Roman greift „die Bürgerin“ weiter in das Geschehen nur als Stimme, „la voix de la Citoyenne“ (LM, S. 173) ein, mit welcher die Erzählerin ab und zu hantiert. Sie stellt Fragen an Justine, widerspricht ihr, weist sie zurecht, macht rassistische Behauptungen und kolportiert Vorurteile gegenüber afrikanischen Asylbewerbern. Ihre Stimme kämpft gegen die von „Mama Goalier“, der motivierenden Stimme von Justine. Somit kommt die Repräsentativität der „Citoyenne“ zum Vorschein, denn „la Citoyenne“, so wird sie charakterisiert, „fait partie du monde des *Nur Deutsch*, ces gens qui, lorsqu'on leur demande quelles langues ils parlent, sont fiers de proclamer qu'ils ne parlent qu'allemand, *Nur Deutsch !*“ (LM, S. 159). Die Betonung auf der ausschließlichen Verwendung der deutschen Sprache lässt darauf schließen, dass die „Citoyenne“ möglicherweise einer sozialen Klasse angehört, die eine geringere, vielleicht sogar keine formale (Aus-)bildung hat. In Deutschland ist es üblich, in jeder Art von Schule mindestens eine Fremdsprache zu erlernen. Sie erscheint nicht mehr hauptsächlich als einzelne weibliche Figur, sondern sie wird zur Allegorie, indem sie eine homogene Menschengruppe mit einer kollektiven Identität verkörpert. Als Hüterin der traditionellen deutschen Werte und Gesellschaft repräsentiert sie den „patriote convaincu“ (LM, S. 386), den echten Bürger, die Stimme des deutschen Bewusstseins. Sie ist das Symbol für die Festigung der nationalen Identität. Sie setzt sich für die deutsche Nation ein und verteidigt die Hegemonie der deutschen Identität. Ihre Äußerungen werden systematisch mit kursiver Schrift in die Erzählung eingefügt. Ferner verkörpert sie die Biopolitik des deutschen Staates in ihren unterschiedlichen Aspekten:

> La Citoyenne part en guerre contre tous les menteurs. Elle crée une brigade anti-menteurs qui parcourt le pays, recherche dans les rues, les gares, les aéroports, veille aux frontières pour dénicher tous les menteurs sans discrimination, les arrêter et les assigner à résidence dans ces MAISONS DES MENTEURS… Ça ne suffit pas. La Citoyenne met au point des machines, des méthodes… pour détecter les menteurs qui éventuellement pourraient se cacher dans les maisons, les caves, les greniers… Elle les démasque. Elle fait établir une carte, un symbole spécial que tous les menteurs dénichés, démasqués doivent porter accroché à leur cou pour qu'on les reconnaisse partout, afin qu'ils ne se mêlent pas aux honnêtes citoyens. *Kontrolle, Ausweis!* Menteurs, garde-à-vous […]. Voilà comment la Citoyenne débarrasse la société des menteurs. Menteurs, pas de place pour vous dans la cité de la Citoyenne ! (LM, S. 173, Hervorhebungen im Original).

Die „Citoyenne“ richtet eine „brigade anti-menteurs“ oder eine Art Fremdpolizei ein, wendet technische Überwachungsmethoden an und verpflichtet Flüchtlinge dazu, eine Art Erkennungssymbol zu tragen. Dies erinnert an ähnliche historische

Maßnahmen wie den „Judenstern" in den 1940er Jahren, bei dem Juden verpflichtet wurden, einen gut sichtbaren gelben Stern auf ihrer Kleidung zu tragen, unter Strafandrohung bei Nichteinhaltung. Die Beschreibung in der zitierten Textpassage verdeutlicht eindrücklich, dass „La Citoyenne" nicht nur alles, was Asylsuchende in Bezug auf Fremdenfeindlichkeit und offene Gewalt erleiden, sondern auch den Staat und dessen systematischen biopolitischen Apparat verkörpert, der darauf abzielt, die Fremden im Inneren des Staatswesens akribisch zu kontrollieren und sie von den echten Bürgern unbedingt abzugrenzen. Hier kann man zurecht Heidrun Frieses Frage hinzuziehen:

> Ist Gastfreundschaft im Angesicht von ausgeklügelten Sicherheitstechniken, Satellitenüberwachung, Grenzrobotern, biometrischen Datenbanken, Abschiebungen (...), des Systems von Lagern, in denen Menschen zusammengepfercht werden, der Ubiquität und Externalisierung von Grenzen, technokratischer Halluzination von bio-politischem Grenzmanagement (...), nicht vielmehr in der Krise, der Begriff Gastfreundschaft lang schon korrodiert, reichlich unzeitgemäß durch Gesetze der Un-Gastlichkeit ersetzt?[561]

Die „Citoyenne" ist also eine narrative Allegorie, um das biopolitische Dispositiv des Staates zu denunzieren. In der zitierten Romanpassage taucht das Wort „menteurs" neun Mal auf. So betont Zinsou durch diese strategisch eingesetzte Figur, dass die ganze Ausschließungspolitik auf der Einbildung, dass besonders die Flüchtlinge aus Afrika Betrüger sind, beruht. Damit distanziert sich der Staat von den lebensbedrohlichen Situationen, die sie zur Flucht gezwungen haben und ist nicht bereit, ihre Asylgründe anzuerkennen, oder wie im Text ausgedrückt, „à respecter un homme que des circonstances, totalement indépendantes de sa volonté, ont contraint d'émigrer" (LM, S. 323).

Durch das gastfeindliche System wird der Flüchtling Opfer der verängstigten Bevölkerung. Eines der grausamen Gesichter des Fremdenhasses wird von Skinheads gezeigt, als diese nach unterschiedlichen Provokationen einem afrikanischen Gastmigranten – *„Scheißneger"* – im Zug Gewalt antun und auf ihn einstechen (LM, S. 174 ff.). Die tragische Szene passiert vor den Augen der anderen Zuggäste, ohne dass diese ein Wort sagen oder intervenieren. Die Skinheads rühmen sich ihrer „Heldentat" („exploit" – LM, S. 176) und treiben ihre „Beute" aus dem langsam werdenden Zug. Dem ghanaischen Asylsuchenden muss daraufhin ein Arm amputiert werden. In seinem Krankenbett fragt er sich „[p]ourquoi tant de haine ?" (LM, S. 174). Seine Frage ruft auf zur Reflexion über das Motiv und Ziel des Fremdenhasses. Die Szene hier lässt sich keinesfalls rational begründen, sie zeigt nur die einfache Ablehnung des Andersseins. Der Fremdenhass erscheint als eine pure

561 Heidrun Friese: *Grenzen der Gastfreundschaft*, op. cit., S. 26.

Lust, ein Begehren oder Spaß, dessen Objekt der homo sacer, der fremde tötbare Asylsuchende, „dem gegenüber alle Menschen als Souveräne handeln“[562] ist.

Das souveräne Handeln gegenüber den Asylsuchenden manifestiert sich auch im sexuellen Missbrauch durch opportunistische Deutsche. Diese benutzen Asylantinnen, um ihre perversen sexuellen Begierden zu befriedigen, wobei sie auch rassistische und demütigende Beleidigungen, „des insultes racistes et humiliantes“ (LM, S. 13) ausstoßen. Abgesehen von diesen toxischen und ausbeuterischen Beziehungen machen andere Deutsche aus der Situation eine Business-Gelegenheit und werden Zuhälter, welche die Sexarbeit als „tuyeaux“ (ein Mittel) zum (finanziellen) Erfolg an die Asylsuchenden anbieten (LM, S. 56). All diese Aspekte der Gastfeindschaft sind in einem langwierigen Asylprozess gedeckt, der lange Monate bis hin zu Jahren dauern kann und die Bewerber in Isolierung und Müßiggang „blockiert“ und schlussendlich zu Ablehnungen führen kann (vgl. LM, S. 229 f.). Angesichts von diesen Manifestationen der individuellen, kollektiven und staatlichen Gastfeindschaft stellt sich die Frage, wie die fremden Asylsuchenden ihr erträumtes besseres Leben verwirklichen können. Ich möchte im folgenden Kapitel aufzeigen, wie sie unter diesen Umständen für ihr Überleben kämpfen.

3. Strategien der Resilienz

Im vorhergehenden Kapitel wurde gezeigt, wie menschenfeindlich die Transitzentren und deren Sicherheitsmaßnahmen sind. Diese Zentren sind Bestandteil eines Asyldispositives, das die Entfaltung und eine zufriedenstellende Identitätsbildung des Asylsuchenden kaum ermöglicht. Zinsous Figuren versuchen, sich nicht als Opfer dem Asylsystem auszuliefern oder sich von diesem unterdrücken zu lassen. Sie nehmen ihr eigenes Ankommen in die (Mit-)Verantwortung und setzen sich auf unterschiedliche Weise für ihr Überleben ein.

3.1. Das Konzept *atike-kpame*

Für Theodor Adorno wird das Paradoxon eines Kunstwerks im Titel rekapituliert und verdichtet. Der Titel gilt nach ihm als der Mikrokosmos des Werks.[563] Der Titel eines Romans kann häufig ein isotopisches und semantisches Feld darstellen, das den Leser auf die symbolische und ideologische Grundlage sowie die Zielrichtung des Werks aufmerksam macht. In dieser Perspektive ist der Titel

562 Giorgio Agamben, Homo sacer, op. cit., S. 94.

563 Theodor W. Adorno: „Titel“, in: *Noten zur Literatur III*, Shurkamp, Frankfurt am Main 1971, S. 7–18.

„Le médicament" ein programmatischer Titel, den Zinsou verwendet, um eine spezifische Ideologie des Asyls darzustellen.

Das französische titelgebende Wort „médicament" ist im Grunde eine semantische Lehnübertragung aus dem Ewe-Begriff *„atike"*. *„Atike-kpame"* übersetzt bedeutet „Medikament-Heim". „Atike" bezieht sich nicht nur auf Medikament bzw. ein zähflüssiges, bitteres und Übelkeit erregendes Medikament – *atike kadikadika* (LM, S. 16) –, das die Ich-Erzählerin in ihrer Kindheit im Krankenhaus unter Zwang einnehmen musste, er ist auch der Begriff, mit dem die Asylbewerber aus „Dugan" bzw. Togo ihre Asylsituation verbildlichen. Der Titel des Romans stellt also die Wahrnehmung des Transitzentrums und Asylprozesses aus der Perspektive von togoischen Asylanten dar: „Nous avons déjà en vue notre Centre, notre 'couvent', ou encore notre 'hôpital', pour traduire l'expression par laquelle les Duganais appellent les centres de demande d'asile, *atike-kpame*, le processus d'asile lui-même étant le 'médicament', *atike*" (LM, S. 15, Hervorhebung im Original). Vor allem der Begriff „couvent" spielt auf eine religiöse Bedeutung an. In der Tat bezeichnet er in der animistischen Religion einen heiligen Voodoo-Ort, an dem man Heilung findet, indem man akzeptiert, ein Anhänger eines Gottes zu werden. Der „Kranke" und so der zukünftige Adept wird während seines Aufenthalts am heiligen Ort bestimmter okkulter Einweihungen wie Ritualen, Tänzen und Götter-Sprachen unterzogen.[564] Eine andere Praktik in der animistischen Stätte ist die Flagellation des Adepten, wie das Beispiel von Luc in der Erzählung zeigt (LM, S. 158). Der Begriff verkörpert sowohl eine Idee von „Gefängnis" – sofern das Leben im Kloster eingeschränkt wird und unter strenger Kontrolle des Priesters steht – als auch den Wert eines Krankenhauses. Dieses ambivalente Bild entspricht einer theoretischen Annäherung an Jacques Derridas Verständnis des Wortes „Pharmakon", das analogisch als „Medikament" betrachtet wird, das die Wirkung sowohl eines Heilmittels als auch eines Giftes hat.[565] Vor dem Hintergrund dieser religiös-klinischen Wahrnehmung des Transitzentrums betrachten sich die Asylsuchenden als „Kranke", die durch das Asylverfahren geheilt werden, „cet "hôpital" où des malades des quatre coins du monde, viennent

---

564 Vgl. Yaovi Antoine Hounhouenou: *L'image de l'Allemagne et des Allemands dans la littérature ouest-africaine du 20ème siècle*, Shaker Verlag, Aachen 2007, S. 237.

565 In seinem Essay „Plato's pharmacy" dekonstruierte Derrida Platos Verständnis von „pharmakon", um die vielfachen Bedeutungen (Medizin, Gift, Heilmittel, Zauber) aufzuzeigen, die dieser Begriff umfasste. Vgl. Jacques Derrida, „Plato's Pharmacy", in: Ders.: Dissemination, *Transl., with an Introd. and Additional Notes, by Barbara Johnson*, Univ. of Chicago Press, Chicago 1981, S. 61–171. Zum Begriff des „pharmakon", siehe S. 95–117.

peut-être avaler leur *atike kadikadi*" (LM, S. 17). Das Kranksein symbolisiert die gescheiterte Lebenssituation in der Heimat, wobei „bouffer le ›médicament‹" (LM, S. 22) bzw. der Akt der Einnahme der Arznei die Antragstellung des Asyls bedeutet. Antragsberechtigt sind nur diejenigen, die aus einem Land kommen, das als „krank" anerkannt wird, „un pays qui fabrique des malades, réfugiés" (LM, S. 222). Der Asylsuchende erlebt bei der Erlangung des Flüchtlingsstatus eine Reihe von Schwierigkeiten, die mit denen eines Patienten in einem Krankenhaus vergleichbar sind, hierbei mit dem Unterschied, dass die Asylsuchenden selbst für ihre Therapie verantwortlich sind und sich selbst ihre passenden Heilmittel suchen sollen. In dem Roman beziehen sich die Nöte im „Krankenhaus" hauptsächlich auf die Form oder das Aussehen, die Konsistenz und den abstoßenden Geschmack der zu schluckenden bitteren Pille.

Obwohl das Transitzentrum und das Asylverfahren sich als Unterdrückungsdispositiv darstellen, weigern sich die afrikanischen Asylanten, sie als solche zu akzeptieren. Der Begriff *atike-kpame* für Asylzentrum ist zwar verspottend in Bezug auf die erbärmliche Situation des Asylbedürftigen, aber er hat eine inspirierende, programmatisch-strategische und ermutigende Funktion. Die Asylanten verleihen sich dadurch einen aktiven Handlungsraum, um sich dem Leiden und den negativen Auswirkungen des entwürdigenden Asylprozesses entgegenzustellen und für ihre eigene Persönlichkeit und ihr eigenes Überleben zu kämpfen. Das bestätigt Zinsou indem er schreibt:

> Ce mot traduit d'une part la volonté de trouver un remède à la situation qui a conduit à l'exil (…). Mais le mot traduit également le besoin de vivre l'asile sans être aliéné, sans y perdre sa personnalité. C'est tout un programme, une stratégie pour sortir des tragédies, non seulement celle que l'on a fui en quittant son pays (…), mais aussi celle que, comme des pilules parfois amères, on doit avaler, s'ingurgiter parfois à contrecœur, n'ayant pas d'autres solutions.[566]

Es geht also um die Selbsterhaltung der sozialen und persönlichen Identität. Der Asylprozess bleibt für die Asylsuchenden eine notwendige *atike kadikadi*, eine zähflüssige bittere Pille (LM, S. 17), ein bitterer Weg zu einem besseren Leben. Zinsou zeigt dadurch, dass „one man's poison is another man's cure."[567]

566 Sénouvo A. Zinsou: „Sur le roman ‚Le médicament'", in: Lieven d'Hulst/Jean-Marc Moura (hrsg.): *Les études littéraires francophones : état des lieux. Actes du colloque organisé par les Université de Leuven, Kortrijk et de Lille, 2–4 mai 2002*, Villeneuve d'Ascq: Univ. Charles de Gaulle – Lille 3, 2003, S. 165–72, hier S. 165.

567 Susmitha Udayan: „Beyond 'Bare Life': Pushing Back on Refugee Stereotypes in Sénouvo Agbota Zinsou's *Le Médicament*", in: *Literature Interpretation Theory*, 29:3, 2018, S. 197–209, hier S. 200, DOI: 10.1080/10436928.2018.1490601.

Die Metapher des Medikaments zeigt ferner die unterschiedlichen Strategien, die Asylsuchende verwenden, um ihre Heilung, hier ihr soziales und politisches Ankommen, zu bewirken. Diese Bedeutung, die der Roman liefert, hat eine Doppelimplikation. Einerseits ist sie eine erzähldiskursive Kritik an den Transitzentren, welche die staatliche „Lager"-Politik[568] und den „Ausnahmezustand" der Flüchtlinge zur Schau stellen, anderseits widersetzt sie sich der verbreiteten reduktionistischen Darstellung von Schutzsuchenden als passive und hilflose Opfer und gewinnt einen Raum für deren Handlungsfähigkeit zurück. Denn, die Flüchtlinge rekurrieren auf unterschiedliche pragmatische Strategien, um ihre paralysierende Situation zu bewältigen. Dabei zeigt sich, dass jeder sich das Medikament aussucht, das ihm oder seinem Geschmack passt, oder unterschiedliche Medikamente ausprobieren kann, „un médicament comme un autre. Avaler les pilules, toutes les potions ; se laisser administrer toutes les injections, on ne sait jamais laquelle sera la bonne." (LM, S. 14) Die unterschiedlichen Medikamente möchte ich im Folgenden studieren.

3.2. Der sexualisierbare Körper: Sex, Prostitution und arrangierte Heiraten als wirkungslose Medikamente

„Es sind die absolut tötbaren Körper der Untertanen, die den neuen politischen Körper des Abendlandes bilden",[569] schreibt Agamben. Damit meint er die menschenverachtende Behandlung der Flüchtlinge durch den biopolitischen Apparat. Eine der Konsequenzen dieser Politik in Zinsous Roman ist die Tatsache, dass Asylsuchende ihren Körper als sexuelles Überlebensobjekt zur Verfügung stellen. Denn, „[l]'exil est (…) une chose terrible, qui peut vous pousser à tout, faire de vous tout ce que vous n'avez pas imaginé, comme si vous étiez poussé hors de votre personnalité" (LM, S. 376), heißt es im Text. Sich durch die Asylsituation gezwungen sehen, Dinge zu machen, die man nie im normalen Leben machen würde, scheint die Alternative mancher Figuren zu sein. Angesichts der Hilfelosigkeit ihrer Situation liefern sie sich dem Sex mit Deutschen aus, um einen Ausweg zu finden. Hierbei machen es einige gelegentlich, zum Beispiel Aïssatou, Victorine, Mary (LM, S. 14) oder zielgerichtet mit dem Zweck, nicht nur um Geld zu verdienen, sondern mit der Hoffnung, einen Mann zu heiraten, durch den sie Papiere und Respekt erhalten können. (LM, ebd.). Für Geld und Papiere liefert sich auch Miranda, eine Exilierte aus Äthiopien, einem alten Deutschen aus, der sie als Sklavin unterdrückt, ausbeutet und am Ende betrügt (LM, S. 31 f.), ohne sie zu heiraten. In diesem Sinne erscheint der Sex als wirkungsloses Medikament,

568 Agamben, *Homo sacer*, op. cit., S. 127 ff.

569 Agamben, ebd., S. 134.

das nicht heilt (LM, S. 34 f.). Man sollte hier bedenken, dass das Medikament sowohl das sexuelle Organ („le médicament du vieux", S. 32) und den sexuellen Akt („le vieux lui ingurgite le médicament", S. 33), der im physiologischen Sinne verzehrt wird, als auch den damit verbundenen sozialen Zweck der Asylsuchenden verkörpert. Die sexuelle Ausnutzung, die als „travail social au noir" (LM, ebd.) dargestellt wird, wirkt sehr negativ auf Mirandas Körper – „elle a mal au ventre. Elle vomit" (S. 32) – sowie auf ihren sozialen Charakter. Ihre Kolleginnen schreiben ihr sarkastisch das Etikett „baisable et corvéable à merci" (LM, ebd.) zu. Miranda wird hier wie ein „Lustobjekt"[570] behandelt.

Im Gegensatz dazu ist die Sexarbeit insbesondere bei Dorothée ein selbstverständlicher Beruf, „c'est un peu son métier" (LM, S. 14). Dorothée alias „Alles klar" stellt ihren eigenen Körper in den Mittelpunkt aller ihrer Bemühungen und Beziehungen: „Dès qu'un homme se présente, elle s'habille, parfois sans prendre d'abord le temps de se doucher vraiment, elle se maquille, se parfume, accroche son sac à main à l'épaule et le suit." (LM, ebd.). Die Prostitution ist bei ihr „›*Alles klar!*‹: avec elle, tout est clair ; c'est les deutschemarks contre le sexe." (LM, S. 21). Die Sexarbeit scheint für sie der einzige Ausweg zu sein. Sie praktiziert ihre Prostitution auf eine so unbekümmerte Weise, dass ihr die Kritik von Justine, ihrer Zimmerkollegin, und den anderen, die diese entwürdigende Arbeit nicht machen wollen, egal ist. Dorothée versucht fortwährend, durch eine Zurschaustellung ihres Körpers Männer zu verführen. Die folgende Textpassage zeigt es deutlich:

> Dorothée vient d'entrer, tambour battant, talons claquants, hanches dansantes, en tenue panthère. Sans se soucier de la présence de Markus, selon son habitude, elle se change. Markus, comme fasciné, regarde la panthère impressionnante qui mue, remue tout sur elle-même et autour d'elle. Elle finit de se changer et veut ressortir. Markus s'empresse de dire :
> – Tu peux faire les présentations, Justine ?
> – (…)
> – Ah ! (…) la beauté, c'est la beauté, hein !
> Je pense : Markus évolue. De 'Né-Noi-gens-de-couleur', il arrive à la couleur spéciale de la beauté, sans se soucier qu'elle soit tutsi ou hutu !
> Donc, fortement convaincu que Dorothée appartient simplement à la race des belles femmes et intéressé par tout l'étincellement que cette couleur spéciale de belle femme est capable de produire, Markus ne veut pas laisser Dorothée, sa digne représentante, s'en aller. Son regard oscille maintenant entre les dessous de Dorothée exposés un peu partout et ses parties en chair et en os auxquelles ils sont destinés, comme si, à volonté, il lui enlevait et lui remettait slips, bas, soutien-gorge, jarretelles…
> – Si Madame Dorothée veut prendre quelque chose avec nous… nous pouvons même aller ensemble dans un bar… (LM, S. 450 f.)

570 Vgl. Dotsé Yigbe, 2009, op. cit., S. 114.

Der physische erotische Ausdruck von Dorothée veranschaulicht auf eindrucksvolle Weise ihren verführerischen Plan. Dabei kommen nicht nur ihre „tanzenden Hüften" zur Geltung, sondern auch die Art und Weise, wie sie sich als Pantherfrau im Pantheranzug präsentiert, verdeutlicht, dass sie das praktiziert, was Laura Mulvey „to-be-looked-at-ness"[571] bezeichnet. Zinsous spricht von einem Körper, der sich bewusst theatralisch in den Blickpunkt stellt, sich offenbart und sich liefert: „le corps qui s'offre (…), un corps qui offre à voir. Et surtout qui s'offre à voir (…) : nu ou presque en public, costumé, maquillé, masqué, déguisé…"[572] Dorothées Verhalten zeigt deutlich, dass sie absichtlich ihren Körper zur Schau stellt und auf der Jagd ist. Denn das Panthermotiv symbolisiert Jagd, Seduktion; die Pantherfrau wird im Allgemeinen als erotische Figur, als sexuelles Lustobjekt inszeniert.[573] Dorothées Ziel ist es, Markus zu verführen, und die Reaktion von Markus macht klar, dass Dorothée in diesem Vorhaben erfolgreich ist. Die Szene endet schließlich mit dem Austausch ihrer Kontaktdaten, und der Geschäftsmann besorgt ihr später ein Zimmer in einem Luxushotel (LM, S. 464 f.) und gibt viel Geld für sie aus. Am Ende gestalten Dorothée und Markus ihr Leben gemeinsam, da Markus mit ihr Geschäfte in Afrika betreibt und beide sich in Ruanda in einer prächtigen Villa niederlassen (LM, S. 490). Markus erweist sich somit als wirkungsvolle Arznei, eine bedeutende Quelle der Stabilität und Erfüllung in ihrem Leben.

In der Erzählung wird Georges le Bel von einem Ehepaar instrumentalisiert, wobei er die sexuellen Bedürfnisse der Frau, Renate, vor den Augen ihres Ehemannes erfüllt (LM, S. 34). Durch diese Beziehung findet er finanzielle Unterstützung und eröffnet ein afrikanisches Restaurant (LM, S. 263 f.). Allerdings entstehen Schwierigkeiten in der Beziehung, als Georges eine Affäre mit Alexandra, einer jüngeren Frau, eingeht. Dies steht Georges le Bel vor eine schwierige Entscheidung: Er muss zwischen der Beziehung mit Renate, um die gegenwärtigen Existenzgrundlagen für seine *kranke* Situation (Geld und Papiere), und seiner wirklichen Sehnsucht nach einer Beziehung mit einer jüngeren Frau, wenn er

---

571 Laura Mulvey: „Visual Pleasure and Narrative Cinema", in: *Film Manifestos and Global Cinema Cultures*, University of California Press, Berkeley 2014, S. 359–370, hier S. 364.

572 Sénouvo Agbota Zinsou: „Le corps comme espace théâtral", in: Susanne Gehrmann & Gilbert Dotsé Yigbe (hrsg.): *Créativité intermédiatique au Togo et dans la diaspora togolaise* (hrsg.), LIT Verlag, Berlin 2015, S. 199–224, hier S. 199.

573 Julie Buffard-Moret: „Le Motif Léopard Dans Le Vestiaire Féminin Au XXe Siècle : De L'authentique Fourrure Du Fauve à La Prolifération de L'imprimé Tacheté", in: *Apparence(s)* 11 (2022): keine Seiten.

gesund wäre. Die Sehnsucht nach einem gesunden Leben inmitten seiner Krankheit, auch wenn er das „Medikament" nicht unter den vereinbarten Bedingungen mit Renate einnimmt, führt letztendlich dazu, dass er eine Gefängnisstrafe verbüßt (LM, S. 341 ff.). Sein Asylantrag wird ebenfalls abgelehnt. Schließlich entscheidet er, nicht mehr nach Deutschland zurückzukehren, denn wie er sagt, „ce médicament n'est pas bon pour moi" (LM, S. 350). Ähnlich wie Georges flieht auch Kwesi vor seiner drohenden Abschiebung aus Deutschland und sucht Zuflucht bei seiner alten Freundin Doris in Schweden. Ihre gemeinsame Zeit endet jedoch in einer Beziehungskrise, die zur Trennung führt. Kurz nach der Trennung erleidet Kwesi in Schweden eine tragische Schicksalswendung, als er von der Polizei gefasst wird und dabei ums Leben kommt (LM, S. 356).

Einerseits verdeutlichen diese entwürdigenden Umgehungstaktiken die verheerenden Auswirkungen des unfreundlichen Asylsystems auf die Antragsteller. Andererseits handelt es sich bei diesen Strategien um bewusste Entscheidungen, die sie aufgrund der scheinbar ausweglosen und hoffnungslosen Lage treffen. Der bewusste Verkauf des eigenen Körpers dient nicht nur dazu, den Alltag finanziell zu bewältigen, sondern auch, um durch den Erwerb von Papieren politisch im Land Fuß zu fassen und somit ihre Zukunft zu absichern. Denn wie Bertolt Brecht es formulierte, ist das Papier „der edelste Teil von einem [Asylsuchenden]"[574] geworden. Hier sind die Asylsuchenden letztlich gezwungen, ihrem Körper weniger Wert beizumessen, um die Papiere zu bekommen. So erhält das Papier einen existenziellen Wert; seine Erhaltung verläuft über die Opferung des eigenen Körpers und die Selbstdegradierung des Menschseins. Ferner könnte man bei näherem Hinsehen darlegen, dass Zinsou abgesehen von dem Problem des strategischen Sexes auch die existenzielle Funktion von *Beziehung* für die Asylsuchenden zeigen möchte. Das hat sich bei den Paaren Justine und Stefan, Jürgen und Carla, Kwesi und Doris, Mir und Carlos, Alassani und Marion, Georges und Renate, Dorothée und Markus gezeigt, selbst wenn einige gescheitert sind. Für die einen und die anderen erweisen sich die Sexarbeit, die Scheinliebe und Scheinheirat als wirkungslose Medikamente, da sie ihre Lage komplizierter machen und keine endgültige Lösung bringen. Paradoxerweise ist Dorothée die Einzige, die durch ihre Prostitution frei, sorglos und glücklich lebt. Trotz ihres rentablen Ausweges dank des reichen Markus wird ihre strategische Sexarbeit durch das starke Gegenbild von Justine verurteilt.

574 Bertolt Brecht: *Flüchtlingsgespräche*. Erweiterte Ausgabe, Suhrkamp, Frankfurt am Main 2000, S. 7. Bei Brecht steht [Menschen].

3.3. Das vorbildliche Verhalten der Ich-Erzählerin

Im Gegensatz zu Dorothée und Miranda hat Justine der Sexarbeit widerstanden, denn, so ist ihre Einstellung, „on n'est pas tous prêts à exercer le même métier. On a besoin d'argent, mais pas à tout prix". (LM, S. 14). Sie verteidigt damit den Wert, der ihren Lebensgrundsatz in der Asylsituation bildet: die Würde. Justine und Carla sind die Manifestation eines feministischen Selbstbewusstseins, das dem verdinglichenden Bild der afrikanischen Asylantin widersteht und den Respekt vor der Würde der Frau fordert. Justine ist eine Gegenfigur zu Dorothée, die sich ausnutzen bzw. missbrauchen lässt, weil sie eine gegensätzliche Konzeption der Frauenwürde hat: „Moi, je suis libre, hein ! Libre de tout, même de la dignité telle que tu la conçois (…). Non, je ne me vends pas comme tu crois, hein ! Alors (…), argent, dignité, fais chier, s'il te plaît. *Alles klar!*" (LM, S. 466). Justine positioniert sich als systematische Kritikerin von Dorothée, zumal sie nicht mit ihr in die entwürdigende weibliche Kategorie von „putain de négresse" (LM, S. 467) geschoben werden will. Mit ihrer Entscheidung tritt Justine als selbstbewusste und vorbildliche Frau hervor, die trotz der Asylsituation eine normale und echte Liebesbeziehung mit Stefan hat aufbauen können.

Weiterhin ist sie bemüht, sich hygienisch gut zu verhalten. Sie verwendet dabei die „Waffe des Vorbilds". Sie schreibt: „Aux centres dits de transit d'Offenberg et de Rheinfelsen, j'avais gagné ma bataille, du moins en partie, contre le désordre et la saleté, en utilisant d'abord l'arme de l'exemple" (LM, S. 23). Im Gegensatz zu ihren Kollegen und Kolleginnen hat sie sich für Ordnung und Sauberkeit nicht nur in ihrem Zimmer, sondern auch in den Toiletten des Zentrums eingesetzt. Werkzeuge und Reinigungsmittel besorgt sie manchmal von eigenem Geld (LM, S. 75). Die „sans-papière" (LM, S. 95) versucht dadurch, in den Augen der Beamten Punkte zu sammeln. Sie hat durch ihr Beispiel andere Asylantinnen aus Afrika für Sauberkeit gewonnen. Ihre Sauberkeit stellt die Beamten des Zentrums zufrieden, sodass sie mit Bewunderung und (rassistische!) Ironie *„Afrika schön! Afrika schön!"* (LM, S. 24) ausrufen, wenn sie in Justines Zimmer eintreten. Wegen ihres sauberen und ordentlichen Verhaltens konnte sie ihren Transfer aus dem Zentrum in Offenberg beschleunigen, wie sie triumphierend berichtet:

> J'étais sûre que ma conduite, surtout en ce qui concerne la propreté des lieux, était pour quelque chose dans la décision relativement rapide de mon transfert. J'étais heureuse que mes efforts étaient reconnus et récompensés. Je voulais même laisser la meilleure image possible de nous, en nettoyant une nouvelle et dernière fois les toilettes cette nuit. Mes collègues de chambre étaient d'accord, enthousiasmées par les promesses du transfert. (LM, S. 67)

Das Engagement für Sauberkeit und Ordnung ist zwar eine charakteristische Eigenschaft der Frau aus Dugan, ihrem Heimatland (LM, S. 24), aber Justine benutzt sie hier auch gezielt als Strategie, um schneller im Asylverfahren voranzukommen und den endgültigen Transfer, die „étape du ›médicament‹ [appelé] transfert définitif" (LM, S. 120), zu erlangen. Als die Asylanten des Hauses 21, zu dem Justine gehört, ihre Toilette kaputt und dreckig gemacht haben, wird der Oberchef wütend und ruft *„Kein Transfer! Kein Transfer für Haus 21!"* (LM, S. 70) aus. Unter diesen kritischen Umständen mobilisiert sie die anderen, eine konsequente Antwort auf diese Entscheidung zu geben: „Nous armer à notre tour et livrer bataille! Oui, s'armer de balais, de brosses, de déboucheurs, de seaux, de brouettes pour nettoyer, racler, récurer, vidanger, faire plusieurs allers-retours entre le bâtiment et les containers à ordures" (LM, S. 71). Da der Sabotageakt der anderen (LM, S. 77) zur Annullierung des Transfers führt, sieht Justine die Situation als einen Kampf, der nur durch die Wiederherstellung der Ordnung und Sauberkeit zu gewinnen ist.

Justines persönliche Bemühungen, ihr vorbildliches Verhalten und ihr Engagement in der Verteidigung der anderen haben vermutlich Frucht getragen, da sie schließlich als Flüchtling anerkannt wird (LM, S. 481). Man könnte daraus schließen, dass ein verantwortungsbewusstes Verhalten eines Asylsuchenden Einfluss auf seine Integration haben kann. Es ist wichtig zu betonen, dass der Name „Justine" ein bezeichnender oder sprechender Name ist. Im Französischen lässt er sich mit dem Begriff „Justice" – also Gerechtigkeit – in Verbindung bringen, was ihr Verhalten widerspiegelt und bestätigt.

Indem Justine als Ich-Erzählerin ihren Kampf für ihre Existenz in der schwierigen Asylsituation darstellt, macht sie eine narrative Rückreise in die heimatliche Vergangenheit. Sie vergleicht ihren Kampf ständig mit den historischen politischen Protesten gegen den Diktator in Dugan, ihrem Heimatland, die sie zur Flucht gezwungen haben. Auf diese Weise nimmt sie eine doppelte Heilung vor: Das Bemühen um eine äußere, soziale und politische „Heilung" im Asylland geht mit einer inneren Selbsttherapie einher. Die Gedächtnisarbeit oder die Vergegenwärtigung der Ereignisse in ihrer Heimat durch Erzählen übernimmt eine heilende Funktion für ihr Inneres. Die politischen Erfahrungen in ihrem Heimatland befähigen sie zudem, Proteste gegen die Veränderung der Sozialleistungen zu koordinieren.

3.4. Proteste gegen die neue Sozialleistung

Die Streichung von Bargeldauszahlungen und die Umstellung auf Sachleistungen stellen ein wiederkehrendes Diskussionsthema dar, das in der gegenwärtigen

Debatte über Migration in Deutschland sowie in anderen europäischen Ländern intensiv diskutiert wird. Damit wird ein Signal der soziopolitischen Abwehr gegenüber Gastmigranten gesendet. Die Asylsuchenden in Zinsous Roman reagieren nicht passiv auf solche Maßnahme.

Hannah Arendt zufolge hat ein Flüchtling das „Recht, Rechte zu haben."[575] Dies impliziert auch das Recht, Protest zu führen, seine Meinung und Frustration zu äußern. Von diesem Recht machen die Asylsuchenden angesichts der Änderung der Sozialleistungen bzw. der Abschaffung der 400 Mark gegen 80 Mark und Lebensmittel (LM, S. 120 f.) Gebrauch. Die Bewerber sind empört, sie organisieren sich, treffen sich und versuchen, mithilfe deutscher Sympathisanten gegen diese Regelung zu kämpfen („se battre" – S. 125). Der Protest ist ein Mittel, um aus dem „Tunnel" des Asylverfahrens auszukommen bzw. „se battre pour y survivre" (LM, S. 127). Bei den Vorbereitungen für den öffentlichen Protest und besonders bei der Mobilisierung ihrer anderen Kollegen und Kolleginnen macht die Ich-Erzählerin von ihrer Erfahrung als Journalistin in ihrem Heimatland Gebrauch. Alle Etappen ihres Kampfes vergleicht sie ständig mit den unterschiedlichen Phasen der politischen Proteste in ihrem Heimatland, bei denen sie eine mobilisierende Rolle gespielt hat. Durch ihre Bemühungen wird ihr Protest in der Presse veröffentlicht.

Obwohl einige Asylsuchende skeptisch sind, ob ihr Protest, ihr Mut bzw. ihre „attitude courageuse" (LM, S. 161) eine positive Folge herbeiführen würden, verlieren Justine und Carla nicht die Courage. Dadurch sieht man, dass sie entschieden sind, unbedingt etwas für die Veränderung ihrer Situation zu bewirken. Sie haben verstanden, dass es ein Preis für das eigene Überleben im fremden Land zu zahlen ist, ob freiwillig oder gegen den eigenen Willen. „Il y a donc un prix à payer partout, d'une manière ou d'une autre pour être admis dans n'importe quelle danse. Des flagellations à subir, volontairement […] ou contre son gré, comme nous en ce moment" (LM, S. 158), schlussfolgert die Ich-Erzählerin. Damit stellt sich die Gastfeindschaft als Flagellation und somit als eine Art Misshandlung oder Gewalt dar, der man ausgesetzt ist, und die man entweder ertragen oder bekämpfen soll, um zu überleben. Eine ähnliche Gewalt will „la Citoyenne" auf die Asylsuchenden ausüben, indem sie ihnen Blumen mit Stacheln mit den fremdenfeindlichen Briefen schickt. Diese fremdenfeindliche Frau drückt deutlich aus, welchen Effekt sie dadurch erwartet:

> Ces fleurs bien parfumées ! Ils en ont pour plusieurs jours et plusieurs nuits d'épines ! Il faut que ça les pique ! Dans le flanc, les poumons, l'estomac… qu'ils en aient des ulcères,

575 Hannah Arendt, 2017, op. cit., S. 614.

> qu'il [sic !] n'en dorment pas ! Que ça leur coupe l'appétit et que même ces vivres qu'on leur donne, ils ne puissent pas les consommer. De quel droit les mangent-ils, ces vivres de nos souffrances, de nos propres épines, de notre flagellation ? (LM, S. 172).

Der Schluss macht sehr plausibel, dass die Flagellation die erlebte Gastfeindschaft darstellt. In diesem Sinne kann der Protest gegen die Verteilung der Lebensmittel kompromittierende Konsequenzen für die Asylsuchenden haben. Aber das Bewusstsein des Kampfes und die Erfahrungen bei den politischen Aufständen in ihrem Heimatland ermutigen die Ich-Erzählerin sowie einige ihrer Sympathisanten (Mme Rézah, Lisa, Stefan, Fonana), die Lebensmittel zu verweigern, obwohl andere diese nehmen. „Non ! À l'acceptation de l'échec, je préfère l'entêtement. Advienne que pourra. Si c'est par crainte de représailles que des collègues ont accepté les vivres, je suis prête à subir ces représailles." (LM, S. 258), proklamiert Justine. Ihre Entschlossenheit für den Protest schöpft sie besonders aus der Figur von Mama Goalier, einer alten Frau, die sehr aktiv bei den politischen Aufständen in Puta, der Hauptstadt von Dugan, gewesen ist. Im Kontrast zu „la Citoyenne", deren Stimme Justine durch ihre Hassreden erschreckt und verfolgt, ist Mama Goalier eine gespenstische und *duganische* (togoische) weibliche Gegenfigur, die den Kampf der Asylsuchenden inspiriert und bestärkt. Sie verkörpert den kolonialen Widerstand gegen die Weißen (LM, S. 131 f.) im fiktiven Dugan und ist für Justine das ermutigendste Bild bzw. „l'image (…) la plus encourageante" (LM, S. 129).

Die Entschlossenheit der Frauen lässt verstehen, dass sie diesen Protest als einen zu bezahlenden politischen Preis verstehen, um die Lage verändern zu können. Es ist ein Kampf um Freiheit und Wohlwollen. Selbst wenn das am Ende nichts an der neuen Sozialleistung ändern kann, zeigen die Asylantinnen das Bild von selbstbewussten und autonomen Akteurinnen und gewinnen die Erhaltung ihrer Persönlichkeit. Eben dies ist auch die Bedeutung der „Heilung", wie Zinsou es selbst unterstreicht: „Or, guérir, c'est maintenir son intégralité, sa personnalité, dans une situation où il y a de fortes chances qu'on la perde."[576]

Man sieht, dass der Gebrauch ihres politischen Rechts, Protest zu leisten, nicht das beabsichtigte Ziel erreicht hat. Dies lässt erneut an Spivaks grundlegende Frage denken, nämlich, ob die *Subalterne* sprechen darf. Die Initiative von Justine und den anderen zeigt, dass die Subalternen von ihrer *Stimme* Gebrauch machen können. Doch die wichtigste Frage ist, ob ihnen Gehör verschafft wird, oder ob das, was sie sagen, in den Augen der „Herren" überhaupt ein Gewicht hat. Das Scheitern der Proteste liegt einerseits daran, dass die Anforderungen

576 Sénouvo Agbota Zinsou: „Sur le roman 'Le médicament'", op. cit., S. 165.

der Asylsuchenden nicht beachtet werden, andererseits hat es damit zu tun, dass andere Kollegen den Protest boykottieren. Kodjo Enuglo ist ein Beispiel davon.

3.5. Kodjo Enuglo als individualistischer und opportunistischer Informant

Kodjo Enuglo ist einer der Asylanten, der aus dem Land der Ich-Erzählerin kommt. Er wird von seinen Kollegen nicht gesehen, weil Solidarität und kollektives Handeln für ihn unbekannte Eigenschaften sind. Enuglo versucht in diesen Umständen des „ghost life" „to escape from the constructed label of 'foreigner'. Trapped in a double-je game, Enuglo is doubled: one with the refugees, and one with the German authorities."[577] Er setzt sich für das eigene Interesse auf Kosten der anderen ein, indem er versucht, als Informant in Verbindung mit dem Hausmeister und der Polizei zu sein. Durch ein *Double-je* versucht er, dem aufgezwungenen Etikett des Fremden zu entkommen. Er verrät den Letzteren Informationen über seine Kollegen, die etwas Strafbares getan oder eine falsche Identitätsangabe gegeben haben (LM, S. 110 f.). Als Verräter handelt er gegen die Solidarität zwischen afrikanischen Asylanten, welche die anderen für wichtig halten. Justine gibt ihm zu verstehen, dass „ici, à l'étranger, la solidarité africaine est l'une des bases de notre survie et du respect que les autres pourraient nous témoigner" (LM, S. 116). Damit macht Justine deutlich, dass die afrikanische Solidarität von den Asylbewerbern als Überlebensstrategie betrachtet wird. Doch Kodjo hat ein anderes Lebensprinzip:

> Quelle solidarité ? dit Enuglo, comme déchaîné, tu crois que si on lance une pierre maintenant, un Africain risquerait sa tête pour sauver la tienne sous prétexte de solidarité ? Quelle solidarité ? Ce ne sont pas les Africains qui se sont cotisés pour m'acheter mon billet d'avion. Ah, non ! chacun sait comment il est venu et pourquoi il est venu. Chacun est venu prendre son « médicament » selon sa propre maladie. […] si tu ne fais pas attention, avec cette histoire de solidarité africaine, tu seras déçue un jour. Quand moi, je suis arrivé, j'ai cherché cette solidarité africaine-là… (LM, S. 116)

Eine afrikanische Solidarität in der Fremde erweist sich für Kodjo als Mythos. Obwohl er es ablehnt, bestätigt Kodjos Äußerung implizit, dass der Verrat und die Sabotage der anderen eigentlich sein Medikament sind. Die Ich-Erzählerin verurteilt Kodjos Egoismus, Opportunismus und sein „Jeder für sich" – „le "chacun

577 Sophie Nicole Isabelle Tanniou: „Decoding Identities in 'Francophone' African Postcolonial Spaces: Local Novels, Global Narratives", Dissertation an der University of Birmingham, März 2015, unveröffentlicht, S. 174. http://etheses.bham.ac.uk/id/eprint/6360.

pour soi"" (LM, S. 118). Trotz seines perfiden Charakters und der Boykottierung des Protestes gegen die neuen Sozialleistungen, wird Enuglos Asylantrag am Ende abgelehnt, sodass sein Medikament sich als verdorben bzw. „gâté" (LM, S. 324) herausgestellt hat und ihn nicht heilen kann. Er muss die Bitterkeit seiner „pilule" ertragen, da er in seine Heimat deportiert wird.

Fazit

Innerhalb eines biopolitischen Kontextes verändern die Asylsuchenden in Zinsous Roman ihre widrige Situation in eine Chance, von ihrer (Ver-)Handlungsfähigkeit Gebrauch zu machen, um etwas in ihrer Asylsituation in der Fremde zu bewirken. Sie versuchen, die Souveränität über ihr eigenes Leben zurückzuerobern bzw. zu verhandeln und vollziehen dadurch einen Akt der existenziellen Machteroberung, eine Macht, die ihnen durch das biopolitische Asylsystem geraubt wird. Vor allem Justine und Carla stehen als Allegorie des Frauenkampfgeistes in Asylsituationen. Selbst wenn das Antidot bei den einen durch Ablehnung, Abschiebung oder Tod wirkungslos wird und jedweder Zukunftsentwurf unmöglich wird, kann das Medikament für die anderen einen Sieg durch politische Anerkennung bewirken. Justine und Carla verkörpern den Prototyp der misshandelten Frau, die in einer Asylsituation unterschiedliche Formen der Gastfeindschaft erlebt und dennoch überlebt. Es ist relevant zu bemerken, dass die afrikanischen Figuren durch ihre Strategien dem eigenen Streben und der Selbstkritik mehr Beachtung schenken als der radikalen Fremdkritik. Sie erkennen, dass eine Aussicht in der Asylsituation mit einer symbolischen *Flagellation* einhergeht. Sie sind keine revoltierenden Figuren, die da sind, um den Rassismus der gastgebenden Gesellschaft und des Staates laut anzuprangern.

Durch die Erzählung stellt sich auch eine feminine Initiative – „initiative féminine"[578] – in gastfeindlichen Umständen heraus. Zinsou vermittelt dadurch eine feministische Antwort zur Gastfeindschaft. Denn die weibliche Autonomie, „l'autonomie individuelle du sujet féminin" ist einer der thematischen Schwerpunkte von Zinsous Werk.[579]

578 Alain Ricard: „Le sujet travesti : réflexions sur l'œuvre de Senouvo Agbota Zinsou", in: Daniel Delas, Pierre Soubias (Hrsg.): *Le Sujet de l'écriture africaine. Actes du colloque de l'APELA de septembre 1999, Université de Toulouse-Le-Mirail*, 2001, S. 57–62, hier S. 59.

579 Ebd.

V. *Die Verabschiebung* von Joachim Zelter (2021): Kritik Der Institutionellen Gastfeindschaft Und Literarisches Plädoyer Für Das Recht Des Fremdlings

1. Zum Roman

Joachim Zelters 2021 veröffentlichter Roman *Die Verabschiebung*[580] (VBS) schildert in einer durch knappen Stil gekennzeichneten 160-seitigen Erzählung die kafkaeske Akribie eines Abschiebeverfahrens in Deutschland, wo Flüchtlinge im Angesicht der Bürokratie anstrengend sind und ein Minister sich zu seinem 69. Geburtstag 69 Abschiebungen schenken lässt (VBS, S. 86 f.).[581] Faizan, ein pakistanischer Asylbewerber, wird trotz der Heirat mit Julia, einer deutschen Bürgerin, gewaltsam abgeschoben. Der Roman ist die Fiktionalisierung einer ähnlichen Situation, die Zelter bzw. seine Schwester tatsächlich erlebt hat.[582] Deswegen warnt er auch in einer Vorbemerkung, dass es „sich um eine literarische, menschliche und gesellschaftliche Wahrheit, nicht um die faktengetreue Wiedergabe tatsächlicher Ereignisse" (VBS, S. 8) handelt. Die Leitgedanken des erschütternden Romans hochaktuellen Themas bilden Immanuel Kants Überlegungen über das kosmopolitische Recht eines Fremdlings, in einem anderen Staat nicht feindselig behandelt zu werden. Dass der Autor sich auf Kant stützt, zeigt, dass dem Wert seiner Philosophie der Gastfreundschaft nach mehr als zweieinhalb Jahrhunderten und besonders mit der „Europäisierung des Asyl- und Ausländerrechts"[583] noch

---

580 Joachim Zelter: *Die Verabschiebung*, Kröner Verlag, Stuttgart 2021.

581 Es geht hier um eine erzählerische Anspielung auf Horst Seehofer. Vgl. zum Beispiel „Seehofer über Flüchtlinge 69 Abschiebungen zum 69. Geburtstag", in: *Spiegel Online* vom 10.07.2018: https://www.spiegel.de/politik/deutschland/seehofer-69-abschiebungen-zum-69-geburtstag-a-1217747.html, Zugriff am 27.07.2023.

582 Oswald Burger: „Trotz Trauschein abgeschoben: Der Tübinger Autor Joachim Zelter erlebte, wie sein Schwager nach Pakistan ausgeflogen wurde", in: *Südkurier* vom 29. Juni 2021, abrufbar auf: https://www.suedkurier.de/ueberregional/kultur/trotz-trauschein-abgeschoben-der-tuebinger-autor-joachim-zelter-erlebte-wie-sein-schwager-nach-pakistan-ausgeflogen-wurde;art10399,10845847, Zugriff am 16.08.2023.

583 Hannah Tewocht: *Drittstaatsangehörige im europäischen Migrationsrecht*, Nomos, Baden-Baden 2016, S. 20 f.

mehr Achtung beim institutionellen Umgang der Asylpolitik mit dem fremden Schutzsuchenden gebührt.

Aus diesem Blickwinkel setzt sich der Autor literarisch mit asylpolitischen und asylrechtlichen Bestimmungen, die den bürokratischen Umgang mit dem Fremdling beeinflussen, kritisch auseinander. Somit gelingt es Zelter, eine Wahrheit des deutschen Asylsystems in die Literatur zu nehmen und lässt uns Recht in Literatur begegnen. Etliche ausländerrechtliche Maßnahmen werden reflektiert und zur Diskussion gestellt. In Bezug auf ihre inhaltlichen, pragmatischen und sprachlichen Aspekte werden juristische Texte, asylrechtliche Begriffe und Praktiken, narrative Strukturen in Gesetzestexten und Urteilsbegründungen unter die Lupe genommen und dekonstruiert. Zwar sind die Beziehungen zwischen Literatur und Recht keine Seltenheit,[584] aber Zelters Vergegenständlichung des Rechts[585] fordert uns zu einer literaturwissenschaftlichen Kritik des Asyl- bzw. Ausländerrechts[586] heraus.

Ziel meiner Analyse ist es zu zeigen, dass der Autor durch das kritische Hinterfragen der absurden Abschiebepraktik und der institutionellen Gastfeindschaft innerhalb des deutschen Asylsystems ein literarisches Plädoyer für Kants *Zum ewigen Frieden* führendes Hospitalitätsrecht des Fremdlings macht.

---

584 Zu Interferenzen zwischen Literatur und Recht, siehe beispielsweise den Sammelband Eric Achermann, Andreas Blödorn, Corinna Norrick-Rühl, Petra Pohlmann (hrsg.): *Literatur und Recht: Materialität, Formen und Prozesse gegenseitiger Vergegenständlichung*, J.B. Metzler, Berlin 2023; Christian Hiebaum, Susanne Knaller & Doris Pichler. *Recht und Literatur im Zwischenraum. Aktuelle inter- und transdisziplinäre Zugänge*, transcript Verlag, Bielefeld 2015. https://doi.org/10.1515/9783839428443. In den letzten Jahren ist Juli Zeh die Autorin, die in ihren Romanen und Essays „vor allzu wohlmeinenden Übergriffen von Staat und Recht auf die Bürger und ihr Privatleben warnt" (Jürgen Joachimsthaler, „Gesetz und Fiktion. Interferenzen zwischen Literatur und Recht"), in: *Literaturkritik.de*. https://literaturkritik.de/id/20949, Zugriff am 04.08.2023. Vgl. auch Jan Wittmann: *Recht sprechen: Richterfiguren bei Kleist, Kafka und Zeh*, J.B. Metzler, Stuttgart 2018.

585 Gideon Stiening: „‚Materialität' als Begriff und Kategorie der Korrelation von Recht und Literatur", in: Eric Achermann, Andreas Blödorn, Corinna Norrick-Rühl, Petra Pohlmann (hrsg.): *Literatur und Recht: Materialität, Formen und Prozesse gegenseitiger Vergegenständlichung*, J.B. Metzler/Springer Nature, Berlin 2023, S. 45–68.

586 Einen ausführlichen Überblick über das Ausländerrecht präsentiert Paul Tiedemann in seinem Buch *Flüchtlingsrecht. Die materiellen und verfahrensrechtlichen Grundlagen*, 2. Auflage, Springer Berlin und Heidelberg, 2018.

2. Kant und das Recht auf Hospitalität: eine kurze Erläuterung

In seiner Schrift *Zum ewigen Frieden* erläutert Kant seine Auffassung der *allgemeinen Hospitalität.* Ausgangpunkt seiner Überlegungen sind ursprünglich nicht aktuelle Phänomene der Migrationsbewegungen, sondern die Frage nach den Bedingungen eines dauerhaften Friedens zwischen den Staaten. Sie richten sich damals vor allem eher auf das Ziel, den Kolonialismus und die daraus resultierenden Konflikte zu verhindern, als auf die Regulierung von Migrationsbewegungen im heutigen Sinn. Jedoch haben sie einen zukunftsweisenden Charakter und erweisen sich als grundlegend zum Denken über Praktiken in den aktuellen Migrationspolitiken.

Hospitalität umfasst Kant zufolge das Recht eines Fremdlings, „seiner Ankunft auf dem Boden eines anderen wegen, von diesem nicht feindselig behandelt zu werden."[587] Kant postuliert dabei, dass „der andere" den fremden „Besucher" nur abweisen kann, „wenn es ohne seinen Untergang geschehen kann",[588] also sofern seine Zurückweisung nicht mit Gefahr an Leib und Leben verbunden ist.

Kant betont, dass sein Hospitalitätsgesetz dem Fremdling kein *Gastrecht*, sondern ein *Besuchsrecht* zuerkennt. Das Gastrecht ist voraussetzungsreicher und exklusiver und basiert auf einem „wohltätigen Vertrag", der zeitlich begrenzt ist. Das Besuchsrecht dagegen steht allen Menschen zeitunabhängig zu und fordert sie im Namen des gemeinschaftlichen Besitzes der Oberfläche der Erde zur gegenseitigen Duldung bzw. Aufnahme auf. Als Weltbürgerrecht eignet es sich für Schutzsuchende und hat Anklänge in heutigen Asylrechten.[589] Damit unterscheidet Kant implizit zwischen Schutzsuchenden, wie Kriegsflüchtlingen und politisch Verfolgten, und Zuwanderern, die aus anderen Motiven und ohne akute und unmittelbare Bedrohung ihr Heimatland verlassen.[590] Im Sinne Kants soll für die ersteren das Besuchs- und Schutzrecht gewährt werden, während dies für die zweite Gruppe nicht gilt. In ähnlicher Weise unterscheidet auch das aktuell

---

587 Immanuel Kant: „Zum ewigen Frieden. Ein philosophischer Entwurf", in: Otto Heinrich von der Gablentz, (hrsg.): *Immanuel Kant. Klassiker der Politik*, Springer Fachmedien, Wiesbaden 1965, S. 104–150, hier S. 120. https://doi.org/10.1007/978-3-663-19739-3_6.

588 Immanuel Kant, ebd.

589 Vgl. Frauke A. Kurbacher: „Migration und Weltbürgerlichkeit zum konstitutiven Reflexionsverhältnis zwischen Recht und Sittlichkeit im Anschluss an Kants ‚Gesetz Der Hospitalität.'", in: *Rechtsphilosophie* 7.3 (2021), S. 255–269, hier S. 258.

590 Jürgen Gerhards, Silke Hans & Jürgen Schupp: „Kant, Das geltende Recht und die Einstellungen der Bürger zu Flüchtlingen und anderen Migranten", in: *Leviathan* 44, no. 4 (2016), S. 604–620, hier S. 604. http://www.jstor.org/stable/26426515.

geltende Asylrecht zwischen verschiedenen Zuwanderungsgruppen, denen einerseits das Hospitalitätsrecht gewährleistet werden muss, und solchen, die zurückgewiesen werden können. Mit dem kantischen Recht auf Schutz sind Staaten verpflichtet, Menschen, die in ihrem Land Zuflucht suchen, nicht feindselig oder ungerecht zu behandeln und abzuweisen, sondern ihnen „ein freundliches Gesicht [zu] zeigen“[591] und einen immerhin zeitweiligen Aufenthalt zu gewähren, solange diese, wie Kant es betont, sich friedlich verhalten.[592]

Jedoch bringt das Asylverfahren in Zelters Roman ein Scheitern der Kantischen Aufforderung zur Gastfreundschaft gegenüber dem Fremdling zur Sprache. Der Prozess zu diesem Scheitern wird kritisch ausgewertet, besonders die Ungültigkeit der Ehe zur institutionellen Gewährung der Gastfreundschaft.

3. (Schein)-Ehe und Aufenthaltsrecht

„Ehe und Familie stehen unter dem besonderen Schutze der staatlichen Ordnung“, sagt der Artikel 6 des deutschen Grundgesetzes. Somit kommt der Ehe eines fremden Asylbewerbers mit einer deutschen Staatsbürgerin (oder umgekehrt) eine besondere Bedeutung in der Gewährung eines Aufenthalts für den Ersteren zu. Vor einem Asylsystem, in dem den Asylbewerbern Ablehnung droht, nutzen viele die sogenannte Aufenthaltsehe, um einer Abweisung zu entgegen und das Recht auf Hospitalität in Anspruch nehmen zu können.[593] Doch, als ob der zitierte Artikel 6 jede Relevanz verloren hätte, werden in heutigen Asylpolitiken Ehen öfter als *Scheinehen* kriminalisiert, sobald sie mit sogenannten „Drittstaatsangehörigen“ bzw. „Angehörige von Staaten, die nicht der Europäischen Union bzw. dem Europäischen Wirtschaftsraum (EWR) angehören“,[594] geschlossen werden. Bereits diese problematische Begriffsbestimmung von „Drittstaatsangehörigen“ bezeugt

591 Angela Merkel, vgl. Hans Monath: „Angela Merkel rechtfertigt Flüchtlingspolitik: ‚Dann ist das nicht mein Land‘“, in: *Tagesspiegel* vom 15.09.2015, abrufbar auf https://www.tagesspiegel.de/politik/dann-ist-das-nicht-mein-land-6108841.html, Zugriff am 01.10.2023.

592 Immanuel Kant: „Zum ewigen Frieden. Ein philosophischer Entwurf“, op. cit., S. 120. https://doi.org/10.1007/978-3-663-19739-3_6.

593 Irene Messinger: „Aufenthaltsehen: Fremdenpolizeiliche Kontrolle und gerichtliche Beurteilung“, in: *juridikum, Zeitschrift für Kritik – Recht – Gesellschaft*, n° 4, 2011, S. 425–434, hier S. 426.

594 So definiert das Bundesministerium des Innern und für Heimat den Begriff, vgl. https://www.bmi.bund.de/DE/service/lexikon/functions/bmi-lexikon.html;jsessionid=E3D758E3535191683998F1D77961B2E0.1_cid350?cms_lv3=9397946&cms_lv2=9391098#doc9397946, Zugriff am 15.08.2023.

von einer nicht hinterfragten abzulehnenden Kategorisierung von Menschen. Sie verdeutlicht die asymmetrische Konstruktion von „The West an The Rest",[595] mit welcher versucht wird, Europa als eine Entität mit homogenen Normen, Werten und Traditionen darzustellen. Aber, so dekonstruiert es Imad A. Moosa,

> the West is not a homogenous entity based on geography, culture, religion, politics, or economics. (…) The West is not a precise, easily identifiable entity according to specific criteria. At least seven criteria have been used to define the West and identify Western countries. If anything, the common factor that characterizes the countries that satisfy all of the criteria is imperialism.[596]

Dazu versucht diese Klassifizierung, Staatsangehörige Europas im Gegensatz zu den anderen Menschen als überlegen zu erheben. Sie bestätigt die voreingenommene Annahme, dass die Menschen oder Asylsuchenden aus Drittstaaten nicht wert genug sind, deutsche Bürger und Bürgerinnen heiraten zu dürfen. Insofern bestärkt die Hierarchisierung von „Drittstaatsangehörigen" Rassismen und Nationalismen, die Fremdenfeindlichkeit produzieren. Unter diesen Umständen wird es für Asylbewerber kompliziert und fast unmöglich, sich durch die Heirat einen berechtigten Bleibegrund zu verschaffen. Joachim Zelter stellt uns in seinem Roman vor eine ähnliche fiktive Tatsache.

Die Protagonistin, Julia Kaiser, geht entgegen ihrer negativen Wahrnehmung der Institution Ehe einen ungewöhnlichen Schritt, indem sie Faizan, einen Asylbewerber aus Pakistan, heiratet. Denn sie hegt eine feste Überzeugung, unter keinen Umständen jemals zu heiraten. Diese Entscheidung der Heirat mit Faizan steht im klaren Kontrast zu ihrem philosophischen „Lebensvorsatz" und ihrer grundsätzlichen Ablehnung der Ehe, die sie in ihrer Magisterarbeit verteidigte, indem sie verschiedene Autoren wie Kierkegaard und Oscar Wilde heranzog und die Unhaltbarkeit der Ehe in philosophischer, literarischer und ästhetischer Hinsicht argumentierte (VBS, S. 45). Trotz dieser starken philosophischen Lebensentscheidung entschließt sich Julia dazu, Faizan zu heiraten, der von einer imminenten Abschiebung bedroht ist, mit dem Ziel, ihm „einen Platz zu ermöglichen" (VBS, S. 66). Die Eheschließung mit Julia erweist sich für Faizan nicht nur als eine „Umgehungstrategie"[597] zur Vermeidung der Abschiebung, sondern

---

595 Stuart Hall: „The West and the Rest: Discourse and Power", in: David Morley (hrsg.): *Essential Essays, Volume 2: Identity and Diaspora*, Duke University Press, New York USA 2018 [1992], S. 141–184.

596 Imad A. Moosa: *The West Versus the Rest and the Myth of Western*, Palgrave Macmillan, Cham, Switzerland 2023, S. vii.

597 Irene Messinger: *Schein oder Nicht Schein. Konstruktion und Kriminalisierung von „Scheinehen" in Geschichte und Gegenwart*, Mandelbaum, Wien 2012, S. 111.

auch als ein effektiver und sozial akzeptierter Weg, einen bestimmten Sozialstatus zu erreichen und ökonomische Sicherheit zu gewinnen, insbesondere im Hinblick auf seine Pläne, ein eigenes Restaurant zu eröffnen (VBS, S. 72). Julias Entschluss, Faizans kantisches „Recht des Fremdlings" zur Erfüllung zu bringen, stößt jedoch beim Staat auf Missbilligung. Die Ehe wird als „Scheinehe" betrachtet, eine Handlung, die als „Vortäuschung einer pseudoehelichen Lebensgemeinschaft zur Erlangung eines Aufenthaltstitels" qualifiziert wird und mit einer Freiheitsstrafe von bis zu drei Jahren oder einer Geldstrafe geahndet wird (VBS, S. 59). Diese Verurteilung einer „Scheinehe" basiert offensichtlich auf einer hegemonialen und essentialistischen Vorstellung von einer normalen oder echten Ehe. Die genauen Kriterien, anhand derer eine wahre Ehe von einer scheinbaren unterschieden wird, sind jedoch noch zu klären. Die Nationalität erweist sich dennoch oft als ein maßgeblicher Faktor zur Unterscheidung zwischen echten und Scheinehen, da als verdächtig bezüglich einer Scheinehe generell unerwünschte Ausländer gelten, die somit als Feindbild konstruiert werden.[598] Faizan wird von den Asylinstitutionen aufgrund seiner Herkunft aus einem Land, das nicht als „Vorzeigeland der Flucht, Verfolgung und Vertreibung" (VBS, S. 43) gilt und keinen Platz in den Schlagzeilen der Abendnachrichten findet, sondern als „viel zu schönes Land" betrachtet wird, das de facto als sicherer Herkunftsstaat eingestuft ist (VBS, S. 37, 25), als unerwünscht betrachtet. In Anbetracht dieser Umstände ist es für die Behörden offenbar undenkbar, Faizan Asyl zu gewähren. Da er jedoch als Staatsangehöriger eines Drittstaats einen dauerhaften Aufenthalt mit Bleibeperspektive anstrebt, wird seine Ehe mit Julia als „Scheinehe" eingestuft. Daher wird diese Eheschließung als verdächtig und nicht als schutzwürdig angesehen. Diese Verdächtigung bildet den impliziten Bezugsrahmen für staatliche Eingriffe, wie etwa unangekündigte Kontrollen, die tief in die Privatsphäre der Betroffenen eingreifen. Solche Kontrollen gehen häufig mit absurden und stasi-ähnlichen Befragungen sowie anderen Schikanen einher (vgl. VBS, S. 49 ff.). Die Einstufung einer Ehe als „Scheinehe" liegt dabei oft im Ermessen und in den subjektiven Vorstellungen des Sachbearbeiters im Ausländeramt.

Während Julia sich auf Artikel 6 des Grundgesetzes stützt, der den Schutz der Ehe und Familie gewährleistet, seien für Herrn Zöllner, den Prüfer, nach Paragraph 28 Absatz I des Aufenthaltsgesetztes die Regelerteilungsvoraussetzungen zum Erwerb eines Aufenthaltstitels zur Wahrung der ehelichen

598 Irene Messinger: „Historischer Streifzug zum Rechtskonstrukt, ‚Scheinehe'", in: Arno Pilgram, Lorenz Böllinger et al. (Hrsg.): *Einheitliches Recht für die Vielfalt der Kulturen? Strafrecht und Kriminologie in Zeiten transkultureller Gesellschaften und transnationalen Rechts*, LIT-Verlag, Wien 2012, S. 355–375, hier S. 359.

Lebensgemeinschaft mit der deutschen Ehegattin nicht erfüllt (VBS, S. 65). Die genauen Gründe, warum die Voraussetzungen nicht erfüllt sind, bleiben jedoch objektiv unklar. Für Herrn Zöllner sind es „begründete Zweifel", nämlich „Zweifel an den Wohnverhältnissen, Zweifel an einigen Ihrer Aussagen, Zweifel an Ihren Beweggründen, Zweifel an dem gesamten Vorgang" (VBS, S. 67), welche die Ehe irrelevant für die Gewährung eines Aufenthalts machen. Somit wird deutlich, dass nicht alle Ehen automatisch unter den grundgesetzlich garantierten Schutz fallen. Aufgrund der Herkunft von Faizan aus Pakistan unterstellt Herr Zöllner Julia, nicht aus Liebe, sondern aus instrumentellen Gründen geheiratet zu haben, um Faizan einen fremdenrechtlichen Vorteil zu verschaffen. Bei dieser Konstruktion der Scheinehe, die Irene Messinger als historisch „wandelbare Narration"[599] bezeichnet, treten die Diskriminierung und familienrechtliche Gastfeindschaft der Asylbehörde zum Vorschein. Denn jede Ehe ist in der Regel mit gewissen Vorteilen für die Ehepartner verbunden. Diesbezüglich schreibt Irene Messinger,

> dass bei jeder Eheschließung zumindest eine Person profitiert und seit Bestehen dieser Institution aus unterschiedlichen Gründen geheiratet wird: zum Erwerb von Ländereien, zum Erben, zur Legalisierung von Kindern, aus steuer- oder wohnrechtlichen oder anderen strategischen Vorteilen.[600]

Die Tatsache, dass Drittstaatsangehörigen strafrechtliche Vorwürfe gemacht wird, die Heirat als Mittel zur Legalisierung oder Sicherung des Aufenthaltsrechts zu nutzen, zeugt von einer institutionalisierten Abneigung gegenüber dieser Gruppe und dem Bestreben einer fremdenfeindlichen Asylpolitik, sie systematisch auszuschließen. In diesem Kontext lässt sich argumentieren, dass die Scheinehe ein juristisch konstruiertes Phänomen ist, das im Asyldiskurs auch rassistisch konnotiert ist. Der Diskurs über Scheinehen kann als Teil eines „Dispositiv[s] des institutionellen Rassismus"[601] aufgefasst werden, in dem Drittstaatsangehörige als herabgewürdigte „Andere" kategorisiert werden. Ihnen werden „unbekannte

---

599 Irene Messinger: *Schein oder Nicht Schein*, 2012, op. cit., S. 239: „[Da]s Konstrukt ‚Scheinehe' [stellt] eine wandelbare Narration dar: Die historisch hergeleiteten Konstruktionen ‚Scheinehe' werden genutzt, um binationale Ansprüche zu unterziehen und sie, als ‚Aufenthaltsehe' konstruiert, zunehmend vom Aufenthaltsrecht auszuschließen."

600 Irene Messinger, ebd., S. 9.

601 Vgl. Siegfried Jäger und Margarete Jäger: „Das Dispositiv des Institutionellen Rassismus. Eine diskurstheoretische Annäherung", in: Alex Demirović/Manuela Bojadžijev (hrsg.): *Konjunkturen des Rassismus*, Verlag Westfälisches Dampfboot, Münster 2002, S. 211–224.

und nicht einzuschätzende kollektive Absichten und Interessen"[602] unterstellt, wodurch ihre Anwesenheit als „permanente und unkalkulierte Bedrohung für das sonst friedliche und gesittete Gemeinwesen des (…) Volkes"[603] wahrgenommen wird. Dieser ideologische Konsens stellt auch die Grundlage für die Festlegung von bürokratischen Normen, Gesetzen und Alltagsregulativen bezüglich der Aufnahmewürdigkeit von Asylsuchenden dar.[604]

Man soll erkennen, dass die Scheinehen in Europa nicht erst mit den postkolonialen Migrationen angefangen haben und nicht ausschließlich Drittstaatsangehörigen zuzuschreiben sind.[605] Scheinehen sind situativ bedingt. Darum kann argumentiert werden, dass sie einerseits ein Produkt jener restriktiv-gastfeindlichen Asylgesetze sind, die den fremden Asylbewerbern das Recht auf Hospitalität verwehren. Falls Faizan nicht von der Abschiebung bedroht wäre oder wenn er bessere Aussichten auf einen dauerhaften Aufenthalt hätte, würde Julia sich nicht vom Staat dazu gezwungen fühlen, ihn unter diesen ungünstigen Umständen, bei denen bei der Trauung kein Familienangehöriger anwesend war, diese Ehe einzugehen. Stattdessen könnte sie einfach die Freundschaft mit ihm weiterhin genießen. Die Entscheidung zur Heirat ergebe sich daher aus dem staatlichen Zwang (VBS, S. 129), wie Julia es betont. Anderseits ist die Kriminalisierung der Scheinehen nur die Kontinuität eines abschottenden Asylsystems.

---

602 Ljubomir Bratic: „Diskurs und Ideologie des Rassismus im österreichischen Staat", in: *Kurswechsel*, H. 2, 2003, S. 37–47, hier S. 37.

603 Ljubomir Bratic, ebd.

604 Ebd.

605 Irene Messinger zeigt in ihrem Buch *Schein oder Nicht Schein. Konstruktion und Kriminalisierung von „Scheinehen" in Geschichte und Gegenwart* (2012), dass im deutschsprachigen Raum instrumentalisierte Eheschließungen schon im Nationalsozialismus praktiziert und positiv gesehen wurden, weil sie mit Vorteilen verbunden waren (vgl. S. 9 & 33 ff.). In derselben Perspektive schreibt Elisabeth Beck-Gernsheim Folgendes: „Wenn jede aus instrumentellen Motiven geschlossene Ehe eine Scheinehe wäre, dann wären alle europäischen Fürstenhäuser auf Scheinehen gegründet. Damals ging es fast nie um romantische Gefühle, sondern um die Sicherung und Mehrung von Macht und Besitz" (wie es zur Heiratspolitik in Österreichs Herrscherhaus hieß: „Bella gerant alli/tu felis Austria nube" [„Kriege führen mögen andere, du, glückliches Österreich, heirate."]). Wenn alle aus instrumentellen Motiven geschlossenen Ehen Scheinehen wären, so wären auch wir alle Produkte von Scheinehen. Ob Adel, Bürgertum oder Bauern: Die romantische liebe als Heiratsmotiv ist auch in Europa erst mit dem Übergang zur Moderne entstanden. (Elisabeth Beck-Gernsheim, „Restriktive Migrationsgesetze und die Entstehung transnationaler Heiratsmärkte"), in: Hans-Georg Soeffner, *Unsichere Zeiten*, VS Verlag für Sozialwissenschaften, Springer Fachmedien Wiesbaden GmbH 2010, S. 184–189, hier S. 188.

Dem fiktiven jungen Paar wird das Delikt der Scheinehe vorgeworfen, jedoch liegt die drohende Abschiebung von Faizan offenbar rein in institutioneller Willkür begründet. Diese Willkür führt dazu, dass durch andere Rechtsbestimmungen und Paragraphen der Artikel 6 des Grundgesetzes faktisch außer Kraft gesetzt wird, sodass die Ehe nicht immer als überzeugender Grund für einen dauerhaften Aufenthalt des Fremden gilt. Obwohl auf dem Papier diverse Rechte existieren, die einem fremden Asylbewerber einen auf die Ehe gestützten Aufenthalt sichern sollen, erweisen sich diese oft als wertlos und ineffektiv, da in den Feinheiten der Gesetzgebung oder in anderen Paragraphen bewusst das Gegenteil festgehalten ist.

Letztendlich behält die Bundesrepublik die Vollmacht, darüber zu entscheiden, welche Ehe als anerkennungswürdig gilt und welche nicht.

4. „Was hier verletzt wird, (…) das entscheidet die Bundesrepublik Deutschland". Die Willkür[606] und das Absurde[607] im Asylverfahren

„Die Wahrnehmung von Willkür und Absurdität [ist] eines der immer wiederkehrenden Themen in der Erfahrung von Migranten*innen mit dem Rechtsvollzug in

606 Hier möchte ich darauf hinweisen, dass ich den Begriff „Willkür" nicht im philosophischen Sinne verwende (für eine umfassende Betrachtung der philosophischen Bedeutung von „Willkür", vgl. Jörg Noller, „Kant und die Tradition des *Liberum Arbitrium*: Plädoyer für einen wohlverstandenen Begriff von Willkür", in: *Archiv Für Begriffsgeschichte*, vol. 60/61, 2018, S. 187–210). Stattdessen beschränke ich mich auf seine umgangssprachliche Bedeutung. Es handelt sich um Handlungen der Behörden und deren Mitarbeiter, die als willkürlich betrachtet werden können. In diesem Zusammenhang bezieht sich Willkür auf Handlungsweisen, bei denen „der Betroffene [der Asylbewerber] in einem Abhängigkeitsverhältnis zum Handelnden [die Behörde oder deren Mitarbeiter] steht und der Handelnde sein Verhalten weder nach allgemeinen Regeln ausrichtet noch sein Verhalten gegenüber dem Betroffenen zu begründen beabsichtigt." (Peter Prechtl/Franz-Peter Burkards: *Metzler Lexikon Philosophie. Begriffe und Definitionen*, 3., erweiterte und aktualisierte Auflage, Verlag J.B. Metzler, Stuttgart 2008, S. 682.).

607 Ich möchte betonen, dass ich den Begriff des Absurden in meinem Unterkapitel nicht hauptsächlich in seiner existenzphilosophischen Bedeutung als Sinnlosigkeit und Widersprüchlichkeit der menschlichen Existenz, wie sie in der Philosophie des Absurden, etwa in Albert Camus' Werk *Der Mythos von Sisyphos* (Rowohlt Verlag, Hamburg 1959), diskutiert wird, verwende. Vielmehr beziehe ich mich auf institutionelle Handlungen, die der Vernunft zuwiderlaufen, widersinnig sind und sich nicht rational begründen lassen (vgl. Peter Prechtl/Franz-Peter Burkards: *Metzler Lexikon Philosophie. Begriffe und Definitionen*, 3., erweiterte und aktualisierte Auflage, Verlag J.B. Metzler, Stuttgart 2008, S. 6).

Europa",[608] merken Tobias Eule et al. Man kann nachvollziehen, dass beim Asylverfahren viele – zumindest aus Sicht der Bewerber – absurde und unvorhersehbare amtlichen Entscheidungen auftreten können. Inwiefern staatlich-behördliche Praktiken sich in der Erzählung als absurd und willkürlich erweisen, möchte ich im Folgenden zeigen.

Die Ankündigung von Willkür und Absurdität im Titel wird durch das Wort „*Verabschiebung*" eingeleitet, das nicht im Deutschen existiert und auf den ersten Blick seltsam und unverständlich wirkt. Diese „semantisch und stilistisch differenzierende Benennung"[609] kann als stilistischer Hinweis an den Leser interpretiert werden, dass er in der Erzählung auf Ungewöhnliches stoßen wird. Hier liegt die Willkür nicht in der innovativen Schöpfung eines neuen Sinns durch den Autor oder in der Bildung einer neuen hybriden Semantik aus den beiden zusammengesetzten Wörtern „Verabschiedung" und „Abschiebung". Stattdessen liegt die Willkür in dem phonetisch-orthographischen Ergebnis „Verabschiebung". Eigentlich verändert sich nur wenig, ein Buchstabe: An der Stelle von „d" platziert Zelter ein „b" und kreiert ein Wort, das keine eigenständige Semantik besitzt. Die Ähnlichkeit zwischen dem Buchstaben „d" und „b" ermöglicht eine rasche unbewusste Verwechslung, da das eine die gedrehte Form des anderen ist. Diese Verwechslung kann dazu führen, dass die Bedeutung eines Wortes in eine falsche und absurde Richtung gelenkt wird. Dies unterstreicht gleichzeitig, wie kleine sprachliche Nuancen im Ausländerrecht Bedeutungen verschieben können.

Die Willkür und Absurdität treten besonders deutlich in den Vorgängen der Anhörung und Wohnungsermittlung zutage. Diese beiden Prozesse, die den Leser mit kafkaesken Momenten konfrontieren, sind wesentliche Pfeiler der institutionellen Gastfeindschaft in der Asylverwaltung.

4.1. Die Anhörung

Im Roman erfährt der Leser, dass nach einer Anhörung ein Asylantrag aus zahllosen Gründen, deren Logik unverständlich bleibt, abgelehnt werden kann (VBS, S. 23). Darüber hinaus berichtet der Text von beängstigenden Anhörungen, in

608 Tobias Eule et al.: *Hinter der Grenze, vor dem Gesetz: eine Ethnografie des europäischen Migrationsregimes; aus dem Englischen von Hans-Peter Remmler*, Hamburger Edition, Hamburg 2020, S. 134.

609 Doris Steffens: „Zur Benennungsfunktion von Neologismen am Beispiel von phraseologischen Einheiten", in: *Der Deutschunterricht Jg. 67* (2015) H. 3, S. 58–67, hier S. 59.

denen alles aus den Fugen gerät und „verquer" wird, sodass nichts mehr eine Gültigkeit zu haben scheint (VBS, S. 29). Diese Informationen zeugen eindeutig von der Absurdität und Willkür solcher Anhörungen. Exemplifiziert wird dies durch die Anhörung von Dr. Soleimani, einem fiktiven geflüchteten pakistanischen Gelehrten und Philosophen. Dr. Soleimani wurde wegen seiner erkenntnis-, ideologie-, regierungs- und militärkritischen philosophischen Überlegungen, die er an der Universität lehrte und im *Pakistan Journal of Philosophy* veröffentlichte, vom pakistanischen Regime verfolgt. Er wurde zum Staatsfeind, musste aus dem Land fliehen und suchte in Deutschland Asyl. Trotzdem weigert sich der Anhörende zu akzeptieren, dass sein Leben tatsächlich bedroht war, und stellt seine Fluchtgründe in Frage. Als Reaktion auf Soleimanis Erklärungen fragt der Anhörende repetitiv, „ob das nicht übertrieben sei" (VBS, S. 31), als ob Dr. Soleimani Lügen verbreitet. Im folgenden Auszug aus dem Verlauf des Anhörungsgesprächs wird die Absurdität sehr deutlich:

> Bitte beweisen! Dass Sie die Universität verlassen mussten, dass man Sie bedrängt und verfolgt hat. Bitte beweisen Sie es!
> Wie kann ich das beweisen?
> Versuchen Sie es.
> Ich…
> Sehen Sie
> Wie kann man eine Notlage beweisen?
> Lassen Sie sich etwas einfallen
> Stille.
> Sie sind auf dem Landweg hierhergekommen?
> Ja.
> Warum nicht mit dem Flugzeug? Ein Philosoph reist doch mit dem Flugzeug.
> Ich hätte über keinen Flughafen ausreisen können.
> Warum nicht?
> Weil ich keine Papiere hatte.
> Warum nicht?
> Weil sie einbehalten wurden.
> Können Sie das beweisen?
> Wie soll ich das beweisen?
> Beweisen Sie es!
> Ich kann es nicht.
> So, so…
> Stille. (VBS, S. 33 f.)

In der Realität sieht das Bundesamt das Vorlegen von Beweismitteln vor, wie zum Beispiel Fotos, Schriftstücke von der Polizei oder anderen Behörden sowie gegebenenfalls ärztliche Atteste, sofern die Antragstellenden diese beschaffen können.[610] Allerdings weisen die Fragen und Anforderungen des fiktiven Anhörenden eine gewisse Inkonsistenz auf und sind unrealistisch. In den Aufforderungen „bitte beweisen!" des fiktiven Anhörenden ist eine Absurdität ablesbar. Dr. Soleimani wird aufgefordert, das Unbeweisbare zu beweisen und das Unerklärbare zu erklären. Während ihm durch die Frage „ob das nicht übertrieben sei" Lüge unterstellt wird, zwingt man ihn gleichzeitig mit den Imperativen „Versuchen Sie es" und „lassen Sie sich etwas einfallen" dazu, eine Lüge aufzutischen. Hierdurch scheint der Anhörende die Lüge als Prinzip zu etablieren, was Zelter kritisiert, wie er es bereits in seinem Roman *Die Würde des Lügens* (2000) angeschnitten hatte. Der Anhörende scheint sich der Widersprüchlichkeit in der Befragung kaum bewusst zu sein. Dies zeigt die Leichtsinnigkeit, mit der er dabei vorgeht. Dr. Soleimani drückt die Sinnlosigkeit der Fragen durch seine Gegenfragen aus, wie etwa „wie kann ich das beweisen?" oder „wie kann man eine Notlage beweisen?" aus. Man kann auch an seinen Gegenfragen ablesen, dass die Fragen des Anhörenden ihn erstaunen. Im Übrigen ist es selbstverständlich, dass man in einer Notlage während einer Fluchtsituation nicht auf die Idee kommt, irgendwann seine Flucht begründen zu müssen und sich dann Zeit zum Sammeln von Beweisen nimmt. Selbst wenn der Geflüchtete irgendwelche materiellen Beweise hätte, ist es sehr wahrscheinlich, dass diese Beweise während der monatelangen Flucht und unterschiedlichen, unvorhersehbaren wetterbedingten Erlebnisse auf der Flucht nicht aufbewahrt werden können. In dieser Situation kann vor allem nur die mündliche Erzählung der eigenen Geschichte als Beweis gelten; sonst bleibt dem Geflüchteten nur das Schweigen als Alternative.

Der Erzähler bekräftigt die Absurdität durch die wiederkehrende „Stille", die er bei unbeantwortbaren Fragen einsetzt (vgl. VBS, S. 32, 33, 34). Diese Momente der Stille bedeuten erzähltechnisch nicht nur die Antwortlosigkeit des Befragten, sondern auch die Sprachlosigkeit angesichts des Absurden. Hier wird am deutlichsten herausgestellt, dass die Ablehnung des Asylantrags von Dr. Soleimani keine vernünftige Begründung hat, sondern eher willkürlich erscheint. Der Professor hat es mit einem emotionslosen Asylapparat zu tun, der sich auf eine rigide Gesetzgebung stützt und bei dem die bürokratischen Normen an sich sowie deren Einhaltung wichtiger sind als das Leben eines Menschen. Letztendlich wird sein Antrag abgelehnt, weil er ohne Papiere bzw. „mit anderen Papieren" nach Deutschland gereist ist und es nicht erklären kann: „Was meinen Sie damit? Mit

---

610 Vgl. Bundesamt für Migration und Flüchtlinge (BAMF), „Persönliche Anhörung". https://www.bamf.de/DE/Themen/AsylFluechtlingsschutz/AblaufAsylverfahrens/Anhoerung/anhoerung-node.html, Zugriff am 31.07.2023.

anderen Papieren? Erklären Sie es! / Er konnte es nicht. Sein Asylantrag wurde abgelehnt. So nicht, Herr Philosoph. Das war der Tenor der Anhörung gewesen" (VBS, S. 35). Seine Ablehnung basiert darauf, dass er sein Exil nach den juristisch-bürokratischen Vorschriften nicht überzeugend rechtfertigen kann. Die Bürokratie betäubt die Empathie des Mitarbeiters und unterdrückt jede Sensibilität für die erbärmliche Situation des Anderen. Die Asylentscheidung scheint eher von der Laune des anhörenden Richters abzuhängen, der einen erheblichen Ermessensspielraum hat. Der Eindruck entsteht, dass die Entscheidungsfindung eher auf der Basis der narrativen Logik und Glaubwürdigkeit oder der Überzeugungskraft der mündlichen Erzählung des Antragstellers erfolgt als auf der realen Bedrohungssituation im Herkunftsland und dem Schutzverdienst des Letzteren.

Es ist wichtig anzumerken, dass das erwartbare negative Ergebnis der Anhörung den Antragsteller dazu zwingt, äußerst wachsam zu sein und selektive Informationen über ihre Identität beim Anhörungsgespräch preiszugeben (vgl. VBS, S. 28). Andernfalls könnten bestimmte Informationen zu ihrem Nachteil verwendet werden. Wenn eine Bürokratie die Angehörigen dazu drängt, nicht die Wahrheit, sondern nur das lügnerisch Überzeugende im bürokratischen Sinne zu erzählen, kann dies als absurd betrachtet werden. In diesem Kontext wird dem Leser bewusst, dass Faizan bei der Vorbereitung auf seine „Prüfung" (VBS, S. 36) die Namen deutscher Flüsse und Bundeskanzler auswendig lernen muss (VBS, ebd.). Es bleibt unklar, inwiefern das Auswendiglernen deutscher Flüsse und Bundeskanzler relevant und sinnvoll für die Gewährung von Asyl ist.

Wie bereits bei der Anhörung wird auch bei der Inspektion der gemeinsamen Wohnung von Julia und Faizan durch Herrn Zöllner, einen Beamten des Ausländeramts, eine bedrückende Absurdität und Willkür deutlich.

4.2. Die Ermittlung der Wohnung

Um sicherzustellen, dass Faizan und Julia eine anerkennungswürdige Ehe eingegangen sind, überprüft die Behörde ihre Wohnung. Die Wohnungsdurchsuchung ist vor allem die Manifestation eines institutionalisierten Misstrauens der Ausländerbehörde gegenüber dem jungen Paar, insbesondere aufgrund von Faizans Status als Drittstaatsangehöriger und den Zweifeln von Herrn Zöllner an der Echtheit der Ehe. Dieses Misstrauen führt zu einer übertriebenen Absurdität, die in einer vom Autor überspitzt formulierten Verhörsituation sichtbar wird.

Der Beamte kontrolliert Faizans Kleider, Schuhe, Schuhgröße, Badesachen (Deoroller, Haarshampoo, Duschgel) sowie die Anzahl von Tellern und Gläsern im Küchenschrank des jungen Paares. Bei der Kontrolle des Kleiderschranks nimmt er „Kleidungsstücke in den Blick, beäugte, inspizierte, notierte" (VBS, S. 52), wahrscheinlich misst er hierbei die Größe des Kleidungsstücks. Er stellte immer weitere Fragen: „ihr Vorrat an Handtüchern? (…) Der Name von Faizans Mutter? Die Farbe seiner Augen?“ (VBS, ebd.). Unabhängig von den gesetzlichen Rahmenbedingungen, die die Durchführung und den Inhalt dieser Sonderermittlungsdienstleistung regeln, ist es besonders schwierig, die kontrollierten persönlichen Gegenstände und gestellten Fragen in einen logischen Zusammenhang mit der Echtheit einer Ehe oder der Berechtigung zum Aufenthalt einzuordnen. Es ist nur dem Absurden und Willkürlichen zuzurechnen. In derselben Perspektive findet die Absurdität der Wohnungsdurchsuchung ihre Krönung in der folgenden Szene:

> Zahnbürste?
> Hier.
> Zahnputzbecher?
> Hat er nicht.
> Warum nicht?
> Was soll er mit einem Zahnputzbecher?
> Putzt er sich nicht die Zähne?
> Dazu braucht man keinen Zahnputzbecher.
> Vielleicht ja doch. Zahnseide?
> Hat er nicht.
> Rasiersachen?
> Hier. (VBS, S. 51)

Es ist durchaus wenig sinnvoll, dass die Inspektion dieser Gegenstände und die Antworten auf die gestellten Fragen grundlegend zur Feststellung einer Scheinehe beitragen können. Inwiefern die Anzahl persönlicher Gegenstände, der Vorrat an Handtüchern, der Besitz einer Zahnbürste, Zahnseide oder eines Zahnputzbechers grundsätzlich zur rechtmäßigen Erfüllung der Regelerteilungsvoraussetzungen eines Aufenthaltstitels zur Wahrung der ehelichen Lebensgemeinschaft mit der deutschen Ehegattin beitragen können, ist zu bezweifeln. Trotzdem geling es Herrn Zöllner, so unvorstellbar und unberechenbar es auch sein mag, dadurch „Zweifel an den Wohnverhältnissen“ verschaffen (VBS, S. 67) zu hegen. In diesem Zusammenhang kann man Herrn Zöllner, jenen Menschen, dem „die Vorstellungskraft (…) für das, was er entscheide und anordne“, fehlt (VBS, S. 136), für eine literarische Karikatur des Absurden im Asylverfahren halten.

Die arbiträre Vorgehensweise und das Absurde manifestieren sich nicht nur während der Anhörung und der Hausinspektion, sondern auch in der abschließenden Asylentscheidung. Trotz der Eheschließung mit Julia wird Faizans Asylantrag auf Grundlage von Herrn Zöllners Bericht abgelehnt. Im Asylbescheid ist folgender Sachverhalt festgehalten:

Faizan Muhammad Amir möge die Bundesrepublik Deutschland innerhalb von dreißig Tagen freiwillig verlassen. Er solle bereits von hier aus einen Termin bei der Deutschen Botschaft in Pakistan zur Erteilung eines Visums beantragen. Die Ausländerbehörde werde diesem Antrag aufgeschlossen bis wohlwollend gegenüberstehen, zumindest aber nicht ablehnend. Es gehe darum, so die Behörde, eine verfahrene Situation wieder in geordnete Bahnen zu bringen, in eine juristisch haltbare Abfolge: ohne Visum keine Gestattung, ohne Gestattung kein Titel, ohne Titel keine Erlaubnis… In einer anderen Abfolge gehe es nun einmal nicht." (VBS, S. 77 f.)

Einfach gesagt nötigt die Behörde Faizan dazu, Deutschland vorübergehend zu verlassen, um in Pakistan ein Visum zu beantragen, bevor er regulär und dauerhaft nach Deutschland zurückkehren kann. Faizan muss Deutschland verlassen, um die Möglichkeit zu erhalten, wieder nach Deutschland zurückkehren und dort dauerhaft bleiben zu dürfen. Diese Entscheidung wirkt auf den ersten Blick unlogisch und erfordert eine gewisse Überlegung, um ihre Logik zu verstehen. Für die Behörde ist offensichtlich die gegenwärtige Anwesenheit von Faizan in Deutschland irrelevant. Vielmehr strebt sie eine bürokratisch korrekte Handhabung an, indem sie die Unregelmäßigkeit der Flucht – „verfahrene Situation" – in die Regularität der Migration – „geordnete Bahnen" – überführt. Gerade diese widerspruchsvolle „*Spurwechsel*", wie Julias Anwalt es bezeichnet, (VBS, S. 78) stellt eine Manifestation des Absurden dar. Obwohl die bürokratische Argumentation des Amtes korrekt erscheint, klingt sie unlogisch und irrational. Auf jeden Fall stand es am Anfang fest: Ob ein Geflüchteter schutzwürdig ist oder nicht, ob eine Ehe echt ist oder nicht, ob ein Ermessen willkürlich oder absurd ist, das kann keiner entscheiden, *das entscheidet die Bundesrepublik Deutschland* (VBS, S. 25, Hervorhebung von mir A. A.).

Zusammenfassend lässt sich feststellen, dass im dargestellten Prozess der Asylentscheidung im Roman, sowohl während der Anhörung und Wohnungsinspektion als auch bei der Motivierung des endgültigen Bescheids, die Willkür und Absurdität der deutschen Asylbürokratie deutlich zum Vorschein kommen.

5. Asylbürokratische Instrumente der Gastfeindschaft

Einleitendes

In seinen theoretischen Erörterungen zur Gouvernementalität[611] (französisch *gouvernementalité*) schildert der renommierte französische Philosoph Michel

611 Michel Foucault: *Geschichte der Gouvernementalität I: Sicherheit, Territorium, Bevölkerung. Vorlesung am Collège de France 1977–1978*, Suhrkamp, Frankfurt am Main 2004.

Foucault Techniken, auf die Staaten zurückgreifen, um das (biologische und politische)[612] Leben der Menschen zu verwalten. Diese moderne Form der Regierungsführung manifestiert sich in unterschiedlichen Facetten innerhalb der Asylpolitik. Durch *Dispositive der Macht*[613] wird versucht, das Leben bzw. den Aufenthalt der fremden Asylsuchenden unter besondere Kontrolle zu stellen und zu regulieren. Dies geschieht insbesondere aufgrund von Feindbildkonstruktionen, die diese Menschen als bedrohliche Kategorie einstufen. Im Roman von Zelter wird exemplarisch verdeutlicht, wie die deutsche Bürokratie die Flüchtlinge für „unendlich anstrengend" (VBS, S. 24) hält. In dieser Charakterisierung wird Faizans Leben durch diverse Instrumentarien der Macht gelenkt und geformt. Der Autor vermittelt somit, wie die Asylpolitik als ein Teilgebiet staatlicher Gouvernementalität wirkt und sich auf individuelle Lebensrealitäten auswirkt.

5.1. Die Flüchtlingsunterkunft

Flüchtlingsunterkünfte stellen eine herausragende architektonische Institution dar, die sich im Rahmen des foucaultschen Dispositivbegriffs einordnen lässt und in denen Asylsuchende ihren „Ausnahmezustand"[614] erleben. Marc Augé charakterisiert diese Durchgangslager, in denen Flüchtlinge in beengten Verhältnissen kaserniert werden, als „Nicht-Orte" (*Non-lieux*), im Unterschied zum soziologischen Begriff des Ortes, der auch in der ethnologischen Tradition mit einer in Zeit und Raum lokalisierten Kultur zusammenhängt.[615] Solche Orte zeugen von Partikularismen und der Suche der Menschen nach Vaterland, Boden und Wurzeln.[616] Zugleich werden in solchen Unterkünften unterschiedliche Formen von Gewalt und Folter, sei es bewusst oder unbewusst, an den Geflüchteten praktiziert. Dieses Phänomen findet auch in der Erzählung Zelters eine Darstellung, die auf die Herausforderungen und Realitäten in Flüchtlingsunterkünften verweist.

612 Michel Foucault: *Geschichte der Gouvernementalität II: Sicherheit, Territorium, Bevölkerung. Vorlesung am Collège de France 1977–1978*, Suhrkamp, Frankfurt am Main. 2004.

613 Michel Foucault: *Dispositive der Macht. Ober Sexualität, Wissen und Wahrheit*, Merve-Verlag, Berlin: 1978.

614 Giorgio Agamben: *Homo sacer: die souveräne Macht und das nackte Leben*. Aus dem Ital. von Hubert Thüring. Dt. Erstausgabe, 1. Aufl., Suhrkamp, Frankfurt am Main 2002.

615 Marc Augé: *Nicht-Orte, aus dem Französischen von Michael Bischoff*, 4. Auflage, Beck, München 2014, S. 42.

616 Ebd.

Faizan wird unfreiwillig mit anderen Flüchtlingen in aschgrauen containerartigen Gebilden untergebracht, die sich in der Nähe zu einer Abfallverwertungsanlage befinden. Dies weist implizit auf die abgelegene Lage der Sammelunterkunft hin und zeigt, dass die Asylsuchenden räumlich in der Gesellschaft isoliert sind. Zudem wird das Leben an diesem Ort als ein Leben „in einem ewigen Wartezimmer" dargestellt, in dem die Geflüchteten tagtäglich in Ratlosigkeit und Untätigkeit ausharren müssen (VBS, S. 23). Somit ist das Flüchtlingslager ein Ort der Erfahrung des destruktiven Wartens. Obwohl sich die Geflüchteten in einer Notsituation befinden und nicht alle Annehmlichkeiten erwarten können, werden die beengten Lebensverhältnisse in den Sammelunterkünften durch knarrende Doppelstockbetten, das Schnarchen der Mitbewohner, ständige Toilettenspülungen und nächtliche Flüstergespräche der Zimmerkollegen (vgl. VBS, ebd.) gekennzeichnet, die für Faizan als unaushaltbar erscheinen. Diese Umstände belegen, dass das Leben in den Sammelunterkünften äußerst belastend und überfordernd ist. Zusätzlich stellt die Nähe der Unterkunft zu einer Abfallverwertungsanlage, aus der wiederholt wütendes Hundegebell dringt, für Faizan und die anderen Asylsuchenden eine Form von psychischer Belastung und Folter dar. Trotz der Tatsache, dass Faizan tagsüber außerhalb der Unterkunft arbeitet und somit eine zeitweilige Entlastung erfährt, stellt die nächtliche Atmosphäre eine abschreckende Herausforderung dar, die durch die Anwesenheit von Hunden verstärkt wird. Denn

> nachts überkam ihn Panik. Er hörte, sobald er wieder in der Sammelunterkunft schlief, das ständige Hundegebell aus der angrenzenden Abfallverwertungsanlage. Bauschutt, Metallschrott, Häckselgut und Problemstoffe. So stand es auf hell erleuchteten Schildern hinter meterhohen Zäunen. Dahinter bellten die Hunde. Sie klangen wie Grenzhunde. Ihr ganzes Leben schien ein einziges, unablässiges Wutgebell, gegen alles und gegen jeden. »Don't sit here. Don't stand here. Don't sleep here.« So bellten sie (…). Endlose „*Don'ts*." (VBS, S. 26).

Die Präsenz der „Grenzhunde" ruft nicht nur Erinnerungen an den Grenzschutz mit den sogenannten Grenzhunden in der DDR-Zeit[617] hervor, sondern verweist ebenso auf deren Einsatz in den Grenz-Überwachungstechniken der modernen EU-Migrationspolitiken. [618] Das unablässige, gegen alles und jeden gerichtete

617 Stefanie Hildebrandt: „Die Hunde der Grenzer", in: *Berliner Zeitung*, 07.10.2020. https://www.berliner-zeitung.de/mensch-metropole/die-hunde-der-grenzer-li.108478, Zugriff am 01.08.2023.

618 Vgl. Thomas Kirchner, Matthias Kolb: „Europa hetzt an seiner Grenze Hunde auf Flüchtlinge", in: *tagesanzeiger.ch* vom 05.08.2019. https://www.tagesanzeiger.ch/europa-hetzt-an-seiner-grenze-hunde-auf-fluechtlinge-708307230324, Zugriff am 15.08.2023.

Wutgebell dieser Hunde veranschaulicht die psychische Brutalität, der die Bewohner der Unterkunft ausgesetzt sind. In diesem Kontext fungiert die Flüchtlingsunterkunft als eine Art Fabrik psychischer Gewalt. Angesichts der Beschreibung kann man schlussfolgern, dass diese Hunde strategisch als Mittel der Abschreckung und Abwehr gegen die Geflüchteten eingesetzt werden, denn die endlosen „*don'ts*" sind eine deutliche Botschaft: Ihr gehört nicht hierher. Unter diesen Umständen gilt die Flüchtlingsunterkunft als Dispositiv, das eine psychosoziale Belastung für die Untergebrachten darstellt. Sie ruft Panik und Unsicherheit hervor. Sie gilt als Ort, an dem die Gastmigranten im ersten Stadium ihres Ankommens die staatliche Gastfeindschaft erleben. Letztere wird bei der Anhörung und Wohnungsbegehung fortgesetzt.

5.2. Die persönliche Anhörung und ihre Auswirkung auf den Geflüchteten

Im Asylverfahren ist es die zentrale Aufgabe der Asylbehörden, „legitime und rational begründete Entscheidungen über Schutzgewährung zu treffen und zu zertifizieren."[619] Für die Entscheider ist diese Aufgabe kompliziert und komplex, weil sie nur über eine „chronisch knappe Urteilskraft"[620] verfügen. Die Anhörung bildet die wesentliche Grundlage für die Ermittlung des Sachverhalts und die Entscheidung über die Schutzgewährung. Darum erfüllt das Anhörungsgespräch die wichtigste Funktion im Asylverfahren, weil auf dessen Basis dem Asylbewerber ein rechtlicher Status gegeben wird.[621] In derselben Hinsicht ist sie von großer Bedeutung für den Antragstellenden. Die persönliche Anhörung, so wird es in *Die Verabschiebung* in einem Schreiben der Ausländerbehörde zum Ausdruck gebracht,

> *ist für die Antragstellenden der wichtigste Termin innerhalb des Asylverfahrens.* Ziel der Anhörung sei es, die individuellen Fluchtgründe zu erfahren, tiefere Erkenntnisse zu

619 Stephanie Schneider/Kristina Wottrich: „›Ohne 'ne ordentliche Anhörung kann ich keine ordentliche Entscheidung machen…‹ Zur Organisation von Anhörungen in deutschen und schwedischen Asylbehörden", in: Christian Lahusen, Stephanie Schneider (hrsg.): *Asyl verwalten. Zur bürokratischen Bearbeitung eines gesellschaftlichen Problems*, transkript Verlag, Bielefeld 2017, S. 81–116, hier S. 89.

620 Thomas Scheffer: „Kritik der Urteilskraft – wie die Asylprüfung Unentscheidbares in Entscheidbares überführt", in: Jochen Oltmer (hrsg.): *Migration steuern und verwalten. Deutschland vom späten 19. Jahrhundert bis zur Gegenwart*, V & R Unipress, Göttingen 2003, S. 423–458, hier S. 425.

621 Samah Abdelkader: *Die Anhörung im Asylverfahren: Exemplarische Analysen*, transcript Verlag, Bielefeld 2021, S. 138.

erhalten sowie gegebenenfalls Widersprüche aufzuklären. Die Entscheiderinnen und Entscheider seien mit den Verhältnissen in den Herkunftsstaaten der Antragstellenden vertraut." (VBS, S. 28, Hervorhebung im Original)[622]

Diese Zielerklärung vermittelt unterschiedliche Informationen, die einer kritischen Betrachtung bedürfen. Es ist unbestreitbar, dass die Anhörung einen zentralen Termin für den Antragsteller darstellt. Der Wunsch der Behörde, Erkenntnisse über die Fluchtgründe zu gewinnen, ist nachvollziehbar, da die Anhörenden nicht direkt an den Ereignissen teilgenommen haben, auf die sich die Fluchtgeschichte bezieht. Aber schon der Hinweis darauf, dass die Behörde „gegebenenfalls Widersprüche" aufklären will, bedeutet, dass dies eben ihr vorherrschendes Ziel ist.[623] Dies kann für den Antragsteller beunruhigend sein, da ihm im Vorfeld Betrug unterstellt wird und die Glaubwürdigkeit seiner Fluchtgeschichte in Frage gestellt wird, denn Widersprüche zu finden heißt auch, Lügen nachzuweisen. So kommt es auch bei Faizan an, denn er weiß wohl, „dass man seinen Asylantrag wahrscheinlich ablehnen würde, und dies aus zahllosen Gründen, deren Logik er zum größten Teil nicht einmal" (VBS, S. 23) verstehen wird. Um möglichen Widersprüchen in seiner Befragung vorzubeugen, studiert er Proben von Anhörungen, um herauszufinden, „was man in einer Anhörung unbedingt sagen sollte. Und was man unter keinen Umständen sagen sollte. Wo man in Pakistan geboren sein sollte und wo man besser nicht geboren sein sollte. Wo man dort hätte leben sollen und wo man besser nicht leben sollte" (VBS, S. 28). Zudem wird die Information, dass die Entscheider mit den Verhältnissen in den Herkunftsländern vertraut sind, von Julia hinterfragt, da unklar ist, inwieweit dieses Vertrautsein reicht – ob sie persönlich dort gelebt haben oder nur Landkarten studiert haben. (vgl. VBS, ebd.). Tatsächlich sind die Sachbearbeiter in der Regel nicht persönlich mit den Herkunftsländern vertraut, sondern stützen sich auf Informationen von Experten und Organisationen und/oder auf persönlichen Aussagen der Bewerber.[624] Man kann sagen, dass es abseits der Informationsgenerierung den Anhörenden vielmehr darum geht, Widersprüche zu erfinden als aufzuklären, oder Abschiebegründe zu finden als die Schutzwürdigkeit des

622 Es steht auch genau so auf der Seite der BAMF, bzw. auf https://www.bamf.de/DE/Themen/AsylFluechtlingsschutz/AblaufAsylverfahrens/Anhoerung/anhoerung-node.html, Zugriff am 31.07.2023.

623 Samah Abdelkader: *Die Anhörung im Asylverfahren*, 2021, op. cit., S. 148.

624 Vgl. dazu Robert Gibb/Anthony Good: „Do the Facts Speak for Themselves? Country of Origin Information in French and British Refugee Status Determination Procedures", in: *International Journal of Refugee Law 25*, S. 291–322.

Bewerbers zu zertifizieren. Aufgrund dieses verborgenen institutionellen Ziels kann es bei Anhörungen zu willkürlichen Entscheidungen kommen.

Die Fokussierung auf die Erfindung von Widersprüchen übt einen maßgeblichen Einfluss auf den Verlauf und die kommunikative Gestaltung des Gesprächs aus. Die Befragung „consist overwhelmingly of 'closed' questions (often phrased so as to produce yes/no answers) and discursive replies are discouraged. The focus is on establishing the basic chronology of the applicant's story and testing its internal credibility."[625] Vor dem Hintergrund dieser kommunikativen Herrschaftsverhältnisse lässt sich die Anhörung, mit Samah Abdelkader gesprochen, als „Zwangskommunikation"[626] charakterisieren, nicht nur wegen der unaufhebbaren und nicht beliebig veränderbaren formaljuristischen und technischen Rahmenbedingungen (struktureller Zwang), wobei nur der Anhörende fragen und der Antragsteller antworten darf, sondern auch wegen der Tatsache, dass die Asylsuchenden „in einem starren bürokratischen Genre, eine widerspruchsfreie, plausible und asylrelevante Fluchtgeschichte erzählen" und als Bittsteller ihren Anspruch auf ein Hierbleiben begründen *müssen*.[627] Die Zwangskommunikation, die mit Macht und Gewalt verknüpft ist, zeigt sich auch darin, dass dem Antragsteller keine Gelegenheit gegeben wird, bestimmte Informationen detailliert zu erläutern: „The asylum applicant is discouraged or even prevented from going into great detail, and from introducing issues that the case owner thinks are not relevant."[628] Im Fall von Dr. Soleimani ergibt sich, dass er bei seiner Anhörung den Unterschied erklären wollte: Es sei nicht er, der sich zum Staatsfeind gemacht habe, sondern der Staat habe ihn zum Staatsfeind erklärt (vgl. VBS, S. 32); „doch man wollte nicht seine Erläuterungen nicht hören. Auch nicht seine Ausführungen zu Kants Gedanken *Zum ewigen Frieden*. Das stehe hier nicht zur Debatte" (VBS, S. 33).

Diese prozeduralen Elemente stellen einen behördlichen Gewaltakt dar, der erhebliche Auswirkungen, insbesondere psychisch-emotionale Belastungen, auf die Person des Asylbewerbers hat. Diese Auswirkungen manifestieren sich bei Faizan auf vielfältige Weise. Bereits vor dem Anhörungstermin verspürt Faizan „panische Angst" (VBS, S. 23), weil er wusste, dass er chancenlos ist. Dazu wirkt

625 Robert Gibb/Anthony Good, ebd., S. 293.

626 Samah Abdelkader: *Die Anhörung im Asylverfahren* op. cit., S. 149 ff.

627 Samah Abdelkader: ebd., S. 150. Abdelkader beschreibt auch institutionelle Zwänge, denen die Anhörenden ausgesetzt werden, zum Beispiel den Entscheidungs- und Begründungszwang, der erfordert, dass sie eine Asylentscheidung treffen und diese rechtlich begründen müssen (vgl. S. 151 f.).

628 Robert Gibb/Anthony Good: „Do the Facts Speak for Themselves?" op. cit., S. 293.

er immer fahriger, als der Anhörungstermin näher rückt. „Selbst bei der Arbeit ließ er Gegenstände fallen" (VBS, S. 37), unterwegs bekommt er auch „Panikgefühle. Jeder Schritt eine Treppe hinab war ein Fall ins Bodenlose" (VBS, S. 38). Diese Geschehnisse zeigen eindrücklich, wie schwierig und belastend Faizans Leben aufgrund des bevorstehenden Anhörungstermins geworden ist, was sogar zu einer Identitätskrise führt. Sie sind auch der Grund dafür, warum er mit dem Fahrrad stürzt und sich die Hand bricht (VBS, ebd.).

In der Zeit, als er verletzt ist, findet er einen gewissen Frieden, da er nichts mehr von der Landesaufnahmestelle hört. Man kann hierbei sehr gut merken, dass der Anhörungstermin bzw. die Schreiben des Ausländeramts als Stachel im Leben des Antragstellers wirken. Als Faizan erneut Schreiben mit neuen Anhörungsterminen erhält, vermittelt die darin enthaltene Botschaft eine abschreckende Wirkung: „Wenn Sie glauben, wir haben Sie vergessen, dann irren Sie" (VBS, S. 40). Dieser Satz ist sehr verachtend und zeigt, dass die Behörde den Bewerber als wertlos betrachtet, ohne Respekt behandelt und ihn möglicherweise als Straftäter sieht. Hinter dem verwendeten „Sie" steht keine Höflichkeit, vielmehr ist die Botschaft ein Ausdruck purer Gastfeindschaft. Diese drohenden Briefe setzen Faizan unter Druck, traumatisieren ihn und beeinträchtigen seine Gesundheit:

> Wieder begannen die Panikattacken, gefolgt von schlaflosen Nächten und Arztbesuchen und Verschreibung von Beruhigungsmitteln und Benzodiazepinen – begleitet von über ihn hereinbrechenden Erinnerungen, wie er auf seinem Weg von Pakistan nach Deutschland behandelt worden war: „'Don't sit here. Don't stand here. Don't sleep here. Don't be here!' Ein durchgehendes, von allen Seiten auf ihn einschlagendes Nein, das sich in jedem Land, das er durchquert hatte, noch einmal an Vehemenz gesteigert hatte und das in der Anhörung zu einem Trommelfeuer anschwellen würde, zu einer Art Jüngstem Gericht, in dem man alles und jedes gegen ihn auslegen und man ihm schlussendlich mitteilen würde: Komme nie mehr wieder! Wage es nie mehr wieder!" (VBS, S. 41)

Die Anhörungstermine sollten grundsätzlich Freude beim Antragsteller hervorrufen, weil dieser dabei die Gelegenheit hat, endlich seine Asylmotive zu verteidigen, darzulegen, was ihm bei einer Rückkehr droht und seine Schutzbedürftigkeit nachzuweisen. Wenn sie jedoch Angst und Panik hervorrufen, dann ist es selbstverständlich auf die Überzeugung, dass beim Anhörungsgespräch das „Ausweisungsinteresse der Bundesrepublik Deutschland" (VBS, S. 114) das „Bleibeinteresse" des Asylsuchenden überwiegen wird, zurückzuführen. Daher schätzt Faizan genau, was die Anhörung für ihn bedeutet: ein „Jüngstes Gericht", das zu seiner Abschiebung bzw. zu seinem Untergang führen wird. Die Analogie zum biblischen Motiv des Jüngsten Gerichts veranschaulicht, wie vernichtend die Anhörung sein und wie viel Angst sie auslösen kann. Bereits das Wissen, dass er einen Anhörungstermin hat, quält ihn, aber der Gedanke an das vorhersehbare Ergebnis eines solchen Endgerichts ruft bei ihm Schlaflosigkeit, Panikattacken und traumatisierende Erinnerungen hervor. Unter diesen Umständen bekommt Faizan das Gefühl, als ob er für irgendeine Straftat verantwortlich wäre, oder ob er irgendwann etwas Schlimmes verursachen würde. Tatsächlich wird er immer mehr verunsichert, ob er nach dem Kochen die Herdplatten wirklich ausgeschaltet hatte, um keinen Brand zu verursachen. Er „sah sich als Urheber allen denk- und undenkbaren Unglücks: brennender Häuser oder plötzlicher Wassermassen, die durch die Stockwerke des Hochhauses fließen, in einer nie mehr zu behebenden Unaufhörlichkeit" (VBS, S. 42).

Faizans ungewöhnliche Gedanken und Gefühle, seine Halluzinationen und Illusionen sind symptomatische Zeichen dafür, welchen gravierenden Effekt die Anhörung auf die Persönlichkeit des Antragstellers haben kann. Außer der Anhörung stellt sich der Abschiebebescheid der Ausländerbehörde als Höhepunkt der psychischen Störung auf Faizan dar.

> Seine Unruhe steigerte sich. Sie war weiterhin sichtbar. Immer wieder stand er auf und überprüfte den Sicherungskasten an der Wohnungstür und die Herdplatten. Sein Zustand erreichte wieder die alte Panik. Die Bundesrepublik in dreißig Tagen zu verlassen. Das klang wie eine Todesdrohung. Ein Fall ins Bodenlose. Nach Jahren der Flucht, des Hierseins und der ständigen Bemühungen – all das aufzugeben und wieder an den Anfang zu gehen. Zurück auf Los." (VBS, S. 79)

Die Bundesrepublik als Abgelehnter zu verlassen, ist für Faizan der schlimmste und beschämendste Misserfolg seines Lebens. All diese Schwierigkeiten, die er erfährt, sind nur der Beweis dafür, dass das Schicksal seines Lebens von der Asylinstitution abhängt. Er hat nur eine eingeschränkte Macht und Souveränität über sein eigenes Leben im fremden Land. Faizans Leben vollzieht sich in einem Wechsel von durch glückliche Erfahrungen gemachter Ruhe und von Behörden verursachter Panik. Er hat seinen Appetit verloren und wird immer dünner (VBS, S. 87). Der Staat steuert so sein Leben unter anderen im physiologischen, emotionalen und psychischen Sinne. Der Prozess zerstört seine Persönlichkeit.

Genauso wie Faizan leidet auch Julia am ganzen Prozess.

5.3. Die Wohnungsbegehung als Gewaltakt

Während Faizan sich mit der Anhörung auseinandersetzt, wird Julia mit dem Wohnungsbesuch des Herrn Zöllner konfrontiert. Julia empfindet diesen Kontrollakt als einen Gewaltakt und sieht darin eine bislang unbekannte Erfahrung. Die Notwendigkeit, einen derartigen Vorgang zu durchlaufen, betrachtet sie als direkte Konsequenz staatlicher Gewalt, die auf sie ausgeübt wird. Diese Gewalt manifestiert sich für Julia in einer „staatlich erzwungene[n] Zwangsehe" (VBS, S. 46), die sie eingehen muss, um die drohende Abschiebung ihres Geliebten zu verhindern. Obwohl Herr Zöllner bei der Inspektion der Wohnung betont, er „wolle sich mit dieser Begehung einen ersten Überblick und Eindruck verschaffen" (VBS, S. 50), gibt es einen offiziösen Zweck, der von einem von Julia bestellten Anwalt geoffenbart wird:

> Die Behörde wollte mit den Hausbesuchen womöglich ein Zeichen setzen. Ein Zeichen der Abschreckung. Um eine erste Verteidigungslinie zu ziehen. Gefolgt von immer weiteren Linien. Ein Spalier an Warnhinweisen und Sperranlagen. Versuchen Sie es nicht einmal. Das [ist] die Botschaft." (VBS, S. 79)

Die Ausdrücke „Zeichen der Abschreckung", „Verteidigungslinie", „Warnhinweisen" und „Sperranlagen" lassen eruieren, dass das Amt sich in eine Art Konfrontation mit Julia und Faizan begibt, in der es mittels Gewalt das als Feind konstruierte Paar – Julia und Faizan – unterwerfen will. Diese Ausdrücke legen nahe, dass der Staat sich von seiner kantischen Verpflichtung, den Flüchtlingsschutz und den Eheschutz zu gewährleisten, distanziert und stattdessen darauf abzielt, seine Souveränität durch die Ausgrenzung des friedlichen Paares zu schützen. In diesem Kontext sucht der Staat nach Möglichkeiten, die Ehe für ungültig zu erklären und Faizan als einen Mann darzustellen, der „ohne Rechtsanspruch, Bleiberecht und Perspektive" (VBS, S. 115) ist, um letztendlich eine Abschiebung zu ermöglichen. So ist es der Aussage, mit der Herr Zöllner seinen ersten Besuch schließt, zu entnehmen: „Seien Sie sich nicht zu sicher. Wir werden das im Auge behalten. Unsere Möglichkeiten sind noch nicht am Ende. Im Gegenteil. Unsere Möglichkeiten sind noch ganz am Anfang. Sie werden von uns hören" (VBS, 67). Diese Vorgehensweise verdeutlicht, wie der Staat seine Schutzpflichten gegenüber Flüchtlingen und Ehen zugunsten einer politischen Agenda, die auf Exklusion abzielt, zurückstellt, selbst wenn das betroffene Paar keinerlei Bedrohung darstellt und sich friedlich verhält. Somit kommt die Einhaltung des Rechts auf Hospitalität seitens des Staates nicht in Betracht. Die Warnung „wir werden das im Auge halten" lässt an das Wort „überwachen" denken, ein Begriff, der die Anwendung bürokratisch-technologischer Gewalt in der Abschottungspolitik suggeriert. Mit seiner Aussage betont der Beamte deutlich, dass der Staat, mit dem er sich hier durch das Pronomen „wir" identifiziert, unnachgiebig sein Ziel bis zum Ende verfolgen wird.

Die Zusammenarbeit zwischen dem Standesamt und dem Ausländeramt, bei der ersteres die Hochzeitsdaten von Julia und Faizan an letzteres weitergeleitet hat (vgl. VBS, S. 61), sowie die behördliche Praxis in Bezug auf Scheinehen-Ermittlungen und Prüfverfahren erscheinen nicht zuletzt erschreckend.

Sie verletzen die Privatsphäre des jungen Paares, ausgerechnet in einer Zeit, in der der Datenschutz so bedeutend geworden ist. Der Hausbesuch transformiert die eigene Wohnung in einen Raum, in dem die staatliche Gastfeindschaft unmittelbar erlebt wird. In diesem Fall konfrontieren wir uns mit einer räumlichen Verlagerung und Ausdehnung der Gastfeindschaft, die von institutionellen Räumen und Gebäuden in die private Wohnung des jungen Paares übergeht.

Ferner gehen die von Herrn Zöllner gestellten Fragen über bloße Respektlosigkeit hinaus und sind nicht nur empörend, sondern auch beleidigend. Beispielsweise äußert er sich abfällig darüber, wie sich das Zusammenleben mit einem Menschen gestaltet, der in einer Dönerbude arbeitet und weniger als tausend Euro im Monat verdient (VBS, S. 55). Darüber hinaus wirft er Julia vor, Alkohol zu trinken, weil sie unglücklich sei (VBS, S. 63), wodurch er implizit suggeriert, dass ihre Unzufriedenheit auf die Ehe mit Faizan zurückzuführen ist. Besonders provokant und beleidigend ist auch Zöllners abwertende Betrachtung von Julias Hochzeitsfoto sowie seine Beschreibung der gesamten Hochzeit als eine Art „Beerdigung", „Opfergang" oder „Gang zur Schlachtbank" (VBS, S. 62). Die Schwere dieser Kommentare auf Julia wird durch den Erzähler durch einen simultanen Wechsel von Wutausbruch und „Stille" verdeutlicht: „Hören Sie auf! / Man hörte ihre Stimme bis in die Nachbarwohnung. Hören Sie auf! / Stille." (VBS, S. 62). Julia erfährt dabei eine überwältigende Gewalt, der sie machtlos gegenübersteht. Obwohl Herr Zöllner in der Zeitung „Härte und Herz" als „Pfeiler seines Tuns" in „größtmöglicher Symmetrie und Ausgewogenheit" preist (VBS, S. 114), wird in seinen Fragen und der Art und Weise, wie er sie stellt, eher die Härte als die Ausgewogenheit deutlich.

5.4. Das Vokabular der Gastfeindschaft: zwischen Euphemismus und Gewalt

Sprache ist ein Instrument der Macht. Über Sprache kann Zugehörigkeit ebenso wie Abgrenzung hergestellt werden.[629] In der asylbehördlichen Kommunikation werden nicht nur Informationen und Entscheidungen vermittelt, sondern es wird durch das Verfassen und die Produktion von Text oder Diskurs mit gezielt ausgewählten Begriffen Gewalt ausgeübt. Einerseits entfaltet das angewandte sprachliche Instrument aufgrund seiner Komplexität eine disziplinierende Wirkung auf

629 Benjamin Mikfeld und Jan Turowski: „Sprache. Macht. Denken – Eine Einführung", in: Carsten Brosda (hrsg.): *Sprache, Macht, Denken: politische Diskurse verstehen und führen/Denkwerk Demokratie*, Campus Verlag, Frankfurt [u.a] 2014, S. 15–48, hier S. 16.

die Adressaten, andererseits verstärkt die Tragweite der Mitteilung diesen Effekt zusätzlich. Insbesondere in der Asylpolitik erweisen sich die „Paragraphenwälle und juristischen Selbstschussanlagen“ der ausländerrechtlichen Gesetze als besonders einschüchternd, sofern sie sich als Mittel der Abschottung und des Abwehrsystems manifestieren (VBS, S. 84).

Im Roman konfrontiert der Autor die Leser mit einer bürokratischen und juristischen Sprache, die aufgrund ihrer täuschenden Funktion kritisch beleuchtet wird. Ich halte die verwendeten Begriffe für Vokabular der Gastfeindschaft. Einerseits ist die Behördensprache im Allgemeinen von einer vorgeschriebenen Fairness geprägt, andererseits löst sie bei den Betroffenen Reaktionen wie Angst, Wut und Unsicherheit aus,[630] insbesondere weil sie zur Ausübung von Macht in der Asylverwaltung beiträgt. In diesem Sinne zeigt sich die Verwaltungssprache durch expliziten Euphemismus und implizite Gewalt gekennzeichnet. Durch diese Ambivalenz bewährt sie ihre beschwichtigende Funktion. Ein Ziel des Autors besteht darin, den ambivalenten Charakter dieser Sprache zu kritisieren. Hierzu äußert sich Zelter in einem Interview: In diesem Sinne ist die Verwaltungssprache von explizitem Euphemismus und impliziter Gewalt gekennzeichnet. Eines der Ziele des Autors ist, den ambivalenten Charakter dieser Sprache zu kritisieren. Diesbezüglich behauptet Zelter in einem Interview:

> *Als Autor interessiert mich (…) die euphemistische Sprache, die sich darin entfaltet. Je unmenschlicher die Sätze in ihrer tiefsten Substanz, desto mehr Anästhetikum im Vorgang einer alles benebelnden Sprache. Die ganze Asylverfahrenssprache, die ich in meinem Roman zitiere, sie ist sogar gendergerecht und politisch korrekt bis in die letzte Verästelung verfasst. Dazu noch auf Umweltpapier gedruckt. In jedem Universitätsseminar würde eine solche (sich nach allen Seiten immunisierende) Sprache eine Eins mit Sternchen bekommen. Doch am Ende scheut sie nicht davor zurück, Menschen gegen ihren Willen in ein Flugzeug zu setzen und sie außer Landes zu schaffen.*[631]

Betrachtet man den Begriff der *Anhörung*, so wie er vom Erzähler kritisch dargestellt wird, wird klar, dass er zwar eine gute Intention vermittelt, aber bewusste

630 Peter Klotz: „Zur Wirkung fachsprachlicher Zeichen: Aspekte bürokratischer Sprache in Alltag und Literatur“, in: Christian Braun (hrsg.): *Sprache und Geheimnis: Sondersprachenforschung im Spannungsfeld zwischen Arkanem und Profanem*, Akademie Verlag, Berlin und Boston 2012, S. 207–216, hier S. 207. https://doi.org/10.1515/9783050060125-012.

631 Joachim Zelter, zitiert nach Gallus Frei, „Die Verabschiebung, Joachim Zelter, Kröner Edition Klöpfer“, *literaturblatt.ch* vom 6. Juni 2021, abrufbar auf https://literaturblatt.ch/joachim-zelter-die-verabschiebung-kroener-edition-kloepfer/, Zugriff am 11.05.2023.

und unbewusste böse Absichten bzw. Praktiken verbirgt. Obwohl das Wort Anhörung positiv klingt und den Eindruck eines bereitwilligen, aufmerksamen Zuhörens erweckt, geschieht während des Verfahrens oft das genaue Gegenteil – es entwickelt sich eher wie ein Verhör. Der Erzähler empfindet das Wort *Anhörung* als „falsch", da es nicht wirklich ein einfühlsames Zuhören bedeutet, – „man hört niemanden an" –, sondern vielmehr ein Hinterfragen, Unterbrechen, Eindringen, Nachhaken, Insistieren, Unterstellen, Zurechtweisen und Ausweisen beinhaltet." (VBS, S. 29), wie es am Fall von Dr. Soleimani exemplifiziert wird. Dies zeigt, dass die anhörenden Institutionsvertreter eine uneingeschränkte Macht haben, von der sie Gebrauch machen können. Der Begriff zeigt die Diskrepanz zwischen seiner semantischen Referenz und dem tatsächlichen Verlauf des Vorgangs. Das Wort „Anhörung" kann allerlei belastende Emotionen auslösen, wie es sich bei Faizan gezeigt hat. Denn

> [w]ann immer wir ein Wort hören, aktiviert unser Gehirn ganz automatisch einen Frame, um dem gehörten Wort überhaupt einen Sinn verleihen zu können. Frames sind durch Erfahrungen und Eindrücke strukturiert, die wir im Laufe unseres Lebens sammeln. Dazu gehören abstrakte Ideen ebenso wie im Gehirn gespeicherte motorische Abläufe, Sinneseindrücke, Bilder und Emotionen.[632]

Die Hauptemotion, die der Asylsuchende beim Hören bzw. Lesen dieses Wortes empfindet, ist Panik. Die Angst, dass man mit Anhörenden konfrontiert wird, dass man sich viele Proben anhören muss; die Angst, dass man die eigenen Asylgründe untermauern, das Erlebte konkret, ohne Lücken und in der richtigen Zeitchronologie schildern muss und dabei mit unberechenbaren und komplizierten Fragen überfordert wird. Die Sorge, dass man nicht glaubwürdig wirkt, und dass der eigene Asylantrag am Ende abgelehnt wird.

Der Begriff „Ausweisungsinteresse"[633] kann ebenfalls schockierend wirken. Die Bedingungen, unter denen ein Staat einen Ausländer ausweisen kann, sind im Aufenthaltsgesetz festgelegt.[634] Es ist vorstellbar, dass der Staat aus sicherheitspolitischer Sicht oder aufgrund einer Gefährdung der öffentlichen Sicherheit

632 Elisabeth Wehling: „Sprache, Werte, Frames: Wie findet man den richtigen Rahmen für politische Botschaften?", in: Carsten Brosda (hrsg.): *Sprache, Macht, Denken: politische Diskurse verstehen und führen/Denkwerk Demokratie*, Campus Verlag, Frankfurt [u.a] 2014, S. 159–167, hier S. 160.

633 Eine tiefe und ausführliche Studie des „neuen Ausweisungsrechtes" liefert Katharina Bode in ihrem Buch *Das neue Ausweisungsrecht (2020)*. Sie untersucht die Geschichte des Ausweisungsrechts, stellt seine Strukturen und Regelungsinhalte dar und geht einer Reformanalyse die Zukunftsfähigkeit des heutigen Ausweisungsrechts nach.

634 Vgl. § 54 AufenthG.

und Ordnung, der freiheitlichen demokratischen Grundordnung oder aus anderen Interessen der Bundesrepublik[635] eine Ausweisung als Schutzmaßnahme durchführen kann. Allerdings könnte die Frage aufkommen, ob nur Ausländer als potenzielle Gefahr für den Staat betrachtet werden, oder ob der Staat auch einen eigenen Bürger ausweisen würde, wenn dieser als gefährlich für die Gesellschaft angesehen wird. In dieser Perspektive machen Stephan Beichel-Benedetti und Michael Hoppe künftige Sorgen

> wegen der Kakophonie an Gefahrenbegriffen, die inzwischen Geltung beanspruchen. Selbst der gutwilligste Rechtsanwender dürfte kaum mehr in der Lage sein, die gegenwärtige schwerwiegende Gefahr, die ein Grundinteresse der Gesellschaft berührt (§ 53 Abs. 3 AufenthG) von einer Gefahr für die Sicherheit des Mitgliedstaats bzw. einer solchen für die Allgemeinheit eines Mitgliedsstaates (Art. 21 Abs. 2 der Qualifikationsrichtlinie) oder von zwingenden Gründen der nationalen Sicherheit oder öffentlichen Ordnung (Art. 24 Abs. 1 der Qualifikationsrichtlinie) in praxistauglicher Weise zu unterscheiden.[636]

Des Weiteren lädt Joachim Zelter den Leser dazu ein, juristische Formeln wie *Aufenthaltsduldung, Aufenthaltsgestattung, Aufenthaltstitel, Aufenthaltsgenehmigung*, mit denen die Existenz eines Drittstaatsangehörigen etikettiert wird, zu hinterfragen. Solche Begriffe, durch welche „das beste, schönste, heiligste, schützenswerteste Land auf Erden" (VBS, S. 92) dem fremden Geflüchteten nur ein zeitlich gehacktes Dasein anbietet, können einem postkolonialen Vokabular der juristisch-institutionellen Gastfeindschaft zugeordnet werden, das sich hinter einem Euphemismus verbirgt. Diese Titel einer Pseudogastfreundschaft oder Pseudointegration werden vom Erzähler auf eine sarkastische Weise als „eine Art erstes vorhimmlisches Jenseits oder Paradies, mit unzähligen, fein säuberlich definierten Stufen, Zwischenstufen und Abstufungen" (VBS, ebd.) kritisiert. Durch diese „separaten Daseinsstufen" (VBS, S. 74) wird der soziale und ökonomische Wert eines Ausländers bzw. eines Geflüchteten herabgesetzt und das Gewicht seines Aufenthalts bestimmt und kategorisiert. Sie sind Ausdruck einer „rassistischen Hierarchisierung von Lebenschancen"[637] der Menschen. Der Aufenthaltstitel, so ironisiert es der Erzähler, ist

635 Vgl. § 53 AufenthG.

636 Stephan Beichel-Benedetti und Michael Hoppe: „Das Recht der Ausweisung im Wandel der Zeit", in: Stephan Beichel-Benedetti, Constanze Janda (Hrsg.): *Hohenheimer Horizonte*, Nomos Verlag, Baden-Baden 2018, S. 417–427, hier S. 427.

637 Serhat Karakayalı/Vassilis Tsianos: „Migrationsregimes in der Bundesrepublik Deutschland. Zum Verhältnis von Staatlichkeit und Rassismus", in: Alex Demirović/Manuela Bojadžijev (hrsg.): *Konjunkturen des Rassismus*, Verlag Westfälisches Dampfboot, Münster 2002, S. 246–267, hier S. 246.

> ein beträchtlicher Status, fast schon so etwas wie ein Meister- oder Doktortitel, der Inbegriff aller Sehnsüchte und Träume. Ein solcher Titel bedeute: Ein Mensch darf nicht nur hier sein. Er darf sogar bleiben. Er kann aufatmen, durchatmen, sich frei bewegen. Was will man mehr. (VBS, S. 74).

Wer einen Aufenthaltstitel hat, erhält damit einen – selbst wenn befristeten – Freiheitsstempel. Man profitiert damit von einer gewissen Befreiung von der ständigen Belastung des bürokratischen Labyrinths, weil man einen mehr oder weniger *regularisierten* Status bekommt.

Im Gegensatz steht die Duldung. Der Beschreibung zufolge kann man sie als eine Karte der beschwichtigenden Exklusion und des illegalen Lebens darstellen. Sie steht ganz im Gegensatz zum Dulden, von dem Kant in seinem Besuchsrecht gesprochen hat, bzw., dass die Menschen sich auf der Erde „neben einander dulden müssen."[638] Außerdem ist die Form dieses Ausweises demütigend und beschämend. Sie wirkt, so der Erzähler, wie „ein armseliges Faltblatt, ein Kinderausweis" und beinhaltet die Ermahnung „*Aussetzung der Abschiebung*" in großen Lettern (VBS, S. 41, Hervorhebung im Original). Damit wird den Besitzer ständig an die Vorläufigkeit des Papiers erinnert, einfach ausgedrückt heißt es: Bitte nicht vergessen, Sie werden bald abgeschoben! In diesem Sinne reduziert die Duldung die Existenz des Geflüchteten zu einem unsicheren, temporären und vorübergehenden Phänomen, das in Kürze zum Untergang führt. Faizan

> besaß gerade mal eine Duldung, die unterste Stufe eines vorläufigen Da- oder Hierseins. Es war kaum mehr als das. Trotz Heirat. Vorübergehend geduldet. Er selbst musste diese Duldung immer wieder verlängern, noch am Tag ihres Erlöschens. Alle drei Monate erlosch sie. Sie lief aus und er musste verlängern, und das genau am Tag ihres Erlöschens – keinen Tag davor und keinen danach. Es wäre dies ansonsten das Ende seines Aufenthalts und seiner Arbeit gewesen – sowie all dessen, was er bislang erreicht hatte. (…) Eine Duldung sei kaum mehr als eine *vorübergehende Aufschiebung der Abschiebung*. Mehr sei es nicht." (VBS, S. 74, Hervorhebung im Original)

Mit *Duldung*, diesem kurzen Wort, lässt sich das Leben eines Geflüchteten mit vielen Einschränkungen regieren und dominieren. Er muss die bürokratische Folter erdulden und die Autonomie über die zeitliche Dimension seines Aufenthalts wird ihm entzogen. Besonders das beschriebene abstoßende Verhalten der Sachbearbeiter veranschaulicht sehr deutlich die damit einhergehende Erfahrung der institutionellen Gastfeindschaft:

---

638 Immanuel Kant: „Zum ewigen Frieden. Ein philosophischer Entwurf", 1965, op. cit., S. 120.

> Stundenlang musste er in endlosen Schlangen stehen, vor entnervten Sachbearbeitern, die ihn hinleiten, zurechtwiesen oder maßregelten, mit einem Gesichtsausdruck, der ihm zu bedeuten schien: *Ist er denn immer noch da*. Bis sie ihm – gleich einem allerletzten Gnadenakt – dann doch noch eine weitere Duldung ausstellen. (VBS, S. 74, Hervorhebung im Original)

Die Mitarbeiter haben es eilig, dass Faizan verschwindet. Selbst wenn er nicht mit dieser Duldung existiert, darf Faizan als geduldeter Ausländer kein Bankkonto eröffnen, weil

> man den bloßen Umstand eines Kontos auch gegen ihn auslegen könnte, als einen Größenwahn oder eine Anmaßung. Dass er genau dann wieder nach Pakistan zurückmüsse, wenn er zur Bank gehe, um dort zum ersten Mal Geld abzuheben. Als würde man diesen Moment von Genugtuung abwarten, um ein Exempel zu statuieren. Wage es nie mehr wieder." (VBS, S. 27)

Mit dem Duldungsstatus setzt der Staat ein Zeichen gegen ein glückliches und freies Leben des Geflüchteten und zwingt ihn zur Prekarität und zu einem Schattendasein. Die Duldung ist ein sprachlicher Akt, weil sie eine Aufenthaltskategorie benennt. Als Sprachmittel reflektiert sie einen gewaltsamen und kolonialartigen Akt des „Benennen[s] [bzw. Bezeichnens] und Besitzen[s]",[639] durch den der Staat den fremden Asylsuchenden mit unsicheren Rechtstiteln unterdrückt. Im folgenden Textauszug macht der auktoriale Erzähler sichtbar, wie das Leben eines Geflüchteten durch das bürokratische Sprachspiel mit kleinen Silben verharmlost und entwürdigt werden kann:

> *Aufschiebung der Abschiebung*. (…) Die Abschiebung so lange aufschieben, bis sie irgendwann nicht mehr möglich sei. *Abschiebung und Aufschiebung*. Wie ähnlich diese völlig gegensätzlichen Wörter klangen. Sie bewegten sich in einer Art Gleichschritt und Gleichklang, die sich in einer nervenauftreibenden Waage hielten. Statt eines *Abs* ein vorübergehendes *Auf*. Ab und auf. Es war ein Drahtseilakt entlang der kleinsten Silben. Es gehe nun darum, so der Anwalt, einen de-facto-Zustand irgendwann einmal, spätestens aber nach acht Jahren, in ein de-jure-Verhältnis zu überführen, also in eine dauerhafte Aufenthaltserlaubnis." (VBS, S. 91, Hervorhebungen im Original)

Durch das Wortspiel mit „ab" und „auf", bzw. „de facto" und „de jure" wird der Wert und der Freiheitsanspruch eines fremden Menschen bestimmt. In dieser empörenden Beschreibung des Erzählers lässt sich erkennen, dass mit der

639 Amatso Obikoli Assemboni: „‚Benennen' und ‚besitzen'. Der Schwarze im (post) kolonialen Wortschatz", in: Axel Dunker, Thomas Stolz and Ingo H. Warnke (hrsg.): *Benennungspraktiken in Prozessen kolonialer Raumaneignung*, De Gruyter, Berlin und Boston 2017, S. 111–126.

Duldung – eigentlich hört es sich im Sinne von Toleranz positiv an – eine aufenthaltsbeendende Maßnahme erlassen wird, die aber verzögert umgesetzt werden wird. Der Fremde ist schon abgelehnt, aber der Staat toleriert ihn aus einigen Gründen für eine Weile, bevor er endgültig abgeschoben wird.

Das „Ausweisungsinteresse der Bundesrepublik Deutschland" (VBS, S. 114), der Grad an Gewalt und Druck, die in den Entscheidungen der Behörden erwartbar sind, werden strategisch durch Hüllwörter verschleiert. Das Ziel ist, die Information oder die Entscheidung persuasiv auszurichten, um einen anästhetischen Effekt auf den Bewerber auszuüben. So lässt sich die Theorie der „Härte und Herz" (VBS, ebd.) verstehen, die der kaltherzige Herr Zöllner als Basis seines Sonderermittlungsdienstes in Julias Wohnung angibt: „Härte" verkörpert die erbarmungslose gastfeindliche Disposition der Behörde, während „Herz" nichts anderes als den beschönigenden Sprachgebrauch bzw. das sprachliche Anästhetikum symbolisiert. All die erläuterten Begriffe sind ein täuschendes sprachliches Dispositiv, dessen Inhalt hinter dem oberflächlichen Euphemismus eine systematische Ausgrenzung einrichtet, deren Höhepunkt die Abschiebung ist.

5.5. Die Abschiebung

Vor dem Hintergrund des „Ausweisungsinteresses der Bundesrepublik Deutschland" offenbart sich die Abschiebung als der für die Asylbehörde zufriedenstellende Endpunkt des gesamten Asylverfahrens. Wie der fiktive Minister mit den 69 Abschiebungen es ausdrückte, ist es das Anliegen des Staates, das Land „*bis zur letzten Patrone* (…), an erster Stelle gegen Menschen wie Faizan" (VBS, S. 88, Hervorhebung im Original) zu verteidigen.[640] Infolgedessen wird Faizans Asylantrag trotz einiger Gesetze, die für sein Hierbleiben sprechen könnten, abgelehnt. Demzufolge wird er aufgefordert, Deutschland zu verlassen. Demzufolge wird er gebeten, Deutschland zu verlassen. In der Anordnung „bitte verlassen Sie die Bundesrepublik Deutschland" steckt hinter dem „Bitte" nur wenig Bitten, sondern höchstens Schönfärberei, die eine Androhung von Zwang und Gewalt versteckt. Die Bitte wird aus der Sicht der Behörde als eine Handreichung dargestellt, die Faizan in Form „ein[es] Angebot[s] zur freiwilligen Ausreise" unterbreitet wird. Dieses Angebot wird „begleitet von dem größtmöglichen behördlichen Wohlwollen,

640 Dieser Satz ist eine fiktionalisierte Wiedergabe der Aussage, die der ehemalige deutsche Innenminister Horst Seehofer im März 2011 getätigt hatte: „Wir werden uns gegen Zuwanderung in deutsche Sozialsysteme wehren – bis zur letzten Patrone" Vgl. https://www.tagesspiegel.de/politik/seehofer-und-die-letzte-patrone-6457402.html.

dass man einer Einreise beziehungsweise Rückreise nach Deutschland dann nicht mehr länger im Wege stehe…" (VBS, S. 114). Das scheinbare Angebot zur freiwilligen Rückkehr, unterstützt durch staatliche Finanzmittel ist im Grunde ein indirekter Zwang zur Ausreise, wenngleich ohne polizeiliche Begleitung.[641] Da Faizan aufgrund seiner Ehe mit Julia diese Handlungsoption nicht annehmen kann und der freiwilligen Ausreise nicht nachkommen möchte, wird er letztendlich gewaltsam abgeschoben.

Wie bereits gesehen, ist die Furcht vor der Abschiebung zu einem integralen Bestandteil von Faizans Alltag geworden, eine Konsequenz der Auseinandersetzung mit der Asylbehörde. Das Leben unter der ständigen Bedrohung der Abschiebung sowie die vom Minister provozierten 69 Abschiebungen haben eine derart stark traumatisierende Wirkung auf ihn, dass bei ihm schließlich eine lebensbedrohliche Hyperglykämie diagnostiziert wird (vgl. VBS, S. 89).[642] Obwohl Diabetes ein rechtlich anerkannter Grund für die Verhinderung einer Abschiebung ist (VBS, S. 90), wird Faizan dennoch an einem Abend durch eine gewaltsame und erbarmungslose Polizeioperation abgeschoben:

> Man gewährte ihm fünf Minuten, einige Sachen zu packen. Ein Polizeihandy diente als Stoppuhr. Ein weiteres Handy wurde ihm gereicht, um noch einen Anruf seiner Wahl zu tätigen. So die Vorschriften, die hier penibel eingehalten wurden (…). Sein eigenes Handy wurde ihm abgenommen. Es sollte verhindert werden, dass damit Ton- oder Videoaufzeichnungen des Bevorstehenden gemacht werden konnten. (VBS, S. 98)

Diese Polizeiaktion erfolgt wie bei einem Einsatz der schnellen Eingreiftruppe, plötzlich und ohne Voranmeldung. Faizan hat auch keine Möglichkeit, sich von Julia zu verabschieden, da sie an diesem Abend noch nicht zu Hause ist. Um Zelters Neologismus zu verwenden, wird Faizan *verabschoben*. Die Abschiebung verhindert die Verabschiedung der jungen Eheleute voneinander. So wird Faizan abgeführt, wie ein Verbrecher:

> Er wurde die Treppen hinabgeführt und von dort in ein bereitgestelltes Polizeiauto, in das er gesetzt wurde, indem man ihm, im Einsteigen, den Kopf nach unten drückte, so, als wollte dieser Kopf noch einmal aufbegehren oder nach oben schnellen – so wie

641 Sieglinde Rosenberger/Florian Trauner: „Abschiebepolitik: Eine sozialwissenschaftliche Annäherung", in: *Österreichische Zeitschrift für Politikwissenschaft 2*, 2014, S. 141–150, hier S. 142.

642 Es ist medizinisch nachgewiesen worden, dass Stressreaktionen einen Diabetes auslösen können. Vgl. zum Beispiel der Artikel „Auswirkungen von Stress auf den Blutzucker bei Diabetes", mit der wissenschaftlichen Unterstützung von Dr. Berthold Maier, abrufbar auf https://www.diabinfo.de/leben/diabetes-im-alltag/stress.html, Zugriff am 02.08.2023.

> ein Ertrinkender noch einmal mit seinem Kopf nach oben kommen möchte, bevor er endgültig untergeht. (VBS, S. 100)

Faizan wird des Landes verwiesen, abgeschoben, ausgewiesen. So findet sein Leben in der Bundesrepublik Deutschland ein abruptes Ende. Die Abschiebung erscheint dabei als Krönung oder Extrem der staatlichen Gastfeindschaft innerhalb eines Abschiebregimes. Das angestrebte Ziel ist vollbracht. Das Land, dass für Faizan „insgesamt (alles in allem) das freundlichste Land (…) unter all den Ländern dieser Welt" (VBS, S. 27) war, verwandelt sich schließlich in ein Traumaland, von dem er nur noch Alpträume haben wird.

Aus einer anderen Perspektive muss darauf hingewiesen werden, dass die Anwälte eine zwiespältige Rolle im gesamten Asylprozess spielen. Obwohl sie der Aussichtlosigkeit von Faizans Fall bewusst sind (vgl. VBS, S. 25), versprechen sie dennoch stets ihre juristische Unterstützung, offenbar nur, um Geld zu verdienen. In der Darstellung erscheinen sie als betrügerisch handelnde Personen, die falsche Beratung (vgl. S. 43 f., S. 104) und unrealistische Hoffnungen vermitteln (vgl. VBS, S. 90). Sie sind nicht der Gastfeindschaft zu entlasten.

Resümierend lässt sich festhalten, dass der Staat durch all die untersuchten Instrumente, die in einer gewaltsamen und menschenverachtenden Abschiebung kulminieren, die Kontrollmacht über das Leben des Asylbewerbers demonstriert. Bevor der Staat den politischen Untergang des Fremdlings vollzieht bzw. ihn abschiebt, versucht die Bürokratie zunächst, ihn sozial, psychisch und gesundheitlich zu schwächen. Der Bewerber wird zu einem disponierten Subjekt, der einer ständigen Abhängigkeitsbeziehung zum Staat unterworfen ist. Der Staat entzieht ihm seine Selbstbestimmung und kann sein Leben zeitlich steuern (der Bewerber muss Fristen einhalten und sich viel Zeit zum Beispiel für die Übung der Anhörung nehmen), psychisch unterdrücken, politisch-bürokratisch regulieren. Indem der Staat sein Leben kategorisiert, muss dieser ständig mit dem Gefühl leben, dass er minderwertig ist. Seine Freiheit wird eingeschränkt. Dieses politisch-bürokratische Labyrinth ist eine psychische Folter, die Zelter denunziert.

6. Julia, ein starkes Vorbild der Gastfreundschaft

Im Labyrinth des diskriminierenden Asylverfahrens ist Julias Verhalten bemerkenswert. Man könnte ihre Bemühungen für ein Hierbleiben Faizans als *gastfreundschaftliche Performanz* bezeichnen, im Besonderen, wenn Julias Lebensvorsatz nie zu heiraten so stark ist, wie wir es gesehen haben. Sie wollte

> [k]einesfalls heiraten. Ihre Eltern waren bereits abschreckende Beispiele. Jede einzelne Ehe der Welt war für sie ein abschreckendes Beispiel. Schon die Grundidee einer Ehe war für sie ein Schrecken. Ein Lebendig-Begraben-Werden. Sie dachte an Kierkegaard:

> *Nie lasse man sich auf die Ehe ein.* Oder: *Die Freundschaft ist bereits gefährlich, die Ehe ist es noch mehr.* Oder: *Wenn zwei Menschen sich ineinander verlieben und ahnen, dass sie füreinander bestimmt sind, so gilt es den Mut zu haben, abzubrechen.* (VBS, S. 45) Hervorhebungen im Original.

Dass sie trotz dieser starken Lebensentscheidung und trotz der Entmutigung ihrer Kolleginnen und Freundinnen ihr Tabu bricht und Faizan heiratet, zeigt die größte Herausforderung, die sie je in ihrem Leben auf sich nimmt. Und sie tut es wegen eines anderen Menschen, dem sie ein Hierbleiben in Deutschland ermöglichen möchte. Zu ihrem Tabubruch kommen noch weitere sehr herausfordernde Schritte. Julia wandert von Anwalt zu Anwalt. Obwohl sie horrende Summen bezahlt, kann keiner der Anwälte ihr wirklich helfen, ihr Ziel zu erreichen. Julia wird eine verdächtigte Staatsbürgerin wegen ihrer Heirat mit Faizan. Der Herr Zöllner vom Ausländeramt prüft ihre Ehe, besonders die Wohnung auf ihre Beständigkeit. Die quälende und penetrante Art, mit welcher der Letztere seinen Sonderermittlungsdienst erfüllt, erinnert an die Praktiken der Stasi. Die staatlich-behördliche Verfolgung, die es Julia kostet, die psycho-emotionale Belastung, die damit einhergeht, die vielen hasserfüllten Briefe, die sie dann bekommt, ihr mutiger Versuch, Faizan noch am Flughafen finden zu können u. a. sind sehr beeindruckende Bemühungen, zu denen kaum jemand bereit wäre.

Dazu muss Julia für Faizan einen „ständigen Fluss an Angst, Ungewissheit, Traurigkeit und Resignation“ (VBS, S. 122) erleben. Die ganze Situation kostet sie viel Kraft, Lebenszeit, Geld und Gesundheit, „und all das nur, um einem einzigen Menschen einen Platz an einem bestimmten Punkt dieser Erde“ (VBS, ebd.), an dem eine Bürokratie der Gastfeindschaft herrscht, zu ermöglichen. Zelter stellt uns unter diesen Umständen eine Ehe der Gastfreundschaft vor, die Julia verkörpert. Durch die Ehe mit Faizan vollzieht Julia selbstverständlich einen außerordentlichen und sehr herausfordernden Akt der Gastfreundschaft, einen „größere[n] Akt von Liebe und Menschlichkeit und Zusammengehörigkeit“ (VBS, S. 66).

Ihre Hingabe für das Hierbleiben eines Fremden ist die praktische bürgerliche Umsetzung des kantischen kosmopolitischen Hospitalität. Julia übernimmt die Rolle, an welcher der Staat versagt hat: die Bereitwilligkeit, alles einzusetzen, um dem Fremdling ein Recht auf Hospitalität zu gewähren und ihm einen Platz zu sichern. Zwar gewinnt Julia durch ihre Beziehung zu Faizan viel an Nähe, Wärme, Zuneigung, Kraft und Verbundenheit, aber im Gegensatz dazu riskiert sie alles für ihn. Sie kann als Heldin der Gastfreundschaft charakterisiert werden, ein weibliches Bild der Selbstlosen, die bereit ist, eigene festgelegte rote Linien für das Glück anderer zu durchbrechen. Sie gilt auch als Gegenbild von Menschen, die alles Fremde von sich halten, dabei aber auch viel verlieren. Julia kommt zu dem Schluss: „Wer andere immerzu ausschließe, der schließe sich selbst immer mehr ein. In ein immer größer werdendes Gefängnis" (VBS, S. 88)

Zwar ist die Ehe zwischen Faizan und Julia mit aufenthaltsrechtlichen Vorteilen verbunden, aber die humanistische Kraft und Tragweite von Julias gastfreundschaftlicher Performanz übersteigt alles, was im gegenwärtigen Migrationsdiskurs im Konstrukt der „Scheinehe" steckt. Aus moralischer Perspektive lässt sich aus Julias Verhalten folgende Schlussfolgerung ziehen: Die Begegnung und der Umgang mit dem Fremden erfordern sowohl vom Staat als auch von einzelnen Bürgern eine übermütige Bereitschaft, eigene Grenzen und Lebensnormen zu verschieben und Vorbehalte zu überwinden, um ein Zusammenleben zu ermöglichen. Die Verwirklichung eines friedlichen Miteinanders im kantischen Sinne erfordert, wie für Julia, „einen jahrelangen Kraftakt, eine gelebte Entropie, ein Wandeln in Paragraphengefängnissen und ein Anrennen gegen endlose Paragraphenmauern." (VBS, S. 122)

VI. Zusammenfassung der Ergebnisse

Diese literaturwissenschaftliche Studie hat sich mit Narrativen der Gastfeindschaft in Mohamed Mbougar Sarrs *Silence du chœur*, Christoph Heins *Guldenberg*, Sénouvo Agbota Zinsous *Le médicament* und Joachim Zelters *Die Verabschiebung* auseinandergesetzt. Auf Aspekte der Gastgeberfeindschaft wurde auch eingegangen. Es war von eminenter Bedeutung, im Rahmen der Recherche zu ermitteln, in welchen Ausprägungen und Manifestationen die Gastfeindschaft in den ausgewählten Romanen zum Vorschein kommt. Hierbei wurde besonderes Augenmerk darauf gerichtet, die involvierten Akteure zu charakterisieren und zu untersuchen, wie die Praxis und die Erfahrung der Gastfeindschaft sich auf das individuelle und kollektive Schicksale der Protagonisten sowie auf die soziale Kohäsion in den fiktiven Gemeinschaften auswirken. Darüber hinaus war es entscheidend zu eruieren, auf welche Weise die jeweiligen Autoren ästhetische Strategien einsetzen, um Praktiken der Gastfeindschaft zu hinterfragen und zugleich Gastfreundschaft gegenüber fremden Gastmigranten zu fördern. Die Anwendung der postkolonialen Erzähltheorie erwies sich als produktiv für die durchgeführte Analyse, besonders hinsichtlich der Betonung der erzählstrategischen Förderung der Gastfreundschaft. Die Verbindung erzähltheoretischer Elemente mit Analysekategorien der postkolonialen Literaturtheorie ermöglichte es, die Interaktionen der Gastakteure eingehend zu charakterisieren und die Bedingungen aufzudecken, die feindselige Konstruktionen von Selbst (Gastgeber) und Anderem (Gast) hervorrufen, die Abgrenzung des fremden Gastmigranten verursachen und ein friedliches Zusammenleben behindern. Durch die Analyse hat sich die anfangs gestellte Hypothese sehr deutlich bestätigt. In den ausgewählten Erzählungen traten individuelle, soziale und politische Dispositive der Gastfeindschaft zutage. Gastfeindschaft manifestiert sich dabei als defensive und offensive Reaktion, die nicht nur den Gastmigranten in Bezug auf ihre Identitätsbildung und Entfaltung schadet, sondern auch die Harmonie in den Gastgebergesellschaften stört. Die verschiedenen Formen gastfeindlicher Fremderfahrungen beeinflussen schwerwiegend die individuellen Schicksale der Gastmigranten und verdeutlichen, dass das Ankunftsland für sie zu einem Traumaland wird. Für Gastmigranten, die ihre Heimat aufgrund von Krieg, Verfolgung und katastrophalen Ereignissen verlassen haben, bedeutet die Erfahrung von Gastfeindschaft eine Reise vom Trauma der Heimat über das Trauma der Flucht bis hin zum Traumaland oder sogar zum Todesland. Obendrein hat sich gezeigt, dass die Praxis der Gastfeindschaft in manchen Fällen sowohl für einen Fremdenhasser selbst als auch für Sympathisanten von Gastmigranten traumatisierende Folgen haben kann. Durch die Darstellung der Verwandlung des Traumlands in ein Traumaland erschaffen die Autoren ein kritisch subversives Bild Europas als begehrtem Migrationsziel. Diese Subversion erfüllt meines Erachtens zwei Hauptfunktionen: Einerseits kritisieren die Autoren systematisch die destruktiven Migrations- und Asylpolitiken, stellen sich auf unterschiedliche Weise und mithilfe unterschiedlicher narrativ-ästhetischer Strategien systematisch gegen die Gastfeindschaft, und betonen die Unentbehrlichkeit der Gastfreundschaft gegenüber schutzsuchenden Gastmigranten. Andererseits bietet diese subversive Perspektive, besonders im Kontext afrikanischer Autoren, die Möglichkeit, etablierte und oft romantisierte Vorstellungen junger Afrikaner über Europa aufklärerisch herauszufordern.

Erscheinungsformen der Gastfeindschaft

Die Untersuchung der ausgewählten Romane zeigt eine Vielzahl von Erscheinungsformen und Dispositive der Gastfeindschaft von Individuen, Kollektiven und Institutionen gegenüber arabischen und afrikanischen Gastmigranten im europäischen Raum auf. Diese Manifestationen der Gastfeindschaft sind äußerst vielschichtig und reichen von Abneigungen, Vorurteilen, Feindbildern, herabwürdigenden Beschreibungen, Hassrede, Faschismus, Rechtsextremismus und Islamophobie über die Verbreitung von Lügen und Gerüchten, Provokationen, das Gerede, die Anwendung von Sündenbockpraktiken, nihilistische Einstellungen bis hin zu einem falschen Verständnis moralischer Werte. Auch politischer Opportunismus, Drohungen, Manipulationen und Instrumentalisierungen, die Betonung der Unerwünschtheit von Gastmigranten, die Konstruktion von Ekel gegenüber ihnen, die soziale Ablehnung, Abschottung, physische und psychische Gewalt sind Teil dieser vielschichtigen Problematik. In einigen tragischen Fällen eskaliert die Gastfeindschaft sogar bis hin zu Mord. Aus institutioneller Perspektive spielen verschiedene Machtinstrumente eine entscheidende Rolle in der Praxis der Gastfeindschaft. Dazu gehören bürokratische Restriktionen und Kontrollmechanismen, Prozesse wie Anhörungen und Wohnungsermittlungen, bei denen die Kommunikation durch ein euphemistisches Vokabular der Gastfeindschaft geprägt ist und das Schaffen eines destruktiven Wartens sowie die Abschiebung das Leben und die Integration der Gastmigranten im Gastgeberland hemmen.

Charakterisierung der Akteure

Im Hinblick auf die Charakterisierung der Akteure der Gastfeindschaft ergeben sich aus der Arbeit folgende Erkenntnisse. Die Neigung zur Gastfeindschaft korreliert signifikant mit individuellen persönlichkeitspsychologischen und sozialwirtschaftlichen Belastungen. Die Figuren, die in den Romanen als Gastfeinde fungieren, stammen aus diversen sozialen Schichten der Gesellschaft und werden von unterschiedlichen Motiven angetrieben. Generell werden Gastfeinde als Individuen charakterisiert, die sozial und wirtschaftlich gescheitert sind. Sie werden als egoistische Individuen dargestellt, die neidisch auf Gastmigranten[643] und zu fremdenfeindlichen Zwecken manipulierbar sind. Unter dieser Betrachtungsweise wurde bei der Analyse ersichtlich, dass die Protagonisten der Gastfeindschaft Individuen umfassen, die bestrebt sind, ihre eigene sozioökonomische Lage durch die Praktiken der Abgrenzung und der Suche nach Sündenböcken zu konsolidieren. Dies betrifft insbesondere in *Guldenberg* Personen, die durch Erfolglosigkeit, Frustration, Unzufriedenheit, Unglück, Enttäuschung und sogar psychische Belastungen gekennzeichnet sind. Die Autoren attribuieren diesen Personen auch eine spezifische Sprechweise und ein vulgäres Sprachregister, was zu einer Ridikulisierung derselben führt. Manche zeichnen sich als Individuen ab, die aufgrund von enttäuschenden und kränkenden persönlichen Erfahrungen mit bestimmten einzelnen Gastmigranten ihre Ressentiments und Rachegelüste auf die zugehörige ethnische Gruppe übertragen. Diese Individuen neigen dazu, Gastmigranten als Sündenböcke zu instrumentalisieren und ihre eigenen Leiden, Unzufriedenheiten und Ressentiments auf sie zu projizieren. Dabei betrachten sie Gastmigranten entweder als Katalysatoren ihres eigenen Unglücks oder als Hindernisse für eine Verbesserung ihrer eigenen Situation. Ohne die Herausforderungen und den Aufwand zu bagatellisieren, die ihre Anwesenheit für die Gastgeber darstellt, betonen die Romane, dass Gastmigranten lediglich das äußere Problem der Einheimischen darstellen. Die tatsächlichen Probleme liegen oft im inneren *Dämon*[644] der Einheimischen selbst, manifestiert durch verfallene Werte, instabile soziale Gefüge, zerrüttete Beziehungen, Unzufriedenheit mit dem eigenen Leben, dem eigenen Staat und der eigenen Identität sowie Zukunftsängste. Somit erweisen sich Narrative der Gastfeindschaft auch als Erzählungen von Unglück und Unzufriedenheit. Die Tatsache, dass diese Menschen als solche beschrieben werden, kann als eine Erzählstrategie verstanden werden, die darauf abzielt, Gastfeindschaft zu karikieren und ihre Hässlichkeit sowie Abnormalität hervorzuheben. Obwohl diese Merkmale teilweise der Realität entsprechen, sollte

643 Hierbei stehen auch Menschen im Fokus, die selbst eine Fluchtsituation erlebt haben, wie etwa ehemalige Vertriebene. Diese Personen empfinden aufgrund ihrer eigenen Erfahrungen und unter Berücksichtigung ihrer damaligen Bedingungen Neid gegenüber den gegenwärtigen Sozialleistungen für Gastmigranten, was zu einer Ablehnungshaltung führt.

644 Vgl. SDC, S. 244, „Démon intérieur".

trotzdem beachtet werden, dass sie nicht dazu dienen sollen, alle gescheiterten Menschen pauschal als gastfeindlich zu etikettieren. Vielmehr zeigen die Romane auch Personen in Führungspositionen, die sich gastfeindlichen Praktiken hingeben. Diese Figuren werden als Individuen mit politisch-opportunistischen, identitären, rechtsnationalistischen, faschistischen oder gastfeindlich orientierten ideologischen Neigungen präsentiert, die vermeintlich im Namen oder Interesse ihres Vaterlands handeln. Identitäre, rechtsnationalistische und faschistische Ansichten können, abhängig von der Perspektive, aus der sie betrachtet werden, unterschiedliche Bedeutungen und Assoziationen haben. Die Priorität nationaler Interessen ist im Grunde genommen kein böswilliges Bestreben. Es ist jedoch wichtig zu betonen, dass diese Überzeugungen nicht als Rechtfertigung für systematischen Hass und Ausschluss gegenüber fremden Gastmigranten dienen sollten. Sie sollten nicht hinderlich dafür sein, anderen einen Platz in der Gemeinschaft zu gewähren, solange dies möglich ist. Die eigene Heimat kann auch die Heimat für andere werden.

Die Erzählungen lassen weiterhin argumentieren, dass einige Menschen eine latente Neigung zur Gastfeindschaft haben. Diese Neigung wird oft durch sozioökonomische Enttäuschungen verstärkt. Aufgrund bereits bestehender Feindbilder gegenüber Fremdgruppen tendieren diese Individuen dazu, die physische Nähe von Fremden gefährlich zu überschätzen und in einen Zustand der Xenophobie zu verfallen. Insbesondere in Sarrs Roman wird durch die Figur des Maurizio deutlich, dass Gastfeindlichkeit ein Verhalten sein kann, das von grundsätzlich nicht gastfeindlich eingestellten Personen als Kompensation für enttäuschende Erfahrungen entwickelt wird. Diese enttäuschten Individuen verlieren ihre Offenheit und Empathie für Fremde, da sie ein tiefes Gefühl der Minderwertigkeit entwickeln, das sie nur durch Ressentiments, Hass und die Anwendung von Gewalt gegenüber diesen zu kompensieren versuchen. Im Gegensatz dazu durchlaufen bestimmte Charaktere eine Transformation von Gleichgültigkeit zu gastfreundlichen Individuen. Diese Entwicklungen verdeutlichen, dass Gastfreundschaft und Gastfeindschaft dynamische Phänomene sind, bei denen Menschen situativ ihre Einstellung von einer Haltung zur anderen verändern können.

Gastfeindschaft als existenzieller Kampf

Von dieser Perspektive aus lässt sich festhalten, dass die Praxis der Gastfeindschaft als ein Kampf um die Existenz interpretiert werden kann. Einheimische Gemeinschaften interpretieren die Ankunft von Gastmigranten oft als eine potenzielle Bedrohung für ihre eigene Existenz. Die Untersuchung verdeutlicht, dass die Motivation zur Migration der dargestellten Gastmigrantenfiguren tief in einem grundlegenden Verlangen nach Leben und Überleben verwurzelt ist. Parallel dazu streben auch die Einheimischen nach einem glücklichen und sicheren Leben in ihrer Heimat. Ihre Befürchtung besteht darin, dass die Präsenz fremder Gastmigranten die Sicherheit im eigenen Land gefährden könnte. Es kristallisieren sich demnach zwei gegensätzliche Vorstellungen von Lebensqualität und Lebenserwartung heraus, die miteinander kollidieren. Die Ankunft der Gastmigranten wird dabei von den Einheimischen als ein Angriff auf ihren eigenen Wohlstand wahrgenommen. Es scheint, als würden die Forderungen und Bedürfnisse der Gastmigranten den Einheimischen Arbeitsplätze, Wohnungen, Freiheit, finanzielle Ressourcen und sogar das Leben nehmen. Indem die Gastmigranten trotz der feindseligen Umstände ihr Recht auf Leben und Überleben durchsetzen wollen, scheint es, als ob sie „einen nicht erklärten Krieg gegen [die Einheimischen] begonnen“[645] haben. Die Einheimischen verteidigen sich aus der Furcht heraus, selbst in Armut zu verfallen und unglücklicher zu werden. Dabei agieren rechtsnational und identitär gesinnte Personen mit dem Ziel, ihr Vaterland zu schützen. Die Gastfeindschaft gründet in dieser Perspektive auf einer existenziell-essentialistischen Betrachtung des Heimatorts sowie einer übermäßigen Betonung der eigenen Zugehörigkeit, sei es ethnisch, rassisch oder kulturell. Der eigene Heimatort wird oft als homogener, heiliger und unberührter Raum betrachtet, der durch die als abstoßend wahrgenommenen Gastmigranten „überfremdet“ und „verunreinigt“ wird. Dabei wird der Schutzsuchende aus der Fremde häufig als Bedrohung für die Homogenität und Reinheit der Gemeinschaft wahrgenommen. Die asymmetrische, dichotome und hierarchisierende Darstellung von Eigenem und Fremdem verleiht den Einheimischen eine dominante Position und die Befugnis, über das Schicksal der Gastmigranten zu entscheiden.

Als Reaktion neigen die Ansässigen dazu, ihr Überleben durch die Abgrenzung, Ablehnung oder Vernichtung der vermeintlichen Invasoren zu sichern. In dieser Perspektive erscheint die Gastfeindschaft als ein illusorisches Instrument zum Schutz des eigenen Lebensraums und der eigenen Gesellschaft. Gastfeindlich gesinnte Menschen glauben, dass sie dadurch ihren Heimatort, ihre Gemeinschaft und ihr eigenes Leben vor kulturellem und sozioökonomischem Untergang bewahren können. Dabei wird offenbart, dass Gastmigranten eine Defloration der fremden Gemeinschaft herbeiführen. Sie entlarven und deflorieren die Illusion kultureller Homogenität und vermeintlicher sozialer Stabilität. In Analogie zur sexuellen Erfahrung der Entjungferung ist die Defloration des soziokulturellen Raums durch Gastmigranten mit „Schmerzen“ verbunden, die

645 Christoph Hein, 1992, op. cit., S. 55.

sinnbildlich für die Herausforderungen und Veränderungen stehen, die dieser soziale Prozess mit sich bringt. Entsprechend der Bedeutung dieser Erfahrung für die Identitätsbildung einer Jungfrau stellt sich die Defloration des soziokulturellen Raums durch Gastmigranten auch relevant für die Selbsterkenntnis und die Horizonterweiterung des Gastgebers. Die Gastmigranten zwingen die Ansässigen dazu, sich selbst und ihren Raum in Bezug auf Pluralität neu zu überdenken. Das Bestreben, sich abzuschotten bzw. ganz „unter sich" zu bleiben, keine Fremden mehr hereinzulassen und in erstickender Homogenität zu verharren, offenbart letztendlich ein identitäres Denken, das in der heutigen globalisierten Welt utopisch erscheint. Stattdessen ist es notwendig, dass Gesellschaften und Nationen ein systematisches, anti-identitäres Denken kultivieren, um Vielfalt und Offenheit anzustreben.

In diesem Rahmen erscheinen die Gastmigranten als Figuren der sozialen Unordnung, nicht dass sie wirklich solche sind, sondern ihre Anwesenheit provoziert Konflikte auf zwei Ebenen: auf gesellschaftsinterner Ebene zwischen Befürwortern und Gegnern der Exklusion und auf externer Ebene die Polarisierung zwischen Xenophoben und den Gastmigranten. Diese Konflikte fordern die Einhaltung der Harmonie in der einheimischen Gesellschaft heraus. Sie beeinträchtigen die soziale Identitätsbildung der einzelnen Gastmigranten und den gesellschaftlichen Zusammenhalt. Man soll hier auch unterstreichen, dass die Einheimischen sich oft unsicher fühlen, nicht weil die Fremden in ihre Gemeinschaft kommen, sondern weil sie selbst Geisel ihrer eigenen Feindbilder und Ängste vor Veränderungen sind.

Gastgeber- und Binnengastfeindschaft

Die Analyse verdeutlicht zudem, dass Gastmigranten unter bestimmten Umständen selbst eine Mitverantwortung für die gegen sie gerichtete Feindseligkeit tragen können, sei es durch kompromittierendes Verhalten oder feindliche Einstellungen. Vor diesem Hintergrund wurde dargelegt, dass Gastfeindschaft nicht zwangsläufig als einseitiges Phänomen zu betrachten ist, bei dem Gastgeber Feindseligkeit gegenüber Gastmigranten zeigen. Es gibt vielmehr auch Situationen, in denen Gastmigranten sich feindlich gegenüber ihren Gastgebern verhalten und somit eine Form von *Gastgeberfeindschaft* praktizieren, sei es latent oder aktiv. Darüber hinaus ist sie ausschließlich nicht von ansässigen Gemeinschaften gegenüber Gastmigranten gerichtet, sondern sie existiert auch in Form einer *Binnengastfeindschaft*, die intern zwischen verschiedenen Gruppen von Gastmigranten stattfindet. Indem Gastmigranten einen gastfreundlichen Empfang von Einheimischen erwarten oder ihnen Hass und Verachtung vorwerfen, können sie sich paradoxerweise selbst daran hindern, ein harmonisches Zusammenleben mit sich selbst und ihren Gastgebern zu fördern. Diese subtilen, jedoch bedeutungsvollen Aspekte scheinen in der Migrationsdebatte weitgehend tabuisiert zu sein. Es erweist sich als notwendig, sie aktiv zu berücksichtigen. Die *Gastgeberfeindschaft* und *Binnengastfeindschaft* können auf unterschiedliche Weisen motiviert sein. Die eine kann als Reaktion auf Erfahrungen von Gastfeindschaft und das daraus resultierende Ressentiment auftreten, während die andere in Verbindung mit dem kulturellen Hintergrund des Gastmigranten stehen kann. Dies betont, dass Gastfeindschaft ein komplexes soziales Phänomen ist, das verschiedene Akteure, Facetten und Dynamiken umfasst.

Institutionelle Gastfeindschaft

Im institutionellen Kontext treten auch die Asylbehörden mit ihren unterschiedlichen Dispositiven als Institutionen der Gastfeindschaft in Erscheinung, die sich hauptsächlich für die Umsetzung einer (Bio-)Politik der Ausgrenzung, Abschiebung und Abschottung von Gastmigranten einsetzen. Die Autoren führen den Leser in eine literaturwissenschaftliche Kritik des Asyl- und Ausländerrechts. Sie nehmen etliche ausländerrechtliche Maßnahmen unter die Lupe und dekonstruieren juristische Texte, asylrechtliche Begriffe und Praktiken in Bezug auf ihre inhaltlichen, pragmatischen und sprachlichen Aspekte. Zelter besonders untersucht narrative Strukturen in Gesetzestexten und Urteilsbegründungen. Durch eine kritische Auseinandersetzung mit der in den Asylinstitutionen verankerten Sprache, die auf euphemistischer Weise ein Vokabular der Gastfeindschaft gegenüber Gastmigranten transportiert, sowie durch seine Kritik an rechtlichen Aspekten und das Infragestellen der asylbürokratischen Mechanismen, beleuchtet der Autor die institutionelle Gastfeindschaft. Er zeigt somit, wie das Dasein von Fremden durch sprachdiskursive Machtinstrumente unterdrückt wird. Des Weiteren werden von Willkür und Absurdität geprägten Abschiebeverfahren, in denen das Leben des Asylbewerbers ganz und gar zerstört wird, sowie die gravierenden Auswirkungen der Anhörung, Wohnsitzermittlung und Abschiebung auf die Identität des Gastmigranten, kritisch hervorgehoben. Diese bürokratischen Instrumente können den Gastmigranten in eine Krise der Identität und Gesundheit sowie in den sozialen Tod führen. Insbesondere die Abschiebung kann, wie im Roman von Zinsou dargestellt wurde, sogar zum realen Tod führen. Man muss trotz allem anerkennen, dass die Institutionen nur in Bezug auf die hier dargelegten Fälle als Träger von Gastfeindschaft erscheinen. Eine umfassende Charakterisierung als durchgängig gastfeindliche Institutionen wäre jedoch unangemessen, da nicht sämtliche

Asylbewerber abgelehnt oder abgeschoben werden, wie exemplarisch im Roman von Zinsou verdeutlicht wird. Auch in Sarrs Roman ist der Fall von Jogoy ein paradigmatisches Beispiel. Es ist jedoch zu konstatieren, dass die Autoren ihren Fokus strategisch auf die negativen Erfahrungen legen.

Im Rahmen eines solchen Asylsystems verurteilen die ausgewählten Romane ebenfalls die Tatsache, dass das Erzählen von Lügen und das Ausdenken von neuen unwahren Lebensgeschichten bei der Asylentscheidung überlebenswichtig gemacht werden. Das Erfinden einer plausibel klingenden Lüge stellt sich als existenziell heraus. Die Protagonisten in den Romanen müssen sich darauf einstellen, dass die Wahrheit nicht ausreicht, um im europäischen Gastland eine Aufenthaltserlaubnis zu bekommen. Lügenerzählen als eine Art unerklärtes Grundprinzip im Asylsystem erscheint potenziell problematisch, weil es tatsächlich solche Asylbewerber gibt, die keine Lügen erzählen, wie das sich in den untersuchten Romanen gezeigt hat. Die Tatsache, dass Asylsuchende oft gezwungen sind, Unwahrheiten zu erzählen, führt dazu, dass sie pauschal als Lügner betrachtet werden, was eine Form der Gastfeindlichkeit darstellt, die aus den Strukturen des Asylsystems resultiert. Dies hat auch zur Folge, dass tatsächliche Asylbedürftige nicht aufgenommen werden.

Gastfeindschaft und kulturelle Identität

Die Untersuchung betont weiterhin, dass die Praxis der Gastfeindschaft oder die selektive Gastfreundschaft in engem Zusammenhang mit der kulturellen Identität der Schutzsuchenden steht, insbesondere mit ihrer Herkunft, Ethnie oder Rasse. Die Ablehnung mancher Gastmigranten resultiert hauptsächlich aus der Tatsache, dass sie nicht aus europäischen Ländern, sondern aus dem Orient und dem subsaharischen Afrika stammen. Diese Regionen sind historisch gesehen Zielscheiben eurozentrischer Feindbilder und Vorurteilsprojektionen, was dazu führt, dass Gastmigranten aus diesen kulturell fernen Milieus systematisch unerwünscht sind. Je mehr die Kultur des Gastmigranten von der des Gastlandes divergent ist, desto systematischer wird er abgelehnt. Dies schafft den Eindruck, als ob es unmenschlich oder subversiv wäre, aus dem „Orient" oder „Afrika" zu kommen. Durch die Praxis der Gastfeindschaft etablieren europäische Gesellschaften eine ungleiche Grenzziehung zwischen unterprivilegierten und privilegierten Teilen der Welt, wobei das Leben von Menschen gegeneinander abgewogen wird. In dieser Haltung offenbart sich, dass die postkoloniale Gastfeindschaft die Idee eines gleichberechtigten Menschseins immer noch nicht anerkennt. Dies ist ein Ausdruck des abwertenden *Othering* und eine moderne Form des Imperialismus europäischer Staaten, da die Hoffnungen von Gastmigranten auf ein besseres Leben auf tragische Weise zunichtemachen werden. Dies zeigt, dass der vielfältige jahrhundertelange Kontakt zwischen dem Abendland und afrikanischen Kulturen in Bezug auf Gastfreundschaft mehr kulturelle Kluft und Spannungen verursacht hat, als er interkulturelle Nähe, Verbindung und Austausch bewirken sollte.

Das Warten als Dispositiv der Gastfeindschaft

Die untersuchten Narrativen legen den Fokus darauf, dass das Tragische an der Gastfeindschaft nicht allein in den physischen oder psychischen Fremdheits- und Gewalterfahrungen der Gastmigranten liegt, sondern vor allem auch darin, wie ihr Traum durch die quälende Phase des Wartens zerstört wird. Die Wartezeit ist geprägt von langwierigen Asylverfahren, die eine Zeit der Unsicherheit und der Ungewissheit für die Asylsuchenden bedeuten. In dieser Phase des destruktiven Wartens wird der Traum von einem Neuanfang in einem gastgebenden Land systematisch untergraben und enttäuscht. In diesem Sinne wurde deutlich, dass das Integriertwerden im Gastgeberland oft schwieriger sein kann als das Verlassen der Heimat und die tödlichen Erlebnisse auf der Flucht. Die Fremderfahrungen führen besonders bei den afrikanischen Gastmigranten zu einer schmerzhaften und traumatisierenden Enttäuschung über das idealisierte Bild von Europa, zu erschwerten oder sogar unmöglichen Versuchen der Identitätsbildung und zu einem Gefühl des sozialen Tods im Gastgeberland, obwohl sie dem zerstörten Leben in der Heimat entgehen wollten. In dieser Hinsicht lassen sich die Mechanismen der Gastfeindschaft als moderne Relikte und Fortsetzungen des europäischen Imperialismus gegenüber Menschen ehemals kolonial unterdrückter Völker interpretieren. Sie manifestieren sich als eine Form des zentralisierten Imperialismus, der sich nun innerhalb Europas manifestiert, insbesondere wenn man den Kolonialismus als dezentralisierte Form der Unterdrückung außerhalb des europäischen Kontinents betrachtet.

(Post-)koloniale Auswirkungen

Des Weiteren wurde gezeigt, dass das Erleben des sozialen Todes mit Machtkämpfen einhergeht. Zum Beispiel ruft es in Sarrs Roman postkoloniales Ressentiment hervor, dessen Manifestationen einen Anspruch afrikanischer Gastmigranten auf Macht und einen mit defensiver Gewaltbereitschaft verbundenen Hass auf den europäischen Gastgeber darstellen. Dies führt zu einem Kampf zwischen den afrikanischen Gastmigranten, die auf ihr (historisches) Recht auf Aufnahme pochen, und den xenophoben Italienern, die ihre Unschuld betonen. Es zeigt sich dabei, dass die Gastfeindschaft im postkolonialen Kontext alte Wunden aus der Geschichte des Kolonialismus wiedererwecken kann,[646] was sich negativ auf die Aushandlung einer friedlichen Koexistenz auswirkt. Das Verständnis der Gastfreundschaft als eine Form der Entschädigung kann als eine Art Verletzung, Forcierung und Politisierung des Gastfreundschaftsprinzips betrachtet werden. Das Phänomen des Aufgenommen-Werdens erscheint als ein kontinuierliches, generationenübergreifendes Recht, wobei die Gastfreundschaft als ein Versuch betrachtet wird, historische Ungerechtigkeiten zu kompensieren oder gar als eine Form der Buße für die koloniale Vergangenheit zu fungieren. Hierbei nimmt die Gastfreundschaft einen problematisch retrospektiven Charakter an. In ihrer ursprünglichen Konzeption als uneigennützige Geste der Willkommenskultur und des Miteinanders wird deutlich, dass eine Instrumentalisierung oder politische Aufladung die Authentizität dieser Praxis beeinträchtigen kann. Hierbei erweist sich erforderlich, dass die Gastakteure den postkolonialen Einflüssen der kolonialen Vergangenheit widerstehen, um eine neutrale Gegenwart miteinander zu gestalten, zumal die gegenwärtigen Generationen nicht direkt an der Kolonialisierung beteiligt waren.

Topografie der Gastfeindschaft

Durch die Analyse offenbart sich eine Topografie der Gastfeindschaft, die verschiedene Räume umfasst, darunter Asylunterkünfte oder Transitzentren, Asylbehörde, Polizeistationen, Kneipen, private und öffentliche Sphären, in denen unterschiedliche Formen der Ablehnung und Diskriminierung auftreten. Die Asylunterkünfte sind häufig das Ziel fremdenfeindlicher Angriffe und werden als isolierte, stigmatisierte Orte im städtischen Raum wahrgenommen, in denen die als „Fremde“ bezeichneten Gastmigranten leben. Für die Letzteren selbst haben diese Unterkünfte eine ambivalente Bedeutung. Einerseits bieten sie ein gewisses Maß an Sicherheit und Schutz, andererseits fungieren sie auch als eine Art Gefängnis, das ihre Mobilität und Leben einschränkt und in dem sie das destruktive Warten und den sozialen Tod erfahren. Das Warten stellt ein machtvoll gastfeindliches Instrument des Staates dar, das erhebliche psychische und emotionale Belastungen für die Gastmigranten mit sich bringt. Die Asylbehörde wird zum zentralen Ort des ungewissen Schicksals, des Unvorhersehbaren und zu einem Schöpfungsort des destruktiven Wartens, der Tragödie und der ständigen Angst

646 Aus diplomatischer Sicht laufen seit einigen Jahren Verhandlungen zwischen ehemaligen Kolonien und europäischen Kolonialmächten, um die kolonialen Gräueltaten wiedergutzumachen. Es kommt zu Schuldeingeständnissen, zur Bitte um Vergebung und zu Entschädigungsabkommen. Die Verarbeitung dieser gemeinsamen dunklen Geschichte geht auch durch Restitution von Raubkunst aus der Kolonialzeit.

vor dem, was passieren wird. „Es ist wie der Tod. Einige Patienten sterben, sobald sie spüren, dass er kommt. Bevor das Herz oder das Gehirn aufhört zu funktionieren“ (vgl. SDC, S. 115, übersetzt von mir A.A.). Außerdem wird die Asylbehörde zum Ort der rechtlichen Verteidigung des Überlebens und zur Quelle für das Trauma der Asylbewerber. Gleichzeitig hängt die institutionelle Gastfeindschaft wie ein Damoklesschwert über diesem Ort. Hierbei ist es wichtig zu erkennen, dass die Gastfeindschaft nicht nur durch offene Feindseligkeit und Gewalt manifestiert wird, sondern auch durch bürokratische Hürden und undurchsichtige Verfahren, die die Integration der Gastmigranten erschweren. Prozesse wie die Anhörung oder die Wohnungsbegehung werden zu äußerst beängstigenden Momenten, die zu einer erheblichen Verschlechterung der körperlichen Gesundheit und des psychischen Wohlbefindens der Asylbewerber führen können. Die Unsicherheit über den Ausgang dieser bürokratischen Verfahren, gepaart mit der ständigen Furcht vor Ablehnung und Abschiebung, verstärkt den Stress und die Angstzustände der Asylsuchenden. Wie es sich in Zinsous Roman gezeigt hat, kann die Angst vor Abschiebung dazu führen, dass einige Gastmigranten Selbstmord begehen. Außerdem greifen manche Gastmigranten auf verschiedene, oft entwürdigende Strategien und risikoreiche Maßnahmen zurück, um in ihrem Zielland zu bleiben. Diese Strategien können darin bestehen, gefälschte Dokumente und persönliche Informationen zu verwenden, arrangierte Liebesbeziehungen und Ehen einzugehen oder sich auf ausbeuterische (Sex-)Arbeiten einzulassen. Die Gastmigranten sehen sich oft gezwungen, in eine Situation zu geraten, in der sie ihre Würde und Selbstachtung aufgeben müssen, um ihr Leben zu sichern. Dies alles wirft ein Schlaglicht auf die Schwierigkeiten und Herausforderungen, denen Gastmigranten auf ihrem Weg zur Anerkennung und Integration ausgesetzt sind. Es ist daher notwendig, das Asylverfahren humanitärer zu gestalten und durchzuführen, um die Belastungen für die Gastmigranten – eventuell auch für Sachbearbeiter in den Asylbehörden – zu minimieren.

Ferner stellt die Öffentlichkeit einen Raum dar, in dem individuelle, kollektive und institutionelle Formen der Gastfeindschaft aufeinandertreffen und wo Gastmigranten sich besonders unsicher und verwundbar fühlen. Die Asylbehörde und die Polizei sind Teil der staatlichen und politischen Mechanismen der Gastfeindschaft, während die öffentliche Sphäre die zivile und kulturelle Gastfeindschaft zum Ausdruck bringt. Besonders in der Kneipe, die ein Teil der öffentlichen Sphäre ist, jedoch einen besonderen Status hat, manifestiert sich die Gastfeindschaft auf eine bestimmte Weise. In Orten wie der fiktive Guldenberg fungiert die Kneipe als ein Mikrokosmos, der die Gesellschaft widerspiegelt. In der fiktiven Kleinstadt Altino hingegen gilt die Kneipe als Ort, an dem die Seele der Stadt präsent ist, und man muss dort sein, um ein Stück der sizilianischen Seele zu verstehen (vgl. SDC,

S. 161). Die Kneipe ist oft die alltägliche Informationsquelle für Gastfeindliche, das Zentrum für fremdenfeindlichen Klatsch und die Operationsbasis der Sündenbockpraktik. Dort werden Gerüchte und Stereotypen über Gastmigranten verbreitet, und es werden Kollektive der Gastfeindschaft für gastfeindliche Aktionen gebildet. Im Gegensatz zu diesen Orten wird die Kirche oft als Ort der Zuflucht, der Gastfreundschaft und der Integration dargestellt, selbst wenn einige Handlungen und Motive der kirchlichen Institution in Frage gestellt werden.

Erzählstrategische Förderung der Gastfreundschaft

Bezüglich der erzählstrategischen und ästhetischen Förderung der Gastfreundschaft lassen sich unterschiedliche erkenntnisreiche Schlussfolgerungen ziehen. In *Silence du chœur* von Sarr beeindruckt vor allem die Art und Weise, wie der narrative Raum gestaltet ist. Durch die Wahl einer polyphonen Struktur mit Vielstimmigkeit und multiperspektivischer Erzählweise dekonstruiert Sarr Dominanzmechanismen. Diese Herangehensweise schafft eine relative Gleichstellung und Symmetrie zwischen den verschiedenen Charakteren und einen respektvollen Umgang der Erzählinstanzen miteinander. Der Autor verleiht den Gastmigranten-Figuren eine eigene Sprache und Stimme und vermittelt ihre Menschlichkeit. Dabei vermeidet er bewusst die Wiedergabe alter Stereotypen, bei denen afrikanische Figuren von rücksichtslosen europäischen Faschisten terrorisiert werden. Stattdessen humanisiert der Autor sowohl die fiktiven Gastmigranten als auch die Einheimischen und betont, dass sie alle Menschen sind und ein Verlangen nach Leben manifestieren (vgl. SDC, S. 55). Durch diese Subversion der Unterscheidung zwischen Eigenem (Gastgeber) und Fremdem (Gast) verleiht Sarr den Gastmigranten eine Identität, einen Namen, individuelle Profile, Weltanschauungen, Stimmen, Wünsche, Hoffnungen, Erwartungen, Gefühle, Stärken und Schwächen. Es gelingt ihm, den Gastmigranten innerhalb der dominierenden Erzählungen einen Platz einzuräumen. Sarr dekonstruiert auf diese Weise die Konzepte von „manque", „absence" und „non-être" (Mangel, Abwesenheit, Nicht-Existenz), mit denen das schwarzafrikanische Subjekt im okzidentalen Diskurs repräsentiert wird.[647] Neben den narrativen Aspekten beinhaltet das Werk eine werkimmanente Auseinandersetzung mit der Frage des Zusammenlebens durch die Charaktere. Sarr hebt hervor, dass ein angemessenes Verständnis von Werten wie Humanismus und Empathie von entscheidender Bedeutung ist, um die Gastfreundschaft wiederzubeleben. Besonders relevant ist

647 Vgl. Achille Mbembe: *De la Postcolonie. Essai sur l'imagination politique dans l'Afrique contemporaine*, Karthala, Paris 2000.

in diesem Zusammenhang die Förderung der Interpersonalität, wie sie aus dem Integrationsmodell des fiktiven Priesters im Senegal hervorsticht. Die Begegnung eines Gastmigranten in einer interpersonalen Beziehung setzt voraus, die intellektuelle Feigheit zu überwinden und zu wagen, in einen persönlichen Austausch- und Kennenlernprozess mit dem Anderen zu treten. Dies ist ein gastfreundlicher Schritt und Akt, bei dem die Gastakteure gegenseitige Vorurteile, Ängste und Missverständnisse abbauen können. Die Schaffung einer solchen interpersonalen Beziehung liegt in der Verantwortung der Gastakteure selbst, aber aus asyl- bzw. integrationspolitischer Sicht wäre es sehr produktiv, wenn vermehrt informelle Austauschprogramme für Geflüchtete organisiert werden könnten, bei denen kein bürokratischer Druck vorhanden ist.

Die eindrucksvollen und packenden Bilder, die Mbougar Sarr verwendet, um das Streben der Gastmigranten nach Selbsterhaltung (*Conatus*), ihren Überlebenskampf, ihren Heldenmut und ihre Resilienz zu veranschaulichen, sind auch von großer Bedeutung. Damit widersetzt er sich dem diskursiven negativen Bild der sogenannten illegalen Einwanderung und bringt einen humanistischen Mehrwert in die Wahrnehmung der Gastmigration ein. Die Migration junger Afrikaner erhält dadurch eher einen positiven Ausnahmecharakter. Die Gastmigranten werden auf narrativer Ebene als mutige Kämpfer gewürdigt, deren Anstrengungen Respekt und Sympathie gebührt. Diese positive Darstellung der Migration kann auch die allgemeine Wahrnehmung der Gastmigranten verändern und Gastfreundschaft gegenüber ihnen fördern, denn die Vorurteile und die Gastfeindschaft gegenüber ihnen hängen oft mit ihrer Andersheit und mit der Betrachtung ihrer Einwanderung als „illegal" zusammen. Die Förderung der Gastfreundschaft durchzieht die Erzählung in Form einer sarkastischen Charakterisierung der gastfeindlichen und faschistischen Figuren sowie die Verurteilung ihrer ideologischen Denkweise. Diese Figuren erscheinen als erbärmliche Menschen, die durch ihre Xenophobie ein elendes und unglückliches Dasein führen, während diejenigen, die den Schritt zur Gastfreundschaft machen, sich produktiv entfalten. Aufgrund der feindseligen Abwehrmaßnahmen der Faschisten scheitert die Bildung einer Gemeinschaft mit den afrikanischen Gastmigranten. Sarr kompensiert dieses Scheitern ästhetisch sowohl durch polyphonische Elemente als auch durch die Inszenierung restaurativer Gesten von Figuren, die als „gute Seelen" bezeichnet werden.

Die äußerst wirkungsvolle Strategie zur Verhandlung des Zusammenlebens mit Gastmigranten im Roman ist die apokalyptische Pointe mit dem unerwarteten Plädoyer der Natur. Die Natur erscheint wie ein *deus ex machina*, der ihre Rache entfacht und die Stadt zerstört, die die Gastfeindschaft beherbergt. Die Gastfeindschaft wird mit der aufgebrachten Intervention der Natur als Verstoß gegen die natürliche Ordnung und göttliche Prinzipien dargestellt und ist als Sakrileg zu charakterisieren. Die Natur bringt die Menschen zum Schweigen und zwingt sie zur gemeinsamen Flucht. Dies markiert die Geburt einer neuen harmonischen Gemeinschaft, in der alle Differenzen und Konflikte verschwinden und alle Menschen dieselbe Identität als „Exilierte" annehmen. Dieser eindringliche narrative Showdown dient nicht nur als Warnung vor Gastfeindschaft gegenüber Gastmigranten, sondern verdeutlicht auch die Nichtigkeit des Streits zwischen den Letzteren und den Einheimischen. Durch dieses Ende dekonstruiert der Autor die Illusion einer sicheren Heimat und zeigt, dass alle Menschen unvorhersehbar zu Migranten werden können, was sich als grundlegend für die Annahme einer gastfreundlichen Weltanschauung erweist.

Die erzählerische Kritik der Gastfeindschaft und die Verhandlung eines Zusammenlebens mit den jungen Arabern in der fiktiven sächsischen Stadt *Guldenberg* erfolgen bei Hein insbesondere durch eine verstörende Ästhetik der Provokation und die Inszenierung von Gemeinschaftsoasen. Hein provoziert den Leser durch die Interferenzlosigkeit des Erzählers, die Objektivität, die Unparteilichkeit der Narration, das Fehlen eines Kontrapunktes zu den fremdenfeindlichen und populistischen Diskursen und die nüchterne Sprache seiner gastfeindlichen Figuren. Dadurch akzentuiert er die Hässlichkeit der Gastfeindschaft und lädt den Leser zu einem Dialog ein. In diesem Dialograum wird der Leser aufgefordert, über die Thematik nachzudenken und eine vor allem gastfreundliche Position einzunehmen. In diesem Zusammenhang gilt Zelters Roman seinerseits als ein prägnantes literarisches Plädoyer für die kantische Hospitalität. Indem er das destruktive Potenzial der Asylinstitutionen anprangert, hebt er die außerordentliche gastfreundliche Haltung seiner weiblichen Hauptfigur als ein inspirierendes Beispiel der Gastfreundschaft, das aus dem undurchsichtigen Labyrinth eines diskriminierenden Asylverfahrens herausragt. Zinsou konzentriert sich seinerseits auf die kämpferische und resiliente Handlungsfähigkeit der Asylbewerber innerhalb eines gastfeindlichen Asylsystems. Nicht nur werden biopolitische Aspekte des deutschen Asylsystems hinterfragt, sondern es werden auch metaphorische Bilder verwendet, um den Integrationsprozess aus Eigeninitiative der Gastmigranten zu veranschaulichen bzw. zu fördern. Zum einen wird die soziopolitische Integration als ein Befreiungskampf dargestellt, der in Analogie zu einer politischen Revolution in einer Diktatur steht. Das gastfeindliche Asylsystem lässt sich mit einer Diktatur vergleichen, in der Menschen unterdrückt werden und grundsätzlich keine Möglichkeit haben, ihr politisches Schicksal mitzubestimmen. In solchen Fällen können Widerstand oder Aufstände schwerwiegende Konsequenzen haben, weshalb es manchmal effektiver sein kann, individuelle Maßnahmen zur Resilienz zu ergreifen. Zum anderen wird die Integration als das Einnehmen einer bitteren Arznei beschrieben. Der Roman verdeutlicht, wie insbesondere weibliche Asylsuchende in einem biopolitisch geprägten und gastfeindlichen Umfeld aktiv Einfluss auf ihr Schicksal genommen haben. Sie nutzen auf vielfältige Weise den ihnen zur Verfügung stehenden Handlungsspielraum und greifen zur metaphorischen Arznei, um Heilung zu finden. Dabei erkennen sie, dass die Aussicht auf Besserung in der Asylsituation oft mit einer *Flagellation* einhergeht, einer Form der gastfeindlichen Misshandlung oder Gewalt, welcher der Gastmigrant sich entweder unterwerfen oder aktiv bekämpfen muss, um zu überleben. Durch das Motiv des Medikaments verdeutlicht Zinsou nicht nur die Resilienz der Gastmigranten in einem feindlichen biopolitischen Umfeld, sondern weist auch auf eine der grundlegenden Bedeutungen der Gastfreundschaft in Bezug auf den Gastgeber hin, nämlich die Schaffung eines „Heilungsortes" oder „Pflegehauses" für die Schutzsuchenden: „[L'hospitalité] est (…) la construction d'un lieu, d'un "hôpital" pour prendre soin des vies fragilisées par le déplacement ou par l'absence d'une chambre à soi."[648] Die Konzeption einer therapeutischen Wahrnehmung des Asyls in der togoischen Literatur stellt eine bedeutsame theoretische Perspektive dar, die von aufnehmenden Staaten, Gemeinschaften und Individuen aufgegriffen werden könnte. „Il y a hospitalité quand il y a invention d'un hôpital pour les vulnérables, les pauvres, les sans-abri, les étrangers, les n'importe qui (…)."[649] Diese klinische Wahrnehmung birgt zugleich das Potenzial, eine wirksame Lösung für das Problem der Gastfeindschaft zu bieten. Wenn aufnehmende Staaten die Einrichtungen zur Unterbringung von Asylsuchenden metaphorisch als „Krankenhäuser" oder „Patientenhäuser" und die Asylsuchenden selbst als „Patienten" betrachten würden – wobei die Bezeichnung „Patient" nicht notwendigerweise eine negative Konnotation haben muss –, könnte dies zu einer angemesseneren Herangehensweise an den Umgang mit den Asylsuchenden führen. Folglich sollte ein Asylzentrum als eine Art Rettungs- bzw. Pflegehaus oder Rehabilitationsstätte verstanden werden, in der Geflüchtete auf einer sozialen Intensivstation betreut werden und Gesundung und Heilung erfahren können, wobei diese Heilung auf Integration abzielt. Ähnlich wie ein Arzt alle verfügbaren Mittel und Ressourcen einsetzt, um die Genesung seines Patienten zu fördern, sollte der Staat, die gastgebende Person oder Institution alle Anstrengungen unternehmen, um die politische, soziale und wirtschaftliche Gesundheit des Asylsuchenden zu fördern. Dies kann nur erreicht werden, wenn die zugrunde liegenden Ursachen der

648 Vgl. Guillaume Le Blanc und Fabienne Brugère : La fin de l'hospitalité, op. cit., S. 31 f.
649 Ebd., S. 196.

Probleme bekämpft werden und nicht, wenn der Asylsuchende selbst als *Sacer*[650] bzw. rechtloses Objekt behandelt wird. In diesem Zusammenhang ist zu betonen, dass die Kooperation des „Patienten" selbst unerlässlich ist.

Insgesamt zeigt die Analyse, dass Gastfeindschaft ein tragisches und komplexes Phänomen ist, dem ein komplexes Dispositiv von Individuen, Institutionen und Gemeinschaften zugrundliegt. Die Praxis der Gastfeindschaft wird von verschiedenen Faktoren und Akteuren beeinflusst und hat verschiedene Auswirkungen auf die Begegnung der Gastakteure. Um ein friedliches und integratives Zusammenleben zu fördern, ist es entscheidend, diese Dynamiken zu verstehen, die Stimme aller Akteure zu berücksichtigen. Durch die untersuchten Narrative leistet die Literatur einen Beitrag zur Sensibilisierung und Aufklärung der Gesellschaften über die Gefahren der Gastfeindschaft für Individuen, Gemeinschaften und Staaten und zum Hinweis auf die Möglichkeiten und Chancen des Zusammenlebens. Angesichts der Spannungen in heutigen Gesellschaften, die durch die zunehmende Anzahl von Gastmigranten bedingt sind, stellt diese Studie einen weiteren literaturwissenschaftlichen Beitrag zur Reflexion über den Aufbau pluraler und kohäsiver Gesellschaften dar, in denen jedes Individuum unvoreingenommen akzeptiert wird. Sie unterstützt die Bemühungen verschiedener Akteure und Disziplinen für einen Paradigmenwechsel hinsichtlich der eurozentrischen Wahrnehmung von Anderen. Die gegenseitige Abschaffung von Feindbildern bildet die erste Grundlage für einen gastfreundlichen Umgang miteinander und eine Veränderung der Gesellschaften in einen Raum, in dem Einheimische und fremde Gastmigranten ein relativ friedliches Miteinander verhandeln können.

Schluss

Zum Schluss lässt sich festhalten, dass Gastfeindschaft von der Wahrnehmung herrührt, dass die ankommenden Gastmigranten feindliche Subjekte und Invasoren sind. Diese Wahrnehmung birgt existenzielle Ängste. Insofern stellt die Praxis der Gastfeindschaft ein existenzieller Kampf dar, der sich in unterschiedlichen Formen manifestiert. Gastmigranten hätten sich nicht den lebensbedrohlichen Gefahren der Flucht durch Wüsten, Meere und gefährliche Routen ausgesetzt, wenn ihr Überlebenswunsch nicht so stark gewesen wäre, oder wenn sie nicht

650 Agamben: *Homo sacer*, op. cit., S. 89: „Sacer bezeichnet denjenigen oder dasjenige, was man nicht berühren kann, ohne verunreinigt zu werden oder zu verunreinigen; von daher der Doppelsinn von ‚heilig' oder ‚verflucht' (ungefähr). Ein Schuldiger, den man den unterweltlichen Göttern weiht." Agamben zitiert hier Alfred Ernout und Antoine Meillet.

dazu erzwungen wären. Gleichzeitig hätten die Einheimischen die Gastmigranten nicht systematisch abgewehrt, wenn sie nicht bereits eine tiefe Angst vor dem drohenden Untergang ihres unzufrieden geführten Lebens gehabt hätten. Migration und Gastfeindschaft sind somit menschliche Reaktionen, die aus dem gemeinsamen Willen zum Überleben resultieren. In dieser Gemeinsamkeit liegt in der Regel eine Chance für die Aushandlung eines für alle Seiten gewinnbringenden Zusammenlebens. Allerdings steht der Überlebenswille des Eigenen im konfliktträchtigen Kontext im Widerspruch zum Selbsterhaltungsstreben des Anderen. Dies führt zu einem Machtkampf, der ein unumstrittenes Merkmal moderner Migrationsgesellschaften ist. Die analysierten Texte spiegeln diese Gesellschaftsmerkmale treffend wider und weisen auf dringenden Handlungsbedarf hin. Man muss erkennen, dass die Selbstbehauptung nicht zwangsläufig durch die Abgrenzung und Vernichtung vom Anderen erreicht werden muss. Man soll aber auch annehmen, dass der Fremde, der an der Tür klopft, nicht immer als Feind, sondern auch als „Messias" kommen kann, wie es sich in der abrahamitischen Tradition zu entnehmen ist.[651]

Die Geschehnisse sowohl in den erzählten Handlungen als auch in der aktuellen soziopolitischen Lage im europäischen Raum verdeutlichen, dass Individuen, Kollektive, Gemeinschaften, Institutionen und Staaten dringend auf Kants kosmopolitisches Recht des Fremdlings im postkolonialen Kontext zurückgreifen müssen. Das Kommen fremder Gastmigranten in europäische Gesellschaften stellt zweifelsohne eine Herausforderung für die Einheimischen dar. Allerdings ist es wichtig zu betonen, dass Gastfeindschaft, sei sie von Einzelpersonen, Gruppen, Institutionen oder Staaten ausgehend, nicht nur das Leben vieler Asylbewerber degradiert und zerstört, sondern sie führt auch immer mehr zu polarisierten, gespalteten und radikaler werdenden Gesellschaften, in denen auch Ressentiments und Racheakte von Ausländern zuwachsen. In dieser Hinsicht ist die Sensibilisierung der einen und der anderen über die Kultivierung einer Gastfreundschaft, bei der die Gastakteure aktiv an der Schaffung einer friedlichen, neuen Gesellschaft und eines respektvollen Miteinanders mitwirken, eine empfehlenswerte Herangehensweise. Sie erscheint fruchtbarer als die Bemühungen, das eigene Haus oder die eigene Gemeinschaft für fremde Schutzsuchenden unattraktiv zu gestalten. Die

651 Die abrahamitische bzw. biblische Tradition prägt die Wahrnehmung des fremden Gastes. Sie fußt auf der biblischen Geschichte von Abraham und die drei Engel (Genesis, Kapitel 18). In der Erzählung von Genesis heißen Abraham und seine Frau Sarah drei Fremde willkommen, die auf unauffällige Weise aber segenbringende Engel waren. Diese Erzählung lässt verstehen, dass der Fremde, der an der Tür klopft, nicht immer als „Feind", sondern auch als „Messias" kommen kann.

aktuellen globalen katastrophalen Ereignisse zeigen deutlich, dass unvorhergesehene Umstände jeden Menschen unerwartet und zu jeder Zeit zur Flucht zwingen können. Heute mag jemand als Gastgeber fungieren oder mit der Aufnahme anderer konfrontiert sein, jedoch könnte morgen dieselbe Person selbst schutzsuchend werden und auf die Gastfreundschaft anderer angewiesen sein. Diese Erkenntnis unterstreicht die Universalität der menschlichen Erfahrung und die potenzielle Veränderlichkeit der individuellen Lebensumstände, die aufgrund von Naturkatastrophen, Konflikten oder anderen Krisen entstehen können. In Anbetracht dieser Tatsachen ist die Bedeutung von Empathie, Solidarität und einem umfassenden Verständnis für die unterschiedlichen Facetten von Migration und Flucht besonders hervorzuheben. Dabei ist es wichtig, die Idee einer eventuellen Erwiderung der Gastfreundschaft und das Prinzip der Reziprozität in Betracht zu ziehen. Gastfreundschaft kann nur gelingen, wenn sie von *Gastgeber*freundschaft begleitet wird. Beide Aspekte sind untrennbar miteinander verbunden. Das französische Wort *hôte* kaschiert die geteilte Verantwortung beider Parteien. Das Wort steht sowohl für Gast als auch für Gastgeber. Beide sind sowohl Gast als auch Gastgeber und sind aufeinander angewiesen. Trotz allem muss man zugeben, dass die Gastfreundschaft letztendlich keine lästige Pflicht sein sollte, und die Ablehnung eines Fremden muss nicht zwangsläufig als kriminell angesehen werden. Es gibt eventuelle Situationen und Kontexte, in denen die Zurückweisung notwendig sein kann. Man muss auch die individuellen Freiheiten und die Vielschichtigkeit menschlicher Interaktionen berücksichtigen. Selbst in Kants Konzept der Gastfreundschaft muss der Gast damit rechnen, abgewiesen werden zu können, solange dies nicht zu seinem Untergang führt. Der Gastgeber ist nicht dazu verpflichtet, alle Gäste zu mögen oder aufzunehmen. Es lohnt sich, Derridas Konzept der „unbedingten Gastfreundschaft" auf den Gastgeber anzuwenden. In Übereinstimmung mit dieser Ethik, die eine bedingungslose Aufnahme des Fremden postuliert, sollte die Bereitschaft des Gastgebers zur Aufnahme ebenfalls bedingungslos sein und nicht vom Gast aufgebürdet werden. Die Freiwilligkeit der Aufnahme erweist sich als grundlegendes Element für die Authentizität und Integrität der Gastfreundschaft. Das entspricht ebenfalls den Prinzipien des Humanismus. Es ist wichtig Verständnis dafür zu haben, dass die Freiwilligkeit oder Aufnahmebereitschaft des Gastgebers unangetastet bleiben sollte, da sie von grundlegender Bedeutung für das Gelingen der Gastfreundschaft und des Zusammenlebens mit dem fremden Gastmigranten ist. So unfair es auch klingen mag, es wäre fatal für einen Gastgeber, einen Gast aufzunehmen, der seine Souveränität eingreift oder seine Grundwerte mit Fuß tritt, oder der ihn durch sein Verhalten verunsichert. Hierbei kann die *Goldene Regel* der Gastfreundschaft von großer Bedeutung sein. Dieses Prinzip der Wechselseitigkeit wird von allen großen Religionen und Kulturen gefordert[652] und sollte die Grundlage der Gastfreundschaft sowie aller zwischenmenschlichen Begegnungen sein: den anderen nicht zufügen, was man selbst nicht erfahren möchte. Dieser Ansatz bietet eine attraktive Grundlage für den Aufbau einer kohäsiven Gemeinschaft, insbesondere weil er eine interkulturelle Dimension eröffnet, „in der das Anderssein der Anderen als Manifestation meines eigenen Menschseins erscheint."[653] Sie fördert die „Fähigkeit, das eigene Gesicht in dem des Fremden wiederzuerkennen, die Spuren des Fernen in der nächsten Umgebung zu würdigen, sich Unvertrautes zu eigen zu machen und mit dem zu arbeiten, was gemeinhin als Gegensatz erscheint."[654] Ein vielversprechender Lösungsansatz für das Phänomen der Gastfeindschaft, der sich aus Sarrs Roman ergibt, besteht darin, jeden Gastmigranten als „Homme arrivé" oder als den archetypischen „angekommenen Menschen" zu betrachten und ihm mit einer „Politik der Humanität"[655] zu begegnen. Diese Herangehensweise verlagert die Begegnung mit dem Gastmigranten auf ein Ethos der gemeinsamen Menschlichkeit, auf das grundlegende Menschsein, wobei Herkunft und kulturelle Unterschiede nicht als Hindernisse, sondern als Chancen betrachtet werden. Gastfreundschaft hat historisch oft eine Rolle bei der Schaffung von Verbindungen zwischen unterschiedlichen (Menschen-)Gruppen gespielt, und dies könnte auch in aktuellen Kontexten relevant sein. Gastfreundschaft kann als Brücke dienen, um kulturelle Unterschiede zu überwinden, Gemeinsamkeiten zu entdecken, ein gegenseitiges Verständnis zu fördern und eine integrative Atmosphäre zu schaffen.

Ausblick

Letztendlich ist Gastfeindschaft ein innerer *Dämon* ist, den jeder Mensch in sich erkennen und bekämpfen muss, um dem anderen mit authentisch humanem

652 Konfuzius (ca. 551–489 v. Chr.) bezeugte schon die „Goldene Regel" in folgenden Worten: „Was du selbst nicht wünschst, das tue auch nicht anderen Menschen an" (Konfuzius, Gespräche 15,23). Auch im Judentum schriebt Rabbi Hillel (60 v. Chr.–10 n. Chr.) die Norm heißt es, „Tue nicht anderen, was du nicht willst, das sie dir tun" (Rabbi Hillel, *Sabbat* 31a, zitiert in Küng 1990, S. 84), und schließlich auch im Christentum: „Alles, was ihr wollt, das euch die Menschen tun, das tut auch ihr ihnen ebenso." (Mt 7,12; Lk 6,31).

653 Jürgen Rüsen, 2009, op. cit., S. 18.

654 Achille Mbembe, „Afropolitanismus", in: Franziska Dübgen u. Stefan Skupien (Hrsg.): *Afrikanische politische Philosophie. Postkoloniale Positionen*, Suhrkamp, Berlin 2015, S. 330–337, hier S. 334.

655 Vgl. Achille Mbembe: *Politiques de l'inimitié*, 2016.

Gesicht zu begegnen. Wie es sich aus den Handlungen erkennen lässt, verfügt jeder über die Kraft und Macht, Frieden zu stiften. Die Energie, Liebe zu teilen, die Fähigkeit, im anderen einen Teil des eigenen Selbst zu erkennen, sowie die Chance, konstruktiv zum Aufbau friedlicher Gemeinschaften beizutragen, liegen in den Händen eines jeden Individuums. Die Literatur leistet ihren Beitrag, indem sie durch die viele kritischen Produktionen auf die Möglichkeit des Aufbaus zusammenhaltender Gemeinschaften hinweist, in denen fremde Gastmigranten einen Platz finden. Dennoch gibt es einen Mangel an alternativen Erfolgsgeschichten von Gastmigrantenfiguren in der Literatur. Es ist selten, zeitgenössische Erzählungen zu finden, die glückliche Erfahrungen der Gastfreundschaft oder eine gelungene Integration von Gastmigranten darstellen. Die meisten Autoren konzentrieren sich hauptsächlich auf gastfeindlichen Erfahrungen, denen Gastmigranten unter anderen in europäischen Gesellschaften ausgesetzt sind. Es ist jedoch wichtig anzuerkennen, dass die Situation nicht ausschließlich von Gastfeindschaft, sondern auch von Oasen der Gastfreundschaft geprägt ist. Daher wäre die vermehrte Darstellung alternativer, positiver Formen des Umgangs mit den fremden Gastmigranten ausschlaggebend für die Veränderung der heutigen Gesellschaften.

Die restaurativen Gesten, die in den Handlungen erscheinen, stechen weibliche Charaktere als Vorbilder für Gastfreundschaft und Integration hervor. Somit werfen die Romane eine faszinierende Frage auf, die die Verbindung zwischen Gastfeindschaft und Geschlechterrollen betrifft und eine vielversprechende Grundlage für zukünftige Forschungsprojekte bieten könnte: Sind Frauen tendenziell gastfreundlicher als Männer?

Literaturverzeichnis

Primärliteratur

Hein, C. (2021). *Guldenberg*. Berlin: Suhrkamp Verlag.

Sarr, M. M. (2017). *Silence du chœur : roman*. Paris: Présence africaine.

Zelter, J. (2021). *Die Verabschiebung*. Stuttgart: Kröner Verlag.

Zinsou, S. A. (2003). *Le Médicament*. Paris: Edition Hatier International.

Andere Bücher der Autoren

Hein, C. (1982). *Der fremde Freund*. Berlin und Weimar: Aufbau-Verlag.

Hein, C. (1985). *Horns Ende*. Darmstadt u. a.: Luchterhand.

Hein, C. (1987). *Öffentlich arbeiten. Essais und Gespräche*. Berlin und Weimar: Aufbau Verlag.

Hein, C. (2003). *Der Ort. Das Jahrhundert: Essais*. Frankfurt am Main: Suhrkamp.

Hein, C. (2004). *Landnahme*. Frankfurt am Main: Suhrkamp.

Sarr, M. M. (2014). *La cale*. CADRANS.

Sarr, M. M. (2014). *Terre ceinte*. Paris: Présence africaine.

Sarr, M. M. (2018). *De purs hommes*. Paris: Philippe Rey.

Sarr, M. M. (2021). *La plus secrète mémoire des hommes*. Paris: Philippe Rey.

Zelter, J. (2000). *Die Würde des Lügens*. Stuttgart: Ithaka Verlag.

Sekundärliteratur

Abdelkader, S. (2021). *Die Anhörung im Asylverfahren: Exemplarische Analysen*. Bielefeld: transcript Verlag.

Achermann, E., Blödorn, A., Norrick-Rühl, C. & Pohlmann, P. (2023). *Literatur und Recht: Materialität, Formen und Prozesse gegenseitiger Vergegenständlichung*. Berlin: J.B.: Metzler/Springer Nature.

Adida, C. L. (2014). *Immigrant Exclusion and Insecurity in Africa: Coethnic Strangers*. New York: Cambridge University Press. Doi: https://doi.org/10.1017/CBO9781107253056

Adorno, T. W. (1971). *Noten zur Literatur III*. Frankfurt am Main: Shurkamp.

Agamben, G. (2002 [1995]). *Homo sacer. Die Souveränität der Macht und das nackte Leben*. Frankfurt am Main: Suhrkamp.

Agamben, G. (2006). „Théorie des dispositifs", in: *Poesie*, vol. 115, no. 1, S. 25–33.

Agier, M. (2022). *La peur des autres. Essai sur l'indésirabilité*. Paris: Payot & Rivages.

Agier, M. (2018). *L'étranger qui vient. Repenser l'hospitalité*. Paris: Éditions du Seuil.

Ahlheim , K. & Heger, B. (2008). *Nation und Exklusion: der Stolz der Deutschen und seine Nebenwirkungen*. Schwalbach: Wochenschau-Verlag.

Aischylos. (2011). Die Schutzflehenden. In: B. Zimmermann, *Tragödien. Griechisch–Deutsch, übersetzt von Oskar Werner* (S. 147–214.). Mannheim: Artemis & Winkler. Doi: https://doi.org/10.1515/9783050092690.fm.

Albers, I. & Schmid, A. (27. November 2023). Literatur als koloniale Beute? Für eine philologische Provenienzforschung. *Deutsche Vierteljahrsschrift für Literaturwissenschaft und Geistesgeschichte* (S. 1003–1018). Doi: https://doi.org/10.1007/s41245-023-00222-9.

Allport, G. W. (1951). *Treibjagd auf Sündenböcke*. Berlin und Bad Nauheim: Christian-Verlag.

Ansgar Nünning, V. N. (2002). Vorwort. In: A. & Nünning, *Neue Ansätze in der Erzähltheorie* (S. iii–vi). Trier: WVT.

Arndt, S. (2022). *Rassistisches Erbe. Wie wir mit der kolonialen Vergangenheit unserer Sprache umgehen*, Berlin: Dudenverlag.

Ashcroft, B. /. (2002). *The Empire Writes Back: Theory and practice in post-colonial literatures* (éd. 2. Auflage). London und New York: Routledge.

Ashcroft, B. (2015). Towards a postcolonial aesthetics. *Journal of Postcolonial Writing, 51:4*, S. 410–421. Doi: 10.1080/17449855.2015.1023590.

Assemboni, A. O. (2017). „Benennen" und „besitzen". Der Schwarze im (post) kolonialen Wortschatz. In: T. S. Axel Dunker, *Benennungspraktiken in Prozessen kolonialer Raumaneignung* (S. 111–126). Berlin und Boston: De Gruyter.

Assmann, A. (2013). Formen des Schweigens. In: A. u. J. Assmann, *Schweigen* (S. 51–68). München: Wilhelm Fink Verlag.

Assmann, A. (2016). *Formen des Vergessens*. Göttingen: Wallstein.

Audureau, A. (2018). Mohamed Mbougar Sarr: « La littérature doit réfléchir aux tabous, à défaut de les briser ». *Demain Dakar, du 26 juin 2018*.

Augé, M. (2014). *Nicht-Orte, aus dem Französischen von Michael Bischoff, 4. Auflage*. München: C.H. Beck.

Bachtin, M. (1985). *Probleme der Poetik Dostoevskijs*. Frankfurt und Berlin: Ullstein.

Bachtin, M. (1997). *Die Ästhetik des Wortes*. Frankfurt am Main: Suhrkamp Verlag.

Backes, O. e. (2002). *Internationales Handbuch der Gewaltforschung*. Wiesbaden: Westdt. Verlag.

Bahr, H.-D. (1994). *Die Sprache des Gastes. Eine Metaethik*. Leipzig: Reclam.

Bahr, H.-D. (2005). *Die Befremdlichkeit des Gastes*. Wien: Passagen Verlag.

Bahr, H.-D. (2012). *Die Anwesenheit des Gastes: Entwurf einer Xenosophie*. Nordhausen: Bautz.

Baier, L. (1990). *Christoph Hein: Texte, Daten, Bilder, Originalausgabe*. Frankfurt am Main: Luchterhand Literatur-Verl.

Barthes, R. (1982). *Am Nullpunkt der Literatur*. Frankfurt am Main: Suhrkamp.

Barthes, R. (1994 [1968]). La mort de l'auteur. In: R. Barthes, *Œuvres complètes. Tome II: 1966–1973* (S. 491–495). Paris: Éditions du Seuil.

Bauer, M. (2022). Flucht aus der Ukraine: Geflüchtete erster und zweiter Klasse? *SWR2 [online] vom 09.03.2022.*

Bauman, Z. (1999). *Das Unbehagen in der Postmoderne*. Hamburg: Hamburger Edition.

Beck-Gernsheim, E. (2010). Restriktive Migrationsgesetze und die Entstehung transnationaler Heiratsmärkte. In: H.-G. Soeffner, *Unsichere Zeiten* (S. 184–189). Wiesbaden: VS Verlag für Sozialwissenschaften, Springer Fachmedien Wiesbaden GmbH.

Beichel-Benedetti, S. & Hoppe, M. (2018). Das Recht der Ausweisung im Wandel der Zeit. In: C. J. Stephan Beichel-Benedetti, *Hohenheimer Horizonte* (S. 417–427). Baden-Baden 2018: Nomos Verlag.

Benhabib, S. (2008). *Die Rechte der Anderen: Ausländer, Migranten, Bürger. Aus dem Engl. von Frank Jakubzik*. Frankfurt am Main: Suhrkamp.

Benveniste, E. (1993). *Indoeuropäische Institutionen: Wortschatz, Geschichte, Funktionen. Aus dem Französischen von Wolfram Bayer*. Frankfurt am Main und New York: Éditions de la Maison des Sciences de l'Homme.

Benz, W. (2014). Einleitung. In: W. Benz, *Ressentiment und Konflikt: Vorurteile und Feindbilder im Wandel* (S. 9–19). Schwalbach/Ts: Wochenschau-Verlag.

Bertho, E. (2019). Les migrations méditerranéennes. Entre enquête et polar. Entretien avec Mohamed Mbougar Sarr, Propos recueillis par Elara Bertho. *Multitudes, vol. 76, no. 3*, S. 202–206.

Bhabha, H. (2011). *Die Verortung der Kultur*. Tübingen: Schauffenburg.

Blumenberg, H. (2000). *Schiffbruch mit Zuschauer: Paradigma einer Daseinsmetapher, Auflage*. Frankfurt am Main: Suhrkamp.

Bode, K. (2020). *Das neue Ausweisungsrecht*. Baden-Baden: Nomos Verlag.

Bohleber, W. (2007). Ethnische Homogenität und Gewalt. Zur Psychoanalyse von Ethnozentrismus, Fremdenhass und Antisemitismus. In: K. Ahlheim,

Die Gewalt des Vorurteils. Eine Textsammlung (S. 225–240). Schwalbach: Wochenschau Verlag.

Bokpê, A. (2004). *Der Kuss des Voodoo. Mein Leben als afrikanische Prinzessin.* Berlin: List-Verlag.

Bollwein, T. (2020). Führt soziale, ökonomische und politische Unsicherheit zu einer Überwertung der eigenen Nation? Eine Analyse anhand der demokratischen Staaten in Europa. In: A. S. Alexander Brand, *Nationalismus und Globalisierung. Spannungsfelder der Gegenwart* (S. 123–144). Bamberg: University of Bamberg Press.

Bolterauer, A. (2006). Wir sind ja alle Flüchtlinge, Fremde. Zur Migrationserfahrung bei George Tabori. *Germanica 38*, S. 47–62.

Borgers, M. (2016). Fremdenfeindlichkeit: Gereizte Stimmung. *Deutschlandfunk vom 11.01.2016.*

Bratic, L. (2003). Diskurs und Ideologie des Rassismus im österreichischen Staat. *Kurswechsel*, H. 2, S. 37–47.

Brecht, B. (2000). *Flüchtlingsgespräche. Erweiterte Ausgabe.* Frankfurt am Main 2000: Suhrkamp.

Bredeloup, S. (1995). Sylvie Bredeloup: „Tableau synoptique Expulsions des ressortissants ouest-africains au sein du continent africain (1954–1995). In: S. Bredeloup, *Dynamiques migratoires et recompositions sociales en Afrique de l'Ouest, Mondes en Développement, 23 (91)* (S. 117–121).

Breitenfellner, K. (2013). *Wir Opfer. Warum der Sündenbock unsere Kultur bestimmt.* München: Diederichs Verlag.

Breyer, T. (2013). *Grenzen der Empathie: Philosophische, psychologische und anthropologische Perspektiven.* (T. Breyer, Éd.) München: Wilhelm Fink Verlag.

Breyer, T. (2015). *Verkörperte Intersubjektivität und Empathie: philosophisch-anthropologische Untersuchungen.* Frankfurt am Main: Vittorio Klostermann.

Brinker, V. (2023). Faire advenir la complexité pour refaire corps : Silence du chœur de Mohamed Mbougar Sarr, une poétique du franchissement des frontières symboliques. *HYBRIDA, (6)*, S. 119–140. Doi: https://doi.org/10.7203/HYBRIDA.6.2633.

Briskman, L. e. (2016). *Migration by Boat: Discourses of Trauma, Exclusion and Survival.* New York: Berghahn Books.

Brockmeier, J. & (2005). Die narrative Wende: Reichweite und Grenzen eines alternativen Paradigmas. *Psychologie und Gesellschaftskritik, 29(3/4)*, S. 31–57.

Bruckner, P. (1984). *Das Schluchzen des weißen Mannes: Europa und die dritte Welt; eine Polemik.* Berlin: Rotbuch-Verlag.

Burger, O. (2021). Trotz Trauschein abgeschoben: Der Tübinger Autor Joachim Zelter erlebte, wie sein Schwager nach Pakistan ausgeflogen wurde. *Südkurier vom 29. Juni.* Von https://www.suedkurier.de/ueberregional/kultur/trotz-trauschein-abg abgerufen.

Busch, U. & (2014). *Abtreibung: Diskurse und Tendenzen.* Bielefeld: transcript Verlag.

Byron, W. Z. (2018, April 06). *CNN.* Abgerufen am November 05, 2021.

Camus, R. (2017). Der Große Austausch oder: Die Auflösung der Völker. In: R. C. Lichtmesz, *Revolte gegen den großen Austausch* (S. 44–138). Schnellroda: Antaios.

Camus, A. (1959). *Der Mythos von Sisyphos. Ein Versuch über das Absurde.* Hamburg: Rowohlt Verlag.

Castro Varela, M. d. (2016). *Die Dämonisierung der Anderen: Rassismuskritik der Gegenwart.* Bielefeld: transcript Verlag.

Castro Varela, M. d. (2016). Die Dämonisierung der Anderen: Einleitende Bemerkungen. In: M. d. Mecheril, *Die Dämonisierung der Anderen: Rassismuskritik der Gegenwart* (S. 7–20). Bielefeld: transcript Verlag. Doi: https://doi.org/10.1515/9783839436387-001.

Cazenave, O. (2004). *Afrique sur seine : une nouvelle génération de romanciers africains à Paris.* Paris: L'Harmattan.

Césaire, A. (1952). *Discours sur le colonialisme.* Paris: Éditions du Seuil.

Césaire, A. (2003). Entretien avec Aimé Césaire, Fort-de-France 1994. Genèse d'une pensée. In: J. Leiner, *Aimé Césaire, le terreau primordial, Bd. 2* (S. 27–40). Tübingen: Narr Verlag.

Césaire, A. (2004 [1955]). *Discours sur le colonialisme.* Paris: Présence Africaine.

Cesare, D. D. (2020). *Resident Foreigners: A Philosophy of Migration.* Cambridge: Politiy Press.

Chabrol, R. (23. Mai 2018). Prix littérature monde AFD : Entretien avec Mohamed Mbougar Sarr, lauréat 2018. *AFD.* Von https://www.afd.fr/fr/actualites/prix-litterature-monde-afd-entretien-avec-mohamed-mbougar-sarr-laureat-2018 abgerufen.

Chevrier, J. (Juillet–Décembre 2004). Afrique(s)-sur-Seine : autour de la notion de « migritude ». *Notre Librairie, n° 155–156,* S. 96–100.

Christian Geulen, A. v. (2002). Einleitung. In: A. v. Christian Geulen, *Vom Sinn der Feindschaft* (S. 11–15). Berlin: Akademie Verlag.

Christoph Demmerling, H. L. (2007). *Philosophie der Gefühle: Von Achtung bis Zorn.* Stuttgart: J.B. Metzler.

Coughlan, S. (2006, September 28). All you need is Ubuntu. *BBC News Magazine.* Abgerufen am 12 25, 2022, auf http://news.bbc.co.uk/2/hi/uk_news/magazine/5388182.stm

Daré, G. (2017). *Intermedialer Mehrwert in S. A. Zinsous und El Lokos Werken, Dissertation an der Universität Lomé (Togo), unveröffentlicht.*

Deines, S. e. (2014). „Formen kulturellen Wandels – eine Einleitung". In: D. M. Stefan Deines, *Formen kulturellen Wandels* (S. 7–22). Bielefeld: transcript Verlag.

Derrida, J. (1997a). *Cosmopolites de tous les pays, encore un effort !* Paris: Galilée.

Derrida, J. (2001). *Von der Gastfreundschaft, aus dem Französischen von Markus Sedlaczek*. Wien: Passagen-Verlag.

Derrida, J. (1981). *Dissemination, Transl., with an Introd. and Additional Notes, by Barbara Johnson*. Chicago: Univ. of Chicago Press.

Derrida, J. (2001). *Von der Gastfreundschaft, aus dem Franz. von Markus Sedlaczek*. Wien: Passagen-Verlag.

Di Cesare, D. (2020). *Resident Foreigners: A Philosophy of Migration*. Newark: Polity Press.

Di Cesare, D. (2021). *Philosophie der Migration, aus dem Italienischen von Daniel Creutz*. Berlin: Mathes & Seitz.

Diagne, S. B. (2018). « Penser/faire l'Afrique ». In: S. B.-L. Amselle, *En quête d'Afrique(s). Universalisme et pensée décoloniale* (S. 205–215). Paris: Albin Michel.

Diagne, S. B. (2022). *De langue à langue. L'hospitalité de la traduction*. Paris: Albin Michel, Bibliothèque des Idées.

Dimbath, O. (2018). Vergangene Vertrautheit – Einleitung und Überblick. In: A. K. Oliver Dimbath, *Vergangene Vertrautheit: Soziale Gedächtnisse des Ankommens, Aufnehmens und Abweisens* (S. 1–15). Wiesbaden: Springer Fachmedien Wiesbaden.

Diome, F. (2003). *Le ventre de l'Atlantique*. Paris: Éditions Anne Carrière.

Diop, B. B.-X. (2005). *Négrophobie*. Paris: Les Arènes.

Djoufack, P. (2018). Ausweis, Exil, Flucht und Migration. *Recherches germaniques, 48*, S. 45–68.

Dorman, S., Hammett, D. & Nugent., P. (2007). *Making Nations, Creating Strangers: states and citizenship in Africa*. Leiden: Brill.

Dülcke, D. (2018). „And we're being treated like slave—slave use" Wie Landarbeitsmigrierende über die Erinnerung an die Vergangenheit die Gegenwart erzählen. In: A. K. Oliver Dimbath, *Vergangene Vertrautheit: Soziale Gedächtnisse des Ankommens, Aufnehmens und Abweisens* (S. 173–193). Wiesbaden: Springer Fachmedien Wiesbaden.

Dürbeck, G. D. (2017). *Handbuch Postkolonialismus und Literatur*. Stuttgart: J. B. Metzler Verlag.

Eckert, A. S. (2009). Geteilte Globalisierung. In: S. R. Eckert, *Vom Imperialismus zum Empire* (S. 9–33). Frankfurt am Main: Suhrkamp.

Eckert, R. & (2002). Eskalation und Deeskalation sozialer Konflikte: Der Weg in die Gewalt. In: O. B. al., *Internationales Handbuch der Gewaltforschung* (S. 1457–1480). WIesbaden: Westdt. Verlag.

Ehrmann, J. (2021). Schwarzes Mittelmeer, weißes Europa Kolonialität, Rassismus und die Grenzen der Demokratie/Black Mediterranean, white Europe Coloniality, Racism, and the Limits of Democracy. *Zeitschrift für Praktische Philosophie, Band 8, Heft 1*, S. 419–466.

Etoke, N. (2010). *Melancholia Africana. L'indispensable dépassement de la condition noire.* Paris: Éditions du Cygne.

Eule, T. G., Borrelli, L. M., Lindberg, A. & Wyss , A. (2020). *Hinter der Grenze, vor dem Gesetz: eine Ethnografie des europäischen Migrationsregimes; aus dem Englischen von Hans-Peter Remmler.* Hamburg: Hamburger Edition.

Fall, B. (1990, Février). À l'ombre d'une tradition en péril. *Le Courrier de l'UNESCO : une fenêtre ouverte sur le monde, XLIII, 2*, S. 19–23.

Fanon, F. (1952). *Peau Noire, Masque blanches.* Paris: Éditions du Seuil.

Fanon, F. (1980). *Schwarze Haut, weiße Masken. Aus dem Französischen von Eva Moldenhauer.* Frankfurt am Main: Suhrkamp.

Faye, B. (2020, Mai). Écriture de l'étrange dans le roman africain postmoderne : Silence du chœur de Mohamed Mbougar Sarr. *Les Cahiers du GRELCEF, No 12. L'étrange dans la littérature francophone*, S. 27–42.

Faye, M. (1998). La « teranga » sénégalaise facteur de développement du tourisme urbain. *Norois, n° 178, Avril–Juin, Villes et tourisme*, S. 337–341.

Fehsenfeld, M. (10.07.2018). *PRO ASYL.* Von PRO ASYL: https://www.proasyl.de/hintergrund/traumatisierte-gefluechtete-im-asylverfahren-interview-mit-einer-psychologin/ abgerufen.

Fischer, G. /. (2009). *Lehrbuch der Psychotraumatologie.* München und Basel: Reinhardt.

Fludernik, M. (1999). When the Self is an Other: Vergleichende Erzähltheoretische und Postkoloniale Überlegungen zur Identitäts-(De)Konstruktion in der (Exil)Indischen Gegenwartsliteratur. *Anglia 117*, S. 71–96.

Fludernik, M. (2006). *Einführung in die Erzähltheorie.* Darmstadt: WBG.

Foucault, M. (1974). Was ist ein Autor? In: M. Foucault, *Schriften zur Literatur* (S. 7–31). München: Nymphenburger Verlag.

Foucault, M. (1978). *Dispositive der Macht. Ober Sexualität, Wissen und Wahrheit.* Berlin: Merve-Verlag.

Foucault, M. (2004). *Geschichte der Gouvernementalität I: Sicherheit, Territorium, Bevölkerung. Vorlesung am Collège de France 1977–1978.* Frankfurt am Main: Suhrkamp.

Foucault, M. (2004). *Geschichte der Gouvernementalität II: Sicherheit, Territorium, Bevölkerung. Vorlesung am Collège de France 1977–1978*. Frankfurt am Main: Suhrkamp.

Fountoulakis, E. &. (2014). „Gesetz, Politik und Erzählung der Gastlichkeit: Einleitung". In: E. F. Previšič, *Der Gast als Fremder: Narrative Alterität in der Literatur* (S. 7–28). Bielefeld: transcript Verlag.

Fountoulakis, E. /. (2011). Gesetz, Politik und Erzählung der Gastlichkeit. In: B. P. Evi Fountoulakis, *Der Gast als Fremder: narrative Alterität in der Literatur* (S. 7–27). Bielefeld: transcript Verlag.

Frei, G. (2021). Die Verabschiebung, Joachim Zelter, Kröner Edition Klöpfer. *literaturblatt.ch vom 6. Juni 2021*. Von https://literaturblatt.ch/joachim-zelter-die-verabschiebung-kroener-edition-kloepfer/ abgerufen.

Frenzel, K. H. (2006). *Storytelling. Das Praxisbuch*. München und Wien: Hanser Verlag.

Friese, H. (2014). *Grenzen der Gastfreundschaft: die Bootsflüchtlinge von Lampedusa und die europäische Frage*. Bielefeld: transcript Verlag.

Friese, H. (2017). *Flüchtlinge: Opfer – Bedrohung – Helden Zur politischen Imagination des Fremden*. Bielefeld: transcript Verlag.

Frisch, M. (1995 [1957]). Andorra. Stück in zwölf Bildern. In: M. Frisch, *Sämtliche* (S. 523–623). Frankfurt am Main: Suhrkamp.

Gasparetti, F. (2011). Relying on Teranga: Senegalese Migrants to Italy and Their Children Left Behind, vol. 57–58, no. 1–2. *Autrepart*, S. 215–232.

Gathogo, J. M. (2008). Some expressions of African hospitality today. *Scriptura 99*, S. 275–287.

Gbanou, S. K. (2002). *Un théâtre au confluent des genres. L'écriture dramatique de Sénouvo Zinsou*. Frankfurt am Main und London: IKO-Verlag, Studien zu den frankophonen Literaturen ausserhalb Europas, Band 23.

Gefen, A. (2016). Le Projet thérapeutique de la littérature contemporaine française. *Contemporary French and Francophone Studies, vol. 20, no. 3*, S. 420–427.

Gefen, A. (2017). *Réparer le monde : la littérature française face au XXIe siècle*. Paris: Éditions Corti.

Gerhards, J., Hans, S. & Schupp, J. (2016). Kant, das geltende Recht und die Einstellungen der Bürger zu Flüchtlingen und anderen Migranten. *Leviathan 44, no. 4*, S. 604–620. Doi: http://www.jstor.org/stable/26426515.

Gehrmann, S. & Riesz, J. (2004). „Avant-Propos", in: Dies.: *Le blanc du noir : représentations de l'Europe et des Européens dans les littératures africaines* (S. 7–15) Münster 2004: LIT.

Genette, G. (2007 [1972]). *Discours du récit : Essai de méthode*. Paris: Éditions du Seuil.

Gerhardt, V. (2019). *Humanität: über den Geist der Menschheit*. München: Verlag C.H. Beck oHG.

Geulen, C. /. (2002). Einleitung: Vom Sinn der Feindschaft. In: C. G. Liebsch, *Vom Sinn der Feindschaft* (S. 7–15). Berlin: Akademie Verlag.

Gibb, R. G. (2013). Do the Facts Speak for Themselves? Country of Origin Information in French and British Refugee Status Determination Procedures. *International Journal of Refugee Law 25*, S. 291–322.

Gieselmann, J. S. (2012). Humanismus nach seiner Zeit? Aktuelle Rekonstruktionen, Revisionen, Reinventionen. In: M. G. Cancik, *Humanismus in der Diskussion: Rekonstruktionen, Revisionen und Reinventionen eines Programms* (S. 7–22). Bielefeld: transcript Verlag.

Gieselmann, M. & (2012). *Humanismus in der Diskussion: Rekonstruktionen, Revisionen und Reinventionen eines Programms*. Bielefeld: transcript Verlag.

Girard, R. (1982). *Le bouc émissaire*. Paris: Grasset et Fasquelle.

Glissant, É. (1990). *Poétique de la relation*. Paris: Gallimard.

Goethe, J. W. (2014). *Iphigenie auf Tauris; herausgegeben von Rüdiger Nutt-Kofoth. Kritische Studienausgabe*. Stuttgart: Reclam.

Gotman, A. (2001). *Le sens de l'hospitalité. Essai sur les fondements sociaux de l'accueil de l'autre*. Paris: Presses Universitaires de France.

Göttsche, D. (2003, July). Der Neue Historische Afrika-Roman: Kolonialismus aus Postkolonialer Sicht. *German Life and Letters 56:3*, S. 261–280.

Grieb-Viglialoro, C. (2022). *Literatur zwischen Biopolitik und Migration: Dispositive in der frankophonen Gegenwartsliteratur*. Bielefeld: transcript Verlag.

Griffiths, M. (2017). „The changing politics of time UK's immigration system". In: Elizabeth Mavroudi, Ben Page, Anastasia Christou (hrsg.): *Timespace and International Migration*. United Kingdom: Edward Elgar Publishing, 2017, S. 48–60.

Grutman, R. (1997). *Des langues qui résonnent : l'hétérolinguisme au XIXe siècle québécois*. Québec: Fides.

Grutman, R. (2019). *Des langues qui résonnent*. Paris: Classiques Garnier.

Guibert-Yèche, H. (1998). *Christoph Hein : l'œuvre romanesque des années 80 ; de la provocation au dialogue*. Bern und Berlin u. a.: Peter Lang.

Gymnich, G. A. (2002). Die Feministische Narratologie. In: A. & Nünning, *Neue Ansätze in der Erzähltheorie* (S. 35–72). Trier: WVT.

Gymnich, M. (2002). Linguistics and Narratology: The Relevance of Linguistic Criteria to Postcolonial Narratology. In: A. N. Marion Gymnich, *Literature and Linguistics: Approaches, Models, and Applications. Studies in Honour of Jon Erickson* (S. 61–76). Trier: WVT.

Ha, K. N. (2007). Postkoloniale Kritik und Migration – eine Annäherung. In: N. L.-S. Kien Nghi Ha, *re/visionen: postkoloniale Perspektiven von People of Color auf Rassismus, Kulturpolitik und Widerstand in Deutschland* (S. 41–54). Münster: UNRAST-Verlag.

Ha, K. N. (2010). *Postkoloniale Kritik und Hybridität. Unrein und vermischt: Postkoloniale Grenzgänge durch die Kulturgeschichte der Hybridität und der kolonialen „Rassenbastarde"*. Bielefeld: transcript Verlag.

Ha, K. N. (2007). *Re/visionen: postkoloniale Perspektiven von People of Color auf Rassismus, Kulturpolitik und Widerstand in Deutschland*. Münster: UNRAST-Verlag.

Hage, G. (2016). « État de siège : A dying domesticating colonialism? », S. 39. *American ethnologist, vol. 43, n° 1*, S. 38–49. Doi: https://doi.org/10.1111/amet.12261.

Hage, G. (2009). Waiting Out the Crisis: On Stuckedness and Governmentality. In: G. Hage, *Waiting* (S. 97–106). Carlton, Victoria: Melbourne University Publishing.

Hall, S. (1994). Die Frage der kulturellen Identität. In: S. Hall, *Rassismus und kulturelle Identität, herausgegeben und übersetzt von Ulrich Mehlem [und vier anderen]* (S. 180–222). Hamburg 1994: Argument Verlag.

Hall, S. (2018 [1992]). The West and the Rest: Discourse and Power. In: D. Morley, *Essential Essays, Volume 2: Identity and Diaspora* (S. 141–184). New York: Duke University Press. Doi: https://doi.org/10.1515/978147800.

Hallet, B. N. (2009). Raum und Bewegung in der Literatur: Zur Einführung. In: B. N. Hallet, *Raum und Bewegung in der Literatur: Die Literaturwissenschaften und der Spatial Turn* (S. 11–32). Bielefeld: transcript Verlag.

Hammer, K. (1992). *Chronist ohne Botschaft. Christoph Hein. Ein Arbeitsbuch. Materialien, Auskünfte, Bibliographie*. Berlin und Weimar: Aufbau-Verlag.

Hartman, S. V. (2007). *Lose Your Mother: a Journey Along the Atlantic Slave Route*. New York: Farrar, Straus and Giroux.

Harzoune, M. (2018). Mohamed Mbougar Sarr, Silence du Chœur, Présence africaine 2017, 415 p. *Hommes & migrations, 1322*, S. 214–215.

Hein, C. (1992). Eure Freiheit ist unser Auftrag. Ein Brief an (fast alle) Ausländer – wider das Gerede vom Fremdenhass der Deutschen. In: K. Hammer, *Chronist ohne Botschaft. Christoph Hein. Ein Arbeitsbuch. Materialien, Auskünfte, Bibliographie* (S. 51–55). Berlin und Weimar: Aufbau-Verlag.

Heinen, S. (2020). Die erzählerische Form des Ideologischen. Facetten postkolonialer Narratologie. [Rezension zu: Divya Dwivedi/Henrik Skov Nielsen/

Richard Walsh (Hrsg.): Narratology and Ideology. Negotiating Context, Form, and Theory in Postcolonial Narratives.] *DIEGESIS: Interdisziplinäres E-Journal für Ezählforschung, 9.2*, S. 132–138.

Heitmeyer, W. (2005). „Gruppenbezogene Menschenfeindlichkeit. Die theoretische Konzeption und empirische Ergebnisse aus 2002, 2003 und 2004". In: W. Heitmeyer, *Deutsche Zustände (Folge 3)* (S. 13–34). Frankfurt am Main: Suhrkamp.

Heß, U. (1996). *Fremdenfeindliche Gewalt in Deutschland. Eine soziologische Analyse*. München, Wien: Profil Verlag.

Hiebaum, C., Knaller, S. & Pichler, D. (2015). *Recht und Literatur im Zwischenraum/ Law and Literature In-Between: Aktuelle inter- und transdisziplinäre Zugänge/ Contemporary Inter- and Transdisciplinary Approaches*. Bielefeld: transcript Verlag.

Hildebrandt, S. (2020). Die Hunde der Grenzer. *Berliner Zeitung, 07.10.2020*. Von https://www.berliner-zeitung.de/mensch-metropole/die-hunde-der-grenzer-li.108478 abgerufen.

Hillmann, F. (2014). Migration – Einleitung: Migration im Blickwinkel unterschiedlicher Perspektiven. In: T. F. Julia Lossau, *Schlüsselbegriffe der Kultur- und Sozialgeographie* (S. 108–121). Stuttgart: Ulmer UTB.

Hipp, D. (2022). Ukrainern bevorzugt zu helfen, ist kein Rassismus. *Spiegel (online), 03.03.2022*. Von https://www.spiegel.de/panorama/fluechtlingspolitik-ukrainern-bevorzugt-zu-helfen-ist-kein-rassismus-a-4a82277d-33ac-49f5-b549-eb68c11be9a3 abgerufen.

Hounhouenou, Y. A. (2007). L'image de l'Allemagne et des Allemands. In: *la littérature ouest-africaine du 20ème siècle*. Aachen: Shaker.

Huntington, S. P. (1998). *Kampf der Kulturen: die Neugestaltung der Weltpolitik im 21. Jahrhundert, Vollständige Taschenbuchausgabe, 8. Auflage*. München: Siedler.

Jacobsen, C. M. et al. (2020). *Waiting and the Temporalities of Irregular Migration*, London: Routledge.

Jaeger, F. (2013). Gefängnisarchitektur: Die neue Menschlichkeit. *Tagesspiegel, 23.03.2013*.

Jäger, S. & Jäger, M. (2002). Das Dispositiv des Institutionellen Rassismus. Eine diskurstheoretische Annäherung. In: Alex Demirović & Manuela Bojadžijev, *Konjunkturen des Rassismus* (S. 211–224). Münster: Verlag Westfälisches Dampfboot.

Jahn, J. (1966). *Geschichte der neoafrikanischen Literatur: eine Einführung*. Düsseldorf und Köln: Diedrichs.

Jaschke, H.-G. (2001). *Rechtsextremismus und Fremdenfeindlichkeit. Begriffe, Positionen, Praxisfelder, 2. Auflage*. Wiesbaden: Westdeutscher Verlag.

Joachimsthaler, J. (06.08.2015). Gesetz und Fiktion. Interferenzen zwischen Literatur und Recht. *Literaturkritik.de vom 06.08.2015.* Von https://literaturkritik.de/id/20949 abgerufen.

Joffrin, L. (2016). Vive la « Bien-Pensance » ! *Revue Des Deux Mondes*, S. 48–53.

Kaess, C. (2018). Die Migranten sind die Sündenböcke, Gespräch mit Marcel Fratzscher. *Deutschlandfunk.* Abgerufen am 10.11.2021, auf https://www.deutschlandfunk.de/studie-ueber-afd-waehler-die-migranten-sind-die.694.de.html?dram:article_id=411263.

Kafka, F. (1946). *Gesammelte Werke, Bd. 5. Beschreibung eines Kampfes: Novellen, Skizzen, Aphorismen aus dem Nachlaß, hrsg. von Max Brod, 2. Ausg.* New York: Schocken Books.

Kaiser, E. (1983). *Der Mensch muss einen Ausweis haben.* Hamburg: Rosdorf.

Kane, C. (2019). La rengaine sur la colonisation et l'esclavage est devenue un fonds de commerce. *seneplus [online], du 25.08.2019.*

Kant, I. (1965). Zum ewigen Frieden. Ein philosophischer Entwurf. In: O. H. Gablentz, *Immanuel Kant. Klassiker der Politik* (S. 104–150). Wiesbaden: Springer Fachmedien. Doi: https://doi.org/10.1007/978-3-663-19739-3_6.

Kant, I. (2016). *Grundlegung zur Metaphysik der Sitten.* Hamburg: Felix Meiner Verlag.

Karakayalı, S. & Tsianos, V. (2002). Migrationsregimes in der Bundesrepublik Deutschland. Zum Verhältnis von Staatlichkeit und Rassismus. In: A. Demirović & M. Bojadžijev, *Konjunkturen des Rassismus* (S. 146–267). Münster: Verlag Westfälisches Dampfboot.

Katharina Paholo, R. T. (2008). *Schwarzer Prinz, weisse Königin. Königin Katharina – eine Schweizerin in Kamerun.* Augsburg: Weltbild Verlag.

Katharina Paholo, R. T. (2010). *Mein Leben als Königin in Kamerun.* Augsburg: Weltbild Verlag.

Kayed, C. (2018). Gastfreundschaft und Asyl. In: C. N. Harald Pechlaner, *Flucht Migration und Tourismus – Perspektiven einer „New Hospitality“* (S. 43–53). Berlin: LIT Verlag.

Kearney, R. (2016). Gastlichkeit – zwischen Möglichkeit und Unmöglichkeit. In: B. Liebsch, M. Staudigl & P. Stoellger, *Perspektiven europäischer Gastlichkeit. Geschichte – Kulturelle Praktiken – Kritik* (S. 479–496). Weilerwist: Verbrück Wissenschaft Verlag.

Keen, S. (2007). *Empathy and the Novel.* Oxford: Oxford Univ. Press.

Keupp, H. T. (1999). *Identitätskonstruktionen: Das Patchwork der Identitäten in der Spätmoderne.* Reinbek: Rowohlt Verlag.

Khosravi, S. (2020). “Waiting, a state of consciousness”. In: Christine M. Jacobsen, Marry-Anne Karlsen, Shahram Khosravi (hrsg.): *Waiting and the Temporalities of Irregular Migration* (S. 202–207). London 2020: Routledge.

Kirchner, T. & Kolb, M. (05.08.2019). Europa hetzt an seiner Grenze Hunde auf Flüchtlinge. *Tagesanzeiger.ch*. Von https://www.tagesanzeiger.ch/europa-hetzt-an-seiner-grenze-hunde-auf-fluechtlinge-708307230324 abgerufen.

Klein, C. M. (2009). Wirklichkeitserzählungen. Felder, Formen und Funktionen nicht-literarischen Erzählens. In: C. K. Martínez, *Wirklichkeitserzählungen. Felder, Formen und Funktionen nicht-literarischen Erzählens* (S. 1–13). Stuttgart: J.B. Metzler.

Kleinert, C. (2004). *Fremden Feindlichkeit Einstellungen junger Deutscher zu Migranten*. Wiesbaden: Verlag für Sozialwissenschaften.

Klotz, P. (2012). Zur Wirkung fachsprachlicher Zeichen: Aspekte bürokratischer Sprache in Alltag und Literatur. In: C. Braun, *Sprache und Geheimnis: Sondersprachenforschung im Spannungsfeld zwischen Arkanem und Profanem* (S. 207–216). Berlin und Boston: Akademie Verlag.

Koopmans, R. (2023). *Die Asyl-Lotterie. Eine Bilanz der Flüchtlingspolitik von 2015 bis zum Ukraine-Krieg*. München: C.H. Beck Verlag.

Kopriwitza, T. D. (2016). Zur Phänomenologie der Gastlichkeit oder über die Pflicht Europas, gastfreundlich zu sein. In: M. S. Burkhard Liebsch, *Perspektiven europäischer Gastlichkeit: Geschichte – kulturelle Praktiken – Kritik* (S. 561–578). Weilerswist: Velbrück Wissenschaft Verlag.

Kubczak, H. (2020). Soziolekt. *Handbücher Zur Sprach- und Kommunikationswissenschaft/Handbooks of Linguistics and Communication Science, Vol. 3/1*, S. 268–273.

Kurbacher, F. A. (2021). Migration und Weltbürgerlichkeit zum konstitutiven Reflexionsverhältnis zwischen Recht und Sittlichkeit im Anschluss an Kants „Gesetz Der Hospitalität.". *Rechtsphilosophie (Munich, Germany) 7.3*, S. 255–269.

Lanser, S. (1999). Sexing Narratology: Toward a Gendered Poetics of Narrative Voice. In: W. G. Solbach, *Grenzüberschreitungen. Narratologie im Kontext/ Transcending Boundaries. Narratology in Context* (S. 167–183). Tübingen: Narr Verlag.

Lanser, S. S. (1992). *Fictions of Authority: Women Writers and Narrative Voice*. Ithaca. London: Cornell University Press.

Lasko, W. L. (2016). *Deal Resulting*. Wiesbaden: Springer Gabler Verlag.

Leopold, H. (1984). *Gastfreundschaft und Gastrecht bei den Germanen*. Wien: Verlag der Österreichischen Akademie der Wissenschaften.

Lévinas, E. (1983). *Die Spur des Anderen. Untersuchungen zur Phänomenologie und Sozialphilosophie, übers., hg. und eingeleitet von Wolfgang Nikolaus Krewani*. Freiburg und München: Alber.

Lickhardt, M. (2020). „Sprachkritik in der Literatur". In: T. N. Schiewe, *Handbuch Sprachkritik* (S. 156–162.). Stuttgart: J.B. Metzler.

Liebsch, B. (2019). *Europäische Ungastlichkeit und „identitäre“ Vorstellungen: Fremdheit, Flucht und Heimatlosigkeit als Herausforderungen des Politischen.* Hamburg: Felix Meiner.

Lützeler, P. M. (2005). *Postmoderne und postkoloniale deutschsprachige Literatur. Diskurs – Analyse – Kritik.* Bielefeld: Aisthesis Verlag.

Mabanckou, A. (2012). *Le Sanglot de l'homme noir.* Paris: Fayard.

Magenau, J. (2021). Christoph Hein: „Guldenberg“. So überschaubar schlimm ist die Gegenwart. *Deutschlandfunk Kultur, 04.06.2021.*

Maguy, S. (1991). La variation. In: les dialogues de Bel-Ami… *Langue française, n° 89, L'Oral dans L'écrit*, S. 35–51. Doi: https://doi.org/10.3406/lfr.1991.5762.

Mandl, M. (2021). *Unser Körper – Ausdruck, Haltung, Körpersprache: Mit der TCM Neu Wahrnehmen.* Berlin und Heidelberg: Springer.

Martínez, M. & (2016 [1999]). *Einführung in die Erzähltheorie, 10., überarbeitete Auflage.* München: Verlag C.H. Beck.

Mbembe, A. (9. Januar 2008). Qu'est-ce que la pensée postcoloniale ? (N. L.-L. Olivier Mongin, Interviewer). Von https://esprit.presse.fr/article/achille-mbembe/qu-est-ce-que-la-pensee-postcoloniale-entretien-13807 abgerufen.

Mbembe, A. (2013 [2010]). *Sortir de la grande nuit : Essai sur l'Afrique décolonisée.* Paris: Éditions La découverte.

Mbembe, A. (2016). *Politiques de l'inimitié.* Paris: Éditions La Découverte.

Mbembe, Achille (2015). Afropolitanismus. In: Franziska Dübgen/Stefan Skupien (Hrsg.): *Afrikanische politische Philosophie: Postkoloniale Positionen* (S. 330–337). Berlin: Suhrkamp.

Mbembe, A. (2000). *De la Postcolonie. Essai sur l'imagination politique dans l'Afrique contemporaine.* Paris: Karthala.

Mercer, K. (1994). *Welcome to the Jungle: New Positions in Black Cultural Studies.* New York: Routledge.

Merks, K.-W. (2003). Zwischen Gastfreundschaft und gleichem Recht: ethische Überlegungen zur Migrationspolitik. *Bijdragen tijdschrift voor filosofie en theologie, 64.2*, S. 144–164.

Messinger, I. (2012). Historischer Streifzug zum Rechtskonstrukt, „Scheinehe“. In: L. B. Arno Pilgram (Hrsg.). *Einheitliches Recht für die Vielfalt der Kulturen? Strafrecht und Kriminologie in Zeiten transkultureller Gesellschaften und transnationalen Rechts* (S. 355–375). Wien: LIT Verlag.

Messinger, I. (2012). *Schein oder Nicht Schein. Konstruktion und Kriminalisierung von „Scheinehen“ in Geschichte und Gegenwart.* Wien: Mandelbaum.

Messinger, I. (2011). Aufenthaltsehen: Fremdenpolizeiliche Kontrolle und gerichtliche Beurteilung. *juridikum, Zeitschrift für Kritik – Recht – Gesellschaft, n° 4*, S. 425–434.

Messerschmidt, A. (2009). *Weltbilder und Selbstbilder. Bildungsprozesse im Umgang mit Globalisierung, Migration und Zeitgeschichte*. Frankfurt am Main: Brandes & Apsel.

Meyer, D. (2014). Konservativismus, Stabilität, Freiheit. In: E. B. (hrsg.), *Konservativismus im 21. Jahrhundert: Liebe zu alten Lastern oder Angst vor neuen Fehlern?* (S. 11–28). Baden-Baden: Nomos Verlagsgesellschaft.

Meyer, S. (2001). *Die anti-utopische Tradition: eine ideen- und problemgeschichtliche Darstellung*. Frankfurt am Main: Peter Lang Verlag.

Mikfeld, B. & Turowski, J. (2014). Sprache. Macht. Denken – Eine Einführung. In: C. Brosda, *Sprache, Macht, Denken: politische Diskurse verstehen und führen/Denkwerk Demokratie* (S. 15–48). Frankfurt am Main: Campus Verlag.

Mirjam Schaub, N. S. (2005). Einleittung. In: N. S.-L. Mirjam Schaub, *Ansteckung: Zur Körperlichkeit eines ästhetischen Prinzips* (S. 9–22, hier S. 12). Paderborn und München: Fink Verlag.

Mittendorf, V. (2008). Die Rolle des „Volkes" in Konzepten direkter Demokratie und plebiszitärer Herrschaft. In: T. v. Mittendorf, *Perspektiven der politischen Soziologie im Wandel von Gesellschaft und Staatlichkeit* (S. 139–156). Wiesbaden: Verlag für Sozialwissenschaften.

Mligo, E. S. (2021). African Ubuntu, the See-Reflect-Act Model, and Christian Social Practice: Reading Luke 10:38–42 in Light of African Hospitality. *Diaconia, vol. 12*, S. 5–19.

Möding, N. (1984). *Die Angst des Bürgers vor der Masse: zur politischen Verführbarkeit des deutschen Geistes im Ausgang seiner bürgerlichen Epoche*. Berlin: Wissenschaftler Autoren-Verlag.

Monath, H. (2015). Angela Merkel rechtfertigt Flüchtlingspolitik: „Dann ist das nicht mein Land". *Tagesspiegel vom 15.09.2015*. Abgerufen am 01.10.2023. Von https://www.tagesspiegel.de/politik/dann-ist-das-nicht-mein-land-6108841.html.

Moosa, I. A. (2023). *The West Versus the Rest and the Myth of Western*. Cham, Switzerland: Palgrave Macmillan.

Mucina, D. D. (2019). *Ubuntu Relational Love: Decolonizing Black Masculinities*. Winnipeg, Manitoba, Canada: University of Manitoba Press.

Mück, K. (2017). „Wir schaffen das!" Hat die Persönlichkeit Angela Merkels Einfluss auf ihre Flüchtlingspolitik? In: X. G. Ohnesorge, *Politische Persönlichkeiten und ihre weltpolitische Gestaltung: Analysen in Vergangenheit und Gegenwart* (S. 245–273). Wiesbaden: Springer Fachmedien Wiesbaden.

Mugumbate, J. & (2013). Exploring African philosophy: The value of ubuntu in social work. *African Journal of Social Work, 3 (1)*, S. 82–100.

Müller-Jung, F. (2018). Mehr als nur ein Streit um Weide- und Ackerland. *dw.com vom 30.03.2018*.

Mutore, A. (2007). La majuscule distinctive au vingtième siècle : Un corpus français, letton et russe. L'analyse contrastive de l'emploi de la majuscule distinctive, ses facteurs linguistiques, extralinguistiques et pragmatiques. *L'Information Grammaticale N. 112*, S. 37–39.

Naicker, V. (2019). Ressentiment in the postcolony. *Angelaki, Journal of the Theoretical Humanities 24:2*, S. 61–77.

Ndiaye, P. (2009 [2008]). *La condition noire. Essai sur une minorité française*. Paris: Gallimard.

Neumann, B. (2009). Imaginative Geographien in kolonialer und postkolonialer Literatur: Raumkonzepte der (Post-)Kolonialismusforschung. In: W. H. Neumann, *Raum und Bewegung in der Literatur* (S. 115–138). Bielefeld: transcript Verlag.

Niederl, N. M. (2011). *Körper, Kleider, Kommunikation: Kleidung als Vehikel für das Frauen-Bild in muslimischer Literatur*. Marburg: Tectum.

Noller, J. (2018). Kant und die Tradition des Liberum Arbitrium: Plädoyer für einen wohlverstandenen Begriff von Willkür. *Archiv Für Begriffsgeschichte, vol. 60/61*, S. 187–210.

Nouss, A. (2020). Le mensonge du migrant : un défi éthique. In: A. Castelain, *Traduction et migration : Enjeux éthiques et techniques* (S. 239–258). Paris: Presses de l'Inalco. Doi: https://doi.org/10.4000/books.pressesinalco.36204.

Nünning, A. (1989). *Grundzüge eines kommunikationstheoretischen Modells der erzählerischen Vermittlung: Die Funktionen der Erzählinstanz in den Romanen George Eliots*. Trier: WVT.

Nünning, A. V. (2002). Von der strukturalistischen Narratologie zur „postklassischen“ Erzähltheorie: Ein Überblick über neue Ansätze und Entwicklungstendenzen. In: A. N. Nünning, *Neue Ansätze in der Erzähltheorie* (S. 1–33). Trier: Wissenschaftlicher Verlag.

Orao, J. (2014). Metaphern der Migration. Die Figurationen des Reisens in der zeitgenössischen deutschsprachigen Migrationsliteratur. In: S. M. Hamann, *Schwerpunkte der DaF-Studiengänge und Germanistik im östlichen Afrika* (S. 17–32). Göttingen: Universitätsverlag Göttingen.

Oeser, E. (2015). *Die Angst vor dem Fremden: die Wurzeln der Xenophobie*. Darmstadt: Theiss.

Otene, M. (1982). *Être avec pour vivre vrai. Essai d'une spiritualité bantu*. Lubumbashi: Éditions Saint-Paul Afrique.

Otte, C. (2021). Guldenberg. Das ganz normale Grauen. *Zeit-Online, vom 08.05.2021*. https://www.zeit.de/kultur/literatur/2021-05/guldenberg-christoph-hein-roman-rassismus-deutschland-klassenverhaeltnisse-provinz

Parr, P. F. (2009). Von Gästen, Gastgebern und Parasiten. In: P. F. Parr, *Gastlichkeit. Erkundungen einer Schwellensituation* (S. 7–14). Heidelberg: Synchron.

Pascal, B. (1959). *Pensées et opuscules, publiés par Léon Brunschvicg*. Paris.

Pechlaner, H. /. (2017). Flucht, Migration und Tourismus – Perspektiven einer „New Hospitality"? In: M. V. Harald Pechlaner, *Die Gesellschaft auf Reisen – Eine Reise in die Gesellschaft* (S. 206–220). Wiesbaden: Springer VS Verlag.

Petersen, H. J. (1993). *Erzählsysteme: eine Poetik epischer Texte*. Stuttgart und Weimar: Metzler Studienausgabe.

Petersen, L.-E. (2011). Stereotype, Vorurteile und soziale Diskriminierung. In: H.-W. B. (hrsg.), *Sozialpsychologie – Individuum und soziale Welt* (S. 233–252). Göttigen: Hogrefe.

Pickel, G. P. (2018). Der „Flüchtling" als Muslim – und unerwünschter Mitbürger? In: O. H. Pickel, *Flucht und Migration in Europa. Neue Herausforderungen für Parteien, Kirchen und Religionsgemeinschaften* (S. 279–323). Wiesbaden: Springer Fachmedien.

Pourtier, R. (2006). L'Afrique noire au crible de la mémoire coloniale : La question postcoloniale. *Hérodote 120*, S. 215–230.

Prechtl, P., Burkards, F.-P. (2008). *Metzler Lexikon Philosophie. Begriffe und Definitionen, 3., erweiterte und aktualisierte Auflage*. Stuttgart: Verlag J.B. Metzler.

Priddat, B. P. (2016). „Gäste – Ökonomisch. Über Geben und Nehmen". In: M. S. Burkhard Liebsch, *Perspektiven europäischer Gastlichkeit: Geschichte – kulturelle Praktiken – Kritik*, (S. 249–269). Weilerswist: Velbrück Wissenschaft.

Pries, L. (2016). *Migration und Amkommen. Die Chancen der Flüchtlingsbewegung*. Frankfurt am Main: Campus Verlag.

Prince, G. (2005). On a Postcolonial Narratology. In: J. P. Rabinowitz, *A Companion to Narrative Theory* (S. 372–380). Malden: Blackwell Publishing.

Pulcini, E. (2016). Jenseits von Furcht und Ressentiment: Gastlichkeit im globalen Zeitalter. In: L. M. Burkhard, *Perspektiven europäischer Gastlichkeit: Geschichte – kulturelle Praktiken – Kritik* (S. 199–215). Weilerwist: Velbrück Wissenschaft.

Rabaka, R. (2015). *The Negritude Movement: W.E.B. Du Bois, Leon Damas, Aime Cesaire, Leopold Senghor, Frantz Fanon, and the Evolution of an Insurgent Idea*. Lanham, Maryland: Lexington Books.

Rabaté, M. (2022, März 31). Enjeux politiques des voix chez Assia Djebar et Mohamed Mbougar Sarr. *Fabula/Les colloques, Livres de voix. Narrations pluralistes et démocratie*. Von http://www.fabula.org/colloques/document8069.php

Rabinowitz, J. P. (2005). Introduction: Tradition and Innovation in Contemporary Narrative Theory. In: J. P. Rabinowitz, *A Companion to Narrative Theory* (S. 1–16). Malden: Blackwell Publishing.

Reichl, S. (2007). Reading Aesthetics as Politics in Postcolonial Literatures. In: S. V.-B. Lippert, *Anglistentag 2006 Halle. Proceedings* (S. 267–275). Trier: WVT.

Reinhard, W. (2016). *Die Unterwerfung der Welt: Globalgeschichte der europäischen Expansion 1415–2015*. München: C.H. Beck.

Renoldner, K. (1990). Vom Pathos der Sachlichkeit. Der Erzähler Christoph Hein (1990). In: L. Baier, *Christoph Hein: Texte, Daten, Bilder* (S. 128–137). Frankfurt am Main: Luchterhand Literatur-Verl.

Ricard, A. (2015). L'exilé et l'espérance : entre arts, langues et religions… Lire Zinsou avec Soyinka. In: S. G. Yigbe, *Créativité intermédiatique au Togo et dans la diaspora togolaise* (S. 161–180). Berlin: LIT.

Ricard, A. (2001). Le sujet travesti : réflexions sur l'œuvre de Senouvo Agbota Zinsou. In: P. S. Daniel Delas, *Le Sujet de l'écriture africaine. Actes du colloque de l'APELA de septembre 1999, Université de Toulouse-Le-Mirail* (S. 57–62).

Richardson, B. (2000). Recent Concepts of Narrative and the Narrative of Narrative Theory. *Style 34*, S. 168–175.

Richmond, S. (2004). Being in Others: Empathy From a Psychoanalytical Perspective. *European journal of philosophy 12.2*, S. 244–264.

Riesz, J. (2003). L'écrivain africain exilé en Allemagne. Stratégies d'adaptation linguistique et d'auto-affirmation : l'exemple du roman de Sénouvo A. Zinsou. In: L. d.-M. Moura, *Les études littéraires francophones : état des lieux : actes du colloque organisé par les Université de Leuven, Kortrijk et de Lille, 2–4 mai 2002* (S. 153–164). Villeneuve d'Ascq: Univ. Charles de Gaulle – Lille 3.

Riesz, J. (2004). « Blans et Noirs » – Quelques réflexions préliminaires. In: S. G. Riesz, *Le blanc du noir : représentations de l'Europe et des Européens dans les littératures africaines* (S. 17–40). Münster: LIT Verlag.

Riesz, J. (2005). Du conte au roman politique, de l'oralité aux médias – Yévi et l'éléphant chanteur de Sénouvo Agbota Zinsou. In: A. R. Flora Veit-Wild, *Interfaces between the Oral and the Written: Versions and Subversions in African Literatures 2, Matatou 31–32* (S. 27–42). Amsterdam und New York: Editions Rodopi.

Riesz, J. (2007). Autor/innen aus dem schwarzafrikanischen Kulturraum. In: C. Chiellino, *Interkulturelle Literatur in Deutschland: Ein Handbuch* (S. 248–262). Stuttgart: J. B. Metzler'sche Verlagsbuchhandlung & Carl Ernst Poeschel GmbH.

Riesz, J. (2011). Théâtre africain à Bayreuth : Sénouvo Agbota Zinsou. *Revue de littérature comparée, vol. 340, no. 4*, S. 497–506.

Rippl, S. & (2005). Das Deprivationskonzept in der Rechtsextremismusforschung. *Kölner Zeitschrift für Soziologie und Sozialpsychologie, 57.4, Jg. 57*, S. 644–666.

Rohr, E. (2021). Das Verschwinden von Empathie in Zeiten Gesellschaftlicher Radikalisierung. *Gruppenpsychotherapie und Gruppendynamik 57.2*, S. 126–141.

Rosenberger, S. & Trauner, F. (2014). Abschiebepolitik: Eine sozialwissenschaftliche Annäherung. *Österreichische Zeitschrift für Politikwissenschaft 2*, S. 141–150.

Rostock, S. B. (2015). *Der Stoff, aus dem Konflikte sind: Debatten um das Kopftuch in Deutschland, Österreich und der Schweiz (unter Mitarbeit von Alexander Nöhring)*. Bielefeld: transcript Verlag.

Said, E. (1981 [1978]). *Orientalismus*. Frankfurt (M); Berlin und Wien: Ullstein.

Sarr, F. (2016). *Afrotopia*. Paris: Philippe Rey.

Sarr, M. M. (2020, März 11). Rencontre avec Mohamed Mbougar Sarr. (Littera05, Intervieweur). https://www.littera05.com/rencontres/mohamed_mbougar_sarr.html.

Saulich, C. (2015). Irreguläre Migration. In: T. Jäger, *Handbuch Sicherheitsgefahren. Globale Gesellschaft und internationale Beziehungen* (S. 483–492). Wiesbaden: Springer VS.

Schaub, M. & (2005). Einleitung. In: N. S.-L. Mirjam Schaub, *Ansteckung: Zur Körperlichkeit eines ästhetischen Prinzips* (S. 9–22). Paderborn und München: Fink Verlag.

Scheffer, T. (2003). „Kritik der Urteilskraft – wie die Asylprüfung Unentscheidbares in Entscheidbares überführt". In: J. Oltmer, *Migration steuern und verwalten. Deutschland vom späten 19. Jahrhundert bis zur Gegenwart* (S. 423–458). Göttingen: V & R Unipress.

Schellenberg, B. (2014). *Die Rechtsextremismus-Debatte: Charakteristika, Konflikte und Ihre Folgen*. Wiesbaden: Springer Fachmedien.

Schlossberger, M. (2013). Den anderen verstehen und mit ihm mitfühlen. In: T. Breyer, *Grenzen der Empathie. Philosophische, psychologische und anthropologische Perspektiven* (S. 137–159). München: Wilhelm Fink Verlag.

Schmetkamp, S. & (2019). Zum Begriff der „Empathie": Philosophische, ästhetische und sprachwissenschaftliche Perspektiven. In: S. S. Zorn, *Variationen des Mitfühlens: Empathie in Musik, Literatur, Film und Sprache* (S. 5–13). Stuttgart: Franz Steiner Verlag.

Schmidt, A. (2017, 11 05). A Survey on Hate Speech Detection using Natural Language Processing,. *Proceedings of the Fifth International Workshop on Natural Language Processing for Social Media*, (S. 1–10). Valencia, Spain. https://aclanthology.org/W17-1101.pdf

Schmitt, C. (1963). *Der Begriff des Politischen. Text von 1932 mit einem Vorwort und drei Corollarien*. Berlin: Duncker & Humblot.

Schmitt, C. (1963). *Die Theorie des Partisanen: Zwischenbemerkung zum Begriff des Politischen*. Berlin: Duncker & Humblot.

Schneider, S. K. (2017). „Ohne'ne ordentliche Anhörung kann ich keine ordentliche Entscheidung machen…" Zur Organisation von Anhörungen in deutschen und schwedischen Asylbehörden. In: S. S. Christian Lahusen, *Asyl verwalten. Zur bürokratischen Bearbeitung eines gesellschaftlichen Problems* (S. 81–116). Bielefeld: transcript Verlag.

Scholl, J. (2021). Wir sind an einer Zeitenwende. Christoph Hein im Gespräch mit Joachim Scholl. *deutschlandkultur.de, vom 18.05.2021.* https://www.deutschlandfunkkultur.de/schriftsteller-christoph-hein-wir-sind-an-einer-zeitenwende-100.html.

Schuler, R. & Basad, J. (2022). Machen die Deutschen einen Unterschied zwischen Flüchtlingen? *Bild, online, vom 02.04.2022.* Von https://www.bild.de/bild-plus/politik/inland/politik-inland/brisante-umfrage-machen-die-deutschen-einen-unterschied-zwischen-fluechtlingen-79632120.bild.html abgerufen.

Schweiger, P. (2014). „Schwangerschaftsabbruch – Erleben und Bewältigen aus psychologischer Sicht". In: U. B. Hahn, *Abtreibung: Diskurse und Tendenzen* (S. 235–256). Bielefeld: transcript Verlag.

Seibel, A. (2016). Wenn Flüchtlinge lügen, folgen sie nur ihren Interessen. *Welt (online) vom 23.06.2016.*

Seidensticker, T. (2016). *Islamismus: Geschichte, Vordenker, Organisationen.* München: C.H. Beck.

Seifert, W. (2007, 05 16). Integration und Arbeit. https://www.bpb.de/apuz/30451/integration-und-arbeit?p=0

Senghor, L. S. (1993). *Liberté 5. Le dialogue des cultures*. Paris: Éditions du Seuil.

Senghor, L. S. (1977). *Liberté 3. Négritude et Civilisation de l'Universel.* Paris: Éditions du Seuil.

Seyfried, E. (1998). Sündenbock. In: *Wörterbuch der Mikropolitik* (S. 269 f.). Wiesbaden: Verlag für Sozialwissenschaften.

Smith, S. (2003). *Négrologie. Pourquoi l'Afrique meurt.* Paris: Calmann-Lévy.

Sonnewald, J. (2022, April 13). Hilfsbereitschaft für Ukrainer: Flüchtlinge erster und zweiter Klasse? *zdfheute, 13.04.2022.* https://www.zdf.de/nachrichten/panorama/aufnahme-fluechtlinge-2015-ukraine-2022-100.html.

Spinoza, B. d. (1922). *Ethik III.* Leipzig: Meiner Verlag.

Spivak, G. C. (2008 [1988]). *Can the subaltern speak? Postkolonialität und subalterne Artikulation. Aus dem Engl. von Alexander Joskowicz und Stefan Nowotny*. Wien: Turia + Kant.

Stanzel, F. K. (2001). *Theorie des Erzählens* (éd. 7. Auflage). Göttingen: Vandenhoeck und Ruprecht Verlag.

Steffens, D. (2015). Zur Benennungsfunktion von Neologismen am Beispiel von phraseologischen Einheiten. *Der Deutschunterricht Jg. 67*, H. 3, S. 58–67.

Sternburg, J. v. (2021). Christoph Hein: „Guldenberg" – Moralisch verschlissen. *Frankfurter Rundschau, erstellt 09.05.2021*. https://www.fr.de/kultur/literatur/christoph-hein-guldenberg-moralisch-verschlissen-90528303.html.

Stiening, G. (2023). „Materialität" als Begriff und Kategorie der Korrelation von Recht und Literatur. In: A. B.-R. Eric Achermann, *Literatur und Recht: Materialität, Formen und Prozesse gegenseitiger Vergegenständlichung* (S. 45–68). Berlin: J.B. Metzler.

Stoellger, P. (2016). „Raum geben". Sprachfiguren des gastlichen Umgangs mit Fremden. In: M. S. Burkhard Liebsch, *Perspektiven europäischer Gastlichkeit: Geschichte – kulturelle Praktiken – Kritik* (S. 397–425). Weilerswist: Velbrück Wissenschaft.

Straub, J. (2019). *Die Macht negativer Affekte: Identität, kulturelle Unterschiede, interkulturelle Kompetenz*. Gießen: Psychosozial-Verlag.

Tanniou, S. N. (2015). *Decoding Identities in "Francophone" African Postcolonial Spaces: Local Novels, Global Narratives, Dissertation an University of Birmingham, März 2015, unveröffentlicht*. Birmingham. Von https://etheses.bham.ac.uk/id/eprint/6360/ abgerufen.

Tassin, E. (2003). Étienne Tassin : *Un monde commun. Pour une cosmo-politique des conflits*. Paris: Éditions du Seuil, Collection « La couleur des idées ».

Tewocht, H. (2016). *Drittstaatsangehörige im europäischen Migrationsrecht*. Baden-Baden: Nomos.

Tiedemann, P. (2018). *Flüchtlingsrecht. Die materiellen und verfahrensrechtlichen Grundlagen, 2. Auflage*. Berlin und Heidelberg, 2018: Springer.

Todorov, T. (2008). *La Peur des barbares. Au-delà du choc des civilisations*. Paris: Robert Laffont.

Torkler, C. (2018). *Der Platz an der Sonne*. Stuttgart: Klett-Cotta.

Udayan, S. (2018). Beyond "Bare Life": Pushing Back on Refugee Stereotypes in Sénouvo Agbota Zinsou's Le Médicament. *Lit: Literature Interpretation Theory, 29:3*, S. 197–209.

Varela, M. d. (2018). „Das Leiden der Anderen betrachten". Flucht, Solidarität und Postkoloniale Soziale Arbeit. In: S. F. Johanna Bröse, *Flucht* (S. 3–20). Wiesbaden: Springer VS.

Viertmann, C. (2015). *Der Sündenbock in der öffentlichen Kommunikation. Schuldzuweisungsrituale in der Medienberichterstattung*. (h. v. Bentele, Éd.) Wiesbaden: Springer Verlag.

Waberi, A. A. (1998). Les enfants de la postcolonie : esquisse d'une nouvelle génération d'écrivains francophones d'Afrique noire. *Notre librairie, N° 135*, S. 8–15.

Wachs, S. e. (2021). „Wenn Hass redet und schädigt. Einleitung in den Sammelband". In: *Hate Speech – Multidisziplinäre Analysen und Handlungsoptionen.* (S. 3–12). Wiesbaden: Springer VS.

Wahl, K. (2009). *Aggression und Gewalt. Ein biologischer, psychologischer und sozialwissenschaftlicher Überblick.* Heidelberg: Spektrum Akademischer Verlag.

Waibel, S. (2009). *Akwaaba. Wie ich als Ärztin nach Ghana ging und Entwicklungshilfe bekam.* Augsburg: Sankt Ulrich Verlag.

Wehling, E. (2014). Sprache, Werte, Frames: Wie findet man den richtigen Rahmen für politische Botschaften?. In: C. Brosda, *Sprache, Macht, Denken: politische Diskurse verstehen und führen/Denkwerk Demokratie* (S. 159–167). Frankfurt am Main: Campus Verlag.

Wittenbrink, E. (2020). Zwischen Solidarität und Paternalismus: Ein postkolonialer Blick auf kirchliches Sprechen in der deutschen Migrationsgesellschaft. *Jahrbuch für christliche Sozialwissenschaften 61 (2020)*, S. 235–256.

Wittmann, J. (2018). *Recht sprechen: Richterfiguren bei Kleist, Kafka und Zeh.* Stuttgart: J.B. Metzler/Springer Nature.

Wolf, Z. B. (2018). Trump basically called Mexicans rapists again. *CNN, 6. April 2018.*

Wörsching, M. (Juli/August 2020). Liebe zur Gewalt. Warum Faschismus und Terror unzertrennlich sind. *iz3w, 379*, S. 17–19.

Wülfing, C. (2003). *Mein Leben als Königin in Ghana.* München: Ullstein.

Yigbe, D. (2004). Dotsé Yigbe, « Nous avons entendu parler de l'Europe, mais nous ne connaissons que les Blancs » : Une image populaire de l'Europe et du Blanc au Togo. In: S. G. Riesz, *Le blanc du noir : représentations de l'Europe et des Européens dans les littératures africaines* (S. 79–91). Münster: LIT Verlag.

Yigbe, D. (2009). Spiel und Ernst als heimatliches Mitbringsel des Migranten – am Beispiel von Martin Aku und Sénouvo Agbota Zinsou. In: S. T. Albert GOUAFFO, *Literaturen der Migration in Deutschland: Das Beispiel Afrika. Les littératures de migration en Allemagne : Le cas de l'Afrique* (S. 103–118). Cameroun: Dschang University Press.

Yigbe, D. (2015). Sénouvo Agbota Zinsou, Le Baiser de la sirène, la saga des médias ou… la mythomédialité. In: S. G. Yigbe, *Créativité intermédiatique au Togo et dans la diaspora togolaise* (S. 181–197). Berlin: LIT.

Young, I. M. (2013). Verantwortung und globale Gerechtigkeit. Ein Modell sozialer Verbundenheit. In: C. B. Hahn, *Globale Gerechtigkeit: Schlüsseltexte zur Debatte zwischen Partikularismus und Kosmopolitismus* (S. 329–369). Berlin: Suhrkamp.

Young, R. (1995). *Colonial désire. Hybridity in theory, culture and race.* New York: Routledge.

Zaru, D. (2022). Europe's unified welcome of Ukrainian refugees exposes "double standard" for nonwhite asylum seekers: Experts. *abcNews, 08.03.2022*. Von https://abcnews.go.com/International/europes-unified-ukrainian-refugees-exposes-double-standard-nonwhite/story?id=83251970 abgerufen.

Zinsou, S. A. (2015). Le corps comme espace théâtral. In: S. G. Yigbe, *Créativité intermédiatique au Togo et dans la diaspora togolaise* (S. 199–224). Berlin: LIT Verlag.

Zinsou, S. A. (2003). Sur le roman « Le Médicament ». In: L. d.-M. Moura, *Les études littéraires francophones : état des lieux. Actes du colloque organisé par les Université de Leuven, Kortrijk et de Lille, 2-4 mai 2002* (S. 165–172). Villeneuve d'Ascq: Univ. Charles de Gaulle – Lille 3.

BEITRÄGE ZUR LITERATUR UND LITERATURWISSENSCHAFT DES 20. UND 21. JAHRHUNDERTS

Herausgegeben von Hans-Edwin Friedrich
Begründet von Eberhard Mannack

Band 1 Rainer Stillers: Maurice Blanchot: *Thomas l'Obscur.* Erst- und Zweitfassung als Paradigmen des Gesamtwerks. 1979.

Band 2 Jörg W. Joost: Molière-Rezeption in Deutschland 1900–1930: *Carl Sternheim, Franz Blei.* Hermeneutische Rezeptionsfragen zur Wechselbeziehung zwischen wissenschaftlicher Interpretation, dramatischer Gestaltung und literarischer Bearbeitung. 1980.

Band 3 Thomas Kopfermann: Konkrete Poesie – Fundamentalpoetik und Textpraxis einer Neo-Avantgarde. 1981.

Band 4 Edith Ihekweazu: Verzerrte Utopie. Bedeutung und Funktion des Wahnsinns in expressionistischer Prosa. 1982.

Band 5 Rolf J. Goebel: Kritik und Revision. Kafkas Rezeption mythologischer, biblischer und historischer Traditionen. 1986.

Band 6 Karin Hörner: Möglichkeiten und Grenzen der Simultandramatik. Unter besonderer Berücksichtigung der Simultandramen Ferdinand Bruckners. 1986.

Band 7 Ingrid Scheffler: Albin Zollinger, Max Frisch und Friedrich Dürrenmatt als Publizisten und ihr Verhältnis zu den Medien. Im Anhang ein Gespräch mit Max Frisch. 1986.

Band 8 Ulrich Kinzel: Zweideutigkeit als System. Zur Geschichte der Beziehungen zwischen der Vernunft und dem Anderen in Thomas Manns Roman ‚Doktor Faustus'. 1988.

Band 9 Beate Porombka: Verspäteter Aufklärer oder Pionier einer neuen Aufklärung? Kurt Tucholsky (1918 – 1935). 1990.

Band 10 Uwe Neumann: Uwe Johnson und der *Nouveau Roman.* Komparatistische Untersuchungen zur Stellung von Uwe Johnsons Erzählwerk zur Theorie und Praxis des *Nouveau Roman.* 1992.

Band 11 Susanne Evers: Allegorie und Apologie. Die späte Lyrik Elisabeth Langgässers. 1994.

Band 12 Anja Kreutzer: Untersuchungen zur Poetik Günter de Bruyns. 1994.

Band 13 Frank Joachim Eggers: „Ich bin ein Katholik mit jüdischem Gehirn" – Modernitätskritik und Religion bei Joseph Roth und Franz Werfel. Untersuchungen zu den erzählerischen Werken. 1996.

Band 14 Gisela Hansen: Christliches Erbe in der DDR-Literatur. Bibelrezeption und Verwendung religiöser Sprache im Werk Erwin Strittmatters und in ausgewählten Texten Christa Wolfs. 1995.

Band 15 Anja Koberstein: „Gott oder das Nichts". Sartre-Rezeption im frühen Nachkriegswerk von Alfred Andersch im Kontext der zeitgenössischen Existentialismusdiskussion. 1996.

Band 16 Paola Bozzi: Ästhetik des Leidens. Zur Lyrik Thomas Bernhards. 1997.

Band 17 Iris Block: „Daß der Mensch allein nicht das Ganze ist!" Versuche menschlicher Zweisamkeit im Werk Max Frischs. 1998.

Band 18 Anne Raabe: *Das Wort stammt von Kierkegaard.* Alfred Andersch und Sören Kierkegaard. 1999.

Band 19 Jutta Kristensson: Identitätssuche in Rose Ausländers Spätlyrik. Rezeptionsvarianten zur Post-Schoah-Lyrik. 2000.

Band 20 Leonhard Fuest: *Kunstwahnsinn irreparabler*. Eine Studie zum Werk Thomas Bernhards. 2000.

Band 21 Simonetta Sanna: Die Quadratur des Kreises. Stadt und Wahnsinn in *Berlin Alexanderplatz* von Alfred Döblin. 2000.

Band 22 Anette Horn: Kontroverses Erbe und Innovation. Die Novelle *Die Reisebegegnung* von Anna Seghers im literaturpolitischen Kontext der DDR der siebziger Jahre. 2005.

Band 23 Hans-Edwin Friedrich (Hrsg.): Der historische Roman. Erkundung einer populären Gattung. 2013.

Band 24 Albrecht Haushofer: Gesammelte Werke. Teil I: Dramen I. Herausgegeben von Hans-Edwin Friedrich und Wilhelm Haefs. 2014.

Band 25 Kristin Eichhorn (Hrsg.): *Neuer* Ernst in der Literatur? Schreibpraktiken in deutschsprachigen Romanen der Gegenwart. 2014.

Band 26 Nikolas Buck (Hrsg.): Ulrich Holbein. Sein Werk zwischen Avantgarde und Archivierung. 2015.

Band 27 Jürgen Egyptien (Hrsg.): Albrecht Fabri – Frühe Schriften. Essays und Rezensionen aus der Zeit des Dritten Reichs. 2016.

Band 28 Uwe Buckendahl: Franz Fühmann: *Das Judenauto* – ein Zensurfall im DDR-Literaturbetrieb. Eine historisch-kritische Erkundung mit einer Synopse aller publizierten Textvarianten. 2017.

Band 29 Jaime Alazraki: Elemente einer Poetik der Neofantastik. Die Erzählungen von Julio Cortázar. Aus dem Spanischen übersetzt und herausgegeben von Max Wimmer. 2018.

Band 30 Simon Hansen / Jill Thielsen (Hrsg.): Tendenzen der deutschsprachigen Gegenwartsliteratur. Narrative Verfahren und Traditionen in erzählender Literatur ab 2010. 2018.

Band 31 Anke Christensen / Olaf Koch (Hrsg.): Neue Lesarten ausgesuchter Texte der Kinder- und Jugendliteratur. Literaturwissenschaftliche Erkundungen von der Biene Maja bis hin zu Tschick. 2021.

Band 32 Christoph Rauen (Hrsg.): Prestige-Science Fiction – Neue deutschsprachige Romane zwischen Kunstanspruch und Unter. Unter Mitarbeit von Sina Röpke. 2020.

Band 33 Kai U. Jürgens (Hrsg.): Arbeitsbuch Christopher Ecker. Aufsätze und Materialien. 2021.

Band 34 Helmut Heißenbüttel: Späte Schriften zur Literatur. Teil 1: Zur Literatur der Moderne und zur Literaturgeschichte. Herausgegeben von Hans-Edwin Friedrich. 2021.

Band 35 Helmut Heißenbüttel: Späte Schriften zur Literatur. Teil 2: Zur Lyrik und Experimentellen Literatur. Herausgegeben von Nikolas Buck. 2021.

Band 36 Helmut Heißenbüttel: Späte Schriften zur Literatur. Teil 3: Literaturtheorie, Hörspiel, Populärliteratur. Herausgegeben von Christoph Rauen. 2021.

Band 37 David Röhe (Hrsg.): Arbeitsbuch Tobias O. Meißner. Aufsätze und Materialien. 2022.

Band 38 Jutta Reusch im Auftrag der IJB (Hrsg.): Michael Ende – Wissenschaftliche Perspektiven des 21. Jahrhunderts. 2022.

Band 39 Nicole Giannotti: Die Drehbuchautorin Thea von Harbou (1888–1954). Eine Biografie. 2022.

Band 40 Alexandra Juster: Eine kontrafaktische Lektüre von Juli Zehs Roman *Über Menschen.* 2023.

Band 41 Amêvi Akpaglo: Narrative der Gastfeindschaft in westafrikanisch-frankophoner und deutscher Gegenwartsliteratur. 2025.

www.peterlang.com

www.ingramcontent.com/pod-product-compliance
Lightning Source LLC
Chambersburg PA
CBHW060757310726
48980CB00002B/135
* 9 7 8 3 6 3 1 9 3 2 3 5 3 *